国外实用金融统计丛书

金融学和保险学中的
蒙特卡罗方法与模型

Monte Carlo Methods and Models
in Finance and Insurance

拉尔夫·科恩 （Ralf Korn）
埃尔克·科恩 （Elke Korn）
[德]
杰拉尔德·克罗桑特 （Gerald Kroisandt） 著

陈杨龙　郑志勇　译

机械工业出版社

本书共 8 章，主要内容有：简介与导读；生成随机数；蒙特卡罗方法：基本原理；连续时间随机过程：连续路径；模拟金融模型：连续路径；连续时间随机过程：非连续路径；模拟金融模型：非连续路径；模拟精算模型。

本书既有关于蒙特卡罗方法的理论分析，也有实际金融案例。在金融案例分析中，尤其以期权定价为主，非常契合国内对于金融衍生品的兴趣。

本书可作为高等学校金融工程、应用统计学、数量经济学、数据挖掘等专业或方向的相关教材，亦能满足证券投资实务领域和保险精算领域从业人士希望了解国外蒙特卡罗方法应用的需要。

Monte Carlo Methods and Models in Finance and Insurance/Ralf Korn, Elke Korn, Gerald Kroisandt/ISBN: 978 – 1420076189

图书在版编目（CIP）数据

金融学和保险学中的蒙特卡罗方法与模型／（德）拉尔夫·科恩（Ralf Korn），（德）埃尔克·科恩（Elke Korn），（德）杰拉尔德·克罗桑特（Gerald Kroisandt）著；陈杨龙，郑志勇译. — 北京：机械工业出版社，2017. 5
（国外实用金融统计丛书）
书名原文：Monte Carlo Methods and Models in Finance and Insurance
ISBN 978-7-111-56693-9

Ⅰ. ①金…　Ⅱ. ①拉…②埃…③杰…④陈…⑤郑…　Ⅲ. ①蒙特卡罗法—应用—金融学②蒙特卡罗法—应用—保险学　Ⅳ. ①F830②F840

中国版本图书馆 CIP 数据核字（2017）第 088865 号

机械工业出版社（北京市百万庄大街22号　邮政编码100037）
策划编辑：常爱艳　韩效杰　责任编辑：常爱艳　韩效杰　李　乐　任正一
责任校对：张晓蓉　　　　　　责任印制：常天培
唐山三艺印务有限公司印刷
2017 年 9 月第 1 版第 1 次印刷
169mm×239mm·22.75 印张·456 千字
标准书号：ISBN 978-7-111-56693-9
定价：88.00 元

凡购本书，如有缺页、倒页、脱页，由本社发行部调换
电话服务　　　　　　　　　　　网络服务
服务咨询热线：010-88379833　　机 工 官 网：www.cmpbook.com
读者购书热线：010-88379649　　机 工 官 博：weibo.com/cmp1952
　　　　　　　　　　　　　　　教育服务网：www.cmpedu.com
封面无防伪标均为盗版　　　　金 书 网：www.golden-book.com

译者的话

本书是由拉尔夫·科恩（Ralf Korn）、埃尔克·科恩（Elke Korn）、杰拉尔德·克罗桑特（Gerald Kroisandt）三人合力撰写完成的。三位专家在金融数学领域都有深入研究，且均是德国弗劳恩霍夫技术经济数学研究所成员。

拉尔夫·科恩是德国凯泽斯劳滕大学的金融数学教授，也是弗劳恩霍夫技术经济数学研究所的科学顾问委员会成员。埃尔克·科恩是德国凯泽斯劳滕市的一位独立金融数学咨询师。杰拉尔德·克罗桑特是弗劳恩霍夫技术经济数学研究所的金融数学成员之一。

在本书中，三位作者详细地介绍了蒙特卡罗方法在金融和保险领域中的应用背景，并以数据、图表和案例等形式直观地展示了蒙特卡罗方法的实际应用效果，以激励读者进一步探索模拟方法。

本书既讨论了一些基本数学基础，包括蒙特卡罗技术、连续和非连续随机过程知识以及保险精算数学等，同时也介绍了前沿模型和算法，包括多层次蒙特卡罗方法、龙贝格统计方法以及 Heath – Platen 估计值，还包括近期发展的金融和精算模型，如动态死亡率模型等。

这是一本典型的德国式书籍，全书逻辑演绎严密、数学推导详细，并提供了大量的参考文献。本书尽管研究内容非常深奥，但对当下国内金融从业人员，尤其是金融衍生品从业人员却具有重要价值。期权是蒙特卡罗模拟方法的重要应用领域之一。我国已经于 2015 年推出上证 50ETF 期权，2017 年大连商品交易所推出了豆粕期货期权，郑州商品交易所上市了白糖期货期权，金融实务领域的快速创新发展需要更多具有金融衍生品定价和风险管理能力的专业人才。目前国内介绍期权的书籍已经不少，但是能够深入探讨期权模拟定价的书籍却不常见，相信本书的引入有助于我国期权理论的研究和实务的开展。

尽管本书两位译者都曾接受过相关专业教育，也在相关领域从业，但蒙特卡罗模拟属于前沿领域，相关中文书籍有限，众多专业词汇和人名尚无统一译法，因此本书翻译可能略有晦涩，如果误译之处恳请读者批评指正。请将任何批评和建议发送至电子邮箱 chenyanglong@ aliyun. com，不胜感激！

译者

目录

第 3 章 蒙特卡罗方法：基本原理

第4章 连续时间随机过程：连续路径

第 5 章 模拟金融模型：连续路径

第 6 章　连续时间随机过程：非连续路径

第7章 模拟金融模型：非连续路径

第8章 模拟精算模型

算法列表

第1章

简介与导读

1.1 简介与概念

蒙特卡罗方法在金融与保险行业中的应用早已比较普及。在金融工程与精算中，特别是当面对基础资产定价与风险计算的时候，蒙特卡罗方法常常是唯一适用的工具。

但是，由于蒙特卡罗方法计算量大以致计算时间较长。所以，需要一个庞大的工具箱以加速蒙特卡罗算法，并且增加蒙特卡罗算法的计算精度。此外，经过近些年的发展，蒙特卡罗方法获得很多成果，这使得蒙特卡罗方法在某些领域的成功应用具有极大潜力。其中某些成果非常重大（例如，赫斯顿环境下的 Andersen 算法），还有其他算法理论（例如，多维蒙特卡罗方法）。然而，它们往往只出现在学术论文或应用数学出版物中。

另一方面，当新的数值方法被应用于这些领域时，某些专业书籍缺少相关的金融与保险中的数学理论。甚至，在近期某些论文上看到重大突破介绍时，从金融或保险数学的角度看，会发现这些方法解决的是已经被解决的问题，或解决的是没有实际意义的问题。因此，在本书中我们采用将蒙特卡罗方法的理论与其在金融与保险中的应用背景知识相结合的方式进行讲解。由于篇幅限制，为达到这种效果，或许存在某些欠妥之处。特别是，我们可能省略某些结论的证明过程。然而，我们通常可以使用书中信息通过一个相对直接的方法构建一个严格的证明过程。

如果书中某些结论无法通过简单或非专业性方法得到，可参阅本章后面的参考文献。这样的话，可以保持本书的篇幅合理，以便读者流利阅读并有整体把握，同时避免给读者造成太多技术性问题负担。

此外，我们的目的是通过简单案例、数值计算与图像展示的方法为读者介绍蒙特卡罗概念与方法。在此基础上，我们将尝试尽可能严谨细致地进行讲解。这意味着，在本书中我们将详细地介绍金融模型与精算模型，同时还可能讲解某些必要性的技术性问题。

在本书中，我们将蒙特卡罗方法、随机过程基础、金融数学与精算数学背景知识分别进行讲解。这样的优点是，读者可以简单地识别出标准蒙特卡罗方法，并不需要将蒙特卡罗方法从应用中分离出来。此外，这便于读者通过一个紧凑的方式将精力集中于金融数学与保险数学的主要原理上。一般情况下，本书中每个章节都可以自成体系，虽然后面章节经常是建立在前面章节的基础上的。当然，当蒙特卡罗方法应用在金融与保险领域时，我们需要将这些章节的知识融会贯通。

1.2　内容简介

我们将以随机数生成的理论概要与随机数生成器的运用（所有蒙特卡罗方法的基础）作为本书的开始。如何识别一个随机数生成器的好坏的确十分重要。当然，我们没有必要自己设计一个随机数生成器，因为有很多优秀的随机数生成器可以免费使用。但是我们应该能识别，软件包所提供的或公司内部系统正在使用的随机数生成器的类型。先进的方法，例如随机数生成器的并行应用已经实现，这种技术在加速蒙特卡罗方法方面非常重要。

接下来，我们将介绍蒙特卡罗方法的理论背景以及各种加速方法，称为降方差方法。这种方法应用于扩散型的随机过程。为此，扩散型随机过程的理论与 Itô 积分结合数值方法可以用于求解随机微分方程，解随机微分方程是模拟计算，例如股票价格或利率等过程的必不可少的一个工具。在本书中我们将介绍一些最新方法，例如龙贝格统计与多维蒙特卡罗方法。在本书的第 5 章，将介绍经典的股票期权定价，最新扩散型股票价格模型、利率模型等。另外还将介绍许多非标准模型（例如随机波动模型）。此外，我们给出了蒙特卡罗方法在期权定价与利率产品定价方面许多应用。其中的一些方法是标准的应用，这些方法在前面的章节中已经介绍过，另外一些方法专门针对金融应用，还有某些方法是最新的研究成果。在第 6 章与第 7 章，我们留给扩散架构。含有跳跃的随机过程，例如跳跃扩散或 Lévy 过程，这些都是金融市场不确定性模型的基石。研究更加高效计算 Lévy 模型的蒙特卡罗方法是一个热点领域，并且才刚刚起步。因此，我们仅介绍相关的基本概念，同时还将介绍一个专业算法的示例，例如方差伽马桥抽样方法。

最后，在第 8 章，介绍一些精算数学中的蒙特卡罗方法应用。作为精算（或保险）数学，其涉及很多内容，其中许多我们并未涉及，我们仅选择某些重要内容进行介绍，例如溢价原则、人寿保险、非人寿保险与资产负债管理。

1.3　如何使用这本书

本书定位为介绍蒙特卡罗方法与金融模型、精算模型的书籍。我们的目标是避免过于技术性或专业性，介绍更多标准化、成熟化的模型与方法。我们认为本书可以作为金融专业、保险专业数值分析的教材；或作为在银行、保险公司从业者关于蒙特卡罗方法的专业书籍；或作为为学生介绍相关领域的参考书目；同时，也可用作讲座中相关案例或示例的来源；相关领域专业人员可以将此书作为介绍蒙特卡罗新模型与新方法的书籍。最后，本书可以作为一本汇集不同成熟蒙特卡罗方法的工具书。

读者可以通过不同的方法阅读本书。即使，我们建议从第 2 章的随机数生成开始，但是读者也可以直接阅读第 3 章、第 4 章，关于蒙特卡罗方法与其相关衍生方法。如果读者对蒙特卡罗方法在金融中的应用感兴趣，阅读第 5 章是非常必要的。同时，第 6 至 8 章介绍蒙特卡罗方法的思路与方法的应用。

如果读者对某个具体的模型感兴趣，可以直接阅读本书相关内容。如果读者仅对某个具体问题的具体算法感兴趣，可以通过算法列表查找相关内容。

1.4　相关文献

本书涵盖的所有内容都是流行的应用数学主题。因此，本书参考大量学术专著、综述文章与专业讲义。我们尝试将这些领域主要成果汇集在一起。当然，之前已经出版了很多关于蒙特卡罗方法的专著。最近符合我们关于金融应用方面的书籍为 Glasserman（2004）的书，金融工程师与研究人员的一本标准参考书籍。我们也从阅读中受益很多，同时，尝试避免简单地复制其内容。特别是，我们将要详细地介绍金融模型与精算模型。

关于近期且高质量的参考文献为 Asmussen 与 Glynn（2007）的书，这本书内容超出金融与保险应用，如果需要更多的背景知识可以参考此书。相比这两本参考书而言，我们更专注于模型的介绍。

更多经典且最新的关于蒙特卡罗模拟的参考文献为 Rubinstein（1981）、Hammersley 与 Handscomb（1964），以及 Ugur（2009）的著作。这些参考文献介绍了金融中不同于蒙特卡罗的其他数值方法。

1.5　致谢

很多人为本书编写与出版做出贡献。我们受益于朋友与同事的讨论、讲座以及相关的研究成果。此外，受益于最近几年系列讲座、学生讨论，尤其是在凯泽斯劳滕（Kaiserslautern）的弗劳恩霍夫技术经济数学研究所（the Fraunhofer）的产业项目。

我们需要感谢 Christina Andersson、Roman Horsky 与 Henning Marxen 的细致校对与相关建议。对 Georgi Dimitroff、Nora Imkeller 与 Susanne Wendel 提供的数值计算与程序代码表示感谢。此外，还要感谢 Hansjörg Albrecher 与瑞士洛桑大学的精算师协会（SWISS Association of Actuaries at the University of Lausanne）第 22 届夏季

学校参与者的提问与讨论。

　　最后，感谢泰勒（法国）出版社（Taylor & Francis/CRC Press）的工作人员的友好与支持。尤其是，我们感谢（以字母顺序）Rob Calver、Kevin Craig、Shashi Kumar、Linda Leggio、Sarah Morris、Katy Smith 与 JessicaVakili 给予的帮助与鼓励。

第2章

生成随机数

2.1 引言

2.1.1 如何生成随机数

随机模拟，特别是蒙特卡罗方法会用到随机变量（**RV**s），因此生成服从某种分布的随机数（**RN**s）就成为必需技术之一。我们面临的主要问题是如何找到真正随机且不可预测的数字；当然，由于通常需要大量的随机数，通过掷骰子的方式生成随机数用于实践就显得太慢了。一种可替代的办法是运用物理现象，例如常被视作随机代名词的放射性衰变，然后变换测量单位以生成随机数；如果运用适当的器材，这项工作将比掷骰子快很多。但如何确定这些生成的随机数是服从我们需要的分布特征？事实上，现代研究使得人们有可能改变某些物理器械的测量方式来生成随机数，它们提供了针对某个固定分布的近似分布，不过这些设备在进行大规模模拟时仍太慢了。此外，除非随机数被储存，否则随机数序列将很难再次生成。可重复性是蒙特卡罗方法的一个重要特征，例如在方差缩减技术或者仅仅调试中都有体现。不过，物理的随机数生成器（**RNG**s）在密码学和赌博机中非常有用，因此我们希望在这些领域的随机数是无法预测的。

蒙特卡罗模拟的随机数往往是通过数学算法生成的，这产生了数字确定的随机数序列，因此这些随机数也被称为**伪随机数**。但如果在不知道算法的情况下，它们看上去似乎是随机的，而很多统计检验也得出它们像真正的随机数。当然，由于它们是确定的数字，它们无法通过某些检验。当选择一个 RNG，我们应该确保该随机数进行过深入检验，也应该注意它们无法通过的检验方法。

首先，我们集中于产生服从均匀分布的随机数，尤其在 0 至 1 区间上均匀分布的实数随机数，$u \sim U[0,1], U(0,1), U(0,1]$ 或者 $U[0,1)$。从理论角度看，1 或 0 是否被包括并不重要，因为单一数字的概率为 0。但是，使用者需要知道其所选择的随机数生成器是否会产生 0 和 1，因为这会导致**程序崩溃**，如 $\ln(0)$。

接下来，这些均匀分布的随机数将被转换成服从我们所需分布的随机数［如服从正态分布随机数或者服从 Gamma（伽马）分布随机数］。现在有很多种生成随机数的方法，这方面的研究依然很活跃。读者应该明白，即使今日最前沿的方法也将会被替代。同样，生成一个优秀的随机数算法是如此的复杂以至于我们无法在此展开所有细节。因此，本章不会介绍完美的随机数生成器（事实上，这并不存在！）。我们将在此处介绍用于理解随机数的基本知识，使得读者能够区分它的质量；此外，我们将试图为大家指明寻找适合所需的随机数的方向。在阅读本章之后，除非为了研究所需或者增加经验，你不应该自己尝试写随机数生成器的算法，更好的办法是：寻找一个有用的、已经编程实现且能够合适的前沿随机数生成器或者查看你计算机里面自带的文件包，（在一段时间内）将其作为可用之选并心之怡然；再或者，如果该程序包不好用，那就不要相信其模拟的结果。

尽管运用随机数生成器是一个如此庞杂的领域，但我们仍将介绍一些简单算法以便大家尝试一下，但不要将这些算法当作推荐，其唯一目的只是让大家熟悉技术术语。

2.1.2　随机数生成器的质量标准

为进行一个可靠的模拟，我们必须采用良好的随机数。一个糟糕的随机数生成器会产生愚蠢的模拟结果，并导致得出错误结论。在使用软件内置的随机数生成器前应该首先应对其进行检验。如下是我们在选择随机数生成器时需考虑的几个质量指标：

- 当然，均匀分布的随机数 RNs $\sim U\,[0,1]$ 应该在区间 $[0,1]$ 上**均匀分布**，但是其结构不应太规律。否则，它们将不被视为随机的。不过，在有些模拟案例中，我们可以利用规律性的结构，尤其是当处理平滑函数时。在这种情况下，我们可以使用**拟随机序列**，虽然它们看上去不像随机的，但的确服从均匀分布。

- 正如我们在蒙特卡罗模拟中需要大量随机数，因此随机数生成器应该在不占用太多内存情况下足够迅速和高效地产生随机数，所以，**速度**和**内存占用**很重要。

- 由于随机数算法原则结构的数据集和计算机中能表示的实数数量都有限，因此随机数生成器最终也将重复其随机数序列。在重复出现随机数序列之前的序列最大长度被称为随机数生成器的**周期**。

当今的大量模拟需要大量的随机数，因此随机数生成器的周期必须足够长以避免再次使用同样的随机数。基于单凭经验，我们认为随机数生成器的周期至少应该大于所需随机数数量的平方，否则，随机数生成器将展现其确定性的一面并使得随机数之间出现关联。在以前，拥有周期约 10^{19} 的随机数生成器被视为不错，但这种随机数生成器已经不能适用于现在所需了。更糟的是，一些周期只有 10^{5} 的随机数生成器竟然仍在使用，尤其是在内置的随机数生成器中，这将导致蒙特卡罗模拟的严重错误。

- 随机数的不可预测性在密码学中至关重要，但这对蒙特卡罗方法并非必需。更重要的是，随机数应该看上去是随机和独立的，并通过关于独立性，即独立同分布（*i.i.d.*）的随机数 ~ $U[0,1]$ 的**统计检验**。

- 在蒙特卡罗方法中，随机数的顺序应该是**可重复的**。首先基于调试的需要。如果得到奇怪的模拟结果，我们将能够检查随机数序列。此外，再次利用相同的序列也有很常见的应用价值，例如敏感性分析。可重复性的另一个优点是，在比较不同的计算方法或者相近的金融产品中，使用相同的随机数将更有效。

- 随机数生成算法应该是可编程实现的，以便它在每一台计算机上提供相同的随机数，这也被称为**可移植性**。优秀的随机数生成器应该可以在其他计算机上重复计算，并始终得到相同的结果。相同的初始化种子应该总是返回相同的随机数序列。

- 为提高计算速度，我们通常希望使用计算机并行计算，因此**并行计算**的可能性是另外一个需要考虑的要点。一种选择是，例如在序列中快速向前跳跃很多步，因此产生随机数序列的非连续子序列。另外一个选择是找到一类随机数生成器，此随机数生成器适用于不同参数的大集合。

- 随机点的**结构**很重要。一些随机数生成器的一个典型特征是，如果 d 维向量是由连续的随机数产生的，则这些点将位于超平面（hyperplanes）上。较差的随机数生成器在某些维上只有几个超平面，且相距甚远，巨大空隙之间没有任何随机向量。此外，人们应该意识到，是否随机数之间存在严重相关性。例如，如果算法根据两个以前的随机数序列构建了一个新的随机数序列，则这三个随机数序列将可能联系非常紧密。如果模型具有相似的结构，这种相关性可能导致仿真结果出错。

- 有时需要选择**易于实现**的随机数生成器，即代码很简短。这是一个比较普遍的观点，并适用于模拟的各个方面。它经常被用来对重要的模拟结果进行二次模拟，在这种情况下，容易阅读的代码提高了代码无缺陷的可能。

2.1.3 术语

所有基于确定性递归的 RNGs 可以描述为由五部分构成：$(S, \mu, f, \mathcal{U}, g)$（见 L' Ecuyer [1994] 的著作），其中

- S 是空间的有限集合，也被称为**状态空间**。
- $s_n \in S$ 是间隔步骤为 n 的一个特殊**状态**。
- μ 是从 S 中选择初始状态 s_0 的概率评估。s_0 被称为 RNG 的**种子**。
- 函数 f，也被称为**转移函数**，描述了算法 $s_{n+1} = f(s_n)$。
- $\mathcal{U}$ 是**输出空间**。我们主要考虑 $[0,1], [0,1), (0,1]$ 或 $(0,1)$。
- **输出函数** $g: S \to \mathcal{U}$ 将状态 $s_n \in S$ 转化成数字 $u_n \in \mathcal{U}$，这是我们感兴趣的最终随机数。

注 2.1

1. 我们不应低估调用 RNG 的种子的重要性。一个造成奇怪的模拟结果的原因通常是 RNG 尚未赋予随机数种子或被赋予零向量。另一个原因是，应尽量避免会导致糟糕随机数序列的生成器种子，例如，一个主要由零组成的种子可能导致生成的随机数差异不大。进一步地，最好是保存生成器种子以便调试。

2. 由于实数在计算机里只能呈现有限精度，状态集合 $\mathcal{S}$ 必须也是有限的，所以区间 $g(\mathcal{S}) \subset \mathcal{U}$ 也是有限的。由于我们感兴趣的是均匀分布，我们希望 $[0,1)$ 中的间隔不要太大。因此，$\mathcal{S}$ 必须是一个很大的集合。

3. $\mathcal{S}$ 的另外一个有限序列是对于整数 ρ 有 $s_{n+\rho} = s_n$，意味着序列最终出现重复现象。发生这种情况的最小数字 ρ 被称为 RNG 的**周期**。它不能大于 $|\mathcal{S}|$，这是状态集很大的另一个原因。某些生成器针对不同生成器种子有不同周期，并且随机数周期是不相交的，所以我们必须谨慎对待初始发生器种子。

2.2 随机数生成器示例

2.2.1 线性同余生成器

线性同余法是最早的产生随机数方法之一，线性同余生成器（LCGs）最先由 Lehmer（1949）提出，并在多年时间内广受欢迎。

算法 2.1   LCG

$$s_{n+1} = (as_n + c) \bmod m, \ n \in \mathbb{N}$$

其中

- $m \in \mathbb{N} \setminus \{0\}$ 被称作**模量值**，
- $a \in \mathbb{N}$ 被称为**乘数值**，$a < m$，
- $c \in \mathbb{N}$ 被称为**增量值**，$c < m$，
- $s_0 \in \mathbb{N}$ 被称为**种子**，$s_0 < m$。

$[0,1)$ 中的数字通过如下公式获得：

$$u_n = \frac{s_n}{m}$$

通常用 LCG(m, a, c) 表示这些随机数生成器。采用如下公式描述状态空间：

$$\mathcal{S} \subseteq \mathbb{N}, \ \mathcal{S} = \{0, 1, \cdots, m-1\} \ \text{或} \ \{1, 2, \cdots, m-1\}$$

对于增量值 $c = 0$，生成器无法从 $s_0 = 0$ 开始运行，因此 0 不能列入状态集。

选择相关系数

通常情况下，模量值 m 被选为素数。然后，所有计算都在有限域 $\mathbb{Z}_m$ 内完成。

首选模量值为梅森素数，即表达为 $2^k - 1$ 的素数，例如最大的 32 位有符号整数 $2^{31} - 1 = 2147483647$。有时也选择 2 的幂数作为模量值，因为可利用计算机的二进制结构使得计算更快。但随后生成随机数的低字节位高度相关，特别是状态 s_n 的最后一位要么是常量或严格地在 0 和 1 两者之间交替。这意味着，我们所有的整数随机数 s_n 要么是偶数或奇数，或者有一个规律的奇/偶模式。

如果一个这种随机数生成器的周期为 m 或 $m-1$（在 $c = 0$ 的情况下），则称这个属性为**全周期**，因为这是可能周期长度的最大值。为了达到长周期，我们建议最好是选择一个较大的数值作为模量值。另外，必须选择增量值和乘数值以创建一个全周期的生成器。如果 $c = 0$，m 是素数，a 是字根模 m，那么这个生成器具有全周期。对于 $c \neq 0$，全周期的标准更复杂（参见 Knuth 的著作［1998］）：m 和 c 的唯一共同除数应该是 1，每个整除 m 的素数也能够整除 $a-1$；如果 m 能够被 4 整除，那么 $a-1$ 也应该有除数 4。

执行问题

接下来的任务是实现算法。如果模量值 m 接近最大整数，乘数值 a 也将很大，那么基于整数运算的计算步骤会导致计算溢出。接着，我们会得到报错，一种较好的情况是代码依赖于机器，并且不再具有可移植性。为了处理这个难题，我们有以下几种可选方案：

● 可以采用浮点运算，而不是整数运算。例如，在 64 位浮点运算中，整数上限可达到 2^{53}，所以我们只需注意 $a(m-1) \leqslant 2^{53}$。

● 当在环 $\mathbb{Z}_m$ 里处理时，我们可以考虑乘以 $-\bar{a}$，而不是乘以 a，其中 $\bar{a} = m - a$ 是 a 的加逆。

● 另一种技术被称为**近似因式分解**（approximate factoring）。如果 m 较大，且 a 不是很大，例如 $a < \sqrt{m}$，那么分解 $m = aq + r$，即 $r = m \bmod a$，$q = \lfloor m/a \rfloor$。迭代过程中的复杂部分是由如下完成的：

$$(as_n) \bmod m = \begin{cases} a(s_n \bmod q) - r\lfloor z/q \rceil & \text{如果其值} \geqslant 0 \\ a(s_n \bmod q) - r\lfloor z/q \rceil + m & \text{其他} \end{cases} \quad (2.1)$$

● 由于参数 r 较小，因此这种方法避免了计算溢出。这方法也适用于，在整数 $k < \sqrt{m}$ 下，$a = \lfloor m/k \rceil$ 的情形。

● 如果 a 可以写成 2 的低阶幂和或低阶幂差分，例如 $a = 2^3 + 2^8$，则可以运用**2 的幂分解**。然后，模量值就可以被分解为 $m = 2^k - h$，其中 $k, h \in \mathbb{N}$。现在，我们可以运用移项、掩码（marks）、加法、减法和单—乘以 h，来高效地计算 $(as_n) \bmod m$。

LCGs 的缺点

LCGs 已经不再被用于比较重要的模拟。首先，现在已经产生了更好的随机数生成器，其次，LCGs 有很多缺点：

- LCGs 生成的随机数之间存在高度的序列相关性，所以它们不能很好地模拟随机性。例如，如果乘数值 a 与模量值 m 相对较小，则很小的随机数之后**总是**跟随一个更小的随机数。这种模拟意味着，小概率事件容易出现靠得太近或过于频繁发生的情况。

- 模量值 m 一定小于编程语言中可用的最大整数，所以对于随机数周期，由于其最大值就是 m，则随机数周期也不可能很大。在 32 位的计算机中，周期往往只有 $2^{31} - 1$，对现在而言这太小了。

- 我们仔细考虑充满了连续随机数的 t 维向量的集合，其有限集合

$$\Psi_t := \{ (u_1, u_2, \cdots, u_t) \mid s_0 \in \mathcal{S} \} \subseteq [0, 1)^t (参见定义 2.2)$$

如果伪随机数确实是随机且独立的，t 维超立方体将被均匀填充，没有任何可识别的结构。但是，由 LCG 中 Ψ_t 产生的模式结构是非常有规律的——所有的点都分布在等距、平行的超平面上，这被称为 LCG 的**晶格结构**。

例 1：作为简单的例子，我们观察 LCG 中 $s_{n+1} = (1 \cdot s_n + 1) \bmod 3331$。这个 "RNG" 有完整的周期，即 $\rho = 3331$。但 Ψ_2 只包含一个 "超平面" 和一个单点（参见图 2.1）。

例 2：给定 $a = 65539$，$c = 0$，$m = 2^{31}$，得到一个叫作 RANDU 的线性同余随机数生成器，该方法曾流行多年。但那些连续的随机数构造出的三维向量显示，Ψ_3 中的所有点都落在 15 个 "超平面" 上（参见图 2.2）。

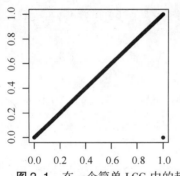
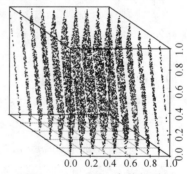

图 2.1　在一个简单 LCG 中的超平面　　　　图 2.2　RANDU 中的超平面

改进 LCGs

LCGs 的优点是，速度非常快，不需要太多内存，很容易实现，且易于理解。当此类生成器的优点充分满足需求时，它们还是可以被应用的。

- 我们在使用 LCGs 时，无法回避晶格结构；所以在运用一个 LCG 时，我们应该选择一个存在许多超平面的变量。判断这点的关键是**光谱测试**（请参阅 Knuth 的著作 [1998]）。它计算了超平面集合中两个连续超平面的最大距离的 $1/l_t$。通常情况下，在多个 Ψ_t，$t \in \mathbb{N}$ 下都可计算 l_t 的值。它向我们粗略展示了 Ψ_t 中的超平面数量。如果 Ψ_t 有许多超平面或 $1/l_t$ 对于多个 t 都较小，则这个生成器就更好。一个规则是，在 $c = 0$ 时 $l_t \leq 1 + a^2$，那么乘数值 a 也不宜过小。

- 借助另一个 LCG（或任何 RNG）的帮助（见 Knuth 的著作 ［1998］），我们有可能重组随机数序列。原始序列中第 j 个值不是第 j 个输出随机数，而是被保存在等待位置。该序列的第 j 个值或另一个 RNG 的随机值决定被释放出来的等待位置，并且该位置在释放后将再次充满了瞬间随机值。这种方法减少了随机数序列中的一部分序列相关。

- 一般说来，我们可以将两个（或更多）不同的 LCGs 的输出组合在一起；然后得到一个新的 RNG，叫作 **LCG 组合**。我们有两种不同的方法来组合随机数生成器（参见下一节）：

方法 1：如果 $u_n^{(1)} \in [0, 1)$ 是 LCG1 的输出，$u_n^{(2)}$ 是 LCG2 的输出，那么 $u_n = (u_n^{(1)} + u_n^{(2)}) \bmod 1$ 就是 LCG 组合的输出。

方法 2：如果 $s_n^{(1)} \in \mathcal{S}$ 是 LCG1 序列中第 n 个整数值，$s_n^{(2)}$ 是 LCG2 序列中第 n 个整数值，然后我们组合得到 $s_n = (s_n^{(1)} + s_n^{(2)}) \bmod m_1$，其中 m_1 是当满足 $m_1 > m_2$ 时，LCG1 的模量值。

推荐 LCGs

具有高质量的 LCGs 可以用于重新组合序列或作为其他 RNGs 的种子，组合产生的随机数生成器对于小规模的模拟已经足够适用。在表 2.1 中，我们给出了一个常见的推荐参数列表（参见 Entacher ［1997］，Press 等 ［2002］ 的著作）。

表 2.1　线性同余生成器

方法	LCG (m, a, c)	周期
Park 与 Miller	LCG ($2^{31} - 1$, 16807, 0)	$2^{31} - 2$
Fishman 与 Moore	LCG ($2^{31} - 1$, 950706376, 0)	$2^{31} - 2$
Fishman	LCG ($2^{31} - 1$, 48271, 0)	$2^{31} - 2$
L'Ecuyer	LCG ($2^{31} - 249$, 40692, 0)	$2^{31} - 250$
ran2（LCG 组合）	LCG1 (2147483563, 40014, 0) LCG2 (2147483399, 40692, 0)	2.3×10^{18}

2.2.2　倍数递归生成器

倍数递归生成器（**MRGs**）是线性生成器的扩展，很容易实现。在具有相同模量值的情况下，它们的周期长得多并且结构得到改善。我们这里只考虑 $c = 0$ 下的齐次递归，因为每个非齐次递归可由高阶齐次通过适当的初始值转换而来。

一个 MRG 的状态空间可以表示为

$$\mathcal{S} \subseteq \mathbb{N}^k, \ \mathcal{S} = \{0, 1, \cdots, m-1\}^k \setminus \{\mathbf{0}\}$$

初始向量 $s_0 \in \mathcal{S}$ 可以任意选择，只有向量 **0** 必须被排除在状态集之外。序列中

的第 n 个向量是 $s_n = (s_{n+k-1}, \cdots, s_{n+1}, s_n) \in \mathcal{S}$。除 $a_k \neq 0$ 之外，还必须有至少一个其他系数 $a_i \neq 0$。通过该算法可以用一个矩阵 $A \in \mathbb{N}^{k,k}$ 重新表示：

$$A = \begin{pmatrix} 0 & 1 & \cdots & 0 \\ \vdots & \vdots & & \vdots \\ 0 & 0 & \cdots & 1 \\ a_k & a_{k-1} & \cdots & a_1 \end{pmatrix} \tag{2.2}$$

$$s_{n+1} = (A s_n) \bmod m。$$

算法 2.2 MRG

$$s_n = (a_1 s_{n-1} + \cdots + a_k s_{n-k}) \bmod m, n \in \mathbb{N}, n \geq k$$

其中

- $m \in \mathbb{N} \setminus \{0\}$ 是**模量值**，
- $a_i \in \mathbb{N}$ 是**乘数值**，$i = 1, \cdots, k, a_i < m$，
- k 满足 $a_k \neq 0$，是递归**阶数**，$k \geq 2$，
- $s_0 = (s_0, s_1, \cdots, s_{k-1}) \in \mathbb{N}^k$ 是**随机数种子**，$s_i < m, i = 0, \cdots, k-1$。$[0,1)$ 中的数字可以通过如下获得：

$$u_n = \frac{s_{n+k-1}}{m}, n > 0$$

选择系数

此处我们以同样的方式考虑 LCGs。模量值 m 对应的最大可能的周期长度为 $m^k - 1$，其中 k 是递归阶数。因此，当 k 较大时，即使模量值较小，周期也可能较大。

- 如果 m 是素数，我们可以选择系数 a_i，以得到最大的周期长度。MRG 具有最大周期，当且仅当递归的特征多项式在 $\mathbb{Z}_m$（参见 L'Ecuyer 的著作 ［1999a］）上是本原的。

$$P(z) = \det(zI - A) = z^k - a_1 z^{k-1} - \cdots - a_k \tag{2.3}$$

- 如果几乎所有 a_i 等于零（考虑如下 MRGs：在 $0 < r < k$ 下，有 $a_k \neq 0, a_r \neq 0$；在 $i \neq k, r$ 下有 $a_i = 0$），那么算法的计算速度非常快，但生成的随机数结构太简单。当向量都是由随机数构成，则空间之间将会出现太多空隙。如果 m 和 k 较大，且许多系数 $a_i \neq 0$，则随机数结构通常是优秀的，但算法变得相当无效。

- 我们来仔细看看 t 维随机向量构成的有限集合 Ψ_t，因为在书中的后续章节将多次遇到，所以在这里给出一个正式的定义。

定义 2.2　集合 $\Psi_t := \{(u_1,u_2,\cdots,u_t) \mid s_0 \in S\} \subseteq [0,1)^t$ 是一个由特别 RNG 生成的连续随机数的所有 t 维随机向量组成的集合。s_0 代表随机数种子，u_1 是整个随机数种子生成的首个实数随机数，u_2 是第二个随机数，以此类推。这个集合看上去像多元集合，且有 $|\Psi_t| = |S|$，我们称之为 "**所有 t 维输出向量集合**"。

我们接下来考虑一个扩展的集合：$\Psi_I := \{(u_{i_1}, u_{i_2}, \cdots, u_{i_t}) \mid s_0 \in S\} \subseteq [0,1)^t$，其中 $I = \{i_1, \cdots, i_t\}$，$i_r \in \mathbb{N}$，是一个有限索引集合。

在 MRGs 中，点集具有晶格结构，并组成等距的平行超平面。两个相继的超平面之间的最大距离 $1/l_t$ 可以通过光谱测试（见 2.3.1 节）计算得出。我们选择系数 a_i 应保证对于尽可能多的 t，$1/l_t$ 仍相对较小。可以证明，对于 $t > k$，相继超平面间的最大距离为 $1/l_t \geqslant (1 + a_1^2 + \cdots + a_k^2)^{-1/2}$（见 L'Ecuyer 的著作 [1997]）。如果这些系数的平方和较小，将会只有少数几个超平面。对于包含非零系数的所有索引的集合 I，也满足同样的关系，即

$$I = \{1, k+1, \text{在 } a_{k-j} \neq 0 \text{ 下得所有 } j+1\}$$

例：我们来看看 Mitchell 和 Moore 在 1958 年提出的（作者未发表，见 Knuth 的著作 [1998]）生成器：

$$s_n = (s_{n-24} + s_{n-55}) \bmod 2^{31} \tag{2.4}$$

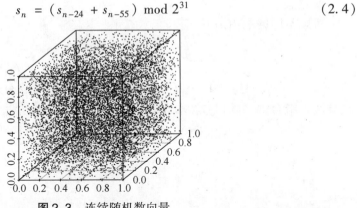

图 2.3　连续随机数向量

这是一个具有非素数模量值的 RNG，所以初始化的种子向量中的数字应该都是偶数。在这里，我们有一个巨大的周期值 $2^{30}(2^{55}-1)$。此外，由于该方法没有乘法运算，因此计算速度非常快速。在图 2.3 中，我们观察了填充连续随机数的集合 $\Psi_3 = (u_1, u_2, u_3)$ 的一个包含 10 000 个随机数点的子集。这些点均匀地分布在空间中，并且之间没有出现显而易见的间隙。在图 2.4 中，我们观察了集合 $\Psi_I = (u_1, u_{32}, u_{56})$ 的 10 000 个随机数点。这正是非零系数的集合所对应的随机数集合。由于案例中只有两个平面（和一个单点），因此这是一个极端的例子。具有两个非零系数，且两个系数均为 1 的 RNGs 曾经一直很受欢迎，但它们总是拥有只有三个超平面的低维的指数集。它们在大多数应用中表现得似乎还不错，但当在实际

中可能需要一个特殊的、只依赖于序列中最关键的随机数模拟时，其结果就不可靠了。

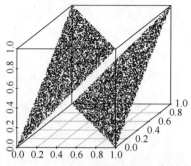

图2.4   选择的随机数组成的向量

2.2.3   生成器组合

具有良好的晶格结构的 MRGs 有许多非零系数，且这些系数都较大；但由于这些生成器需要进行很多乘法运算，因此速度较慢。一种改进具有较差晶格结构的快速乘法递归生成器的方法是将它们组合起来。通常情况下，合并后的 RNGs 具有不同的模量值 m。

考虑不同的 MRGs J，有

$$s_{n,j} = (a_{1,j}s_{n-1,j} + \cdots + a_{k_j,j}s_{n-k_j,j}) \mod m_j$$

$$n \in \mathbb{N}, k_j \in \mathbb{N}, n \geqslant k_j, j = 1, \cdots, J \tag{2.5}$$

其中 $m_1 = \max\{m_j \mid j = 1, \cdots, J\}, a_{k_j,j} \neq 0$，对于每个 j 至少有一个其他系数 $a_{i,j} \neq 0$。现在有两种组合这些随机数生长器以产生新的生成器的方法：

$$v_n = (d_1 s_{n+k-1,1} + \cdots + d_J s_{n+k-1,J}) \mod m_1$$

$$u_n = \frac{v_n}{m_1} \in [0,1) \tag{2.6}$$

或者

$$u_n = \left(\frac{d_1 s_{n+k-1,1}}{m_1} + \cdots + \frac{d_J s_{n+k-1,J}}{m_J}\right) \mod 1 \in [0,1) \tag{2.7}$$

其中 $k = \max\{k_1, \cdots, k_J\}$ 且 $n > 0$。

权重因子 $d_j, j = 1, \cdots, J$，是满足 $-m_j < d_j < m_j$ 的整数。状态空间可以表示为

$$\mathcal{S} \subseteq \mathbb{N}^{k_1, k_2, \cdots, k_J}, \mathcal{S} \subseteq \{0, 1, \cdots, m_1 - 1\}^{k_1} \times \cdots \times \{0, 1, \cdots, m_J - 1\}^{k_J}$$

向量 **0** 应该被排除在状态空间集之外，$j \in \{1, \cdots, J\}$ 中一个完整部分构成的向量也是零。在此之后，种子向量为 $s_0 = (s_{0,1}, \cdots, s_{k_1-1,1}, \cdots, s_{0,J}, \cdots, s_{k_J-1,J}) \in \mathcal{S}$ 可以任意选择。

如果所有的系数都经过精心挑选（例如不同的素数 $m_1, \cdots, m_J, d_j < m_j, k = k_1 = \cdots = k_J$，每次都采用最大周期 $\rho_j = (m_j^k - 1)$ 进行递归）（见 L'Ecuyer 的著

作［1996］），那么可以得到式（2.7）中的组合相当于一个模量值为 $m = m_1\cdots m_J$，周期为 ρ 的 MRG，其中 ρ 是 $\rho_1,\cdots,\rho_J$ 的最小公倍数。进一步讲，如果模量值彼此接近，生成器组合的两个变量都将产生几乎相同的随机数。所以 RNG 组合可以被看作是一种处理一个拥有巨大的模量值 m、长周期 ρ 和大量非零系数的 RNG 的巧妙的方式，但当 RNG 组合中有很多的零系数时，其运行效率将非常高。

最早的 MRGs 组合之一是，combMRG96a（见表 2.2），详细内容可以在 L'Ecuyer 的著作（1996）中找到，其中还介绍了用 C 语言实现 $q-r$ 分解。然而，浮点运算的执行效率要快得多（见 L'Ecuyer 的著作［1999］，其中还介绍了 64 位生成器）。表 2.2 中介绍了另一种生成器，L'Ecuyer 的著作（1999）中也介绍了这个生成器。负系数 $a < 0$ 被视为在空间 $\mathbb{Z}_m$，即 $\bar{a} = a + m > 0$ 中通过加法的逆运算产生得到 $-a$。

所有组合可构建为 $v_n = (s_{n+k-1,1} - s_{n+k-1,2}) \bmod m_1, u_n = v_n/m_1$［见式（2.6），其中 $d_1 = 1, d_2 = -1$］。

表 2.2　多元迭代 32 位生成器组合

生成器名称	系数	周期
combMRG96a	$m_1 = 2^{31}-1$，$m_2 = 2145483479$， $a_{11} = 0$，$a_{12} = 63308$，$a_{13} = -183326$， $a_{21} = 86098$，$a_{22} = 0$，$a_{23} = -539608$	$\approx 2^{185}$
MRG32k3a	$m_1 = 2^{32}-209$，$m_2 = 2^{32}-22853$， $a_{11} = 0$，$a_{12} = 1403580$，$a_{13} = -810728$， $a_{21} = 527612$，$a_{22} = 0$，$a_{23} = -1370589$	$\approx 2^{191}$
MRG32k5a	$m_1 = 2^{32}-18269$，$m_2 = 2^{32}-32969$， $a_{11} = a_{13} = 0$，$a_{12} = 1154721$，$a_{14} = 1739991$， $a_{15} = -1108499$，$a_{21} = 1776413$，$a_{22} = a_{24} = 0$， $a_{23} = 865203$，$a_{25} = -1641052$	$\approx 2^{319}$

2.2.4　延迟斐波纳契生成器

延迟斐波纳契 RNGs（**LFGs**）是斐波纳契数列的扩展

$$s_n = s_{n-1} + s_{n-2} \tag{2.8}$$

请注意，这显然不是一个优秀的 RNG。然而，扩展版本的一些特征可用于创建有用的 RNG：

$$s_n = s_{n-q} \odot s_{n-p} \tag{2.9}$$

运算符 $\odot$ 可以是加法、减法、或乘以模量值 m，或按位异或函数。延迟斐波那契数生成器将被记为 LFG$(p,q,\odot)$，其中 p 和 q 称为**延迟**，$p,q \in \mathbb{N} \setminus \{0\}, p > q$。乘法

必须基于奇数集进行运算。模量值 m 可以是任意整数，包括 1。在后一种情况下，s_n 是区间 (0, 1) 上的浮点数。

这些生成器可通过使用三个或更多延迟进行拓展。基于加法或减法运算的 LFGs 是 MRGs 的一些特殊情形，例如式 (2.4) 中的 Mitchell 和 Moore（提出的）RNG。正如我们指出上面这些的 RNG 都不好，在低维的一些点集中只包含少数几个超平面。一些以前非常流行的移位寄存生成器，例如：声名狼藉的 R250 正是 LFGs 采用异或运算的一个特殊结果。尽管这些生成器运算非常快，但因无法通过一些重要的统计检验而不再被推荐使用。

基于乘法运算的 LFGs 似乎该归于优秀 RNG 之中，尽管它们的运行速度慢于加法版的。如果模量值是 2 的 b 次幂，即 2^b，且我们选择了一个原始多项式的指数作为延迟，则周期为 2^{b-2} (2^{p-1})。乘法 LFGs 必须具有一些特质，如拥有几个独立的、完整的周期随机数循环。我们可以建立种子表用于得到在开始不相交循环运算的种子。

2.2.5　$\mathbb{F}_2$ - 线性生成器

另一种提高执行效率的思路是利用计算机中的二进制表示。因此，我们正在寻找只使用 0 和 1 的算法。所以，我们在有用元素 {0, 1} 的空间 $\mathbb{F}_2$ 中探索，即所有的运算都是"模 2 运算"。$\mathbb{F}_2$ 中的加法仅仅是二进制异或（XOR）运算 $\oplus$：

$$(x + y) \quad \mod 2 \quad 等价于 x \oplus y, x, y \in \mathbb{F}_2 \tag{2.10}$$

要启动序列，$\mathbb{F}_2$ 线性生成器必须用种子向量 $\boldsymbol{x}_0 = (x_0, x_1, \cdots, x_{k-1}) \in \mathcal{S}$ 进行初始化。状态空间可以被描述为

$$\mathcal{S} = \{0, 1\}^k \setminus \{\boldsymbol{0}\}$$

考虑到这一点，生成器的周期不能大于 $2^k - 1$，因为这是 $\boldsymbol{x}_n$ 的最大可能值，零向量排除在外。我们可以通过分析矩阵 $\boldsymbol{A}$ 的特征多项式来确定周期的长度，即

$$P(z) = \det(z\boldsymbol{I} - \boldsymbol{A}) = z^k - \alpha_1 z^{k-1} - \cdots - \alpha_{k-1} z^1 - \alpha_k \tag{2.11}$$

其中 $\alpha_j \in \mathbb{F}_2, j = 1, \cdots, k, \alpha_1 = \mathrm{tr}(\boldsymbol{A}), \alpha_k = \det \boldsymbol{A}$。

根据这个多项式，在 $\mathbb{F}_2$ 上的线性递归可以定义为（见 L' Ecuyer 的著作 [1994]）

$$v_n = \alpha_1 v_{n-1} + \cdots - \alpha_{k-1} v_{n-k+1} + \alpha_k v_{n-k} \tag{2.12}$$

如果 $\alpha_k = 1$, 意味着为 $\boldsymbol{A}$ 的秩是最大的, 那么这个递归按照 k 的顺序, 并且根据算法 2.3, 每个 $x_{n,i}, n > 0, i = 0, \cdots, k - 1$ 都遵循这个递归。如果多项式 $P(z)$ 在 $\mathbb{F}_2$ 上是本原的, 则递归式 (2.12) 有最大周期为 $2^k - 1$, 所以算法 2.3 中的第一个递归也同样满足上述性质。矩阵 $\boldsymbol{B}$ 常被用来改进输出的分布特征, 但在许多情况下, 它仅仅是 $w \times w$ 单位矩阵与 $k - w$ 列相加。

算法 2.3 $\mathbb{F}_2$ – 线性生成器

$$x_{n+1} = Ax_n, x_n \in \mathbb{F}_2^k, A \in \mathbb{F}_2^{k,k}$$

$$y_{n+1} = Bx_{n+1}, y_{n+1} \in \mathbb{F}_2^w, B \in \mathbb{F}_2^{w,k}$$

- x_n 被称为在第 $n, n \in \mathbb{N}, k \in \mathbb{N} \setminus \{0\}$ 步的 k – 位 **状态向量**,
- y_n 被称为 w – 位 **输出向量**, $w \in \mathbb{N} \setminus \{0\}$,
- A 被称为 **转移矩阵**,
- B 被称为 **输出矩阵** 或者退火。

最终输出结果 $u_n \in [0, 1)$ 是通过如下公式得到的:

$$u_n = \sum_{i=1}^w y_{n,i-1} 2^{-i} = 0. y_{n,0} y_{n,1} \cdots y_{n,w-1} (\text{二进制表示})$$

线性反馈移位寄存生成器

$\mathbb{F}_2$ – 线性生成器的特殊情形是 **陶斯沃兹生成器**,也被称为 **线性反馈移位寄存 (LFSR)** 生成器。

生成均匀分布的实数可以被看作是每 s 步(**步长**),减缓 w 位(**字长**)。要开始这种算法,必须选择种子向量 $x_0 = (x_0, x_1, \cdots, x_{k-1}) \in \mathcal{S}$。算法 2.4 中第一个递归的特征多项式是

$$P(z) = z^k - a_1 z^{k-1} - \cdots - a_k \tag{2.13}$$

算法 2.4 线性反馈移位寄存生成器

$$x_n = (a_1 x_{n-1} + \cdots + a_k x_{n-k}) \mod 2, n \geq k, a_i \in \{0, 1\}$$

输出为

$$u_n = \sum_{i=1}^w x_{ns+i-1} 2^{-i}, w, s \in \mathbb{N}$$

递归的周期为 $2^k - 1$,当且仅当 P 是一个本原多项式。如果步长 s 与 $2^k - 1$ 互质,那么实数随机数的序列的周期也是 $2^k - 1$。该算法可以用矩阵 $A = \tilde{A}^s$ 表示,其中

$$\tilde{A} = \begin{pmatrix} 0 & 1 & \cdots & 0 & 0 \\ 0 & 0 & \cdots & 0 & 0 \\ \vdots & \vdots & & \vdots & \vdots \\ 0 & 0 & \cdots & 1 & 0 \\ 0 & 0 & \cdots & 0 & 1 \\ a_k & a_{k-1} & \cdots & a_2 & a_1 \end{pmatrix} \in \mathbb{F}_2^{k,k} \tag{2.14}$$

$$x_n = (x_{ns}, x_{ns+1}, \cdots, x_{ns+k-1})^T$$

$$x_{n+1} = \tilde{A}^s x_n$$

一个流行的线性反馈移位寄存器的例子是以前流行的、周期为 $2^{250} - 1$ 的 R250 $x_n = x_{n-103} \oplus x_{n-250}$，这在 2. 2. 4 节中已经提及。R250 属于**三项式 LFSR** 生成器这一类，因为它们的特征多项式只有三个非零系数。这类的生成器运行速度非常快，但是它们无法通过一些重要的统计检验。LFSR 生成器缺乏较好的等分布特性（见 2. 3. 2 节）。然而，LFSR 生成器仍可用于产生随机符号，也适用于二叉树的分支左右方向决策时的蒙特卡罗模拟。然而最重要的是，它们的生成器组合具有一个良好基准，因为这类生成器最终具有良好的分布特性。

$\mathbb{F}_2$ - 线性生成器组合

可以利用参数 (k_j, w, A_j, B_j)，$j = 1, \cdots, J$，组合 J 不同的模 2RNGs。所有的 B - 矩阵必须具有相同的行数 w。接着，得到 J 不同于 $x_{j,n} = A_j x_{j,n-1}$ 序列，$j = 1, \cdots, J$，并将 J 组合进单个 y_n - 序列：

$$y_n = B_1 x_{1,n} \oplus B_2 x_{2,n} \oplus \cdots \oplus B_J x_{J,n} \tag{2.15}$$

$[0, 1)$ 中的随机数由如下构成：

$$u_n = \sum_{i=1}^{w} y_{n,i} 2^{-i} = 0. y_{n,1} \cdots y_{n,w} \tag{2.16}$$

很容易看出，生成器组合只是满足 $k = k_1 + \cdots + k_j$ 的一个常规 $\mathbb{F}_2$ - 线性生成器，矩阵 A 是一个较大的分块对角矩阵 $A = \text{diag}(A_1, \cdots, A_J)$，$B$ 的列包括所有 B_j 的列，即 $B = (B_1, \cdots, B_J)$。

生成器组合不具有全周期，其周期的最大值是其组建生成器的最小公倍数。但如果选择了一个不错的参数，生成器组合还是可以非常接近其理论上的全周期 $2^k - 1$（见 L' Ecuyer 的著作［1999］）。

一些有趣的生成器组合是组合 3 个或 4 个三项式或多项式 LFSR 而成。由于它们的非零系数很少，所以每个单一生成器运行非常快。如果生成器组合选择适当，生成器组合可以有非常大的周期，其特征多项式具有大量非零系数，这将使得随机数分布较好。因此，我们可以得到具有优良的分布特性的快速计算的随机数生成器。L' Ecuyer (1999) 介绍了几个生成器组合表，其中的生成器组合都是三个或四个快速线性反馈移位寄存器合成而得，并都具有优良的等分布特性。这些组合都是最大限度的等分布，并且无冲突（见 2. 3. 2 节）。另外，在 L' Ecuyer 的论文中给出了利用 C + + 的执行过程。

作为一个例子，我们重新定义 L' Ecuyer 的论文中表 1 的第 62 个入门算法（见算法 2. 5）。这个 RNG 的周期约为 2^{113}，并且是四种不同的 32 位 LFSR 生成器的组合。

算法 2.5　LFSR 生成器组合示例

这个 RNG 包括 4 个三项式 LFSR 生成器，其 degrees 分布为 31，29，28 和 25。

$$x_{1,n} = x_{1,n-25} + x_{1,n-31} \quad \mathrm{mod}\ 2$$

$$x_{2,n} = x_{2,n-27} + x_{2,n-29} \quad \mathrm{mod}\ 2$$

$$x_{3,n} = x_{3,n-15} + x_{3,n-28} \quad \mathrm{mod}\ 2$$

$$x_{4,n} = x_{4,n-22} + x_{4,n-25} \quad \mathrm{mod}\ 2$$

每个生成器 $[0,1)$ 中的数字由如下产生：

$$u(j,n) = \sum_{i=1}^{w} x_{j,ns_j+i-1} 2^{-i}, j = 1,\cdots,4$$

步长是 $s_1 = 16, s_2 = 24, s_3 = 11, s_4 = 12$，并且字长是 $w = 32$，$[0,1)$ 中的最后随机数是 XOR-组合

$$u_n = u_{1,n} \oplus u_{2,n} \oplus u_{3,n} \oplus u_{4,n}$$

广义反馈移位寄存生成器和梅森旋转算法

在 $\mathbb{F}_2$ 类中最有名的 RNG 是梅森旋转算法 MT19937（见 Matsumoto 与 Nishimura 的著作 [1998]），该生成器具有极其大的周期长度 $2^{19937} - 1$。梅森旋转算法是**广义反馈移位寄存（GFSR）**生成器的变形。

算法 2.6　GFSR

$\tilde{x}_n \in \{0,1\}^{pq}$ 中第 n 次迭代可由 $\tilde{x}_n = A\tilde{x}_{n-1}$ 计算，其中

$$A = \begin{pmatrix} S_1 & S_2 & & S_{q-1} & S_q \\ I_p & & & & 0 \\ & I_p & & & \\ & & \ddots & & \vdots \\ 0 & & & I_p & 0 \end{pmatrix}$$

$S_i \in \{0,1\}^{p,p}$，I_p 是 $p \times p$ 单位矩阵。

在 $w = p$ 的情况下，矩阵 B 包括单位矩阵的第一行，对于一些 $1 \leq r < q$ 有 $S_r = S_q = I_p$，对于 $i \notin \{r,q\}$ 有 $S_i = 0$，由此得到三项式广义反馈移位寄存（GFSR）生成器。通过定义 $x_n := (\tilde{x}_{n,1},\cdots,\tilde{x}_{n,p}) \in \{0,1\}^p$，得到

$$x_n = x_{n-r} \oplus x_{n-q}$$

向量 $\tilde{x}_n$ 的低位只是移位。

有时，GFSR 生成器有两个以上的矩阵 $S_i = I_p$。这意味着，x_n 是由之前向量的 p 维部分进行按位异或构成。GFSR 生成器可有效运行，且速度非常快，但不论非零矩阵的数量多少，GFSR 生成器的最大周期是只有 $2^q - 1$。这多少有点令人失望，在

$\bar{x} \in \{0, 1\}^{pq}$ 条件下，我们期望出现更长的周期。这个缺点促使构造梅森旋转算法。

在梅森旋转算法框架下，我们把矩阵 S_q 处理成如下形式：

$$S_q = \begin{pmatrix} 0 & 0 & \cdots & 0 & s_1 \\ 1 & 0 & \cdots & 0 & s_1 \\ 0 & 1 & & 0 & \vdots \\ 0 & & \ddots & & s_{p-1} \\ 0 & 0 & & 1 & s_p \end{pmatrix}, S_q \in \{0, 1\}^{p,p}, s_i \in \{0, 1\} \quad (2.17)$$

如果对于一些 $r \in \{1, \cdots, q\}$，有 $S_r = I_p$，对于 $i \notin \{r, q\}$，有 $S_i = 0$；那么这个 RNG 就被称为旋转 GFSR（**TGFSR**）生成器。此处我们并不是得到算法 2.6 中的最后一个公式，而是得到

$$x_n = x_{n-r} \oplus S_q x_{n-q} \quad (2.18)$$

如果仔细旋转参数，周期长度可能为 2^{pq}。但这种生成器需要一个特殊的矩阵 B 以改善随机数分布的均匀性。通过矩阵 B 实现该项步骤被称为**退火**。

Niederreiter（1995）检验了 TGFSR 的一个广义情形，**多元递推矩阵法** (**MRMMs**)，在不同的矩阵 S_i 下，

$$x_n = S_1 x_{n-1} \oplus \cdots \oplus S_q x_{n-q} \quad (2.19)$$

梅森旋转算法也属于这类方法，即它通过如下公式改变了递推式（2.18）：

$$x_n = x_{n-r} \oplus S_q(x_{n-q}^u, x_{n-q}^l) \quad (2.20)$$

其中 $u = w - l$ 表示向量 x_{n-q} 的高位，l 表示 x_{n-q}，$0 \leqslant l < p$ 的低位（即最后一个）。通常情况下，在梅森旋转算法中，有 $p = w$。

梅森旋转算法类型中最有名的 RNG 是 MT19937，该生成器在许多计算机程序中有应用，并能从各种渠道免费下载。虽然这个 RNG 是作者写书时最前沿的生成器，但我们也建议读者同样尝试其他不错的生成器。梅森旋转算法通常具有良好的等分布特性，但所有这类生成器都有一个严重的缺点。一旦我们处于只有少数的 1 和许多的 0 的状态（或者我们不小心从这样的种子开始），则将在这种状态停留很长一段时间，这意味着这种状态在一段时间内不会变化。这个问题被称为缺少**扩散能力**（见 2.3.3 节）。

2.2.6　非线性 RNGs

线性 RNG 通常有相当规则的结构，如 MRGs 生成的随机数具有 t 元组晶格结构。为了摆脱这一规律，人们要么转换随机数，丢弃或跳过一些随机数，要么使用非线性 RNG。由于非线性 RNGs 难以从理论上分析，因此直到今天在这方面的文献并不多。它们表现良好时往往只是显示与统计检验的特性。这类的非线性 RNGs 有逆同余生成器（ICGS）、显式逆同余生成器（EICGs）、数字逆同余生成器（DICGs）及其组合。它们可能有二次或三次函数（见 Eichenauer-Herrmann

[1995]、Knuth [1998] 的著作)。

非线性 RNGs 的特性是没有晶格结构。但在计算机上的逆转运行比加法、移位、减法甚至是乘法都更耗时。因此，这些生成器通常显著慢于线性 RNGs。但无论如何，它们在验证重要仿真结果时非常有用。另一个想法是通过将一个优秀的快速线性 RNGs 与非线性 RNGs 进行组合，从而在线性 RNGs 中增加非线性特性（见 L'Ecuyer 与 Granger-Piché 的著作 [2003]）。

这里介绍两个非线性 RNGs 的例子。假设 $m \in \mathbb{Z}$ 是素数以确保 $\mathbb{Z}_m$ 为域。定义在 $\mathbb{Z}_m$ 上，如果 $c \neq 0$，则 $\bar{c} := c^{-1}$；如果 $c = 0$，则 $\bar{c} := 0$，即对于所有 $c \neq 0$，有 $c\bar{c} = 1$。

第一类 **ICG** (m, a, c)，看上去像 LCG，但包括随机数的逆，见算法 2.7。

算法 2.7　逆同余生成器

$$s_{n+1} = (a\bar{s}_n + c) \mod m, n \in \mathbb{N}$$

其中 $m \in \mathbb{N}$ 是素数，$c \in \mathbb{N}, c < m, a \in \mathbb{N} \setminus \{0\}, a < m$，种子 $s_0 \in \mathcal{S} \subseteq \mathbb{N}, \mathcal{S} = \mathbb{Z}_m \circ [0, 1)$ 中的数字通过如下获得：

$$u_n = \frac{s_n}{m}$$

ICG(m, a, c) 的最大周期长度为 m。最长周期的一个充分条件是多项式 $x^2 - cx - a$ 在 $\mathbb{Z}_m$ 上是本原的（见 Eichenauer-Herrmann 与 Lehn 的著作 [1986]）。如果 ICG(m, a, c) 具有最大周期，那么对于 $0 < t < m$，ICG(m, t^2a, t) 也具有最大周期。表 2.3 展示了具有最大周期 ICGs 的例子（见 Hellekalek 的著作 [1995]）。

第二类 **EICG** (m, a, c)，具有明显优点是我们可以很容易地产生对并行技术非常有用的非交错子流。

表 2.3　逆同余生成器

ICG (m, a, c)	周期
ICG $(1039, 173, 1)$	1039
ICG $(2027, 579, 1)$	2027
ICG $(2^{31} - 595, 858993221, 1)$	$2^{31} - 595$
ICG $(2^{31} - 1, 1288490188, 1)$	$2^{31} - 1$
ICG $(2^{31} - 1, 9102, 36884165)$	$2^{31} - 1$

$$s_n = \overline{(a(n + s_0) + c)} \mod m \qquad (2.21)$$

选择参数最大周期很容易——m 必须是素数且 $a \neq 0$。不幸的是，我们并没有很多不同的 RNGs，因为它们大部分是等价的。序列 EICG$(m, a, 0)$ 可以通过在 EICG$(m, 1, 0)$ 选择任意第 a 个元素得到。

2.2.7　更多的随机数生成器

我们简单地介绍一些具有良好特性的随机数生成器：

• 由 L' Ecuyer 等 (2006) 最近推出的 WELLRNG 具有优良的等分布特性。它们属于 $\mathbb{F}_2$ – 类线性生成器,它们的周期长度堪比梅森旋转算法类型。矩阵 A 属于有块结构,且主要由零区域构成。非零区域描述了快速运行,使得能很容易实现的移动、按位异或、按位与运算,或者它们都是单位矩阵。A 是由这样一种方式构成:该位混合被提高了从而获得更好的扩散能力。

• Marsaglia (2003) 曾介绍了 XORshift 生成器,这是一种非常快的 RNGs,主要使用二进制移位和按位异或运算。它们是多个递归矩阵法的一种特殊情况。

• 我们不是在区域 $\mathbb{F}_2$ 上进行研究,而是在 $\mathbb{F}_{2^m}$ 上进行。这将使得这些生成器成为模 2^m 的生成器。如果 m 是根据计算机里代表实数或整数所需的比特数进行选择,我们可以利用计算机二进制结构的优势实现快速计算。

• 近期出现了广义梅森旋转算法的研究,它们使用 128 位的算术或组合的 32 位运算达到 128 位,并利用特殊的处理器加快计算 (见 Matsumoto 与 Saito 的著作 [2008])。然而,这样的随机数生成器不再独立于机器。

2.2.8   改进 RNGs

• 如前所述 LCGs,该输出结果可以在其他生成器或相同生成器的帮助下进行重组得到。然而,这将只删除现有序列相关的一部分,并且随机数仍保持相同。另一个缺点是这种 RNG 不能使用并行化方法,因为第 n 个输出不再是可以预见的。

• 一些生成器在其结构中存在某些缺点,但这些缺点可以通过减少部分生成的随机数而得到改善。一个例子是 Lüscher (1994) 提出的 RANLUXLüscher (1994) 生成器,我们可以奢侈地删除一定数字。它是基于一个带借位减法的 RNG:

$$s_n = (s_{n-10} - s_{n-24} - c_n) \mod 2^{24}$$
$$c_{n+1} = [s_{n-10} < s_{n-24} + c_n] \tag{2.22}$$

如果 "奢侈水平" LUX = 0,没有数字会被忽略;LUX = 1,24 个数字将被跳过;LUX = 2,73 个号码被跳过等。虽然较高 LUX 使得 RNG 计算速度变慢,但其结构显著改善了。

• 我们可能将 RNG 的序列分割成若干子流,然后在这些数据流之间进行切换。

• 我们可以组合两个或两个以上的 RNG。通常情况下,生成器组合显示出更好的性能,但是这不能保证对所有组合都适用。

2.3   检验和分析 RNGs

分析随机数序列质量的方法有两种:一种是检查 RNG 的数学特性,另一种是将 RNG 提交统计检验,例如通过 L' Ecuyer 与 Simard (2002) 检验 TestU01,或者利用 Marsaglia (1996) 进行 Diehard 检验。

2.3.1　分析晶格结构

由 LCGs、MRGs 和其他生成器形成 t 维向量位于固定数目的超平面上, 可以通过计算得出一个范围。一个优秀的 RNG 应该尽可能多地拥有超平面, 或者平行的超平面之间的距离要较小, 从而使 RNG 在 t 维空间不存在较大的间隙。

谱检验（见 Knuth 的著作 [1998]）可以用于分析一个特殊 RNG（见定义 2.2）的连续随机数构成的所有 t 维向量集合 Ψ_t 中的晶格结构, 这个检验从状态空间 $\mathcal{S}$ 中每一个可能的种子开始:

$$\Psi_t := \{(u_1, \cdots, u_t) \mid s_0 \in \mathcal{S}\} \subseteq [0,1)^t \qquad (2.23)$$

传统的谱检验只适用于如果点集确实有晶格结构。然后, 它测量连续两个超平面的最大距离 l_t。$1/l_t$ 的值称为**准确性**, 这与平行的超平面的最小数目密切相关。这个数目取决于超平面的斜率和其到 t 维立方体坐标轴的位置。每个维度的精度都必须进行计算。可能会出现这种情况, 一些随机数生成器的质量在所选择维度方面完全不同。所以有时谱检验给出结果在 RNGs 之间没有明确的排名, 那么它只能说明我们应该避免使用某个 RNGs。寻找超平面之间的最大距离必须有效地进行, 因为当生成器的周期很长时, 我们不能分别检查 RNGs 的所有序列点。现在也存在用于一般点集的谱检验的变体。

2.3.2　等分布

在这里, 我们考虑均匀分布的实随机数 $u \sim U[0,1)$ 的等分布特征。此外, 还存在一个针对均匀分布的整数 $n = 1, \cdots, N \in \mathbb{N}$ 的类似概念, 叫作 k 分布检验（见 Matsumoto 与 Kurita 的著作 [1992]）。我们来仔细看一下在定义 2.2 中的集 Ψ_t。在每一次模拟中, 应该都可以接近在 t 维单位超立方体中的每一个向量, 所以一个优秀的 RNG 应该尽可能平均和密集地包括 Ψ_t 中的单位超立方体 $[0,1)^t$。所以, 首先, $\mathcal{S}$ 应该是一个大集合; 然后, 我们要检查 RNs 是否分布均匀, 现在应该在这一步更加精确。事实上, 存在几个均匀度的检验措施。这里, 我们提出等分布的概念, 因为值可以在许多情况下有效地计算（见 L' Ecuyer 的著作 [1996]）。

定义 2.3　等积划分

如果把区间 $[0,1)$ 等分为 2^l 个相同的子区间从而定义 t 维单位超立方体 $[0,1)^t$ 划分为 2^{tl} 个相等区域。此分区被称为基于 2 的 (t,l) - 等分布。

定义 2.4　等分布

该集 Ψ_t 称为 (t,l) - 等分布, 如果基于 2 的单位超立方体的 (t,l) - 等分布的每个区域都包含集合 Ψ_t 中相同数量的点。

一个理论的问题是, 只有当区域数量除以 $|\Psi_t|$ 时, 完美的等分布才有可能实现。实际上, 因为在大多数情况下, 对于任意 $k \in \mathbb{N}$, 有 $|\Psi_t| = |\mathcal{S}| = 2^k$（这时零矢量被包括在状态空间中, 以使计数更容易）, 所以这个问题可以忽略不计。对于

每一个 RNG，存在特殊限制受制于可能存在的等分布度。区域的数量必须小于状态空间 $2^u \leqslant |\Psi_t|$ 的点数量，分割方式不能用计算机中的数字的比特表示，$l \leqslant w, w$ 字长，更加精细。例如，在 LFSR 生成器中，这意味着 $l \leqslant w$ 和 $tl \leqslant k$。

定义 2.5　最大化等分布

假设 $k: = \log_{base2}(|\Psi_t|)$，$l_t^*: = \min\{w, \lfloor k/t \rfloor\}$，$\mathbb{F}_2$ – 线性生成器的多元集合 Ψ_t 最大数字可以是 (t, l) – 等分布。对于所有 $0 \leqslant t \leqslant k$，如果 Ψ_t 是 (t, l_t^*) – 等分布，那么这可以称为最大化等分布（*Maximally Equidistributed*, *ME*）。

L' Ecuyer（1999）描述了多个陶斯沃兹生成器组合，这是最大化等分布且无进一步冲突。

定义 2.6　无冲突

集合 Ψ_t 被称为无冲突，如果基于 2 的单位超立方体中 (t, l) – 等积划分中的每个非空区域准确地包含在 $l_t^* < l \leqslant w$ 中的点。

等分布的标准再次强调了随机数的最重要阶位（bits）的重要性，而低阶位可能分布特性不好。人们可以以 2 的幂和模量值 1 乘以随机数，然后再分析等分布。那些对于所有阶位（bits）都拥有良好等分布特性的 RNGs 被称为性能稳定。这个属性不是很重要，因为它足以知道，有时候低阶位并不良好分布，以至于在模拟中无法避免给予其关注。例如，在 $\lceil 6u_n \rceil$ 时，骰子是最好的模拟，而在 $(s_n \mod 6)$ + 1 时却不是；其中 s_n 是迭代中被转化为实数之前的随机整数。

2.3.3　扩散能力

如果以两个不同、但在某种意义上接近的种子开始运行，但得出的随机数序列仍然显著不同，则称这个 RNG 具有良好扩散能力。如果状态 s_n 包含许多 0 和少量 1，然后一些随机数生成器将难以摆脱这点，并且其后的状态 s_{n+k} 仍将在很长一段时间包括很多 0，这被称为**低扩散能力**。一些梅森算法的变种就具有这样的缺点。

形成这种较差的扩散能力的一个原因是递归的特征多项式经常包含了太多的零。这意味着该递归过程中太多的位（bits）保持不变。一旦我们处于许多零的状态，由于算法在每步中仅调整很少的位，因此我们将在这个位置停留较长时间，例如三项式生成器。

在这种情况下，我们往往会评估**汉明（Hamming）权重** $H(s)$，其中 $H(s)$ 是在向量 s 中的位设置为 1 的数目。一种方法是计算部分比特位的移动平均，该部分比特位是连续输出变量 s_n 的一段所选区域中的一个。如果 RNG 的启动状态中有很多 0，那么这个平均值应该在经过一些但不是太多的迭代步骤之后达到 0.5。另一种方法是当从接近 0 或者 1 开始时，检查随机数序列 $u_i \in [0, 1)$ 的移动平均，这将给更重要的位更大的权重。

2.3.4　统计检验

随机数序列应该在 [0，1) 上均匀分布，且看上去应该是独立的。这些特性

可以通过一些统计检验进行测试。因此，随机数 u_n 的零假设为

H_0:数字 $u_n, n = 1, \cdots, N$,是 $i.i.d. U(0,1)$ – 分布的随机变量的实现。　(2.24)

RN 序列 $u_n, n = 1, \cdots, N$ 的**检验统计量**是一个在已知零假设 H_0 下的近似分布的随机变量 $X: [0,1)^N \rightarrow \mathbb{R}$。我们通过如下定义确定左和右 p – 值:

$$p_r: = \mathbb{P}(X \geq \hat{x} \mid H_0), p_l: = \mathbb{P}(X \leq \hat{x} \mid H_0) \tag{2.25}$$

其中 $\hat{x}$ 是 RV X 的观测值。通常情况下,观测值被分为 J 个子集,接着计算在 H_0 之下的每个子集的理论概率 $p_j, j = 1, \cdots, J$,并与实证频率进行比较, 通常是利用加权差分进行比较分析。

RNG 通过检验的含义是什么呢? 如果 p 值不是太小,例如大于 0.05,我们可以说这个 RNG 通过了检验。但这与医学并不相同,如小于 0.01 的 p 值的结论为拒绝零假设。在这里,事情并不是这么容易决定。我们在这里不固定一个显著水平。甚至可以接受更小的 p 值,因为我们希望得到不太可能的 RNG 组合。但是,如果反复测试总是给较小 p 值,我们可能会怀疑 RNG 可能无法正常工作。诸如 0.00000001 一样小或者更小的 p 值暗示 RNG 可能效果不好。

通过这些测试并不能证明该 RNG 是适用于各种模拟。这甚至不表明,我们已经找到了一个很好的 RNG。但随着检验每通过一次,我们对生成器的信心也就提高了。由于 RNs 不是真正随机的而是确定的,因此 RNG 总会无法通过某个统计检验。由于这个原因,我们只是不需要那些无法通过简单统计检验的 RNGs。越好的生成器应该通过越多的检验。我们还应该确保随机数适合特殊应用。因此,应该至少设计一个如此的检验方法以用于特殊模拟环境。对于零假设不同的偏离需要不同的检验方法进行验证。任何的检验应该可以随机地抽取应用于任何的序列,随机地抽取应该是可能的。更进一步地,对于每个种子,RNG 的行为必须相同,因此不仅只有一个种子需要检验。

著名的 RNGs 检验集合是 Marsaglia 的 Diehard 成套检测 [参见 Marsaglia (1996) 的论述],以及 L'Ecuyer 和 Simard (2002) 的 TestU01,或 Rukhin 等 (2001) 的 NIST (National Institute of Standards and Technology, 国家标准和技术协会) 测试包,这些测试包检验了独立同分布的 $U(0,1)$ – 序列,以及随机字段。为获得对检验的感觉,我们在这里将要呈现统计检验的一些例子。无论如何,下面一些检验不应被视为最重要的检验,虽然它们中一些的确重要,但它们更像一种教学名单。

0-1-检验

在这里,我们要检验一个生成随机位的 RNG 是否真的等概率生成 0 和 1。假设已经生成了 **0-1** 序列 $s_n, n = 1, \cdots, N$。我们来看看和 $S_N = \sum\limits_{i=1}^{N} s_i$。如果序列是独立的

随机数且概率相等,那么其和服从 $B(N, 1/2)$ – 分布。我们使用的检验统计量为

$$X: = \frac{2}{\sqrt{N}} \left(\sum_{i=1}^{N} s_i - \frac{N}{2} \right) \tag{2.26}$$

如果 N 较大(如 $N > 35$),X 近似服从 H_0 下 $N(0,1)$ – 分布。

χ^2-检验

这是 **0-1**-检验的推广。假设必须生成 r 个随机数以得到一个特殊观察的结果,每一个观测值都落入 k 个类别之一。例如,为得到 $0 \leq i < 8$ 之间的整数,我们观察到三个随机位,所以 $r = 3$ 且 $k = 8$。假设 $p_i, 0 \leq i < k$ 是 H_0 中观测值落入类别 i 的概率。现在生成 $N \cdot r$ 个独立随机数。假设 Y_i 是类 i 中的观测数量。此值将与理论值 $\mathbb{E} Y_i = N p_i$ 进行比较, 下面的统计量为

$$X: = \sum_{i=0}^{k-1} \frac{(Y_i - N p_i)^2}{N p_i} = \frac{1}{N} \sum_{i=0}^{k-1} \frac{Y_i^2}{p_i} - N \tag{2.27}$$

如果零假设为真 ,对于足够大的 N,那么这个值接近于自由度为 $(k-1)$ 的 χ^2- 分布,一个常规是 N 应该至少足够大以使如理论值有 $N p_i \geq 5$。

频率检验

频率检验是 χ^2- 检验的一种应用,以一种简单方式检查随机数在区间 $[0,1)$ 上是否均匀分布。因此,我们通过规则 $v_n = \lfloor k u_n \rfloor$ 将 N 个随机数 $u_n, n = 1, \cdots, N$ 拆分成 k 个子族。我们可以根据种子选择 k,例如 $k = 128 = 2^7$ 检验了实随机数的主要 7 位。设定 Y_i 是类 $i, i = 0, \cdots, k-1$ 中的随机数数目。接着,在 H_0 中, 检验统计值

$$X: = \sum_{i=0}^{k-1} \frac{(Y_i - N/k)^2}{N/k} = \frac{k}{N} \sum_{i=0}^{k-1} Y_i^2 - N \tag{2.28}$$

是在假设 $N/k \geq 5$ 的情况下,近似服从自由度为 $k-1$ 的 χ^2- 分布。

序列检验或 m-元组检验

频率检验可 以在检验成对连续的随机数中一般化。再次,我们将单一随机数序列划分为 k 个相等的可能子群,所以每一可能对 $(v_{2n-1}, v_{2n}) = (r, s), 0 \leq r, s \leq k-1$, $n = 1, \cdots, N$ 应该会以相同频率出现。在这个测试中,我们将 χ^2- 检验运用到 k^2 个类中,每个的概率为 $1/k^2$。k 不宜过大,但 N 应该较大,至少 $5k^2$。设定 Y_i 是类别 $i, i = 0, \cdots,$ k^2-1 中的随机数数目。零假设下的统计检验

$$X: = \sum_{i=0}^{k^2-1} \frac{(Y_i - N/k^2)^2}{N/k^2} = \frac{k^2}{N} \sum_{i=0}^{k^2-1} Y_i^2 - N \tag{2.29}$$

是接近自由度 为 k^2-1 的 χ^2-分布 。这个检验可以进一步推广到三次方或四次方及以上。这个检验是**最重要检验**中的一个,并且可以被看作是 "书写检验"。如果您使用 26 个字母表中的字母,这个检验将验证, 使用 RNG 随机选择字母后, 每两或三个字母的单词是否以等概率出现。有时, 这种测试揭示了惊人的事实,一些

RNGs 在某些情况下从不会生成字母 "cat"（见 Marsaglia 的著作［1996］）。

基于此方案有很多检验，例如扑克测试，其中随机数被用来进行检验它们是否会适合成为计算机扑克模拟的基准。

柯尔莫哥洛夫-斯米尔诺夫检验

与 χ^2-检验相反，柯尔莫哥洛夫-斯米尔诺夫型检验还检查无穷多个值的概率分布，特别是连续累积分布函数 $F(x)$。该检验比较了经验和期望理论分布函数。在样本 $u_1, \cdots, u_N \in (0,1)$ 中，经验分布函数定义为

$$F_N(x) := \frac{|\{u_i \mid u_i \leq x, i = 1, \cdots, N\}|}{N}, x \in \mathbb{R} \qquad (2.30)$$

柯尔莫哥洛夫-斯米尔诺夫检验测量了理论和实证分布之间的最大距离：

$$K_N^+ = \sqrt{N} \sup_{-\infty < x < +\infty} (F_N(x) - F(x)) \qquad (2.31)$$

$$K_N^- = \sqrt{N} \sup_{-\infty < x < +\infty} (F(x) - F_N(x)) \qquad (2.32)$$

该检验的优点在于，因为两个检验统计量的分布是精确已知的，并且可以在表中或计算机程序中找到，所有它也适用于小样本。正如我们希望得到随机数均匀分布，可以检验均匀分布，或者如果它们真的是 χ^2-分布，可以检验一系列独立 χ^2-检验结果。

t 最大值-检验

这是 柯尔莫哥洛夫-斯米尔诺夫检验的一个应用。在一系列的 RNs $\in [0,1)$ 中，定义 t 个独立群的最大值 $v_i := \max\{u_{ti+1}, \cdots, u_{ti+t}\}$。因此，得到理论分布函数 $F(x) = x^t, 0 \leq x < 1$，并将它与经验分布进行比较。另外，在 H_0 下服从均匀分布序列 $v_1^t, \cdots, v_N^t$ 可以用 柯尔莫哥洛夫-斯米尔诺夫检验进行分析。

基于应用的检验

最重要的检验之一是，利用 RNG 检验一个已知准确解法的相似问题。如果蒙特卡罗方法能够很好地处理这个任务，这个 RNG 看上去可以适用于更加复杂的问题。一位著名的以全能应用为基础的检验是利用沃尔夫算法或者米特罗波利斯算法（见 Knuth 的著作［1998］）的二维 Ising 模型，这在物理中有广泛应用且广为人知。这个检验在发掘长周期相关系数中非常优秀。以前的很多生成器初看似乎很优良，但却没法通过检验。这推动进一步的研究，这些生成器的弊端也将逐步被指出。

2.4　基于广义分布生成随机数

我们假设已经找到了一个很好的 RNG，它能生成像 $i.i.d.$ RV $\sim U[0,1)$ 的随机数。下一步是将这些随机数转换为非均匀分布随机数，例如正态分布、χ^2-分布或泊松分布。期望分布经常只能近似计算。当然，该近似应尽可能精确。进一步的

鲁棒性很重要。如果分布依赖于参数，那么近似对于附近参数也应该不错。转换方法应该有效，运行较快，而且不能使用太多内存。另外重要的点是，在蒙特卡罗模拟中降低方差技术的兼容性。这时，唯一可接受转换方法是反演法。

2.4.1　反演法

转换随机数的最好方法是反演法，因为它保留了随机数结构。如果服从均匀分布的随机数的分布结构较好，转换后的随机数结构也同样较好。同样，它与降低方差技术能够兼容，如对偶变异。但是，如果速度很重要，这种方法可能不是最好的，因为它涉及复杂函数或者我们不得不进行近似算法。假设 RVX 有累积分布函数 $(c.d.f)F$，其中 F 是严格递增和连续的。接着，生成了逆 F^{-1}。对于均匀分布的 $RVU \sim U[0,1)$，$RVF^{-1}(U)$ 如同 X 具有相同分布，它也有 $c.d.f.$ F。

F 由于

$$P(F^{-1}(U) \leqslant x) = P(U \leqslant F(x)) = F(x) \tag{2.33}$$

注意，均匀分布的 RV 和转换的变量之间存在单调关系。如果 $c.d.f.$ F 不是严格递增或不连续，可以通过定义一个广义反演：

$$F^{\leftarrow}(u) := \min\{x \mid F(x) \geqslant u\} \tag{2.34}$$

基于这个广义反演，我们可以公式化反演法。

算法 2.8　反演法

假设 F 是一个一元 $c.d.f.$。

1. 在 $[0,1)$ 上抽样得到一个均匀分布随机数 u。
2. 通过 $x = F^{\leftarrow}(u)$ 获得具有 $c.d.f.$ F 的随机数。

如果这不可能解析地转换 F，它可以数值地转换（由例如牛顿-拉弗森法），或用显式的近似式。显式近似公式可以由牛顿-拉弗森法、试位法或者内插步骤加以改进。

离散 RVs

我们现在想模拟一个骰子，即在 $\{1,2,3,4,5,6\}$ 上的等分布。因为 $c.d.f.$ 是

$$F(x) = \sum_{i=1}^{\min(6,\lfloor x \rfloor)} \frac{1}{6}, x \geqslant 0 \tag{2.35}$$

广义逆的定义为

$$F^{\leftarrow}(u) = \lceil 6u \rceil, u \in (0,1] \tag{2.36}$$

因此，简单地将均匀分布随机数 $u \sim (0,1]$ 乘以 6，并利用计算器内置的四舍五入机制。

对于集合 $1, \cdots, N$ 和 $u \sim (0,1]$ 上的一个**等分布**，通过如下方式获得预期的分布

$$x := \lceil Nu \rceil \tag{2.37}$$

最后，由整数值构成的 RVX，其中 $P(X=i) = p_i, i \in \mathbb{N}$，

$$x: = \min \left\{ k \in \mathbb{N} \left| \sum_{i=0}^{k} p_i \geq u \right. \right\} \tag{2.38}$$

是逆转方法定义的预期随机数。如果这采用一个简单的方法进行编码，搜索最小值的步骤的预期数量为 $E(X+1)$。搜索可以通过使用表（见 Devroye 的著作［1986］）来加速。

指数分布

指数分布看上去像独立泊松事件之间的等待时间，并适用于测量寿命或模拟放射性衰变。当 RV X 服从以 $\lambda > 0$ 为参数的指数分布时，它具有累计分布函数

$$F(x) = 1 - e^{-\lambda x}, x \geq 0 \tag{2.39}$$

F 的逆定义如下：

$$F^{-1}(u) = -\frac{\ln(1 - u)}{\lambda}, 0 \leq u < 1 \tag{2.40}$$

则 $y = -\ln(1-u)/\lambda$，是服从参数为 λ 的指数分布，其中 $u \sim U[0,1)$。在实践中，因为 RV $(1-U)$ 与 U 的分布相同，我们宁愿使用 $-\ln(u)/\lambda$。软件产品经常使用其他算法生成服从指数分布的随机数，因为算法函数的演化相当耗时。

2.4.2　接受-拒绝法

一些分布是如此复杂以至于计算 $c.d.f.$ F 的逆极为困难或仅能近似计算。利用接受-拒绝法生成的随机数可以更快、更容易。每当我们已经得到密度函数，总是可以构造接受-拒绝法。假设想模拟具有密度 $f(x)$ 的 RV X。然后来看另一个具有密度 $g(y)$ 的 RV Y，这个可以通过转移平均分布随机数而很容易地产生样本，并具有属性

$$f(x) \leq Cg(x), x \in \mathbb{R} \text{ 或 } x \in \mathbb{R}^d \tag{2.41}$$

其中常数 $1 \leq C < \infty$。g 被称为比较密度或优化函数。事实上，通过一些简单的、适当的密度和较大常数 C 可以实现这一点。在一个具有紧支持的有界密度情况下，优化函数可以通过选择在支持上的均匀密度来构造。

生成一个具有 f 分布的随机数，需要不止一个的均匀分布随机数。这个 RNG 的速度由如下决定：生成样本 y 的时间，计算 $f(y)$ 的时间和常数 C，因为

$$\mathbb{P}\left(U \leq \frac{f(Y)}{Cg(Y)}\right) = \mathbb{E}\left[\mathbb{P}\left(U \leq \frac{f(Y)}{Cg(Y)} \middle| Y\right)\right]$$

$$= \mathbb{E}\left[\frac{f(Y)}{Cg(Y)}\right] = \int \frac{f(y)}{Cg(y)} g(y) \mathrm{d}y = \frac{1}{C} \tag{2.42}$$

算法 2.9　接受 – 拒绝法

给定密度 f 和 g 满足式（2.41）。

1. 生成一个在 $[0,1)$ 上的均匀分布随机数 u。
2. 生成一个具有密度 g 的分布的随机数 y。
3. 如果 $u \leq f(y)/(Cg(y))$，那么接受 y 作为新的具有密度 f 的随机数 x。否则，拒绝它并回到步骤 1。

所以 $1/C$ 为给出的接受概率。对于一个快速算法，常数 C 应选择越接近 1 越好。在这种情况下，几乎所有的 RNy 都被接受，生成的 RNsu 和 y 并没有太多会被拒绝。如果函数 f 太过于耗费时间以至于无法评估，我们可以使用夹挤函数 q_1、q_2，即

$$q_1(x) \leqslant f(x) \leqslant q_2(x) \leqslant Cg(x) \tag{2.43}$$

它可以更快地进行计算。如果 $u \leqslant q_1(y)/Cg(y)$，则 y 可以立即被接受。否则，如果 $u > q_2(y)/Cg(y)$，那么 y 可立即被拒绝。如果这两种情况下都不适用，我们应该评估函数 f。为详细介绍接受 - 拒绝法的工作原理，我们考察一个特殊的区域。

定义 2.7　函数主体

设定 $f: \mathbb{R}^d \to \mathbb{R}$ 是非负的整数函数，那么

$$B_f := \{(x,z) \in \mathbb{R}^d \times \mathbb{R} \mid 0 \leqslant z \leqslant f(x)\} \tag{2.44}$$

被称为 f 的主体。

接受-拒绝法是基于下面的定理（见 Devroye 的著作 ［1986］）。

定理 2.8

设 X 是在独立于 X 的 $\mathbb{R}^d$，$U \sim U[0,1]$ 上具有密度 f 中的多元变量 RV，然后 $(X, UCf(X))$ 是在 B_{Cf} 上的均匀分布。反之亦然，如果多元 RV$(X, Z) \in \mathbb{R}^{d+1}$ 在 B_f 上服从均匀分布，则 X 在 $\mathbb{R}^d$ 上具有密度 f。

因此，我们的目标是要在区域 B_f 中找到一种方法来随机地挑点，其中 f 是具有同分布的期望密度。因为我们能够模拟密度为 g 的 RVY，通过生成一个随机数 RN$y \sim Y$ 和另一个独立随机数 $u \sim U[0,1)$，可以很容易地在 B_{Cg} 上得到均匀分布点。接着 $(y, uCg(y))$ 在 B_{Cg} 上也服从均匀分布。如果满足 $uCg(y) \leqslant f(y)$，那么我们也同样得到了 B_f 上的一点。否则，我们不得不进行新的尝试。假设 $Cg(x) \geqslant f(x)$ 可以确保我们不会从 B_f 上删除点。这正是接受 - 拒绝法的核心。

应用：标准正态分布　首先，我们来看看由标准正态分布 $X = |Z|$，$Z \sim N(0, 1)$ 给出的一个 RVX 的分布，所以 X 的密度为

$$f(x) = \sqrt{\frac{2}{\pi}} e^{-x^2/2}, x \geqslant 0 \tag{2.45}$$

密度函数中的指数函数提醒我们注意，在已经知道如何采用反演法得到样本：$u \sim U[0,1) \Rightarrow y = -\ln(u) \sim \exp(1)$，从中得到具有一密度为 $g(y) = e^{-y}$ 的指数分布。现在，试图找到常数 C 使得

$$\frac{f(x)}{g(x)} \cdot \frac{1}{C} = \sqrt{\frac{2}{\pi}} e^{x-x^2/2} \cdot \frac{1}{C} \leqslant 1 \tag{2.46}$$

当 $x = 1$ 时，上述条件达到实现了最大化，因此如果选择 $C = \sqrt{\dfrac{2e}{\pi}}$，接受概率大约为 0.76。最后，我们可以通过指定一个随机符号转换接受随机数为正态随机数，这个由另一个独立均匀分布随机数而定。由于一个正态随机数需要三个或者更多的随机数，接受概率并不非常接近 1。另外，我们必须使用指数函数，因此这种方法运行很慢，并不是生成正态随机数的标准方法。

对于离散概率，接受-拒绝法也仅仅是大众概率函数的密度替代方法。

2.5 选择分布

2.5.1 生成正态分布随机数

在蒙特卡罗模拟中最常见的需求是生成服从正态分布的随机数。在这里，我们专注于标准正态分布随机数。如果我们需要服从 $N(\mu,\sigma^2)$ 分布的随机数 Z，则应首先生成随机数 $X \sim N(0,1)$，接着通过如下得到 $Z \sim N(\mu,\sigma^2)$，

$$Z = \sigma X + \mu \qquad (2.47)$$

密度为

$$\phi(x) = \frac{1}{\sqrt{2\pi}} e^{-x^2/2}$$

且 $c.d.f.$ 是

$$\Phi(x) = \int_{-\infty}^{x} \frac{1}{\sqrt{2\pi}} e^{-x^2/2} dx$$

的标准正态分布 RV X 的首要问题是我们无法通过简单公式计算 $c.d.f.$ 值 Φ。相反，我们不得不进行数值积分。避免了耗时的指数函数的快速逼近在算法 2.10 中通过有理函数给出定义（见 Abramowitz 与 Stegun 的著作 [1972]）。

算法 2.10 标准正态 $c.d.f.$ 近似

如下函数给出了标准正态分布的近似值：

$$d: = (0.0498673470, 0.0211410061, 0.0032776263,$$
$$0.0000380036, 0.0000488906, 0.0000053830)$$

对于 $x \in [0,\infty)$，近似

$$\Phi(x) \approx 1 - 0.5(1 + d_1 x + d_2 x^2 + d_3 x^3 + d_4 x^4 + d_5 x^5 + d_6 x^6)^{-16}$$

这个近似具有最大相关误差 1.5×10^{-7}。

在区间 $[0, \infty)$ 上，对于很多应用，我们可以进行近似计算；由于 Φ 的对称性，有

$$\Phi(x) = 1 - \Phi(-x) \qquad (2.48)$$

当需要更高精度时，那么在区间 $(-\infty, 0)$ 上有一个特殊的逼近，其中注意极小概率的事件不能被忽略（见 Marsaglia 的著作 [2004]）。当试图利用反演法生成正态分布的随机数时，我们遇到了类似问题：没有针对反演法的一个明确的公式。为此不得不进行数值近似计算。存在一些很好的近似方法，如 Acklam 反演法、Moro 反演法、Beasley-Springer 近似等。在这里我们介绍 Beasley-Springer-Moro（见 Glasserman 的著作 [2004]）作为案例。由于 Φ 具有对称性，在区间 $[0.5, 1)$ 上计算一个近似值，由此有

$$\Phi^{-1}(u) = -\Phi^{-1}(1-u), 0 < u < 1 \tag{2.49}$$

算法 2.11   针对反演标准正态的 Beasley – Springer – Moro 算法

设定

$a := (2.50662823884, -18.61500062529, 41.39119773534, -25.44106049637)$

$b := (-8.47351093090, 23.08336743743, -21.06224101826, 3.13082909833)$

$c := (0.3374754822726147, 0.9761690190917186, 0.1607979714918209,$
$\quad\quad 0.0276438810333863, 0.0038405729373609, 0.0003951896511919,$
$\quad\quad 0.0000321767881768, 0.0000002888167364, 0.0000003960315187)$

1. 对于 $u \in [0.5, 0.92]$，近似为

$$\Phi^{-1}(u) \approx \frac{\sum_{n=0}^{3} a[n]\left(u - \frac{1}{2}\right)^{2n+1}}{1 + \sum_{n=0}^{3} b[n]\left(u - \frac{1}{2}\right)^{2n}}$$

2. 对于 $u \in (0.92, 1)$，近似为

$$\Phi^{-1}(u) \approx \sum_{n=0}^{8} c[n](\ln(-\ln(1-u)))^n$$

这个近似在区间 $[\Phi(-7), \Phi(7)]$ 上的最大绝对误差为 3×10^{-9}。

根据如下牛顿算法，可以得到方程 $\Phi(x) = u$ 的根：

$$x_{n+1} = x_n - \frac{\Phi(x_n) - u}{\phi(x_n)} \tag{2.50}$$

仅仅为 Beasley – Springer – Moro 算法添加一个牛顿步骤，计算的精确性得到显著提高。生成标准正态分布的经典方法是 Box – Muller 法，该方法是二维标准正态分布的取样（见算法 2.12）。由于使用函数 ln、cos 和 sin，这种方法的计算非常缓慢。但该方法非常容易实现，所以它是一个正态随机数的良好开端。

2.5.2   生成 Beta 分布随机数

刚刚介绍的 Box – Muller 法属于一类极坐标法，因为该方法使用了 sin 和 cos 函数。Beta（贝塔）分布存在一个类似的转换。RV $X \sim \text{Beta}(a,b), a,b > 0$ 的密度为

算法 2.12   Box-Muller 法

1. 生成两个独立随机数 u_1、$u_2 \sim U(0,1]$。

2. 通过如下公式获得两个独立标准正态 RVs：

$$y_1 = \sqrt{-2\ln(u_1)}\sin(2\pi u_2), y_2 = \sqrt{-2\ln(u_1)}\cos(2\pi u_2)$$

$$f(x) = \frac{x^{a-1}(1-x)^{b-1}}{B(a,b)}, 0 \leq x \leq 1, \tag{2.51}$$

其中

$$B(a,b) = \frac{\Gamma(a)\Gamma(b)}{\Gamma(a+b)}, \Gamma(a) = \int_0^\infty t^{a-1}e^{-t}dt \qquad (2.52)$$

一个对称 RV $X \sim \text{Beta}(a,a)$,其中 $a \geqslant 0.5$ 可由如下生成:

$$x = \frac{1}{2}(1 + \sqrt{1 - u_1^{2/(2a-1)}}\cos(2\pi u_2)), u_1, u_2 \sim U(0,1] \text{ 相互独立} \quad (2.53)$$

Devroye(1996)描述了一个适用于所有 $a > 0$ 的一般方法。对于 $0 < a, b < 1$,我们可以使用被称为 Jöhnk 的 Beta 生成器的接受 - 拒绝算法。对于 $a, b > 1$,我们不建议使用该方法,因为在这种情况下计算太慢了。它需要平均 $\Gamma(a+b+1)/(\Gamma(a+1)\Gamma(b+1))$ 次试验,这而且会随着 a 和 b 而快速增加。

算法 2.13　Jöhnk 的 Beta 生成器

1. 生成两个独立随机数 $u_1, u_2 \sim U(0,1]$。

2. 将它们转化成 $x = u_1^{1/a}, y = u_2^{1/b}$。

3. 如果 $x + y \leqslant 1$,则返回 $z := \dfrac{x}{x+y} \sim \text{Beta}(a,b)$,否则返回到第一步。

L' Ecuyer 与 Simard（2006）描述了对称 Beta 分布及其反演的近似方法。

2.5.3　生成 Weibull 分布随机数

Weibull 分布在保险数学中很常见,它同时也是 Gamma(伽马)分布的接受-拒绝算法的良好标准(见 2.5.4 节)。Weibull (a) 分布有其密度和 $c.d.f.$

$$f(x) = ax^{a-1}/\exp(-x^a), F(x) = 1 - \exp(-x^a), a, x > 0 \qquad (2.54)$$

利用反演法可以生成随机数

$$x := (-\ln(u))^{1/a}, u \sim U(0,1] \qquad (2.55)$$

2.5.4　生成 Gamma 分布随机数

当离散事件是泊松分布时,伽马分布就会自然产生。考虑第 a 个事件发生前的等候时间 D_a,其事件服从 Poisson(λ) 分布。那么 D_a 是伽马分布,其参数为 a 和 $\theta = 1/\lambda$。更一般地,一个 RV X 是伽马分布,且具有形状参数 a 和尺度参数 θ, $X \sim$ Gamma (a, θ),如果它有密度

$$f_{a,\theta}(x) = x^{a-1}\frac{\exp(-x/\theta)}{\Gamma(a)\theta^a}, x > 0, a, \theta > 0 \qquad (2.56)$$

伽马分布的属性

- $\mathbb{E}X = a\theta, \mathbb{V}\text{ar}X = a\theta^2, mode = (a-1)\theta, a \geqslant 1$。

- **尺度**:如果 $X \sim$ Gamma(a,θ),那么对于 $c > 0$,有 $cX \sim \Gamma(a,c\theta)$。

- **求和**:如果 $X_i \sim$ Gamma$(a_i, \theta), i = 1, \cdots, N, X_i$ 相互独立,那么 $\sum_{i=1}^N x_i \sim$

Gamma $\left(\sum_{i=1}^N a_i, \theta\right)$。

- **极限状态**：当 $a < 1$ 时，密度 $f_{a,\theta}$ 严格递减，$\lim_{x \searrow 0} f_{a,\theta}(x) = \infty$。
- **指数分布**：$\text{Gamma}(1,\theta)$ 是简单的指数分布 $\exp(1/\theta)$。

尺度的属性表明我们只需知道如何生成 $\text{Gamma}(a,1)$ 分布随机数。当 a 为较小整数时，最后一个属性和求和属性给我们生成 $\text{Gamma}(a,\theta)$ 随机数的简单方法。伽马分布可以由服从指数分布的 RVs 之和生成。在一般情况下，伽马分布可以分成一个整数部分和另一满足 $a < 1$ 的部分：

$$\text{Gamma}(a,1) \sim \text{Gamma}(\lfloor a \rfloor,1) + \text{Gamma}(a - \lfloor a \rfloor,1) \qquad (2.57)$$

我们可以设计一个只针对 $a < 1$ 的方法，但如果 a 很大，我们必须生成大量服从均匀分布的随机数，这将使得这种方法计算速度很慢。此外，许多小于 1 的数字连乘的结果将极小，由此产生了不稳定的情况。这就是这种方法通常不被选择的理由。由于函数比较必须遵循不同的限制行为，所以对于 $a < 1$ 和 $a > 1$ 存在不同的接受-拒绝法。针对 $a > 1$ 而言的众所周知的算法是由 Ahrens 和 Dieter、Best，以及 Cheng（具体细节见 Devroye 的著作 [1986]）等人设计的。最后一个被称为 Cheng 算法的方法是基于 Burr XII 的密度和 c.d.f. $G(x)$。

$$g(x) = \lambda_a \mu_a \frac{x^{\lambda a - 1}}{(\mu_a + x^{\lambda a})^2}, G(x) = \frac{x^{\lambda a}}{\mu_a + x^{\lambda a}}, x \geq 0 \qquad (2.58)$$

其中 λ_a 和 μ_a 是根据 a 选择的参数。这种分布的随机数可以使用反演法生成 $G^{-1}(u) = [(\mu_a u)/(1 - u)]^{1/\lambda_a}, u \sim [0,1]$。Cheng 选择了 $\mu_a = a^{\lambda a}$ 和 $\lambda_a = \sqrt{2a - 1}$。所以拒绝常数为

$$C = \frac{4a^a e^{-a}}{\lambda_a \Gamma(a)} \qquad (2.59)$$

对于较大 a，上述公式渐近地趋近于 1.13，这相当不错。为了加快计算速度，我们可以增加步长。

算法 2.14　$a > 1$ 下 Gamma 分布随机数的 Cheng 算法

1. 生成两个独立随机数 u_1，$u_2 \sim U(0,1)$。

2. 计算如下：

$$y := \frac{1}{\sqrt{2a - 1}} \ln\left(\frac{u_1}{1 - u_1}\right), x := ae^y, z := u_1^2 u_2$$

$$r := a - \ln(4) + (a + \sqrt{2a - 1})y - x$$

3. 挤压步骤：如果 $r \geq \frac{9}{2}z - 1 - \ln\left(\frac{9}{2}\right)$，则接受 x。

4. 另外，如果 $r \geq \ln(z)$，则接受 x。

    否则拒绝 x 并返回第一步。

我们仍然需要一个针对 $0 < a < 1$ 的算法。在此介绍的例子是借助了 Weibull 分布（见 Devroye 的著作 [1986]），这个案例被选择是因为其结构较好。Ahrens、

Ahrens/Dieter和 Ahrens/Best 设计的算法（见 Knuth［1998］或 Devroye［1986］的著作）看上去效果更好。我们拥有拒绝常数：

$$C = \frac{\exp((1-a)(a^{a/(1-a)}))}{\Gamma(a+1)} \leqslant 3.07, a \in (0,1) \qquad (2.60)$$

由于 $a \nearrow 1$ 或 $a \searrow 0$，拒绝常数趋近于1。

算法 2.15　针对 $0 < a < 1$ 的 Gamma 分布随机数算法

1. 生成两个独立随机数 $u_1, u_2 \sim U(0,1]$，并将其转化成指数分布随机数。

   $e_1 = -\ln(u_1), e_2 = -\ln(u_2)$

2. 利用 Weibull (a) 分布生成随机数 $x := e_1^{1/a}$。

3. 如果 $e_1 + e_2 - (1-a)a^{a/(1-a)} \geqslant x$，则接受 x，

   否则返回第一步。

Gamma 分布的更多属性

- 如果 $X \sim$ Gamma (a, θ)，则 $1/X$ 服从反演 Gamma 分布，其参数为 a 和 θ^{-1}。
- 如果 $X \sim$ Gamma (a, θ) 且 $Y \sim$ Gamma (b, θ)，X，Y 相互独立，则 $X/(X+Y)$ 服从参数为 a，b 的 Beta 分布。
- 如果 $X \sim$ Gamma $(a, 2)$，则 X 服从自由度参数为 $2a$ 的卡方分布，即 $X \sim \chi_{2a}^2$。
- 如果 $Y \sim$ Gamma $(b, 1)$，$Z \sim$ Beta $(a, b-a)$，$b > a > 0$，相互独立，则 $X_1 = YZ \sim$ Gamma $(a, 1)$ 且 $X_2 = Y(1-Z) \sim$ Gamma $(b-a, 1)$，同样相互独立。

第二个属性是非常重要的，因为它显示了伽马分布和贝塔分布之间的有趣关系。它可被用于服从条件伽马分布的 RV，且可以作为伽马过程中的桥式采样的基准。在最后一个属性的帮助下，我们可以制定 Jöhnk 方法用来生成服从具有形状参数 $a < 1$ 的伽马分布随机数。在这里，当 $0 < a < 1$ 时，拒绝常数满足 $C \leqslant 4/\pi \approx 1.27$，这相当不错，但是计算两次幂和一个对数非常耗时。

算法 2.16　维·埃里可以生成满足 $0 < a < 1$ 的伽马分布随机数

1. 利用维·埃里生成器生成一个 Beta $(a, 1-a)$ 分布随机数 z。
2. 生成另一个是独立平均分布自然数 $u \sim U(0, 1]$，并将其转化为指数分布随机数 $y = -\ln(u)$。
3. 则对于 $a < 1$，有 $x := yz$ 服从 Gamma $(a, 1)$ 分布。

2.5.5　生成卡方分布随机数

伽马分布的属性表明卡方分布是伽马分布的特例。一个 RV X 服从自由度为 k 的卡方分布 $X \sim \chi_k^2$，如果它拥有密度

$$f_k(x) = \frac{x^{k/2-1}\mathrm{e}^{-x/2}}{2^{k/2}\Gamma(k/2)}, x, k > 0 \qquad (2.61)$$

则有 $\mathbb{E}X = k$ 和 $\mathbb{V}\mathrm{ar}X = 2k$。卡方分布随机数可以利用伽马分布随机数生成。自由度为 $k \in \mathbb{N} \setminus \{0\}$ 的卡方分布可以利用正态分布 RVs 表述：

算法 2.17 卡方分布随机数

假设 $k > 0$ 成立。

1. 模拟一个随机数：$y \sim \mathrm{Gamma}(k/2, 1)$。
2. 通过 $x := 2y$ 得到一个随机数：$x \sim \chi_k^2$。

$$X_1, \cdots, X_k \sim N(0,1) \Rightarrow Z := \sum_{i=1}^{k} X_i^2 \sim \chi_k^2 \tag{2.62}$$

如果 $X_i \sim N(\mu_i, 1), i = 1, \cdots, k$，由于分布 $Z := \sum_{i=1}^{k} X_i^2 \sim \chi_k^2(\delta)$，我们得到了非中心卡方分布 $\chi_k^2(\delta)$，其非中心参数是 $\delta = \sum_{i=1}^{k} \mu_i^2$。这些考虑引导我们利用算法 2.18 在服从卡方分布和平均非中心卡方分布的 RVs 中进行抽样。如果 k 很大，这种方法可能很慢。

一般情况下，对于所有 $k < 0$，可以将一个非中心 RV 分解成为非中心卡方部分和一个减少了一个自由度的标准卡方部分：

$$\chi_k^2(\delta) = \chi_1^2(\delta) + \chi_{k-1}^2, k > 0 \tag{2.63}$$

这尤其意味着，我们要抽样正态分布随机数和卡方分布随机数。

算法 2.18 利用正态分布随机数得到卡方分布随机数

假设 $\delta > 0, k \in \mathbb{N} \setminus \{0\}$ 已给定。

1. 抽样生成 k 个独立分布的随机数样本 $n_1, \cdots, n_k$，其中 $n_i \sim N(0,1)$。
2. 假定 $\hat{n}_1 := n_1 + \sqrt{\delta}$，有 $\hat{n}_1 \sim N(\sqrt{\delta}, 1)$。
3. 则 $x := \hat{n}_1^2 + n_2^2 + \cdots + n_k^2$ 服从 $\chi_k^2(\delta)$ – 分布。

2.6 多元随机变量

多元生成问题可以简化处理为单一生成问题，但我们必须了解该分布的很多信息，尤其是条件分布的信息。当处理分布密度时，我们应该知道将多变量 RV X 的密度 f 分解成

$$f(x_1, \cdots, x_d) = f_1(x_1) f_2(x_2 \mid x_1) \cdots f_d(x_d \mid x_1, \cdots, x_{d-1}) \tag{2.64}$$

其中 f_i 的是条件密度，即 f_1 是 X_1 的边缘密度，f_2 是在给定 X_1 下 X_2 的条件密度，依此类推。因此，我们必须知道条件密度的所有序列。这同样适用于分布函数，我们必须知道所有的条件分布。

2.6.1　多变量正态分布

一个 d 维多元正态分布 RV $Z \sim N(\mu, \sum)$ 由其均值向量 μ 和协方差矩阵 $\sum$ 构成。如果我们知道矩阵 $= A^T A$ 的分解，则可以集中于利用如下变换生成密度矩阵为 I 的正态随机变量 $X \sim N(0, I)$，

$$Z = AX + \mu \qquad (2.65)$$

从而得到 $Z \sim N(\mu, \sum)$，所以我们可以简单地计算 d 个独立随机正态 RVs $X_i, i = 1, \cdots, d$。

我们有很多分解 $\sum$ 的方法，这并不是唯一确定的。一种方法是楚列斯基 (**Cholesky**) **分解**，它给出了一个下三角矩阵。这个半满矩阵的一个优点是，它转换标准正态分布的速度是全满矩阵的近两倍。

其他分解方法：另一种获得一个适当矩阵 A 的方法是特征值分解。当协方差对称且正定，则有 d 个实数特征值 $\lambda_1, \cdots, \lambda_d > 0$。根据这个，我们找到在 $i \neq j, v_i = \sum \lambda_i v_i$ 下得正交特征向量 $v_1, \cdots, v_d, v_i^T v_i = 1, v_i^T v_j = 0$ 的集合。那么有 $\sum = V\Lambda V^T$，其中 $V = (v_1, \cdots, v_d)$，

$\Lambda = \mathrm{diag}(\lambda_i, \cdots, \lambda_i)$，并且我们可以选择 $A := V\Lambda^{1/2}$。通常情况下，矩阵是稠密的或满秩的，所以没有计算优势。如果特征值按照如下排序 $\lambda_1 \geq \lambda_2 \geq \cdots \geq \lambda_d$，那么分解方法将在蒙特卡罗模拟中的降低方差技术中有用，因为我们可以集中于在 $X \sim N(0, I)$ 中最初的 k 个成分，这解释了如下方差公式的分解。

$$\frac{\lambda_1 + \cdots + \lambda_k}{\lambda_1 + \cdots + \lambda_d} \qquad (2.66)$$

算法 2.19　楚列斯基分解

假设给定一个正定矩阵 $\sum$，我们发现通过如下系数可以得到一个在 $j > i$ 条件下，满足 $A^T A = \sum, a_{i,j} = 0$ 的下三角矩阵 A：

1. $a_{11} = \sqrt{\sigma_{11}}$，

2. $a_{ij} = (\sigma_{ij} - \sum_{k=1}^{j-1} a_{ik} a_{jk})/a_{jj}$ 其中 $1 \leq j < i \leq d$，

3. $a_{ii} = \sqrt{a_{ii} - \sum_{k=1}^{i-1} a_{ik}^2}, 1 < i \leq d$。

2.6.2　评论：Copula

有时，需要生成具有一定独立结构的多元 RVs，这可以通过 Copula 函数实现。Copula 函数是一维分布向多维分布的扩展。如果我们知道边缘分布，但不确定其独立性，尤其是在处理非多元正态的多元 RVs 时，这种方法就非常有用。欲了解更

多关于 Copula 函数见第 8 章 8.4 节

2.6.3　条件分布中抽样

如果 RV X 有 $c.d.f.$ F,则在给定 $X \in [a,b)$, $-\infty < a < b < \infty$ 下,假设 $F(b) - F(a) > 0$,RV X 有 $c.d.f.$

$$H(x) = \frac{F(x) - F(a)}{F(b) - F(a)}, x \in [a,b] \tag{2.67}$$

给定 $u \sim U[0,1]$, RNs $v := F(a) + (F(b) - F(a))u$ 是 $F(a)$ 和 $F(b)$ 之间的均匀分布。如果区间 $[a,b)$ 上 F 的反演已经给定,具有条件分布的 RNs 将很容易得到,因为

$$H^{-1}(u) = F^{-1}(F(a) + [F(b) - F(a)]u) \tag{2.68}$$

假设我们已经拥有密度 f, 且其在 a 上是对数凸函数且可微。我们希望生成一个条件为 $[a, b)$, $-\infty < a < b < \infty$ 的 RV。由于密度为对数凸函数,其被限制为

$$\frac{f(a)}{F(b) - F(a)} e^{\beta(x-a)} \tag{2.69}$$

其中 $\beta = f'(a)/f(a)$。这个函数可以在接受 - 拒绝法中用作比较函数,因为很容易从其反演中抽样。

更一般地,如果我们希望抽样 X,对于集合 A 的条件分布 $X \in A$,可以使用简单的过程:"抽样 X 直到 $X \in A$,返回 X。"这就是符合如下公式的某种接受 - 拒绝法:

$$f(x)/g(x) = 1/P(X \in A), x \in A \tag{2.70}$$

所以, 接受因子依赖于 $P(A)$。如果此值相当小, 那么大量的随机数将被这种方法拒绝。因此这种情况下, 这种方法不是较好的选择。

多元正态条件:假设有一个多元正态变量,我们感兴趣的是给定的另外一个多元正态变量的随机向量的分布。有

$$\begin{pmatrix} X_1 \\ X_2 \end{pmatrix} \sim N\left(\begin{pmatrix} \mu_1 \\ \mu_2 \end{pmatrix}, \begin{pmatrix} \sum_{11} & \sum_{12} \\ \sum_{21} & \sum_{22} \end{pmatrix} \right) \tag{2.71}$$

矩阵 $\sum_{22}$ 是满阵。条件分布可以被表示为

$$(X_1 \mid X_2 = x) \sim N\left(\mu_1 + \sum_{12} \sum_{22}^{-1}(x - \mu_2), \sum_{11} - \sum_{12} \sum_{22}^{-1} \sum_{21} \right)$$
$$\tag{2.72}$$

所以它仍然服从正态分布。

2.7　作为随机序列的替代的拟随机序列

拟随机序列完全不是随机的,它们看上去不像随机数,也无法通过统计检验。

但它们几乎是完美的均匀分布。拟随机序列为一个特殊维度给出向量，这个维度相当于一个网格。但通常没有必要事先决定需要多少数据点。该序列建立了数据点间的更好模式。此外，数据点集合还通过下列方法进行了优化：非双精度类型，没有集群，且没有较大距离。这些 t 维向量的序列也被称为低偏差序列，因为偏差被用来测量分布的均匀程度。

定义 2.9 偏差

t- 维数据点的有限集合 $\Phi_t = \{x_i \in [0,1)t, i = 1, \cdots, n\}$ 的 **偏差** 被定义为

$$D(x_1, \cdots, x_n) := \sup_{A \in \mathcal{A}} \left| \frac{|\Phi_t \cap A|}{n} - \text{volume}(A) \right| \tag{2.73}$$

其中 $\mathcal{A} = \left\{ \prod_{j=1}^{t} [a_j, b_j] \mid 0 \leq a_j < b_j \leq 1 \right\}$

星偏差 $D^*(x_1, \cdots, x_n)$ 将矩阵 $\mathcal{A}$ 限制为具有顶点 $a_j = 0, j = 1, \cdots, t$ 的矩阵。

人们普遍认为，对于固定 $n > 1$ 点集的最优偏差率 $((\ln n)^{t-1}/n)$。如果最初的 n 个点的星偏差约为 $O((\ln n)^t/n)$，则构建 t 维序列的方法通常被认为是低偏差法。因为低偏差点集不再是随机的，基于随机参数的蒙特卡罗误差估计已不再适用。但由于所有的点都服从均匀分布，拟随机序列往往在一些蒙特卡罗模拟中容易得到更好的结果。Koksma – Hlawka 不等式使得上述结论对于低位数据更有意义（见 Niederreiter 的著作［1995］）：

定理 2.10 Koksma-Hlawka 不等式

根据 Hardy 和 Krause 的理论，对于具有有限方差 $V(f)$ 的光滑函数 f，有

$$\left| \int_{[0,1)^t} f(\boldsymbol{x}) \, \mathrm{d}\boldsymbol{x} - \frac{1}{n} \sum_{i=1}^{n} f(\boldsymbol{x}_i) \right| \leq V(f) D^*(x_1, \cdots, x_n) \tag{2.74}$$

这意味着函数 f 拟蒙特卡罗近似积分的质量取决于积分点的方差和星偏差。由于函数的方差是固定的，我们必须选择一个合适的低偏差集以改善逼近效果。

误差界既具有优点，也有不足。蒙特卡罗模拟中使用拟随机序列为我们给出了一个严格的误差界，而相比之下，常规蒙特卡罗方法的概率误差界只给出了置信区间，这就不如前者严格了。但经验表明，误差界往往高估了积分误差。收敛效果通常要好得多。此外，误差界难以计算，而方差经常未知，甚至无限。事实上，采用拟随机数的收敛效果往往很不错。一个原因是，一些被积分的函数具有特殊平滑特征，这对于拟随机数网格非常有用。另一个原因是，金融应用中的维度经常非常大，但函数可以通过低维函数很好地逼近。在这种情况下，在低维空间，尤其是二维空间具有良好的均匀分布投影的网格非常有效。非常知名的拟随机序列包括：Halton 序列、Faure 序列、Niederreiter 序列和 Sobol 序列。

2.7.1 Halton 序列

Halton 序列采用另一种代表整数的基数以得到 0 和 1 之间的数字。不同的维度

使用不同的基数。作为例子，考虑在进制 $b = 5$ 中 $j = 17$ 的数为 32。接着，输出

算法 2.20 一维 Halton 序列（Van-der-Corput 序列）

指数 Van-der-Corput 序列

1. 选择素数 b 作为基数。

2. 对于 Halton 序列中的第 j 个数字以基数 b 得到 $j \in \mathbb{N}$，$j = \sum\limits_{i=0}^{\infty} a_i b^i$，其中 $a_i \in \{0, \cdots, b-1\}$。

3. 得到 Halton 网格数字 $H_j = \sum\limits_{i=0}^{\infty} a_i b^{-i-1} \in [0, 1)$。

结果应该为 $2 \times (1/5) + 3 \times (1/25) = 0.52$。Van-der-Corput 序列是低偏差序列。

算法 2.21 t 维 Halton 序列

1. 选择 t 个不同素数 $b_k, k = 1, \cdots, t$ 作为基数，通常为前 t 个素数。

2. 在每个基数 b_k 中，对于 Halton 序列中的第 j 个点，$j \in \mathbb{N}$，有 $j = \sum\limits_{i=0}^{\infty} a_{k,i} b_k^i$，其中 $a_{k,i} \in \{0, \cdots, b_k - 1\}$。

3. 得到 t 维 Halton 网格点 $H_j = (h_1, \cdots, h_t)$，且有 $h_k = \sum\limits_{i=0}^{\infty} a_{k,i} b_k^{-i-1}$，$k = 1, \cdots, t$。

为生成网格点数目 j，并没有必要使用准确数字 j，我们可以选择其他方案，如格雷码 $G(j)$。通过使用格雷码，我们可以非常高效地计算 Halton 网格。但是当维度变大时，Halton 序列开始恶化。较高维度的二维投影显示出差距和集群现象。所以 Halton 序列仅适用于低维数值积分。

2.7.2 Sobol 序列

与 Halton 序列不同，Sobol 仅使用 2 作为整数扩展的基数。这使得 Sobol 网格在高维情形更常见，因为 Halton 网格中的较大素数在高维投影中将产生较大空间。以 2 作为基数还便于发挥计算机的二进制结构。Sobol 序列中 t 维向量的每个坐标都遵循同样的原则，但每个坐标都有自己的生成矩阵 $\boldsymbol{C} \in \{0, 1\}^{w,w}$。$\boldsymbol{C}$ 的列数包括被称为**方向数字** c_j，$j = 1, \cdots, w$ 的二进制扩展。

在第 k 步迭代中，k 以 2 为基数表示为

$$k = \sum_{i=0}^{w-1} a_{k,i} 2^i, \boldsymbol{a}_k := (a_{k,0}, \cdots, a_{k,w-1})^{\mathrm{T}} \in \{0, 1\}^w \tag{2.75}$$

其中数字 w 应对于所有必要的迭代次数都足够大。整数 w 经常往往对应于在计算机中表示整数的位数。在这之后，计算一个二进制向量 $\boldsymbol{y}_k$：

$$\boldsymbol{y}_k = \boldsymbol{C} \boldsymbol{a}_k, \tag{2.76}$$

这是第 k 个网格点的一个坐标的基准

$$x = \sum_{i=0}^{w-1} y_{k,i} 2^{-i-1} \qquad (2.77)$$

该算法与 Halton 序列的算法具有一定的相似性，但混合了位的生成矩阵 C 是一个重要的区别。对于 t 维 Sobol 序列，我们需要 t 个矩阵 C_i，$i = 1, \cdots, t$，每个矩阵包括 w 个方向数字的二进制扩展。Sobol 在度 q，$q \in \mathbb{N}$ 的领域 $\mathbb{F}_2$ 上选择一个本原多项式，

$$P(z) = z^q + \alpha_1 z^{q-1} + \cdots + \alpha_{q-1} z^1 + 1, \alpha_q := 1 \qquad (2.78)$$

这个多项式是递归关系的基础

$$\boldsymbol{m}_j = \alpha_1 2^1 \boldsymbol{m}_{j-1} \oplus \cdots \oplus \alpha_q 2^q \boldsymbol{m}_{j-q} \oplus \boldsymbol{m}_{j-q} \qquad (2.79)$$

其中 $\boldsymbol{m}_j$ 是一个二进制向量，代表一个整数的二进制扩展，$\oplus$ 为按位异或 XOR。方向数字可以被描述为

$$c_j = \frac{\boldsymbol{m}_j}{2^j}, j = 1, \cdots, w \qquad (2.80)$$

由奇数 $0 < \boldsymbol{m}_j < 2^j$，$j = 1, \cdots, q$ 进行初始化的方向数字，持续介于（0，1）。矩阵 C 的所有列填充满了 w 个不同方向数字的二进制扩展。零度的特殊多项式 $P(z) \equiv 1$ 将单位矩阵定义为生成器矩阵。

一个重要的方面是 Sobol 序列的初始化，这对分布结构和均匀性属性有很大影响。但我们不会在此展开以免走得太远。$\mathbb{F}_2$ 中本原多项式的扩展可以在互联网或者很多书籍中找到。同样地，与 Halton 序列一样，我们可以在第 k 步时，要么采用整数 k 或者格雷码 $G(k)$。Bratley 与 Fox（1988）曾描述了一个高效执行算法。

2.7.3 随机化拟蒙特卡罗方法

由于拟随机序列的点没有模拟随机性，我们在常规蒙特卡罗模拟中可以不再使用随机误差界。根据 Koksma-Hlawka 不等式，我们已获得确定性的最坏情况下的误差界，但它们高估了真实误差，在这种情况下，一些好随机边界将是有益的。现在在不过多破坏优异结构的情况下，我们再介绍一些随机性的特征。那么我们能够设计出得到置信区间的方法，并利用拟随机序列的快速收敛特性（见 L'Ecuyer 的著作[2004]）。下面就来看看 t 维确定性点集

$$\Phi_t = \{\boldsymbol{u}_1, \cdots, \boldsymbol{u}_N\} \subseteq [0,1)^t$$

• 一种随机化点集 Φ_t 的方法是添加一个随机漂移。假设 $\boldsymbol{x}$ 是一个在 $[0,1)^t$ 上服从均匀分布的随机向量，然后随机化集公式为 $\Phi_t(\boldsymbol{x}) = \{(\boldsymbol{u}_i + \boldsymbol{x}) \bmod 1 \mid i = 1, \cdots, N\}$。其效果是，集合的每个点均匀分布于超平面，但尽管如此，这些点不是独立的。

• 另一个想法是随机混淆每个向量随机构成的位。设定 $u_{k,j}$ 是点 k，$k = 1, \cdots, N$，$j = 1, \cdots, t$ 的第 j 个坐标。在基数 b 上的扩展则是 $u_{k,j} = \sum_{i=0}^{r-1} v_i b^{-i-1}$，其中我们选择足够

大的 r。然后，$\{0,\cdots,b-1\}$ 上 r 个独立排列 π_i 被随机选择，并在基数 b 中代表 $\tilde{u}_{k,j} = \sum_{i=0}^{r-1} \pi_i(v_i) b^{-i-1}$。我们将相同的数字排列于 Φ_t 中所有向量的同一坐标，其他坐标的独立排列则是随机抽取的。

- 数字可能通过其他许多方式乱置。另一个办法是数字线性排列：$\tilde{u}_{k,j} = \sum_{i=0}^{r-1} \tilde{v}_i b^{-i-1}$，其中 $\tilde{v}_i = \sum_{l=1}^{i} h_{l,i} v_l + g_i \bmod b$。整数 $h_{l,i}$ 和 g_i 是从 $\{0,\cdots,b-1\}$，$h_{i,i} \neq 0$ 中随机抽取的。

2.7.4　混合型蒙特卡罗方法

拟随机序列，尤其是 Sobol 序列通常在蒙特卡罗模拟中效果良好。这些序列的初始坐标——大多数方法只有少数几个维度（Sobol 序列通常提供了更多维度，但它依赖于实现），比高维序列具有更好的分布。因此，我们建议给低维序列的模拟过程更多更重要的变量。这可以通过改变变量，构建布朗桥，或构建主成分来实现（见第 4 章或 2.6.1 节）。

通常只有少数几个变量能够影响那些应该被估计的数值，所以我们讨论**有效维度** $\hat{d}$，这往往比真实维度 d 小得多（见式（2.66）），其中一些成分解释了大部分的方差。这个想法甚至可以进一步推广。有人曾用一个低维拟随机序列，$q_k \in (0,1)^{\hat{d}}$ 作为最初的成分，然后采用独立、平均分布的伪随机数 $p_k \in (0,1)^{d-\hat{d}}$ 填充向量的其余成分。这种方法被称为**混合型蒙特卡罗方法**（见 Asmussen 与 Glynn 的著作［2007］）。它的优点是，在更高维上的成分投影比拟随机结构拥有更好的结构。这种方法的另一个应用是，在维度事先不确定的情况下使用拟随机序列（如为路径依赖的奇异期权定价）。

2.7.5　拟随机序列和其他随机分布

拟随机序列在多维上给出非常符合均匀分布的网格，这通常是均匀分布向量的良好替代，甚至能与平缓函数一起在均匀性的作用下加速收敛。但是，如果需要其他分布，如正态分布，那么必须小心以避免破坏优秀的网格结构。那么转换数字的唯一合适方法是反演法。

2.8　并行技术

通常，我们可能使用一个以上的计算机处理器，当进行大规模模拟时尤其如此。然后，我们将需要随机数生成器，这些生成器可以拆分在不同的处理器上进行计算。关于这种被称为并行随机数生成器：

1. 随机数序列被分成几个很长且不相交的子流，然后每个处理器被分配给相应子流的发生器种子。

2. 根据蛙跳技术，随机数 $u_{n \cdot L+j}$ 被分配给第 j 个处理器，$n \in \mathbb{N}$，$1 \leqslant j \leqslant L$。$L > 1$ 称为延迟，通常与处理器的数目相同。

3. 我们可以给不同的 RNGs 提供不同的处理器。

4. 有些 RNGs 有几个独立、不相交的大周期子循环。然后，我们可以将不同子周期的生成器种子分配给每个处理器。

并行 RNG 应具有下列特性：

- RNG 应该适用于任意数量的处理器直到达到上限。
- RNG 应该在任意数量的处理器上能得到相同的随机数。
- 模拟的质量不应该依赖于处理器的数量。
- 每个处理器的随机数序列应满足一个良好的 RNG 的标准。
- 在不同处理器上的序列不应该相关。
- 处理器之间没必要交互，一旦启动处理器，其可依靠自身运行模拟过程。

为并行计算找到一个良好 RNG 仍然是一个挑战。我们要求工作流之间和不同处理器的工作流之间都保持独立性。较小的相关性可能被在多个处理器之间分配一个良好随机数而被放大。同样，初始化一个 RNG 需要更多注意，因为采用非常相近的种子生成多个相同 RNGs 可能导致随机数间过于相关，最终无法使用。

2.8.1　蛙跳法

蛙跳法的优点是，我们在利用每个独立处理器时将得到相同的随机数流。因此，这些模拟可以重复生成。蛙跳法尤其适合 LCGs、LCGs 组合或移位寄存器。我们只需要知道如何向前进几步。在 LCG 中向前跳跃 L 变成

$$s_{n+L} = \left[(a^L \bmod m)s_n + \frac{a^L - 1}{a - 1}c \right] \bmod m \qquad (2.81)$$

此处有个重要问题：虽然乘数 a 可能在谱检验中显现良好特性，但新乘数值 ($a^L \bmod m$) 可能具有不良特性，因此，每个处理器上单个随机数子流可能很不合适。此外，当使用模量值为 2 的幂时，且处理器的数量也是 2 的幂（这是通常的情况），不同处理器上的随机数序列之间将存在严重相关性。质数模可以用来解决这个问题。

关于 MRGs 或关于矩阵递归的问题，新矩阵 $\boldsymbol{A}^L$ 需要提前计算，它相当耗时。但是，这一步只进行一次。较严重的缺点是，以前的稀疏矩阵可能变成全矩阵，因此每次迭代计算将变慢。

2.8.2　序列划分

序列划分方法是将随机数序列分成若干子流。如果我们拥有周期长度为 ρ 的 RNG，则可以把整个序列分成 L 个等长度的子序列，其中 L 是处理器的数量。如果

RNG 的周期非常长，一种可选方法是将其切割成几个非常长的小段，长度为 $\tilde{\rho}$。在大多数情况下，跳跃 ρ/L 或者 $\tilde{\rho}$ 步只需要在初始化时跳跃一次，接着 RNG 在不同处理器上像往常一样运行。因此，只是设置时间变长了点。但这里的跳跃相当大，预计算也相当耗时。我们有必要为跳跃计算寻找更高效的算法。

当跳跃前进一大步，长区域相关可能非常显著，而正常情况下则不会如此明显。另一个缺点是如果处理器的数目不同时，随机数序列也将不同，模拟结果就依赖于计算机了。一个解决办法是分配一些数据流至不存在的虚拟处理器。但是，这只能工作于一定的范围内，并且这范围不太大。

划分随机数序列成子流的方法不仅对于并行处理器，而且对于模拟情形都是非常重要的特性。例如，考虑用来比较两个不同的参数设置的应用。在这里，它是主要有相同的随机数的优势。如果随机数的数量在设置每一个参数时都需要更改，那么利用一些随机数子流，我们可以确保每个主要模拟部分以相同随机数开始。

2.8.3　一些 RNGs

对于第三个方法，我们需要一些具有几乎相同质量的可靠 RNG，这些必须进一步产生不相关序列。通常，我们会选择具有相同类型但不同参数的 RNGs。现在的任务是要为所有处理器找到足够的 RNGs。问题仍然存在未知的相关性。

第一种方法是利用非线性的 RNGs，因为 EICGs 迄今被认为不相关。然而，在这个方向并没有太多的研究。

一个有价值的想法是使用梅森旋转型生成器构成的集合。Matsumoto 与 Nishimura（2000）描述了如何高效地创建它们。这些生成器似乎是独立的，具有长周期、良好的等分布特性，且速度快，事实上是存在很多这类生成器组合。该方法的缺点是在模拟正式运行之前需要较长的设置时间。

2.8.4　独立序列

乘法延迟斐波那契生成器在这前两个方法中不合适，因为在这种情况下，向前跳跃过于费时。但它们有很多非相交的全周期的随机数循环。这些周期可以通过仔细的初始化被分布在多个处理器中。不同周期的种子可以按列表排列，或者甚至可以为每个处理器选择一个随机种子，因为的确存在具有大量非相交循环的生成器以至于选择一个周期重叠的生成器的可能性非常小。

2.8.5　检验并行 RNGs

如果序列分割为所选方案之一，该 RNG 在单一处理器中必须进行大得多的测试。在一般情况下，我们必须检验单一处理器中随机数流内部的相关性或者不同随机数流之间的相关性。针对后者，测试不同随机数流可以被交织并且可以提交给通常的统计测试。

第3章

蒙特卡罗方法：基本原理

3.1 引言

蒙特卡罗方法的主要思想是，通过重复大量与 X 具有相同分布的独立实验，用获得的算术平均值近似得到期望值 $\mathbb{E}(X)$。该方法的理论基础是概率论最有名的成果之一，强大数定律。正如期望值在概率模型应用中的各个领域都发挥着核心作用，蒙特卡罗方法也具有广泛的用途。一些常规应用体现在设计与分析排队系统（例如在超市或大型工厂中）、设计建筑的紧急疏散方案、分析技术系统的可靠性、设计电信网络、估计投资或保险组合等。

从历史上看，蒙特卡罗方法可以追溯到由 Metropolis 与 Ulam 于 1949 年发表于《美国统计学会会刊》的文章《蒙特卡罗方法》。但是，蒙特卡罗方法早在第二次世界大战期间已经开发出来了。J. 冯·诺伊曼（J. von Neumann）和 S. 乌拉姆（S. Ulam）通常被认为是蒙特卡罗方法的创始人。**蒙特卡罗方法**的名字表明它采用一种赌博方法得到一个逼近的方法。

如今人们不会采用任何的实际赌博来实现蒙特卡罗方法。为实现蒙特卡罗方法所需的独立实验结果被由计算机产生的随机数所替代。由于为确保蒙特卡罗估计接近精确期望值，随机数的数量必须很大，如果采用**原始**方法将使得计算相当缓慢。蒙特卡罗估计值是一个随机变量，通常每次运行蒙特卡罗可以产生新的估计值。由于估计值是无偏的，其方差是其精度的一种测度方式。通过适当的方法减少方差是加快蒙特卡罗方法计算的通常方式。

在本章中，我们将介绍原始蒙特卡罗方法，给出了一些简单应用，然后重点介绍各种降方差的方法。同时，由于我们专注于金融应用，大部分示例和考虑都是在基于密度的概率分析进行的，几乎所有的想法都是在离散分布假设下采用如下显著方法得到：简单地从离散分布的密度函数转移至概率函数。

在分布上收敛于标准正态分布，即有

$$\frac{\sum\limits_{i=1}^{N} X_i - N\mu}{\sqrt{N}\sigma} \xrightarrow{D} \mathcal{N}(0, 1), N \to \infty \qquad (3.8)$$

从中心极限定理可以推出，当 N 取较大值时，原始蒙特卡罗估计值近似于 $\mathcal{N}$ $(\mu, \sigma^2/N)$ 分布。因为标准偏差 σ 独特地刻画了围绕均值 μ 的正态分布值的范围，采用标准偏差作为蒙特卡罗估计值精确度的一种度量方法是合理的。我们知道蒙特卡罗估计值的渐近分布接近正态，从而有：

期望 μ 的 $(1-\alpha)$ 置信区间

$$\left[\frac{1}{N}\sum\limits_{i=1}^{N} X_i - z_{1-\alpha/2}\frac{\sigma}{\sqrt{N}}, \frac{1}{N}\sum\limits_{i=1}^{N} X_i + z_{1-\alpha/2}\frac{\sigma}{\sqrt{N}}\right] \qquad (3.9)$$

这里，$z_{1-\alpha/2}$ 是标准正态分布的 $1-\alpha/2$ - 分位数。因为标准正态分布的 97.5% - 分位数大约为 1.96，采用蒙特卡罗方法获得近似对称 95% - 分位数的期望估计的方法定义如下：

μ 近似的 95%-置信区间的 2σ 规则

$$\left[\frac{1}{N}\sum\limits_{i=1}^{N} X_i - 2\frac{\sigma}{\sqrt{N}}, \frac{1}{N}\sum\limits_{i=1}^{N} X_i + 2\frac{\sigma}{\sqrt{N}}\right] \qquad (3.10)$$

注 3.5

1. 由于置信区间的长度与 $1/\sqrt{N}$ 成正比，我们必须通过增加模拟的运行次数的 100 倍以达到减小区间长度至 1/10 的目的。再次，这强调了原始蒙特卡罗方法收敛速度慢的特点。

2. 典型地，设定置信区间所需的标准偏差 σ 是未知的。因此，为使用它们作为近似置信区间，我们就必须通过样本方差估计 σ^2：

$$\bar{\sigma}_N = \sqrt{\frac{1}{N-1}\sum\limits_{i=1}^{N}(X_i - \bar{X}_N)^2} = \sqrt{\frac{N}{N-1}\left(\frac{1}{N}\sum\limits_{i=1}^{N} X_i^2 - \bar{X}_N^2\right)} \qquad (3.11)$$

接着获得一个对于 μ 近似 95% 置信区间的 2σ 的可用规则

$$\left[\frac{1}{N}\sum\limits_{i=1}^{N} X_i - 2\frac{\bar{\sigma}_N}{\sqrt{N}}, \frac{1}{N}\sum\limits_{i=1}^{n} X_i + 2\frac{\bar{\sigma}_N}{\sqrt{N}}\right] \qquad (3.12)$$

当然，人们可以以同样的方式为 μ 的一般置信区间建立一个可用版本。不过，我们在接下来计算 95% 置信区间时会始终使用 1.96 替代 2。

3. 需强调的是，上述的置信区间是一个近似的渐近置信区间。一方面，我们只估计方差；另一方面，我们无法事先知道 N 是否足够大以满足中心极限定理，因此，如果置信区间似乎预示着一些异常，我们应该仔细查看整个情况。特别地是，有可能发生 95% 置信区间近似无效的情况（例如那些远离基准分布中心的非零函数期望的蒙特卡罗估计值）。

3.2.3 蒙特卡罗方法：一些初级应用

蒙特卡罗方法的初级应用是通过大量的随机数以猜测的方式计算或者近似计算获得某些表达式。由于需要强大数定律以验证这种方法的正确性，我们所研究的表达式需要与期望值直接相关，而期望值恰是上述随机数序列的算术平均。我们将通过一些简单例子说明这点。

例3.6　利用蒙特卡罗方法估计 π

一个近似计算 π 的实验性方法是考虑一个圆心位于单位正方形 $[0,1]^2$ 的起点且与之相交的单位圆 C（见图3.1）。

实验中随机选择单位正方形的点 $P_1,\cdots,P_N$，并考虑

$$X_i = 1_{P_i \in C} \tag{3.13}$$

函数指示 P_i 是否在单位圆内。通过这种方式，可以假设所选择的点在 $[0,1]^2$ 上服从均匀分布。于是

$$\mathbb{P}(P_i \in C) = \pi/4 \tag{3.14}$$

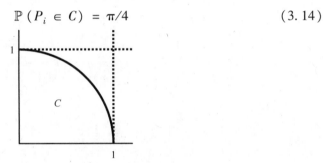

图3.1　利用蒙特卡罗方法估计 π

因为 C 的击中概率等于它的面积（注意到区域 $[0,1]^2$ 的面积为1）。由于指示函数 1_{P_i} 满足

$$\mathbb{E}(1_{P_i}) = \mathbb{P}(P_i \in C) = \pi/4 \tag{3.15}$$

接着可以利用所有 P_i 的算术均值估计 π 以获得蒙特卡罗估计

$$\hat{\pi}(\omega) = \frac{4}{N} \sum_{i=1}^{N} 1_{P_i \in C}(\omega) \tag{3.16}$$

这种方法的收敛速度在表3.1中看到，其中我们为 N 设定了三个不同值，100、10 000和100 000。

表3.1　利用原始蒙特卡罗方法估计 π

N	100	10000	100000
$\hat{\pi}$	2.84	3.1268	3.14144

注意，即使采用类似数量的大量实验，例如 $N=10\,000$，我们也并不必然地立即正确地得到前三位数。这个可以看作蒙特卡罗方法收敛较慢的特征的显著指标。不

过，我们仍需要注意这个估计值的相对误差低于 0.5%。与此相比，当 $N = 100\,000$ 时的估计值则极为精确。

更进一步讲，由于蒙特卡罗估计值的随机性，也会出现当 $N = 100$ 时的估计精确度好于 $N = 100\,000$。所有计算蒙特卡罗估计值的置信区间 $[\hat{\pi}_{下限}, \hat{\pi}_{上限}]$ 就显得绝对有必要了。

95% 置信区间可以在表 3.2 中得到。事实上，它们包含 π 值，但它们的长度差异很大。正如此例中估计值主要是基于特定事件的概率，对于一般情况下估计置信区间所需的方差，我们有更简单的公式。我们将在下个案例中介绍这个公式。

表3.2　利用蒙特卡罗计算的 95% - 置信区间 π

N	100	10000	100000
$\hat{\pi}_{下限}$	2.477	3.0938	3.13105
$\hat{\pi}_{上限}$	3.203	3.1598	3.15183

例 3.7　估计一个事件的概率

这个案例在前一个案例中已经有所介绍。由于估计事件的概率是蒙特卡罗方法的一个重要应用，因此我们在此处正式说明。假设 A 为一个特定事件，我们希望估计其发生的概率 $\mathbb{P}(A)$。通过 A 的指示函数 1_A 的期望

$$1_A(\omega) = \begin{cases} 1, \text{如果} \omega \in A \\ 0, \text{如果} \omega \notin A \end{cases} \tag{3.17}$$

以及 A 的概率

$$\mathbb{E}(1_A) = \mathbb{P}(A) \tag{3.18}$$

间的相关性，

$\mathbb{P}(A)$ 的蒙特卡罗估计仅仅是 A 在 N 个独立实验中发生的相对频率。

正式地，假设 A_i 代表在实验 i 中 A 发生的概率。我们接着定义 $\mathbb{P}(A)$ 的蒙特卡罗估计值为

$$rf_N(A) = \frac{1}{N}\sum_{i=1}^{N} 1_{A_i} \tag{3.19}$$

同时有

$$\mathbb{V}ar(1_A) = \mathbb{P}(A)(1 - \mathbb{P}(A)) \tag{3.20}$$

我们引入

$$\hat{\sigma}_N^2 = rf_N(A)(1 - rf_N(A)) \tag{3.21}$$

并获得 $\mathbb{P}(A)$ 的一个近似 95% - 置信区间如下：

$$\left[rf_N(A) - \frac{1.96}{\sqrt{N}}\hat{\sigma}_N, rf_N(A) + \frac{1.96}{\sqrt{N}}\hat{\sigma}_N \right] \tag{3.22}$$

注3.8　由于注意到案例 3.6 中 π 的蒙特卡罗估计值仅仅是 C 的相对频率乘以 4，我们简单地通过 $rf_n(C)(1 - rf_n(C))$ 乘以 16 得到 $4 \times 1_C$ 的方差估计值。

例 3.9 蒙特卡罗积分

蒙特卡罗的一个非常简单但经常有效的应用是采用蒙特卡罗方法计算如下形式的定积分

$$\int_{[0,1]^d} g(x)\,dx \tag{3.23}$$

其中 g 是一个实值有界函数。通过下式引入在 $[0,1]^d$ 上的 d 维均匀分布的密度函数 $f(x)$

$$f(x) = 1_{[0,1]^d}(x), x \in \mathbb{R}^d \tag{3.24}$$

我们可以将上述积分重新改写为 $g(X)$ 的期望，其中 X 是在 $[0,1]^d$ 上服从均匀分布的随机变量，即

$$I = \int_{[0,1]^d} g(x)\,dx = \int g(x)f(x)\,dx = \mathbb{E}(g(X)) \tag{3.25}$$

再者，这使得我们可以通过模拟 N 个在 $[0,1]^d$ 上服从独立均匀分布的随机变量 $X_1, \cdots, X_N$，从而计算上述积分的蒙特卡罗估计值 $\hat{I}$，并得到

$$\hat{I}_n(\omega) = \frac{1}{N}\sum_{i=1}^{N} g(X_i(\omega)) \tag{3.26}$$

注 3.10

1. 尽管必须在集合 $\mathbb{R}^d$ 上进行积分，但实值随机变量 $Z_i = g(X_i)$ 能够采用强大数定律。蒙特卡罗估计值的 $O(N^{-\frac{1}{2}})$ 收敛速度在 d 维上**独立**有效。

定积分公式通常的收敛速度为 $O(N^{-\frac{2}{d}})$ 我们期望在维数 $d > 4$ 时，蒙特卡罗方法能够比这些公式表现更优秀（至少从平均意义上），这通常理解为**蒙特卡罗方法能够消除维数灾难**。

2. 蒙特卡罗积分应用不局限于单位区间。同样的方法可以运用于一般的有界 d 维矩阵。当然，随机变量 X_i 必须在相应的矩形上服从均匀分布。在无界区域上的一般情况下，我们需要一个合适的转换 h^{-1}，将无界区域映射到该单位区间上。那么，积分等同于 $\mathbb{E} g(h(X))h'(X)$，其中 X 在单位区间上服从均匀分布。

3. 蒙特卡罗积分方法可以应用于模拟计算可数集 A 上的函数 $g(x)$ 的离散求和。事实上，通过

$$\sum_{x \in A} g(x) = \sum_{x \in A} \frac{g(x)}{p(x)} p(x) = \mathbb{E}\left(\frac{g(X)}{p(X)}\right) \tag{3.27}$$

其中 $\mathbb{P}$ 是 A 上的离散概率分布，

$$\mathbb{P}(X = x) = p(x) > 0, \forall x \in A \tag{3.28}$$

每个离散和可以理解为期望。

再次，在蒙特卡罗方法可以应用到在分布 $\mathbb{P}$ 中进行大量随机抽样（抽样数为 N），并从如下公式中计算原始蒙特卡罗估计值以近似得到公式 (3.27) 中的期望。

$$\hat{S}_{N,\mathbb{P}} = \frac{1}{N}\sum_{i=1}^{N} \frac{g(X_i)}{p(X_i)} \tag{3.29}$$

当然，在无限总和的情况下选择合适的概率分布并不简单，因为在无穷多元素集合上不存在均匀分布。

一般来说，如果采用概率分布，无界积分 $D \subset \mathbb{R}^d$ 恰好等于 D。由于，这取决于 D 的形式，有可能很难找到这样合适的分布；由于方差-协方差矩阵和期望向量 μ 在 D 内（最好是在一些中心位置），一个非常原始的方法是使用一个密度矩阵为 I 的多维正态分布。根据 $\varphi_{\mu, I}(x)$ 是相应的密度函数，我们得到

$$\int_D g(x) \, dx = \int_{\mathbb{R}^d} 1_D(x) \frac{g(x)}{\varphi_{\mu, I}(x)} \varphi_{\mu, I}(x) \, dx = \mathbb{E}(\tilde{g}(X)) \tag{3.30}$$

根据上面公式，蒙特卡罗估计值的结构以常规方式运行。不过需要注意的是，由于我们必须确保最终期望存在且有限

$$\tilde{g}(x) := 1_D(x) \frac{g(x)}{\varphi_{\mu, I}(x)} \tag{3.31}$$

上述结果将不再是有界的。

如果想了解更多关于蒙特卡罗积分的信息，我们推荐 Evans 与 Swartz（2000）的相关著作。

在图 3.2 中，我们通过如下公式演示如何在 $[0, 1]$ 上对 $g(x) = x^2$ 进行积分，

$$\frac{1}{10} \sum_{i=1}^{10} g(X_i(\omega)) = \frac{1}{10} \sum_{i=1}^{10} X_i(\omega)^2 \tag{3.32}$$

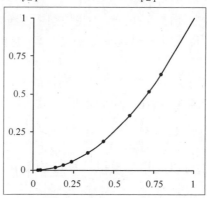

图 3.2　在 $[0, 1]$ 上对 $g(x) = x^2$ 进行蒙特卡罗积分，
圆点代表抽样值，$N = 10$

所有数值的均值是基于 10 个随机选择的样本点计算得到的。需要注意的是，圆点代表在随机产生点的函数值，在特殊情况下会出现两个点同时接近原点。

借助于适用于更大 N 值下的蒙特卡罗方法，我们可以对此函数在 $[0, 1]$ 上积分。表 3.3 呈现了相应的数字以及 95% 置信区间的上限和下限值。注意，在 $N = 10$ 时，会出现没有抽样点接近 1 的情况，这会导致结果很差。不过，即使在这种情况下，95% 置信区间仍包含了精确值 = 1/3。不过，只有在 $N = 10\,000$ 时，我们才能得到一个满意的结果，再次表明原始蒙特卡罗方法的收敛速度很慢。更进一步讲，

这个简单案例清晰地阐述了蒙特卡罗积分的问题：如果控制区域很小（例如我们案例中的接近1），那么原始蒙特卡罗方法需要很大的抽样数才能产生满意的结果。从这可以看出，我们通常不要利用原始蒙特卡罗方法进行一维积分。

表3.3 区间 $[0, 1]$ 上 x^2 的95%置信区间的蒙特卡罗积分（精确值 $=1/3$）

N	10	100	10000
$\hat{I}_{下限}$	0.047	0.297	0.325
$\hat{I}N$	0.192	0.360	0.331
$\hat{I}_{上限}$	0.338	0.423	0.337

3.3 提高蒙特卡罗方法的收敛速度：方差缩减技术

原始蒙特卡罗方法的主要缺点是它的收敛速度较慢。在概率计算中，这可有如下事实说明，误差的标准偏差只因模拟所需要次数的平方根而减少。因此，如果我们能够改进该方法，使得方差更快地下降，因此从达到某个期望精度所需模拟次数这个角度出发，就加快了计算速度。对原始蒙特卡罗方法的任何这类改进都可以称为**方差缩减**技术。在下面的章节中，我们将介绍一些常用的方差缩减的方法。由于它们大部分是蒙特卡罗理论和应用的经典资料，因此我们不会指明文献出处。这些方法的应用可以在 Asmussen 与 Glynn（2007）、Glasserman（2004）、Hammersley 与 Handscomb（1964）、Ripley（1987），或者 Rubinstein（1981）等的专著中找到，此处仅列出一小部分。

在详细讨论细节之前，我们需要知道：

- 模拟过程不仅可以通过降低估计值的方差得以加快，还可以通过优化执行和存储管理以节省计算时间来实现。
- 一些下列方差缩减技术的执行和采用需要在编程和数学方面付出很大努力，因此方差缩减技术的衡量也需要考虑精力和知识的额外付出。简单地说，即在特定情况下，是否真的值得用方差缩减技术？
- 如果抽样方法 A 的每个抽样计算工作表示 W_A，抽样方法 B 的每个抽样计算工作表示 W_B，那么在满足下面公式下，我们称 A 为**更有效的方差缩减技术**，

$$W_A \cdot \mathrm{Var}(\bar{X}_N^A) < W_B \cdot \mathrm{Var}(\bar{X}_N^B) \tag{3.33}$$

其中 $\bar{X}_N^Y$ 表示在方法 Y 和抽样数为 N 下的蒙特卡罗估计值。事实上，这种关系是有意义的，因为我们已经看到蒙特卡罗估计值与为获得给定期望长度的近似置信区间所需的样本数量成比例。对此，可以回顾近似置信区间的形式为

$$\left[\bar{X}_N - z_{1-\alpha/2} \frac{\sigma}{\sqrt{N}}, \bar{X}_N + z_{1-\alpha/2} \frac{\sigma}{\sqrt{N}} \right] \tag{3.34}$$

所以，当谈到方差减少时，我们也应该考虑每个抽样的计算工作量。由于方差缩减

方法的每个抽样计算工作量更高（有时可以忽略不计，有时显著），因此只有在预期它能大幅减少方差时，采用这种方法才有意义。

3.3.1 对偶变量

对偶变量法是最简单的方差缩减方法。它的思想是组合随机点集和系统性点集，它的主要原理是**通过引入对称来缩减方差**。假设我们希望计算 $\mathbb{E}(f(X))$，其中 X 是在 $[0,1]$ 上服从均匀分布的随机变量。原始蒙特卡罗估计值应是

$$\bar{f}(X) = \frac{1}{N} \sum_{i=1}^{N} f(X_i) \qquad (3.35)$$

其中 X_i 是 X 的独立样本，在对偶变量方法中，我们同样使用 $1 - X_1, \cdots, 1 - X_N$，并引入**对偶蒙特卡罗估计值**

$$\bar{f}_{\text{anti}}(X) = \frac{1}{2}\left(\frac{1}{N} \sum_{i=1}^{N} f(X_i) + \frac{1}{N} \sum_{i=1}^{N} f(1 - X_i) \right) \qquad (3.36)$$

值得注意的是，由于 X 和 $1 - X$ 具有同样的分布，式 (3.36) 右边的两个求和都是 $\mathbb{E}(f(X))$ 的无偏估计值。所以，对偶估计值同样是无偏的。假设 $\sigma^2 = \mathbb{V}\text{ar}(f(X))$，那么对偶估计值的方差就可以表示为

$$\mathbb{V}\text{ar}(\bar{f}_{\text{anti}}(X)) = \frac{\sigma^2}{2N} + \frac{1}{2N} \mathbb{C}\text{ov}(f(X), f(1 - X)) \qquad (3.37)$$

即如果 $f(X)$ 和 $f(1 - X)$ 是负相关的，相较于基于随机数为 $2N$ 的原始蒙特卡罗估计值，我们的新方法能够缩减方差。更进一步地，须注意，不必生成 $2N$ 个，只需生成 N 个随机数，因此也节约了计算时间。

下面的命题通常可以用来证明对偶变量法在理论上是可行的。

命题 3.11 切比雪夫协方差不等式

假设 X 是实值随机变量，f 和 g 是非减函数，且 $\mathbb{C}\text{ov}(f(X), g(X))$ 是有限值，则有

$$\mathbb{E}(f(X)g(X)) \geqslant \mathbb{E}(f(X))\mathbb{E}(g(X)) \qquad (3.38)$$

事实上，通过选择 $g(x) = -f(1 - x)$，这个命题直接意味着：

命题 3.12 均匀分布下的方差缩减

假设 f 是非减或非增函数，X 在 $[0,1]$ 上服从均匀分布，且 $\mathbb{C}\text{ov}(f(X)f(1 - X))$ 有界，则有

$$\mathbb{C}\text{ov}(f(X), f(1 - X)) \leqslant 0 \qquad (3.39)$$

特别地是，基于 N 个随机数的对偶蒙特卡罗估计值的方差比基于 $2N$ 个随机数的原始蒙特卡罗估计值的方差小。

通过图 3.2 中的积分案例，我们展示了这种方法的作用。当 $N = 10$ 时，这种方法也会因缺乏接近 1 的随机数而表现糟糕。如果增加点 $1 - X_i$，我们获得 0.340 的一个对偶蒙特卡罗估计值，这甚至比 $N = 100$ 时的原始蒙特卡罗估计值更好。这种情况的原因是随机数的对称集，现在 1 的邻域同样由抽样点覆盖。图 3.3 展现了这个事实。

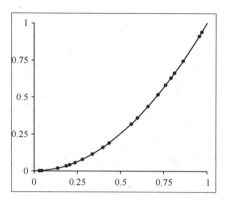

图 3.3 区间 $[0, 1]$ 上 $g(x) = x^2$ 的对偶蒙特卡罗积分，
点代表了抽样值，$N = 10$

注 3.13 每当我们通过逆变换法在均匀随机变量 X 中生成随机变量 Y，上述结果可以发挥作用。为明白这点，注意 Y 的分布函数 $F(.)$ 是非减函数，且它的逆函数 $F^{-1}(.)$ 也非减。这样，如果要估计形式 $\mathbb{E}(h(Y))$ 的期望，其中 h 是非减（非增）函数，则可以简单地将这个命题应用到非减（非增）函数。

对偶变量法的引入当然不限于均匀分布随机变量。当可以很容易地从 X_i 中生成变量 $\tilde{X}_i$ 以使得

- $\tilde{X}_i$ 与 X_i 具有同分布

- $\mathbb{C}ov(f(\tilde{X}_i), f(X_i)) \leqslant 0$

我们可以使用上述方法，这方面的例子是对偶分布，如正态分布：对于 $X_i \sim \mathcal{N}(\mu, \sigma^2)$，合适的对偶变量由如下公式给出：

$$\tilde{X}_i = 2\mu - X_i \tag{3.40}$$

尤其是对于 $\mu = 0$，对偶变量就是 $-X_i$。再次强调，如果 f 是单调函数，我们可以使用切比雪夫协方差不等式来证明方差缩减。

命题 3.14 正态分布中的方差缩减

假设 f 是非减或非增函数，X 服从 $\mathcal{N}(\mu, \sigma^2)$ 分布，且 $\mathbb{C}ov(f(X) f(2\mu - X))$ 有界，则有

$$\mathbb{C}ov(f(X), f(2\mu - X)) \leqslant 0 \tag{3.41}$$

注 3.15 下面是应用对偶变量法所面对的其他事项。

1. 注意，在这两个案例中，随机变量的抽样均值等于总体均值，即有

$$\frac{1}{2N} \sum_{i=1}^{N} (X_i + \tilde{X}_i) = \mathbb{E}(X_1) \tag{3.42}$$

对于抽样随机数中的一阶矩，有**自距匹配**。

2. 正如上面的数值案例可以看出，采用对偶变量通常并不会显着地提高蒙特卡罗方法的收敛速度。这种情况在实际技术中经常观察到（参见 3.4 节）。

3. 如果我们希望计算下列形式的期望:

$$\mathbb{E}(Y) = \mathbb{E}(h(X_1, \cdots, X_k))\tag{3.43}$$

其中 X_i 是 $[0,1]$ 上的服从均匀分布的独立随机变量, h 是实值函数, 那么我们使用逐个分量的对偶变量法。例如, 对于每个估计的 $k-$ 维向量 $\boldsymbol{X}^j = (X_1^j, \cdots, X_k^j)$, 我们可以如同一维案例中使用如下公式构造一个对偶变量蒙特卡罗估计值。如果 h 在每个成分是非减, 那么这种方法将实现方差缩减。

$$\tilde{X}^j = (1 - X_1^j, \cdots, 1 - X_k^j)$$

4. **对偶变量蒙特卡罗估计值的置信区间**。为获得对偶变量蒙特卡罗估计值的置信区间, 我们必须考虑 $\frac{1}{2}(f(X) + f(\tilde{X}))$ 的原始蒙特卡罗估计值的置信区间, 其中 $\tilde{X}$ 是 X 的对偶变量。这是基于只有 N 个观察值的估计值。

$$h(X_i) = \frac{1}{2}(f(X_i) + f(\tilde{X}_i))\tag{3.44}$$

所以, 对偶变量法中的置信区间的方差 σ^2 必须通过下列公式进行估计:

$$\bar{\sigma}_{\text{anti}}^2 = \frac{1}{N-1} \sum_{i=1}^{N} \left(\frac{1}{2}(f(X_i) + f(\tilde{X}_i)) - \bar{f}_{\text{anti}}(X)\right)^2\tag{3.45}$$

以近似得到 $\mathbb{E}(f(X))$ 的 $95\% -$ 置信区间

$$\left[\bar{f}_{\text{anti}}(X) - 1.96 \frac{\bar{\sigma}_{\text{anti}}}{\sqrt{N}}, \bar{f}_{\text{anti}}(X) + 1.96 \frac{\bar{\sigma}_{\text{anti}}}{\sqrt{N}}\right]\tag{3.46}$$

3.3.2　控制变量法

控制变量法是基于这样一种想法, 如果要计算 $\mathbb{E}(X)$, 则应该尽量准确地计算, 而且只能用蒙特卡罗模拟计算那些我们无法回避的部分。更确切地说, 如果我们知道一个随机变量 Y 是 (在某种意义上) 接近 X, 并且可以准确地计算 $\mathbb{E}(Y)$, 那么这个随机变量可以选择作为**控制变量**, 即我们使用如下关系:

$$\mathbb{E}(X) = \mathbb{E}(X - Y) + \mathbb{E}(Y)\tag{3.47}$$

这形成了接下来的, 对于 $\mathbb{E}(X)$ 的**控制变量蒙特卡罗估计值**

$$\bar{X}_Y = \frac{1}{N} \sum_{i=1}^{N} (X_i - Y_i) + \mathbb{E}(Y)\tag{3.48}$$

其中 X_i、Y_i 是 X 和 Y 独立样本。

通过关系式

$$\mathbb{V}\text{ar}(\bar{X}_Y) = \frac{1}{N} \mathbb{V}\text{ar}(X - Y)$$

$$= \frac{1}{N}(\mathbb{V}\text{ar}(X) + \mathbb{V}\text{ar}(Y) - 2\mathbb{C}\text{ov}(X, Y))\tag{3.49}$$

则可获得较原始估计值的方差更小的控制变量估计值, 如果有

$$\mathbb{V}\text{ar}(X) \geqslant \mathbb{V}\text{ar}(X - Y)\tag{3.50}$$

方差 $\mathrm{Var}(X)$ 减少的程度定义如下：

$$2\,\mathbb{C}\mathrm{ov}(X,Y) - \mathrm{Var}(Y) \tag{3.51}$$

如果 Y 很接近 X，这可以通过使用控制变量法消除几乎所有原始蒙特卡罗估计值的方差，不过，控制变量法的效率仍受制于如下事实：

- 我们可以直接将差分 $X_i - Y_i$ 视作一个随机变量进行模拟（即知道其确切的分布，这使得我们可以只模拟一个随机数，并使用适当的变换。）
- 或者我们不得不分别对 X_i 和 Y_i 采用逆变换法（但对两者仍采用同样的随机数，或者至少从两者的联合分布中获得 X_i 和 Y_i），这自然比前面案例需要更大的工作量。

在最糟糕的情况下，Y 的引入可能导致计算时间加倍（如果我们忽略计算精确值 $\mathbb{E}(Y)$ 所耗时间）。所以，在最糟糕的情况下，引入控制变量 Y 只会在当 $X - Y$ 的方差几乎是 $\mathrm{Var}(X)$ 的一半时才能够提高蒙特卡罗方法的效率。同样，我们在发现一个合适的协变量时往往需要一些直觉，这不总是基于一个系统的搜索算法。

注 3.16 要获得控制变量蒙特卡罗估计值的置信区间，我们必须使用 $\mathbb{E}(X - Y)$ 的原始蒙特卡罗估计值的置信区间，并简单地给这个区间增加 $\mathbb{E}(Y)$，即通过下式获得一个近似的 95% 置信区间：

$$\left[\bar{X}_Y - 1.96\,\frac{\hat{\sigma}_{X-Y}}{\sqrt{N}} \,,\, \bar{X}_Y + 1.96\,\frac{\hat{\sigma}_{X-Y}}{\sqrt{N}}\right] \tag{3.52}$$

其中

$$\hat{\sigma}^2_{X-Y} = \frac{1}{N-1}\sum_{i=1}^{N}\left(X_i - Y_i - \frac{1}{N}\sum_{j=1}^{N}(X_j - Y_j)\right)^2 \tag{3.53}$$

我们首先通过标准积分案例说明该方法。对于这一点，只需简单地选择在 $[0,1]$ 上服从均匀分布的 Y，这样有 $X_i = Y_i^2$。由于 $\mathbb{E}(Y) = 0.5$，我们只需模拟

$$X_i - Y_i = Y_i^2 - Y_i \tag{3.54}$$

观察图 3.4，并与被积函数进行比较，我们可以获得一个方差缩减结果，这是由于 $g(x) = x^2$ 的方差比 $\hat{g}(x) = x^2 - x$ 的更大。

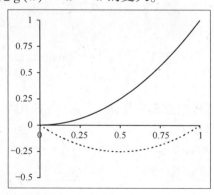

图 3.4 在 $[0,1]$ 区间上的函数 $g(x) = x^2$ 和控制变量版本 $\hat{g}(x) = x^2 - x$（虚线）

事实上，表3.4中的数字显著地表明较原始蒙特卡罗估计值，这种方法能够缩减方差（见表3.3）。置信区间的长度也大幅缩减了，这强调了如果拥有合适的控制变量，控制变量法则具有强大作用。注意由于四舍五入规则，置信区间并不是严格对称的。甚至，当$N = 10$时的点估计值仅比当$N = 100$时的略好一点。不过，在$N = 100$下的置信区间长度比$N = 10$时的要短很多，这显示在$N = 100$时，我们拥有一个更可靠的估计值。

表3.4　x为控制变量时，区间$[0,1]$上

$\int_0^1 x^2 dx$的95%置信区间的蒙特卡罗积分 （精确值 = 1/3）

N	10	100	10 000
$\hat{I}_{下限}$	0.292	0.327	0.331
$\hat{I}_N$	0.340	0.343	0.333
$\hat{I}_{上限}$	0.389	0.359	0.334

应用控制变量法的其他方面

1. 最优化控制变量

如果我们已经确定Y作为候选控制变量，那么由于控制变量估计的结构，如果$a > 0$，那么aY也可以视作控制变量。这是由于这样的事实，新的控制变量估计值由于期望的线性特征而无偏。它也会缩减方差，如果Y能够缩减方差，且a为正（注意，如果a为负，则会增加控制变量估计值的方差）。所以控制变量Y的最优化使用是通过引入乘数a^*以最小化如下式：

$$g(a) = \mathbb{V}\mathrm{ar}(X - aY) = \mathbb{V}\mathrm{ar}(X) + a^2\,\mathbb{V}\mathrm{ar}(Y) - 2a\mathbb{C}\mathrm{ov}(X,Y)$$
$$= \sigma^2 + a^2\sigma_Y^2 - 2a\sigma_{X,Y} \tag{3.55}$$

在此基础上，得到

$$a^* = \frac{\sigma_{XY}}{\sigma_Y^2} \tag{3.56}$$

其中

$$2a^*\,\mathbb{C}\mathrm{ov}(X,Y) - (a^*)^2\,\mathbb{V}\mathrm{ar}(Y) = \frac{\sigma_{XY}^2}{\sigma_Y^2} \tag{3.57}$$

的方差将缩减。

通过定义X和Y之间的相关系数为$\rho_{X,Y}$，并使用系数

$$\sigma_{XY} = \rho_{X,Y}\sigma_X\sigma_Y \tag{3.58}$$

我们得到最大化相对方差缩减的定义

$$\frac{2a^*\,\mathbb{C}\mathrm{ov}(X,Y) - (a^*)^2\,\mathbb{V}\mathrm{ar}(Y)}{\mathbb{V}\mathrm{ar}(X)} = \rho_{X,Y}^2 \tag{3.59}$$

注意，最大的可达到方差缩减将随着与X的相关性和控制变量Y，呈现二次性降

低。因此，只有采用具有 $\rho_{X,Y}$ 较大的控制变量才有助于使控制变量的方法有效。如果我们有，比如说，$\rho_{X,Y} = 0.4$ ，那么最大的可能方差缩减仅是原来 σ_X^2 的16%！

如果 Y 的方差与 X 和 Y 之间的协方差都是已知的，那么我们就可以直接使用 a^*Y 作为控制变量。如果不是这种情况，那么我们可以通过在控制变量过程开始之前的一次模拟过程而估计两者（或如果 σ_Y^2 已知，则只能估计 σ_{XY}）。我们也可以在控制变量过程运行时估计未知参数，然后不断为控制变量估计更新参数 a^* 。在标准积分案例中，Y 为控制变量，最优选择 a 可以明确地计算为 $a^* = 1$ 。因此，我们确实使用了**最优线性控制变量**。

2. 多元控制

由于已经构建了控制变量估计值，我们可以增加另一个控制变量，例如 Z ，形式为

$$\bar{X}_{Y,Z} = \bar{X}_Y - \frac{1}{N}\sum_{i=1}^N Z_i + \mathbb{E}(Z) \tag{3.60}$$

这为 $\mu = \mathbb{E}(X)$ 产生一个无偏估计值；进一步地，这将导致方差缩减，如果满足

$$\mathbb{V}ar(Z) < 2\,\mathbb{C}ov(X_Y,Z) \tag{3.61}$$

在特别情况，Z_i 和 Y_i 无关时，方差缩减需要满足

$$\mathbb{V}ar(Z) < 2\,\mathbb{C}ov(X,Z) \tag{3.62}$$

由此我们可以采用多种控制变量法。多元控制在下式多变量情形下的一个特别应用将是非条件均值控制变量法

$$X = f(Y_1,\cdots,Y_d) \tag{3.63}$$

3. 控制变量法和序列近似

找到一个优秀控制变量并不容易。在标准积分案例中，我们已经看到，控制变量 X 是最优线性控制变量（作为 X 的函数）。我们也可以猜想在更高多项式下得最优估计值。我们由此假设可以估计下式：

$$\mu = \mathbb{E}(f(X)) \tag{3.64}$$

而且我们有阶数 k 的泰勒近似，形如下式：

$$f_k(x) = \sum_{j=0}^k \frac{f^{(j)}(x_0)}{j!}(x-x_0)^j \tag{3.65}$$

接下来的主要问题是，是否能够决定最优值 x_0 ，以使我们在使用 $f_k(X)$ 作为变量时获得最大可能方差缩减。当然，这基于我们计算 X 直到阶数 k 所有矩的能力而定，尤其是计算所有协方差 $\mathbb{C}ov(X^j,f(X))$ 。在积分案例中，已经展示由于常数 $-1/4$ 在协变量中抵消，我们可以通过控制下式将控制变量由 X 替换为 $f(X) = X^2$：

$$f_1(X) = f'\left(\frac{1}{2}\right)\left(X-\frac{1}{2}\right)+f\left(\frac{1}{2}\right) = X - \frac{1}{4} \tag{3.66}$$

所以这个案例中我们实现的最优线性估计值是在点 $x_0 = 1/2$ 处的一阶泰勒近似，点 $x_0 = 1/2$ 正是 X 区域的中心（参见图3.5能够得到说明）。

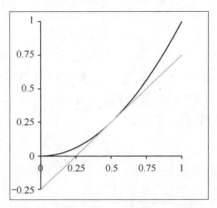

图3.5　积分 x^2（黑线）和1阶（灰色）最优线性泰勒近似

然而，我们注意到，泰勒近似只是局部较优。所以在某种意义上，x_0 应该在 X 分布的中心。此外，该协变量的质量依赖于泰勒多项式近似的质量。在一些特殊情况下，我们可能得到泰勒余项显性形式的良好界限，例如在凸/凹函数 f 或有级数表达式的函数。另一方面，我们在此无法提出一个一般化的结果。

4. 非条件均值控制变量

非条件控制变量法是多变量函数的近似期望的一个天然近似。

$$\mathbb{E}(g(X)) = \mathbb{E}(g(X^{(1)}, \cdots, X^{(d)})) \tag{3.67}$$

通过 d 个单变量控制

$$Y^{UM_j}(X) = g(\mu_1, \cdots, \mu_{i-1}, X^{(i)}, \mu_{i+1}, \cdots, \mu_d), j = 1, \cdots, d \tag{3.68}$$

其中 $\mu_j = \mathbb{E}(X^{(j)})$，即所称**非条件均值控制变量**。因此，当只有成分 i 可以自由变动，其他成分都是设定为等于成分均值时，一个方法是使用 $g(X)$ 的单变量版本。为保证该方法有效，我们必须能够计算控制变量的所有期望值。然后，我们可以引入**非条件均值控制变量估计值**

$$\bar{X}_N^{UMC} = \frac{1}{N} \sum_{i=1}^{N} \left(g(X_i) - \sum_{j=1}^{d} Y^{UM_j}(X_i) \right) + \sum_{j=1}^{d} \mathbb{E}(Y^{UM_j}(X)) \tag{3.69}$$

在金融方面，Pellizzari（2001）已对这种方法进行过介绍。当讨论多变量控制时，前面提及的所有关于置信区间和方差缩减法都是有效的，因为这个方法仅仅是多元控制变量策略的一个特例。我们用一个简单的例子进行说明，当有随机变量 $X = (X^{(1)}, X^{(2)}, X^{(3)})$，这都服从多元正态分布，即

$$X \sim \mathcal{N}\left(\begin{pmatrix} 1 \\ 1 \\ 1 \end{pmatrix}, \begin{pmatrix} 1 & 0.8 & 0.8 \\ 0.8 & 1 & 0.64 \\ 0.8 & 0.64 & 1 \end{pmatrix} \right) \tag{3.70}$$

我们想估计

$$\mathbb{E}(g(X)) = \mathbb{E}(X^{(1)} \cdot X^{(2)} \cdot X^{(3)}) \tag{3.71}$$

这暗示了控制变量仅仅是成分 $X^{(i)}$。这样，非条件均值控制变量估计值定义为

$$\bar{X}_N^{UMC} = \frac{1}{N} \sum_{i=1}^{N} (X_i^{(1)} \cdot X_i^{(2)} \cdot X_i^{(3)} - X_i^{(1)} - X_i^{(2)} - X_i^{(3)}) + 3 \tag{3.72}$$

表3.5列出了 $N = 10000$ 的模拟结果。注意，方差减少了约25%，这也得到了一个更小的置信区间。

表3.5 $\mathbb{E}(X^{(1)} \cdot X^{(2)} \cdot X^{(3)})$ 基于原生（CMC）和
非条件均值控制变量法（UMCV），$N = 10000$

方法	均值	下四分位	上四分位
CMC	3.240	3.120	3.361
UMCV	3.201	3.096	3.306

5. 控制变量并非一直是好方法

尽管微不足道，但确实存在一些糟糕的控制变量。当存在一个优秀的控制变量 $Y(\rho_{X,Y}$ 具有较大值)，也存在一个糟糕的控制变量，即 $-Y$。为简单说明，注意我们有

$$\rho_{X,Y} = -\rho_{X,-Y} \tag{3.73}$$

即，使用 $-Y$ 作为控制变量会增加相应估计值的方差。这种例子的目的是为了突出，我们至少有一个启发式观点，就是即使无法明确知道 $\rho_{X,Y}$，但也需要了解随机变量 X 和控制变数 Y 呈正相关关系。

如果我们确实不确定控制变量的方差缩减效果，那么应该抽样一些 X 和 Y，从这些实现值中估计协方差 σ_{XY} 和 σ_Y^2，最后采用 aY 作为控制变量，其中 $a = \hat{\sigma}_{XY}/\hat{\sigma}_Y^2$。这的确是在关于控制变量的其他方面的第一点中提及的最优化。

3.3.3 分层抽样

分层抽样的主要原理很简单：**尽可能小范围地抽取反映总样本属性的子样本**。当然，对于这一点，我们需要一个衡量总样本属性的指标（在下文中，这个指标往往会被称为 Y）。的确，这是一个相当常见的方法，因为它是常见报端的民意调查的基础（例如，人们对政府工作的态度，或对体育赛事成绩的预测）。一项民意调查总是基于被称为总样本的**代表抽样**。这背后的原因是，总样本的每个（足够大）的子群的组成应该同总样本一样。这意味着，我们想消除的由抽样样本造成的方差因总样本的特点而有所不同。只有不同子群内部的方差（不同观点）应维持不变。

在分层抽样中，随机变量 X 的分布被分为 d 个不同部分，这些不同部分由第二个随机变量 Y 的值 $y_1, \cdots, y_d$ 而定。Y 的目的是表示随机变量 X 应该如何被样本空间 Ω 的 d 个不同部分抽取。如果

- Y 的概率分布已知且很容易计算，且

- $X \mid Y$ 很容易模拟,

那么我们可以通过下式由此计算 $\mu = \mathbb{E}(X)$:

$$\mathbb{E}(X) = \sum_{i=1}^{d} \mathbb{E}(X \mid Y = y_i) P(Y = y_i) \tag{3.74}$$

如果现在所有概率 $p_i = P(Y = y_i)$ 已知,那么我们只需采用适当的原始蒙特卡罗方法模拟 d 个不同条件期望。为表明这种做法会得到方差缩减,定义,当 $i = 1, \cdots, d$ 时,

$$\bar{X}_{i,N_i} := \frac{1}{N_i} \sum_{j=1}^{N_i} X_j^{(i)}, \mu_i := \mathbb{E}(X \mid Y = y_i), \sigma_i^2 := \mathbb{V}\mathrm{ar}(X \mid Y = y_i)$$

所有随机变量 $X_j^{(i)}$ 必须如 $X \mid Y = y_i$ 具有一样的分布。我们接着根据下式介绍 μ 的**分层蒙特卡罗估计值**

$$\bar{X}_{\mathrm{strat},N} = \sum_{i=1}^{d} p_i \bar{X}_{i,N_i} \tag{3.75}$$

其中 $N = N_1 + \cdots + N_d$。由于上述将期望作为条件期望的加权求和的表述,分层蒙特卡罗估计值是 μ 的无偏估计。甚至,我们可以表明分层估计值天然地比原始蒙特卡罗估计值拥有更小方差。为说明这一点,注意由于子估计值 $\bar{X}_{i,N_i}, i = 1, \cdots, d$ 的(条件)独立性,有

$$\mathbb{V}\mathrm{ar}(\bar{X}_{\mathrm{strat},N}) = \mathbb{V}\mathrm{ar}\left(\sum_{i=1}^{d} p_i \bar{X}_{i,N_i}\right) = \sum_{i=1}^{d} p_i^2 \frac{\sigma_i^2}{N_i} = \sum_{i=1}^{d} \frac{p_i}{N_i} p_i \sigma_i^2 \tag{3.76}$$

通过使用关系式

$$\mathbb{E}(\mathbb{V}\mathrm{ar}(X \mid Y)) = \sum_{i=1}^{d} \mathbb{V}\mathrm{ar}(X \mid Y = y_i) P(Y = y_i) = \sum_{i=1}^{d} p_i \sigma_i^2 \tag{3.77}$$

$$\sigma^2 = \mathbb{V}\mathrm{ar}(X) = \mathbb{E}(\mathbb{V}\mathrm{ar}(X \mid Y)) + \mathbb{V}\mathrm{ar}(\mathbb{E}(X \mid Y)) \geqslant \mathbb{E}(\mathbb{V}\mathrm{ar}(X \mid Y)) \tag{3.78}$$

由于第二个严格不等式,如果 $\mathbb{E}(X \mid Y)$ 不是几乎不变,我们得到:

命题 3.17 优选权重的方差缩减法

(a) 有了上面的符号,存在 $N_1, \cdots, N_d$ 使得对于 μ,分层蒙特卡罗估计值的方差比原始蒙特卡罗估计值的方差小。

(b) 假设 N_{p_i} 的所有值都是整数。然后,如果 $\mathbb{E}(X \mid Y)$ 并非一直不变,那么对于比例分层的选择 $N_i = N_{p_i}$,分层蒙特卡罗估计值的方差严格小于原始估计值。

(c) 最大方差缩减通过下式获得:

$$N_i^* := N \frac{p_i \sigma_i}{\sum_{j=1}^{d} p_j \sigma_j} \tag{3.79}$$

(在不损失一般性的情况下,我们假设所有 σ_j 都为正)。

前两个推论由前面关系命题引申而来,第三个则是通过最小化受限于 $N_1 + \cdots + N_d = N$ 和 $N_i \geqslant 0$ 变量 $N_1, \cdots, N_d$ 的分层蒙特卡罗估计值方差的显性表达而得到的。

这可以通过借助约束优化的拉格朗日方法实现。

注 3.18

1. 需要注意的是，由依赖于 $Y = y_i$ 的子群的最优化权重 N_i^* / N 只是简单地衡量了子群对以 $\sum_{j=1}^{d} p_j \sigma_j$ 表示的总加权方差的贡献。

2. 分层抽样方法的性能在很大程度上取决于由 $Y = y_i$ 确定的不同子群之间的（条件）期望变化。如果 $\mathbb{E}(X | Y = y_i)$ 明显不同，那么方差缩减将很显著，如果 $\mathbb{E}(X | Y = y_i)$ 非常接近于常数为 Y 的函数，这将使得分层抽样几乎不能缩减方差。对于那些熟悉统计的人士，在方差分析时进行方差分解并比较将很有启发。

3. 还要注意的是分层抽样方法的适用性依赖于 Y 分布（或更确切地说，概率 p_i）和由 $Y = y_i$ 确定的子群方差的可得性。如果不能获得 σ_i，那么人们仍然可以使用命题（b）以获得在 $N_i = N_{p_i}$ 下的方差缩减。另一种方法是在一些初步模拟中估计 σ_i，然后切换到 N_i^*，其中 σ_i 必须被刚刚获得的估计值替换。然而，这会给这种方法造成额外误差，而且无法事先知道这种方法是否有效。

在许多应用中，分层变量 y 只能正式确定为一个随机变量。为了说明这一点，我们再次使用前面几节提及的简单积分。在这里，我们选择 Y 作为一个随机变量，以等概率实现 1，2，3，4，且 $Y = j$ 意味着，可以在区间 $[0.25(j-1), 0.25j]$ 上抽样函数 $g(x) = x^2$。

事实上，我们给每个区间进行规模为 $N/4$ 的抽样（参见图 3.6），并以此计算下式的原始蒙特卡罗估计值：

$$\int_{0.25(j-1)}^{0.25j} x^2 \, dx, j = 1, \cdots, 4$$

当 $N = 100$ 时，由于四舍五入总是至第三位，因此我们已经获得一个非常精确的估计值

$$\bar{X}_{\text{strat},100} = 0.332, \mathbb{V}\text{ar}(\bar{X}_{\text{strat},100}) = 0.008 \tag{3.80}$$

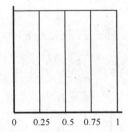

图 3.6　四等分 $\mathcal{U}[0, 1]$

应用分层抽样的更深入角度

1. 一般分布的分层

假设我们即将估计的变量 X 服从一般化的非离散分布，且可以由均匀分布借助于逆转法生成。在给定概率 $p_i, i = 1, \cdots, d$ 下，我们可以很容易地生成 X 的分布各层

（即可以给分布分层）。所以，假设 F 是 X 的分布函数，那么我们获得需要的层 B_i 为

$$B_i = \left(F^{-1}\left(\sum_{j=1}^{i-1} p_j \right), F^{-1}\left(\sum_{j=1}^{i} p_j \right) \right), i = 1, \cdots, d \tag{3.81}$$

其中 $F^{-1}(.)$ 是分布函数 F 的逆变换。同样需要注意，我们已经隐含地使用 $F^{-1}(0)$ $= -\infty$，且同样对于 B_d 的右边公式，如果 $F^{-1}(1) = +\infty$ 成立，则我们正使用开区间。变量 Y 再次被正式引入，$Y = i$ 意味着我们已经从层 B_i 中进行了（条件式）抽样。

2. 多维分层和维数灾难

当我们有独立实值随机变量 X_j 的一个向量 $X = (X_1, \cdots, X_d)$ 时，那么上述最后一个案例可以一般化至多维情形。对于此，假设我们可以借助逆转换法，在 [0, 1] 上生成基于均匀分布 U_j 的 X_j 分布，即假设有

$$X = (X_1, \cdots, X_d) = (F_1^{-1}(U_1), \cdots, F_d^{-1}(U_d)) \tag{3.82}$$

接着，我们可以直接模仿前面案例中的方法，以生成逐个分量分层。这样就足以在 $[0,1]^d$ 上分层单位分布 U。直观的选择是在 $[0,1]^d$ 上使用积集合方法。为简单起见，我们将每个坐标 j 抽样至等概率集 n_j，然后定义积集合

$$A_{i_1, \cdots, i_d} = \prod_{j=1}^{d} \left(\frac{i_j - 1}{n_j}, \frac{i_j}{n_j} \right], i_j = 1, \cdots, n_j, j = 1, \cdots, d \tag{3.83}$$

（参见图 3.7 对于 $d = 2$ 和 $n_j = 4$）的所有展示，其中

$$\mathbb{P}(U \in A_{i_1, \cdots, i_d}) = \prod_{j=1}^{d} \frac{1}{n_j} =: \bar{p} \tag{3.84}$$

接着，我们获得所需集 $B_{i_1, \cdots, i_d}$，这样通过应用逆转换法，在分布函数 F 下获得同样概率 $\bar{p}$，即通过

$$B_{i_1, \cdots, i_d} = \prod_{j=1}^{d} \left(F_j^{-1}\left(\frac{i_j - 1}{n_j} \right), F_j^{-1}\left(\frac{i_j}{n_j} \right) \right], i_j = 1, \cdots, n_j, j = 1, \cdots, d \tag{3.85}$$

这种方法的主要问题是，我们以这种方法得到的层数 A_i（相应 B_i）。它等于 $n = n_1, \cdots, n_d$，如果维数 d 很大，那么甚至很小的 n_j，也会导致它最终非常大。由于一个层至少需要一个（但通常需要更多的）随机数，我们意识到，所需的随机数数目随维数 d 的增加而爆炸式增长。这一事实通常被称为（维数灾难）。同样的问题已经在数值积分的积正交规则中提及。

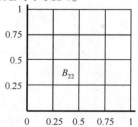

图 3.7　将 $\mathcal{U}[0, 1]^2$ 等分成 16 个等概率层

3. 分层抽样的置信区间

在分层抽样的帮助下，要获得期望值 $\mu = \mathbb{E}(X)$ 的置信区间，我们来看看不同层的原始蒙特卡罗估计值。为此假设有 d 个层 $A_1, \cdots, A_d$，全部由随机变量 Y 标示，为 $y_1, \cdots, y_d$。为简化分析，进一步假设有

$$\mathbb{P}(Y = y_i) = p_i > 0, i = 1, \cdots, d \tag{3.86}$$

且分层的子群规模大小 N_i 已经确定，以确保

$$\frac{N_i}{N} \xrightarrow{N \to \infty} p_i, i = 1, \cdots, d. \tag{3.87}$$

这特别保证了如果样本大小 N 趋近于 ∞，那么所有 N_i 都趋近于 ∞。这样，通过中心极限定理，在不同层中，对于原始蒙特卡罗估计值，有

$$\frac{1}{\sqrt{N_i}} \sum_{j=1}^{N_i} (X_j^{(i)} - \mu_i) \xrightarrow{D} N(0, \sigma_i^2), N_i \to \infty \tag{3.88}$$

因此，对于较大的 N（也即较大的 N_i），我们获得所有的子估计值 $\bar{X}_{i,N_i}$ 都近似于 $N\left(\mu_i, \frac{\sigma_i^2}{N_i}\right)$ – 分布。由于所有子估计值都是独立的，所以有分层蒙特卡罗估计值 $\bar{X}_{\text{strat},N}$ 近似于 $N\left(\mu, \frac{1}{N} \sum_{i=1}^{d} \frac{\sigma_i^2 p_i^2 N}{N_i}\right)$ – 分布。如果我们进一步使用大样本数 N，那么层 A_i 的相对频率 N_i/N 近似于概率 p_i，为构建一个置信区间，我们可以使用一个 $N(\mu, \frac{1}{N} \sum_{i=1}^{d} \sigma_i^2 p_i)$ 分布。通过下式样本方差只能估计层方差 σ_i^2：

$$\hat{\sigma}_i^2 = \frac{1}{N_i - 1} \sum_{j=1}^{N_i} (X_j^{(i)} - \bar{X}_{i,N_i})^2$$

这导致

$$\left[\bar{X}_{\text{strat},N} - \frac{1.96}{\sqrt{N}} \sqrt{\sum_{i=1}^{d} \hat{\sigma}_i^2 p_i}, \bar{X}_{\text{strat},N} + \frac{1.96}{\sqrt{N}} \sqrt{\sum_{i=1}^{d} \hat{\sigma}_i^2 p_i} \right] \tag{3.89}$$

的 μ 的 95% – 置信区间。

4. 事后分层法

事实上，有可能出现这种情况，不同层 A_i 的概率 p_i 已知，但我们对不同层的条件抽样并不感兴趣；造成这种情况的原因可能是分层抽样所需的转换并不容易实现。但仍然有可能使用一种**自动分层方法**。

这种方法是基于如下事实，大样本抽样中的层 A_i 的相对出现频率趋向于它的概率 p_i。这种事后分层抽样的作用流程为：

- 按常规生成样本 $X_1, \cdots, X_N$。
- 将与不同层 A_i 相关的群组中样本的不同值进行分类，即将每个 X_j 分配至与

其相关的样本 A_i。假设 $N_i = | X_j \in A_j : j = 1, \cdots, N |$。

- 对于每个 A_i，根据分配的样本值 X 计算原始蒙特卡罗估计值，以获得层均值 $\hat{X}_{i,N_i}$。

- 获得事后分层蒙特卡罗估计值 $\hat{X}_{\text{strat},N}$ 因为

$$\hat{X}_{\text{start},N} = \sum_{i=1}^{d} p_i \hat{X}_{i,N_i} \qquad (3.90)$$

其中 $p_i = \mathbb{P}(A_i)$。

我们首先要强调的是，与层 A_i 相关的观察值的绝对频率 N_i **并不早于**抽样。它们的确是随机变量，并在 $X_1, \cdots, X_N$ 生成**之后**被确定。将 X 值分配到不同层可以正式表示为，我们实际模拟成对 (X_j, Y_j)，且如果有 $Y_j = y_i$，则将 X_j 分配给 A_i。然而，在 X 的分布已经直接分层的情况下，分配到层很简单。对于事后分层抽样的性能问题，我们可以将全样本的原始蒙特卡罗估计值表示为

$$\bar{X}_N = \frac{1}{N}\sum_{i=1}^{N} X_i = \frac{1}{N}\sum_{i=1}^{d} N_i \hat{X}_{i,N_i} = \sum_{i=1}^{d} \frac{N_i}{N} \hat{X}_{i,N_i} \qquad (3.91)$$

因此，通过选择层均值权重，事后分层蒙特卡罗估计值不同于原始蒙特卡罗估计值。请注意，事后分层估计值给在总样本中代表不足的层均值更大的权重，即有 $N_i/N < p_i$。以同样的方式给在总样本中代表过多的层均值更低的权重。因此，强大数定律意味着

$$\frac{N_i}{N} \xrightarrow{a.s.} p_i, n \to \infty \qquad (3.92)$$

收敛。

事后分层法与比例分层法具有比较接近的方差缩减效果。不过，目前尚不清楚多大的样本容量 N 才能使得事后分层法能够从其大样本属性中受益。因此，使用这种方法的优点尚不明确。

5. 拉丁超立方抽样

正如上面讨论的那样，如果随机变量 $X = (X^{(1)}, \cdots, X^{(d)})$ 的维数 d 较大，则使用分层抽样会受到一定的限制。事实上，假设 X 的所有组件都是独立的；那么，将每个组件分成为 k 个等可能性的近似层需要生成 X 的 k^d 个抽样，以实现仅有一个抽样 X_i 下填充每个剩余积分层的目的。因此，在这种情况下，通过分层抽样消除不同层之间所有方差的效率很低。

拉丁超立方抽样则是在样本大小既定情形下，通过特别的多维抽样至少消除不同层的部分方差。假设，上述的 d 维随机向量 X 具有独立、同分布的组件，且进一步假设，我们将抽样 N 个这样的随机向量 $X_1, \cdots, X_N$。那么拉丁超立方抽样的主要步骤为：

- 用 N 个等似层 $A_1, \cdots, A_N$ 抽样 $X^{(j)}, j = 1, \cdots, d$。

- 对于每个组件 $j = 1,\cdots,d$,所有 $i = 1,\cdots,N$,从层 A_i 抽样一个观测值 $Y_i^{(j)}$。
- 从 $\{1,2,\cdots,N\}$ 的排列集合中随机抽取 d 个排列 $\pi_1,\cdots,\pi_d$。
- 集合

$$X_i^{(j)} = Y_{\pi_j(i)}^{(j)}, i = 1,\cdots,N, j = 1,\cdots,d \tag{3.93}$$

我们已经如此完美地给每个组件 $X^{(j)}$ 进行了抽样,即每个 A_i 非空。此外,我们首先对每层内部进行逐个分量抽样,然后对组件进行随机配对。如果在交叉表中的两个不同维的层 (A_i, A_j) 进行配对,那么在每行和每列中只有一个输入。这类似于所谓的拉丁方。正如刚才介绍的方法在实验设计领域称为拉丁方格法的多维扩展,这证实了拉丁超立方抽样。$\mu = \mathbb{E}(f(X))$ 的**拉丁超立方估计值**的定义为拉丁超立方抽样得到的 $X_1,\cdots,X_N$ 样本的原始蒙特卡罗估计值

$$\bar{X}_{\mathrm{LHS},N} = \frac{1}{N}\sum_{i=1}^{N} f(X_i) \tag{3.94}$$

为说明抽样过程,我们考察如下案例,其中我们通过拉丁超立方法模拟 4 个向量 $X_i \sim \mathcal{U}[0,1]^3$。

- 每个 $X^{(j)}$ 被分层为

$A_1 = [0,0.25], A_2 = (0.25,0.5], A_3 = (0.5,0.75], A_4 = (0.75,1]$

- 接着对所有 $Y_i^{(j)}$ 进行分层抽样以得到

$Y^{(1)} = (0.095500046, 0.493293558, 0.701216163, 0.866725669)$

$Y^{(2)} = (0.025170141, 0.349131748, 0.705786309, 0.897030549)$

$Y^{(3)} = (0.149121067, 0.273186438, 0.546647542, 0.844218268)$

- 使用排列:

$\pi_1 = (1,2,3,4), \pi_2 = (2,1,3,4), \pi_3 = (4,3,1,2)$

- 抽样结果为

$X_1 = (0.095500046, 0.349131748, 0.546647542)$

$X_2 = (0.493293558, 0.025170141, 0.844218268)$

$X_3 = (0.701216163, 0.705786309, 0.273186438)$

$X_4 = (0.866725669, 0.897030549, 0.149121067)$

拉丁超立方抽样最先是由 McKay 等 (1979) 提出的,Stein (1987) 和 Owen (1992) 对其进行了扩展。Stein (1987) 证明了在函数 f 的强假设下,$\bar{X}_{\mathrm{LHS},N}$ 的 (渐近) 方差比原始蒙特卡罗估计值的方差小。此外,Stein (1987) 和 Loh (1996) 进行了大样本性质和效率检验的研究。我们不会进一步描述细节,建议感兴趣的读者阅读上述参考文献。

3.3.4 条件抽样的方差缩减技术

一种在概念上与分层抽样非常相似的方法是条件抽样法。再次说明,该方法的

目标是通过蒙特卡罗方法的适当变形来估计 $\mu = \mathbb{E}(X)$。在此，我们通过第二个变量 Y 和条件期望的帮助实现了方差减小。然而，在分层抽样的方法中，对 Y 变量的分布是已知的，条件期望 $\mathbb{E}(X \mid Y)$ 必须由（原始）蒙特卡罗方法实现估计。在条件采样方法中，条件期望和 Y 分布的作用是相反的。在这里，假设

- $\mathbb{E}(X \mid Y)$ 可以通过给定算法公式进行精确计算。
- Y 的分布由（原始）蒙特卡罗模拟方法估计。

通过使用公式

$$\mu = \mathbb{E}(X) = \mathbb{E}(\mathbb{E}(X \mid Y)) \tag{3.95}$$

我们可以通过抽样 $\mathbb{E}(X \mid Y)$ 获得 μ 的蒙特卡罗估计值。在分层抽样方法中，固定 $Y = y_i$ 并对 $\mathbb{E}(X \mid Y = y_i)$ 进行抽样，在这里，我们只是抽样 Y 以获得 $\mathbb{E}(X \mid Y)$ 的不同值。**条件蒙特卡罗估计值**就由下式得到：

- 对 Y 抽样 N 次，以得到 $Y_1, \cdots, Y_N$，
- 计算 $\mathbb{E}(X \mid Y_i)$，
- 设

$$\bar{X}_{\mathrm{cond},N} = \frac{1}{N} \sum_{i=1}^{N} \mathbb{E}(X \mid Y_i) \tag{3.96}$$

条件蒙特卡罗估计值是无偏的。通过条件方差分解公式——已在分层抽样中使用，如果 $X \mid Y$ 不总是确定的常数，则利用严格不等式，得到

$$\begin{aligned} \sigma^2 = \mathbb{V}\mathrm{ar}(X) &= \mathbb{E}(\mathbb{V}\mathrm{ar}(X \mid Y)) + \mathbb{V}\mathrm{ar}(\mathbb{E}(X \mid Y)) \\ &\geqslant \mathbb{V}\mathrm{ar}(\mathbb{E}(X \mid Y)) =: \sigma_{\mathrm{cond}}^2 \end{aligned} \tag{3.97}$$

由此，有：

命题3.19 条件方差缩减

在上述符号中，条件蒙特卡罗估计值的方差始终不会超过原始蒙特卡罗估计值的方差。如果 $X \mid Y$ 并不总是常数，那么根据条件蒙特卡罗估计值将会有正向方差缩减。

注3.20

1. 这一次，估计由通过不同 Y 值构成的子群组的均值的蒙特卡罗误差被完全消除了。因此，如果群组内方差很大且（条件）群组的均值差别不大，那么方差缩减将很显著。

2. 由于条件蒙特卡罗估计值是由条件期望的不同值 $\mathbb{E}(X \mid Y = y_i)$ 构造而成的原始蒙特卡罗估计值，我们借助常规估计观察值 $\mathbb{E}(X \mid Y = y_i)$ 的方差的方法，构建 $\mathbb{E}(X)$ 的置信区间，即

$$\left[\bar{X}_{\mathrm{cond},N} - 1.96 \frac{\bar{\sigma}_{\mathrm{cond}}}{\sqrt{N}}, \bar{X}_{\mathrm{cond},N} + 1.96 \frac{\bar{\sigma}_{\mathrm{cond}}}{\sqrt{N}} \right] \tag{3.98}$$

我们通过下面这个简单案例，突出这种方法的作用，以及与分层抽样的主要区别。

例 3.21　条件抽样与分层抽样

假设有人想估计德国人的度假酒店待一夜所需花费的平均成本 μ，且进一步假设存在两家公司。公司 A 擅长提供生活服务，知道德国人在 n 个不同国家 $C_1,\cdots,C_n$ 度假的概率 p_i。为估计 μ，公司应使用分层抽样方法。更确切地说，考虑适当的权重 $\hat{p}_i$（如 $\hat{p}_i = N_i/N$，假设这可以由整数 N_i 获得，[否则需采用一个合适的四舍五入方法实现]），公司应该调查 N_i 个在 C_i 国旅游的游客。由此可以由原始蒙特卡罗方法估算出在 C_i 国的费用，然后确定分层蒙特卡罗估计值。

另一方面，假设公司 B 专门从事游客服务，知道在每个国家的每人每晚平均成本 C_i，但不知道德国人对于旅游度假的偏好 Y。此处 $Y = i$ 意味着相关游客在国家 C_i 的花费。公司 B 应使用条件蒙特卡罗方法，即它应该简单地调查 N 个德国人，关于他们将在哪里度假。然后，可以利用答案 $C_{i1},\cdots,C_{iN}$ 计算条件蒙特卡罗估计值

$$\bar{X}_{\mathrm{cond},N} = \frac{1}{N}\sum_{j=1}^{N} C_{i_j} \tag{3.99}$$

3.3.5　重要性抽样

在前两个方差缩减技术中，我们考察了通过调节获得或分层分布得到的 X 转化分布，然而重要性抽样是建立 X 的密度函数的直接转换（或如果 X 为一个离散型随机变量，则是概率函数的转换）。重要性抽样的主要思想是简单地为计算 $\mathbb{E}(g(X))$，**给重要值分配较大概率从而找到基准随机变量的分布**。为采用这种方法，我们再次考察示例 3.9 中的蒙特卡罗积分。由于 $f(x)$ 是在 $\mathcal{U}[0,1]^d$ 上均匀分布的密度，因此关系式

$$\int_{[0,1]^d} g(x)\,\mathrm{d}x = \int g(x)f(x)\,\mathrm{d}x = \mathbb{E}(g(X)) \tag{3.100}$$

使我们通过使用 $[0,1]^d$ 上的 N 个独立分布随机变量 $X_1,\cdots,X_N$ 来估计定积分，进而获得原始蒙特卡罗估计值

$$\bar{I}_N(\omega) = \frac{1}{N}\sum_{i=1}^{N} g(X_i(\omega)) \tag{3.101}$$

但是，我们可以想象，仔细考量积分 $g(x)$，在某些区域使得 $g(.)$ 的值（绝对值角度）较大，但积分的值接近 0，那么我们在区域生成更多随机数可以改善上述估计的准确性，在这个区域上，只需要较少样本预测函数对于积分的作用。显然，利用之前对于 $g(.)$ 的了解，我们必须以适当的方式改变随机变量 X 的分布，否则我们会改变期望值。

考虑案例 $d = 1$，$g(x) = x \cdot (1 - x)$，这在 $[0,1]$ 上显然非负且对称，在 $x \in \{0,1\}$ 上不存在，在 $x = 0.5$ 处实现最大值 0.25。在上述讨论的逻辑下，我们不建议采用 $[0,1]$ 上的均匀分布，最好使用随机变量 X 的三角分布，即应该有概

率密度（见图3.8和图3.9）

$$\tilde{f}(x) = \begin{cases} 0 \ , x \leq 0 \ \text{或} \ x \geq 1 \\ 4x, 0 < x < \dfrac{1}{2} \\ 4 - 4x, \dfrac{1}{2} \leq x < 1 \end{cases} \quad (3.102)$$

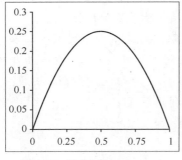

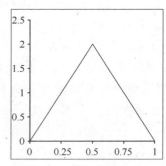

图3.8   被积函数 $x(1-x)$ 　　　　图3.9   抽样密度 $f^*(x)$

当根据新的密度 $\tilde{f}$ 进行抽样时，积分值不应改变，我们必须通过 $\tilde{f}(x)$ 划分：

$$\int_0^1 x(1-x) \, \mathrm{d}x = \int_0^1 \frac{x(1-x)}{\tilde{f}(x)} \tilde{f}(x) \, \mathrm{d}x \quad (3.103)$$

这意味着，当使用新的分布时，我们实际上不得不抽样 $X(1-X)/\tilde{f}(X)$ 以获得新的蒙特卡罗估计值

$$\bar{I}_{\mathrm{imp}} = \frac{1}{N} \sum_{i=1}^{N} \frac{X_i(1-x_i)}{\tilde{f}(X_i)} \quad (3.104)$$

注意，X_i 是具有密度为 $\tilde{f}(.)$ 的分布。在 $N=1000$ 下，使用蒙特卡罗估计值简单对比均匀近似和三角近似，结果显示新方法胜出。新方法的估计值是 0.168，95% 置信区间是 [0.166，0.170]，原始估计值是 0.163，95% 置信区间为 [0.158，0.167]，而实际值为 1/6。新方法得到估计值的方差小很多，因为有

$$\mathbb{V}\mathrm{ar}(\bar{I}_{\mathrm{crude}}) = \frac{1}{180N} \quad (3.105)$$

$$\mathbb{V}\mathrm{ar}(\bar{I}_{\mathrm{imp}}) = \frac{1}{1152N} = \frac{1}{64 \cdot 18N} \quad (3.106)$$

通过这种方法，我们将最初的原始蒙特卡罗估计值的方差大幅减至将近1/6。

对于一般情况，我们试图将整个过程公式化，以将重要性抽样的思想应用于如下计算：

$$\mathbb{E}(g(X)) = \int g(x)f(x) \, \mathrm{d}x \quad (3.107)$$

其中 $\mathbb{R}^d$ 上随机变量 X 的密度为 $f(x)$，假设函数 $g: \mathbb{R}^d \to \mathbb{R}$ 的期望值存在。对于在 $\mathbb{R}^d$

上的每个密度函数 $\tilde{f}(x)$ 具有如下属性：

$$\tilde{f}(x) > 0 \text{ 对所有 } x, \text{其中} f(x) > 0 \tag{3.108}$$

且通过下式，我们引入 $\tilde{g}(.)$ 得到其联合概率测度 $\tilde{\mathbb{P}}$：

$$\mathbb{E}(g(X)) = \int g(x)f(x)\,\mathrm{d}x = \int g(x)\frac{f(x)}{\tilde{f}(x)}\tilde{f}(x)\,\mathrm{d}x$$

$$= \tilde{\mathbb{E}}\left(g(X)\frac{f(X)}{\tilde{f}(X)}\right) = \tilde{\mathbb{E}}(\tilde{g}(X)) \tag{3.109}$$

在此，$\tilde{\mathbb{E}}(.)$ 标记了 $\tilde{\mathbb{P}}$ 的期望。权重函数 $f(X)/\tilde{f}(X)$ 被称为测度从 $\mathbb{P}$ 改变至 $\tilde{\mathbb{P}}$ 的**似然比函数**。（关于 $\tilde{f}(.)$）$\mu = \mathbb{E}(g(X))$ 的**重要性抽样估计值**被定义为

$$\bar{I}_{\mathrm{imp},\tilde{f},N}(g(X)) = \frac{1}{N}\sum_{i=1}^{N}\tilde{g}(X_i) = \frac{1}{N}\sum_{i=1}^{N}g(X_i)\frac{f(X_i)}{\tilde{f}(X_i)} \tag{3.110}$$

X_i 是独立的且服从**重要性抽样密度函数** $\tilde{f}$ 分布。因此重要性抽样估计值是一种加权原始蒙特卡罗估计值，其中每个观察值 X_i 的权重由似然比函数而定。注意，由于式（3.109），重要性抽样估计值是无偏且一致的，其方差定义如下：

$$\sigma_{\mathrm{imp},\tilde{f},N}^2 = \mathbb{V}\tilde{\mathrm{ar}}(\bar{I}_{\mathrm{imp},\tilde{f},N}(g(x)))$$

$$= \frac{1}{N}\mathbb{V}\tilde{\mathrm{ar}}(\tilde{g}(X)) = \frac{1}{N}(\tilde{\mathbb{E}}(\tilde{g}(X)^2) - \mu^2)$$

$$= \frac{1}{N}\left(\int \frac{g(x)^2 f(x)}{\tilde{f}(x)}f(x)\,\mathrm{d}x - \mu^2\right) \tag{3.111}$$

由于重要性抽样估计值也是独立同分布随机变量的均值，由中心极限定理得出：

$\mathbb{E}(g(X))$ **的近似95%-置信区间**

$$\left[\bar{I}_{\mathrm{imp},\tilde{f},N}(g(X)) - 1.96\frac{\tilde{\sigma}_{\mathrm{imp},\tilde{f},N}}{\sqrt{N}}, (\bar{I}_{\mathrm{imp},\tilde{f},N}(g(X)) + 1.96\frac{\tilde{\sigma}_{\mathrm{imp},\tilde{f},N}}{\sqrt{N}}\right] \tag{3.112}$$

其中 $\tilde{\sigma}_{\mathrm{imp},\tilde{f},N}$，代表重要性抽样估计值的抽样标准差。如果假设对于所有 $x \in \mathbb{R}^d$，有 $g(x) \geqslant 0$，那么这个表达式具有一个特别显著特点，即如果选择

$$\tilde{f}(x) = c \cdot f(x) \cdot g(x) = \frac{f(x) \cdot g(x)}{\int f(y) \cdot g(y)\,\mathrm{d}y} \tag{3.113}$$

那么 $\tilde{f}(x)$ 是 $\mathbb{R}^d$ 上的密度函数，且有 $\tilde{g}(X) = 1/c$，即

$$\tilde{\mathbb{V}}\mathrm{ar}(\bar{I}_{\mathrm{imp},\tilde{f},N}(g(X))) = 0 \tag{3.114}$$

但是，这种方法的缺点是，常数 c 的实质是在 $\mu = 1/c$ 下，我们试图利用蒙特卡罗方法计算的值。所以，如果已经知道 c，我们将不会再对重要性抽样感兴趣。该方法的积极一面是，上述选择会有以下结果。

命题 3.22 重要性抽样的方差缩减

假设 $g(.)$ 是非负函数，那么存在重要性抽样函数 $\tilde{f}$，于是得到

$$\mathbb{V}\mathrm{ar}(\bar{I}_{\mathrm{imp},\tilde{f},N}(g(X))) < \mathbb{V}\mathrm{ar}(\bar{I}(g(X)_N)) \tag{3.115}$$

其中 $\bar{I}(g(X))_N$ 是 $\mathbb{E}(g(X))$ 的原始蒙特卡罗估计值。不过，对于所有具有属性[式(3.108)]的函数，有

$$\mathbb{V}\mathrm{ar}(\bar{I}(g(X))_N) - \mathbb{V}\mathrm{ar}(\bar{I}_{\mathrm{imp},\tilde{f},N}(g(x)))$$
$$= \frac{1}{N}\left(\int g(x)^2\left(1 - \frac{f(x)}{\tilde{f}(x)}\right)f(x)\,\mathrm{d}x\right) \tag{3.116}$$

注意由表达式（3.111）得到最后的关系式，事实上，这两个估计值是无偏的，且是 $\mathbb{E}(g(X)^2)$ 的常规表达式。更进一步地，这个最后关系式隐含了一个重要性抽样密度 $\tilde{f}$ 的结构。为实现方差缩减，应该有：

- 当 $g(x)^2 f(x)$ 较大时，$\tilde{f}(x)$ 也应该较大 $[\tilde{f}(x) > f(x)]$。
- 当 $g(x)^2 f(x)$ 较小时，$\tilde{f}(x)$ 也应该较小 $[\tilde{f}(x) < f(x)]$。

当然，在 $\tilde{f}(x) < f(x)$ 下，x 必须赋值。关于方差缩减的目的，因此它们只应该出现于当乘积 $g(x)^2 f(x)$ 的影响并不太大时。除上述两点外，重要性抽样密度应该满足实际需求，如：

- $\tilde{f}(x)$ 应该很容易计算。

- 具有密度 $\tilde{f}$ 的随机变量应该很容易模拟。

所以，一个优秀的抽样密度应该在近似 $g^2 \cdot f$ 和可追踪两者之间获得折中。

实现重要性抽样密度的一些常用方法

我们展现基于转移原始密度 $f(x)$（**转换**）的简单、常规和可追踪的方法，并通过**缩放技术**改变形状。

1. 转移密度和极大值原理

这种方法的思想是简单地通过下式替换 $f(x)$：

$$\tilde{f}(x) = f(x - c) \tag{3.117}$$

对于常数 c，将导致

$$\tilde{g}(x) = \frac{f(x)}{f(x-c)}g(x) \tag{3.118}$$

极大值原理是通过使得 $\tilde{f}(x)$ 和 $g(x)f(x)$ 在点 $x_{\max}$ 都达到它们的最大值从而确定 c。当然，这需要我们能够明确地决定最大值所在点。同时，如果这不是唯一的，那么关于如何选择 c 就不是很明确了。在一个多变量正态密度函数的特例中，

$$f(x) = \varphi_{\nu,\Sigma}(x) = \frac{1}{2^{d/2}|\det(\Sigma)|}\exp\left(-\frac{1}{2}(x-\nu)'\Sigma^{-1}(x-\nu)\right) \tag{3.119}$$

我们知道，上式的最大值位于均值 ν。因此，选择

$$c = \nu^* - \nu \tag{3.120}$$

其中

$$\nu^* = \arg \max_x \{g(x)f(x)\} \tag{3.121}$$

这种方法在计算关于极端事件的表达式时尤其有用。我们将通过接下来的案例进行展示。

例 3.23 正态分布的极端事件的计算成本

假设，有 $X \sim \mathcal{N}(0,1)$，且如果我们观察 X 大于 10 时的成本 $g(X)$。虽然这个并不太可能发生，但我们可以考虑诸如美国政府违约或者核电站一系列严重事故。如果现在使用原始蒙特卡罗估计值，即使对于很大的 N，我们仍不太可能观察到 X_i 大于 10 的情形，这样均值成本 $\mathbb{E}(g(X))$ 的估计值则为零。如果使用

$$g(x) = C \cdot x \cdot 1_{[10,\infty)}(x) \tag{3.122}$$

其中 C 是一个代表性的极大常数，那么将很容易证实有

$$10 = \arg \max_x \left\{ C \cdot x \cdot 1_{[10,\infty)}(x) \frac{1}{\sqrt{2\pi}} \exp(-x^2/2) \right\} \tag{3.123}$$

这么，我们使用

$$\tilde{f}(x) = \varphi_{0,1}(x-10) = \frac{1}{\sqrt{2\pi}} \exp(-(x-10)^2/2) \tag{3.124}$$

由此得到，在所有独立 $X_i \sim \mathcal{N}(10,1)$ 下，

$$\tilde{I}_{\text{imp},\tilde{f},N}(g(X)) = \frac{1}{N} \sum_{i=1}^{N} C \cdot X_i \cdot 1_{X_i \geq 10} \exp(50 - 10X_i) \tag{3.125}$$

的重要性抽样估计值。

当 $N = 10000$ 且 $C = 10^9$，我们获得 7.530×10^{-14} 的估计值，95% - 置信区间的近似值为 $[7.029 \times 10^{-14}, 8.031 \times 10^{-14}]$，将该值与实际值 $C \cdot \exp(-50)/\sqrt{2\pi} = 7.695 \times 10^{-14}$ 进行比较。

这显示取得了非凡的结果，尤其是原始蒙特卡罗估计值给出了零方差的 0 值！参见图 3.10 得到抽样密度位移的说明。该图及重要性抽样估计值的形式很好地突出了重要性抽样的工作原理：在计算期望值的重要区域中，位移产生抽样值，而似然比函数则给抽样分配权重。在原始蒙特卡罗方法中，这已经在抽样**之前**完成，该抽样几乎不会在我们感兴趣的区域中产生抽样样本。

2. 通过尺度法改变密度形状

在此，其想法是通过下式替换 $f(x)$ 以使密度函数变陡或变平缓

$$\tilde{f}(x) = \frac{1}{c} f\left(\frac{x}{c}\right) \tag{3.126}$$

因为常数 $c > 0$ 将得到

$$\tilde{g}(x) = c \frac{f(x)}{f\left(\frac{x}{c}\right)} g(x) \tag{3.127}$$

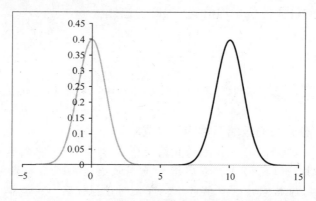

图3.10 原始密度 $f(x)$（灰色）和位移重要性抽样密度 $\tilde{f}(x)$（黑色）

选择一个极大数 $c \gg 1$ 扩展分布，这有助于估计极端事件的成本。不过，明显的一个劣势是，如果分布是对称的，扩展也是对称的。因此远离我们关注的区域也获得更多的权重。更进一步地，与 $\tilde{f}$ 相对应的分布的方差等于原始密度乘以 c^2 的方差。该方法的使用，即优缺点可以由如下案例展现：

例 3.23（续）

在例 3.23 中，我们可以选择形状参数 c 以使得，当我们根据转换密度 $\tilde{f}$ 估计随机数时，落入区域 $[10, \infty)$ 的概率显著较高。由于对于一个服从 $N(0, \sigma^2)$ -分布的随机变量 X_σ，有

$$\mathbb{P}(X_\sigma \geq \sigma) = 1 - \Phi(1) = 0.159$$

我们可以选择 $\sigma = 10$。那么从平均意义上说，随机数 X_i 有 $1/6$ 能够进入 $[10, \infty)$，那么将对重要性抽样估计值形成非零影响（见图 3.11）。

不过，当选择 $\sigma = 10$ 时，我们已经通过除以 10 提高了抽样分布的标准误差。这同样被 8.259×10^{-14} 的估计值及 95% - 置信区间 $[5.956 \times 10^{-14}, 1.056 \times 10^{-13}]$，所强化。尽管 7.695×10^{-14} 的真实值在 95% - 置信区间内，但估计值仍然相当不稳定。

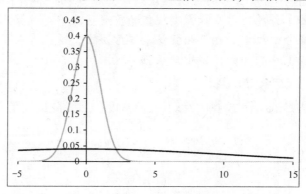

图3.11 原始密度 $f(x)$（灰色）和尺度化重要性抽样密度 $\tilde{f}(x)$（黑色）

同样注意，该方法的置信区间的范围显著大于均值位移法的置信区间范围。

3. 指数扭转变换

对于在 $\mathbb{R}^d$ 上，密度函数为 f 的分布，参数为 $\theta \in \mathbb{R}^d$ 的**指数扭转变换**方法可由下式得到：

$$f_\theta(x) = \frac{\exp(\theta'x)}{\mathbb{E}(\exp(\theta'X))}f(x) \tag{3.128}$$

其中 X 服从 $\mathbb{P}$ 分布。分母中的函数 $M(\theta) = \mathbb{E}(\exp(\theta'X))$ 被称为 X 的**矩量母函数**。通过定义**累积量母函数** $C(\theta) = \ln(M(\theta))$，我们可以直接确认有

$$C'(\theta) = \mathbb{E}(X\exp(\theta'X - C(\theta))) = \mathbb{E}_\theta(X) \tag{3.129}$$

其中 $\mathbb{E}_\theta$ 表示在转移密度函数 f_θ 下的期望。因此，参数为 θ 的指数扭转变换将 X 的均值位移至 $C'(\theta)$。当 $C'(x)$ 可以很容易地计算出来时，如果我们想要一个合适的近似均值位移时，就知道该如何做。上述方法的改变将应用于第7章中的埃斯奇（Esscher）**方法**，即非完全金融市场下的期权定价。

4. 受限于重要区域的条件抽样

到目前为止，我们试图给感兴趣的区域赋予更高概率。我们现在可以进行一项更加彻底的变换，通过条件抽样给这些区域**赋予全概率**。不过，首先面临的问题是重要性抽样密度函数 $\tilde{f}$ 在原先可能为正的区域上为零。但我们可以通过要求满足下式约束，而不是式（3.108）的约束来处理这个问题：

$$\tilde{f}(x) > 0, \text{对所有 } x, \text{其中 } g(x)f(x) \neq 0 \tag{3.130}$$

接着，重要性抽样密度的定义关系仍然存在，由于在区间 $[a,b]$ 上，密度和条件密度的关系为

$$f_{\{X|X\in[a,b]\}}(x) = \frac{f(x)}{\mathbb{P}(X \in [a,b])} \tag{3.131}$$

如果我们选择一个条件密度作为重要性抽样密度，那么得到似然比函数的一个非常简单的形式：

$$\frac{f(x)}{\tilde{f}(x)} = \mathbb{P}(X \in [a,b]) \tag{3.132}$$

由于下式成立，这也使得重要性抽样估计值计算更简单：

$$\tilde{I}_{\text{imp},\tilde{f},N}(g(X)) = \frac{1}{N}\sum_{i=1}^{N}\tilde{g}(X_i) = \frac{1}{N}\mathbb{P}(X \in [a,b])\sum_{i=1}^{N}g(X_i) \tag{3.133}$$

当然，X_i 必须来自条件密度抽样。

如果我们限制的置信区间仅有很小概率，那么概率计算将成为一个高难度的数字问题。我们可以通过**组合条件位移法**避免这种情况：首先通过合适的位移将密度（部分地）移动至我们感兴趣的区域，然后使用位移密度作为限制感兴趣区域的基准。这将获得数值稳定性，则我们又有常规重要性抽样估计值，即

$$\tilde{I}_{\mathrm{imp},\tilde{f}_{\mathrm{cond}},N}(g(X)) = \frac{1}{N}\tilde{\mathbb{P}}(X \in [a,b])\sum_{i=1}^{N}g(X_i)\frac{f(X_i)}{\tilde{f}_{\mathrm{cond}}(X_i)} \quad (3.134)$$

其中 $\tilde{f}_{\mathrm{cond}}(x)$ 是从通过限制而得到的位移密度 $\tilde{f}(x)$ 的密度。我们强调两种方法的不同之处：

例 3.23（续）

在例 3.23 中的非常著名的情形，一个纯正条件可能得到下式的重要性抽样估计值

$$\tilde{I}_{\mathrm{imp},\tilde{f},N}(g(X)) = \frac{1}{N}\mathbb{P}(X \in [10,\infty))\sum_{i=1}^{N}C \cdot X_i \quad (3.135)$$

不过，在估计值点发生的概率非常小，非常难以与零区分。对于组合法，我们首先根据极值原则进行变换，以得到具有单位方差和均值为 10 的正态分布。然后，对于只有限制大于 10 的抽样值将导致两个乘数因子以获得在 $[10,\infty)$ 上的条件密度。因此，得到下式的组合重要性抽样估计值

$$\tilde{I}_{\mathrm{imp},\tilde{f}_{\mathrm{cond}},N}(g(X)) = \frac{1}{N}\sum_{i=1}^{N}C \cdot X_i \cdot 1_{X_i \geq 10} \cdot \frac{1}{2}\exp(50 - 10X_i) \quad (3.136)$$

其中 X_i 是从条件分布中抽样而得。不过，在重要性抽样估计值中有一个很小的乘数因子，但是这比计算直接限制的相应概率容易得多。组合估计值的实现方式可以见图 3.12。通过执行相关模拟的结果是三种方法中最精确的一个，正如表 3.6 中展示的一样。

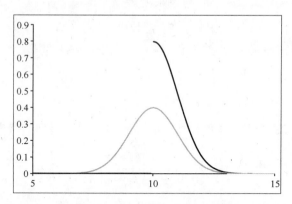

图 3.12 位移密度（由最大值方法而得）$\tilde{f}(x)$（灰色）

和条件位移密度 $\tilde{f}_{\mathrm{cond}}(x)$（黑色）

表 3.6 具有 95% 分位数界的不同重要性抽样（真值 $= 7.695 \times 10^{-14}$）

方法	估计值	低分位数	高分位数
原始 MC	0	0	0
均值位移	7.530×10^{-14}	7.029×10^{-14}	8.030×10^{-14}
缩放法	8.259×10^{-14}	5.956×10^{-14}	1.056×10^{-13}
组合条件	7.530×10^{-14}	7.190×10^{-14}	7.870×10^{-14}

5. 离散随机变量的重要性抽样

到目前为止，我们已经将自己限制于具有密度的概率分布案例中。不过，重要性抽样的原理对于离散分布仍然适用。注意，如果 X 有离散分布 $\mathbb{P}$ ，且 $p_i = \mathbb{P}(X = x_i)$ ，则有如下关系（假设所有出现的表达式都定义明确）：

$$
\begin{aligned}
\mathbb{E}(g(X)) &= \sum_{i=1}^{\infty} g(x_i)p_i \\
&= \sum_{i=1}^{\infty} \frac{g(x_i)p_i}{\tilde{p}_i}\tilde{p}_i = \tilde{\mathbb{E}}\left(g(X)\frac{p(X)}{\tilde{p}(X)}\right)
\end{aligned} \tag{3.137}
$$

在此，概率函数 $p(x)$ 定义为

$$
p(x)\begin{cases} p_i & \text{对某些 } i \in \mathbb{N}, \text{有 } x = x_i \\ 0 & \text{其他} \end{cases} \tag{3.138}
$$

上述为寻找合适的重要性抽样分布而讨论的方法和建议可以很容易地运用于离散假设。特别地，离散指数族，例如二项分布或泊松分布，可以使用指数变化作为常规的转换。

注 3.24 如果重要性抽样密度 $\tilde{f}$ 在尾部比原始密度 f 更迅速地减小，那么似然函数 $f(x)/\tilde{f}(x)$ 可能得到很高的数值。由于这是尾部事件，因此这可能极少发生，但却可能完全偏离重要性抽样估计值。为避免这一点，我们应该试图使用比原始密度 f 具有更厚尾部的重要性抽样密度。

我们将在第 5 章和 8.2.5 节进一步展示重要性抽样在金融和保险中的运用。不过，重要性抽样在其他领域，如生物、物理、信息处理等都有无数应用案例。

3.4 方差缩减技术的进一步视角

3.4.1 更多的方法

最后一节并不涵盖所有的方差缩减技术，事实上，还有很多方法，一些效率较高，一些则有不明确的作用，例如**矩匹配**。

矩匹配

矩匹配的思路是为得到蒙特卡罗估计值而生成的样本应该具有同样的统计属性，例如服从基准分布。这意味着，样本的实证矩应该与分布的理论矩一致。初看似乎合理，但仍具有不少问题。为强调这点，让我们考察一个原始蒙特卡罗方法的常规调整，该调整确保了调整后的样本的前两个矩相同，$\mu = \mathbb{E}(X)$ 和 $\sigma^2 = \text{Var}(X)$ 。为实现这点，通过下式替换样本成分 X_i ，

$$X_i^c = (X_i - \bar{X}_N) \frac{\sigma}{\bar{\sigma}_N} + \mu \qquad (3.139)$$

其中 $\bar{\sigma}_N^2$ 是基于 N 个观察值的常规样本方差。我们可以很容易地证明有

$$\bar{X}_N^c = \frac{1}{N} \sum X_i^c = \mu, (\bar{\sigma}_N^c)^2 = \frac{1}{N-1} \sum (X_i^c - \bar{X}_N)^2 = \sigma^2 \qquad (3.140)$$

不过，这个优良特征是建立在如下两个问题之上的：

- X_i^c 不再独立。

- X_i^c 不再与 X 具有同分布。尤其注意，除以 $\bar{\sigma}_N$ 是一个非线性变换，将得到分布的完全不一样的类别。

更进一步地，很多研究表明，关于方差缩减的作用尚不明确。同样注意的是，对偶变异法是均值匹配法的特例。

加权蒙特卡罗估计值

一种匹配矩的不同方法是给随机变量每个样本的元素 $X_1, \cdots, X_N$ 分配权重 w_i，由此计算 $\mathbb{E}(g(X))$ 的蒙特卡罗估计值。接着，$\mathbb{E}(g(X))$ 的**加权蒙特卡罗估计值**计算为

$$\bar{I}_{w,N} = \sum_{i=1}^{N} w_i g(X_i) \qquad (3.141)$$

保持不变的是决定匹配基准抽样均值的权重，即我们需要

$$\mathbb{E}(X) = \sum_{i=1}^{N} w_i X_i \qquad (3.142)$$

为确保原始蒙特卡罗估计值中的权重 $1/N$ 具有持续性，有必要额外有

$$\sum_{i=1}^{N} w_i = 1 \qquad (3.143)$$

由于这两个条件并非唯一能够确定权重 w_i，所以我们可以

- 如同式（3.142）中引入额外矩约束（至多 $N-2$），或者

- 引入额外准则，例如权重向量 w 的长度，并使用在额外约束下得到的最优 $w(3.143)$。

根据 Glasserman（2004）、Glasserman 与 Yu（2005）的著作，这些估计值的属性来自于最小二乘准则解

$$\min_{w \in \mathbb{R}^N} \| w \|_2^2 \qquad (3.144)$$

在额外约束式（3.142）和式（3.143）下，属性被详细分析了。一个有关控制变量法的有趣关联展现于此。不过，这种关联同样表明控制变量法没有得到改进。所以我们并不就此展开讨论。

常用随机数法

这种方法并不像我们迄今介绍的那些方差缩减法。如果我们比较由不同蒙特卡

罗估计值模拟的两个表达式，它更像是一个原则；那么当我们使用相同随机数计算两个蒙特卡罗估计值时，差分方差达到最小。一个特殊的案例是，借助第5章的有限差分计算期权价格敏感性，这使得结果更加精确。

方差缩减技术组合

典型地，我们在此呈现的方差缩减技术将由两个过程来实现：

1. 应用一个转换处理问题（如分层、条件、分布变换，或相似随机变量的减法运算）。

2. 在转换问题中，使用原始蒙特卡罗估计值估计期望值。

由于第二步包括蒙特卡罗估计值应用，方差缩减技术可以再次应用于转换问题的方差中。因此，在原则上，在上述两个步骤的第二次迭代之后可能出现跟随其后的第三次迭代，以此类推。在实践中，当方差缩减技术组合时，可能出现很多种情况，例如：

- 在分布已经通过重要性抽样转换成分布的较重要部分之后，使用分层抽样。
- 在样本已经通过对偶抽样对称化处理后，使用控制变量法。

其他组合也是可能的，有些组合的确好于单一方法，也有些并不比使用单一方法的更好，存在很多案例反映了上述的组合效果。所以，并没有找到一个有效组合的一般原则。

3.4.2 方差缩减技术的应用

我们在前一节已经看到了各种提高原始蒙特卡罗方法收敛性的方法。当然，最有趣的问题是什么时候使用哪种方法，以及哪种方法最好。针对这个问题，并没有明确答案。不过，我们试图给出一些简单的建议以帮助应用蒙特卡罗方法：

- 如果眼前有一个显著的优秀控制变量，那么就使用它。通常情况下，在应用控制变量法以前使用对偶变量很有益处。
- 对于那些小概率事件扮演着重要角色的期望计算，重要性抽样通常是最好的方法，有时是唯一有用的方法。
- 如果没有明显迹象表明哪种方差缩减技术较好，那么在应用时要格外小心，因为所采用的方法可能很消耗计算时间。

决定是否引入分层抽样得依据问题而定。在一维设置上，当必须估计 $\mathbb{E}(g(X))$ 时，经常很容易就引入分层以显著降低方差。这里的关键是要同时使用的 X 的分布的详细信息和函数 $g(x)$ 的行为。在这种情况下，控制变量法是典型的较优选择。不过对于高维情况，分层抽样将受到维数灾难的影响。另一个决定方差缩减技术复杂程度的重要角色是使用高级算法。如果它将经常在需要快速计算可靠解决方案的参变量变更问题（如金融软件中期权定价）中使用，对问题的详细分析是有益的。在那种情况下，甚至通过组合不同的方差缩减技术以尽可能多地缩减方差也是应该被考虑的。然而，我们应该再次注意，方差缩减并不仅是计算效率的唯一方面。正如在介绍 3.2 节中所称，计算和方差缩减因素必须同时考虑。如果另一方面，我们选择蒙特卡罗方法只是为了计算一个单一期望，那么当 N 很大时，有时选择一个合适的方差缩减技术可能比原始蒙特卡罗估计值耗时更长。在下面的章节中，我们会经常运用蒙特卡罗方法计算在随机过程路径的期望。还有，高维也通过随机过程的离散化路径而引入。我们也将在这些设置下评论方差缩减技术。此外，还有很多针对特定金融或精算问题的方差缩减技术应用的案例。

第4章

连续时间随机过程：连续路径

4.1 引言

当考虑具有随机成分的动态演进现象时，随机过程被认为是最主要的方法。当然，我们将考虑诸如股票价格、利率、保费计算等现象，但是也可以想想大自然的现象，例如天气或者某种过滤器相互作用的粒子流的技术系统。我们将在本章介绍随机过程的概念。由于正态分布在概率模型中扮演重要作用，我们也将研究作为正态分布的随机过程版本的布朗运动和 Itô 积分。为处理布朗运动和 Itô 积分的性质，被称为 Itô 积分将以容易理解的方式进行阐述（见 Karatzas 与 Shreve［1991］的严格处理）。基于上述基础我们可以进一步引入随机差分方程作为一种建模方法。在知道了一些关于存在性和唯一性的基本理论后，我们将集中精力于采用离散方法模拟随机微分方程的解。在此，我们主要遵循标准的参考文献 Kloeden 与 Platen（1999）的专著来展现基本原理。然而，我们也将引入了一些非常新的方法，如统计龙贝格法（参见 Kebaier 的著作［2005］）和多层级蒙特卡罗法（参见 Giles 的著作［2008］）。

4.2 随机过程和路径：基本定义

一个随机过程是随机变量的索引族。通常，索引（*index*）值被解释为运行时间。因此，一个随机过程可以看作是一个用于描述不断进行随机试验的模型。另外，它可以被看作是一个结果随时间改变的随机试验，试验结果的精确值相互关联。第二个解释说明了随机过程演化的可能事件集合随时间变化。随时间的信息流形成了 σ 域流概念，包括了随机过程演进的所有场景。我们把这个纳入下面的定义中。

定义 4.1

假设 $(\Omega, F, \mathbb{P})$ 是概率空间，抽样空间 Ω，σ 区域 F，概率测度 $\mathbb{P}$。假设 I 是定序索引集。

（a）F 的子 σ-区域族 $\{F_t\}_{t\in I}$，对于 $s<t$，s、$t\in I$，$F_s\subset F_t$ 被称为域流。

（b）包括筛选 $\{F_t\}_{t\in I}$ 的族 $\{(X_t,F_t)\}_{t\in I}$ 和 $\mathbf{R}^n$-值随机变量 $\{X_t\}_{t\in I}$，例如 X_t 以使 F_t-可测，这被称为关于筛选 $\{F_t\}_{t\in I}$ 的随机过程。

（c）对于固定 $\omega\in\Omega$，集合

$$X.(\omega):=\{X_t(\omega)\}_{t\in I}=\{X(t,\omega)\}_{t\in I} \tag{4.1}$$

可以被描述为时间 t 的函数，这被称为**抽样路径**或者**实现随机过程**。

随机过程的标准例子是温度曲线、股票价格指数涨跌、赌徒的赌资变化，以及随时间变化的人口规模，在此仅仅罗列一部分。

注 4.2

1. 我们经常简单地用 X 标记随机过程。之所以这么做，因为要么筛选器 $\{F_t\}_{t\in I}$ 能够从当前上下文中清晰识别，或者要么筛选被称为**自然 σ 域流**，即如果有

$$F_t:=\sigma\{X_s:s\le t\} \tag{4.2}$$

2. 如果随机过程定义中的索引集 I 是间隔 $I\subset\mathbb{R}$（或者甚至更典型的 $I\subset[0,\infty)$），那么称为**连续时间随机过程**。如果索引集 I 是 $\mathbb{R}$ 的离散子集（即 $\mathbb{N}$ 中的序列），那么称为**离散时间随机过程**。

描述温度曲线的随机过程和人口规模变化的随机过程的主要差异是，温度曲线随着时间的推移持续变化，而人口规模则是呈现整数跳跃变化。一个随机过程路径的这种属性对于理论和应用都非常重要。

定义 4.3

如果随机过程的 $X.(\omega)$ 的抽样路径都是（但受限概率空间的零测度⊖）连续的（右连续、左连续），那么称为**连续**（右连续、左连续）**随机过程**。

本章我们将主要关注具有连续路径的连续时间随机过程，即连续随机过程。对于具有跳跃特征的（连续时间）随机过程的处理和在金融与实际模型中的应用将在第 6、第 7 和第 8 章进行介绍。不过，接下来的定义是与随机过程路径的连续性无关。它们通过引入随机过程的增量作为两个时间对应的差值，一般化了接连不断进行试验的思想。

定义 4.4

（a）随机过程 $\{(X_t,F_t)\}_{t\in I}$ 被认为拥有**独立增量**，如果对于在 r、u、s、$t\in I$ 下的全部 $r\le u\le s\le t$，有

$$X_t-X_s \text{ 与 } X_u-X_r \text{ 独立} \tag{4.3}$$

（b）随机过程 $\{(X_t,F_t)\}_{t\in I}$ 被认为拥有**平稳增量**，如果对于在 s、$t\in I$ 下的全部 $s\le t$，有

$$X_t-X_s \sim X_{t-s} \tag{4.4}$$

⊖ 零测度集，或空集，是一测度集 N 使得 $P(N)=0$，进一步的讨论可以参见测度论的相关书籍。——译者注

　　注 4.5　这两个属性都将显著简化分析，尤其是随机过程的模拟。如果一个随机过程 X 具有独立增量，则描述其未来的变化只需要当前值 X_t 和时间 t 后的增量。因此，除了 X_t 以外，不需要存储其他历史数据。如果过程 X 具有固定增量，那么该过程的分布特性将不会随时间的推移发生改变。这并不意味着每个 X_t 具有相同分布，但该增量 $X_t - X_s$ 的分布只依赖于时间差 $t - s$。我们还将介绍两类基础随机过程以一般化这两个属性。第一类随机过程是**马尔可夫过程**，其中随机过程的未来值分布只取决于未来的过去，即它的现值。第二类是**鞅**，它推广公平博弈的思想。

　　定义 4.6

　　一个在概率空间 $(\Omega, F, \mathbb{P})$ 上，初始分布为 ν 的 $\mathbb{R}^d$-值随机过程 $\{(X_t, F_t)\}_{t \in I}$ 被称为**马尔可夫过程**，如果有

$$\mathbb{P}(X_0 \in A) = \nu(A) \ \forall A \in B(\mathbb{R}^d) \tag{4.5}$$

$$\mathbb{P}(X_t \in A \mid F_s) = \mathbb{P}(X_t \in A \mid X_s) \ \forall A \in B(\mathbb{R}^d), t \geq s \tag{4.6}$$

尤其是，X 的未来值的分布仅通过 X_t 由现值决定。

　　具有独立增量的随机过程 X_t 就是一个马尔可夫过程。为展现这一点，我们注意到马尔可夫属性是过去增量和下式的独立性的结果：

$$X_t = X_s + (X_t - X_s) \tag{4.7}$$

我们将讨论的金融和保险中应用的过程都是马尔可夫过程。

　　定义 4.7

　　对于所有 $t \in I$，具有 $\mathbb{E}|X_t| < \infty$ 的实值过程 $\{(X_t, F_t)\}_{t \in I}$ 被称为

（a）**上鞅**，如果满足：

$$\mathbb{E}(X_t \mid F_s) \leq X_s \ \text{对所有} \ s, t \in I \ \text{且} \ s \leq t \ \mathbb{P}\text{-a.s.} \tag{4.8}$$

（b）**下鞅**，如果满足：

$$\mathbb{E}(X_t \mid F_s) \geq X_s \ \text{对所有} \ s, t \in I \ \text{且} \ s \leq t \ \mathbb{P}\text{-a.s.} \tag{4.9}$$

（c）**鞅**，如果满足：

$$\mathbb{E}(X_t \mid F_s) = X_s \ \text{对所有} \ s, t \in I \ \text{且} \ s \leq t \ \mathbb{P}\text{-a.s.} \tag{4.10}$$

　　注 4.8　离散时间鞅常常用来模拟游戏概率。事实上，如果序列 X_n，$n \in \mathbb{N}$ 表示赌徒参加公平赌博中的赌资，那么它应该满足鞅条件 $\mathbb{E}(X_{n+1} \mid F_n) = X_n$。我们将在一个特殊案例中展示。因此，假设 F_n 为自然 σ 域流，即随机过程 X 在时间 n 之前所产生的信息流。如果不同游戏的结果 Y_i 是独立的，且满足**公平条件** $\mathbb{E}(Y_i) = 0$，那么

$$X_n = x + \sum_{i=1}^{n} Y_i \tag{4.11}$$

是具有独立增量（这里，x 是赌徒的初始财富）的随机过程。则得，对于 $n, m \in \{0, 1, 2, \cdots\}$，有

$$\mathbb{E}\left(X_{n+m} \mid F_n\right) = \mathbb{E}\left(X_n + \left(\sum_{i=1}^{m} Y_{n+i}\right) \mid F_n\right)$$

$$= \mathbb{E}\left(X_n \mid F_n\right) + \mathbb{E}\left(\sum_{i=1}^{m} Y_{n+i} \mid F_n\right) = X_n + \mathbb{E}\left(\sum_{i=1}^{m} Y_{n+i}\right) = X_n$$

$$(4.12)$$

从而，从平均来说，赌徒在参与赌博后与参与前一样富有。从他的角度看，一个下鞅就是一个这样吸引人的游戏，而同时上鞅代表一个不够吸引人的游戏。

4.3　随机过程的蒙特卡罗方法

由于随机过程仅是随机变量族，因此其模拟看上去是一项简单的任务。不过，仍存在一些事实和角度需要首先考虑：

- 随机过程的元素 X_t，$t \in I$ 通常是**不独立的**。
- 指数集 I 可能无法计数，这意味着对过程的非常详细的模拟是不可能完成的。
- 当模拟一个随机过程时，我们的目的是什么？我们是否希望尽可能地**模拟**真实过程，或者是否仅仅对随机过程的**序列**感兴趣，例如它的函数均值？

我们将在后续章节中详细讨论这些事实和问题。

4.3.1　蒙特卡罗和随机过程

让我们从回答最后一个问题开始。在本书中，我们主要关注通过蒙特卡罗计算期望值，因此首先将蒙特卡罗一般化至随机过程情形中。假设 $X = \{X_t, t \in I\}$ 是一个随机过程，并有 $g(X) = g(X_t(\omega), t \in I)$ 是这个随机过程路径上的一个函数。假设下式是定义且有限的。

$$\mu = \mathbb{E}(g(X)) = \mathbb{E}(g(X_t, t \in I)) \qquad (4.13)$$

如果能够模拟随机过程 X 的路径的独立样本

$$X_i(\omega) = \{X_{t,i}(\omega), t \in I\} \qquad (4.14)$$

那么 $g(X)$ 就仅仅是实值随机变量，可以定义

随机过程的（原始）蒙特卡罗方法：

通过算术平均 $\dfrac{1}{N}\displaystyle\sum_{i=1}^{N} g(X_i(\omega))$ 来近似 $\mathbb{E}(g(X))$。

请注意，相较于实值随机变量的蒙特卡罗估计值定义，我们必须使用函数 g，否则对于预期值的考虑将毫无意义。因此，我们只需要能够模拟随机过程路径的独立重复以应用原始蒙特卡罗方法。原始蒙特卡罗估计值的所有属性都符合 3.2 节中的情况。这些属性包括估计值的无偏性和强一致性。此外，中心极限定理得到估计

值的渐近正态性，并可用于计算近似置信区间。当然，我们将以适当方法采用诸如控制变量法、重要性抽样、分层抽样等方差缩减法，这点将在后面看到。

人们可以通过考虑函数的主要不同类型，以区别蒙特卡罗估计问题：

1. 如果函数 $g(x)$ 仅由随机变量 X 在特定点的值决定，即如果对于固定时间 T 和实值函数 $h(.)$，有

$$g(X) = h(X_T) \tag{4.15}$$

那么我们唯一要做的事就是知道随机过程在时间 T 上的分布。对于随机过程，当分布已知时，蒙特卡罗模拟已经简化成常规随机变量的简单形式，且由于 X_T 是随机过程的结果，因此没有额外复杂性。如果 X_T 的分布不是显性，那么在时间 T 之前的随机过程路径的模拟需要离散化法。

2. 如果函数 $g(x)$ 依靠随机过程 X 在固定时间点 $t_1, \cdots, t_n$ 上的有限集合的值，即对于实值函数 $h(.)$，如果有

$$g(X) = h(X_{t_1}, \cdots, X_{t_n}) \tag{4.16}$$

那么我们将再次面临上一章的情形。我们现在处于多维问题中，因为我们必须模拟向量 $(X_{t_1}, \cdots, X_{t_n})$ 的值，其中向量的成分 X_{t_i} 并不独立。正如前一章，为模拟而必须获知联合分布。

3. 一般情况下，如果函数 $g(x)$ 不能转换成上述两者中的一种，则我们经常不能决定 $g(X)$ 的分布。这对于前一章而言是新内容，因此我们不得不使用合适的近似方法。关于这种函数的特别问题必须特别处理，而这往往没有一般性方法可得。

4.3.2 模拟随机过程路径：基准

如果构建随机过程的随机变量 X_t，$t \in I$ 相互关联的话，造成的事实后果是随机变量拥有的序列不能只独立模拟同 X_t 分布一样的随机数。我们必须关注 X_t 之间的关系，而它们的关系可能很强。试想一个随机过程路径的连续性所需条件。那么，很显然，对于较小的 ϵ 值，$X_{t+\epsilon}$ 几乎全部由 X_t 决定。我们将在考虑随机过程的一个特殊案例，如布朗运动或者随机差分方程的解等问题时，更详细地处理这个问题。

算法 4.1 具有独立增量的离散时间随机过程模拟

假设 $\{X_t, t \in \{1, 2, \cdots, n\}\}$ 是具有独立增量的离散时间随机过程。假设 $\mathbb{P}_k$ 是第 k - 个增量 $X_k - X_{k-1}$ 的分布，其中 X_1 是通过设定 $X_0 = 0$ 而得的第一个增量。那么，我们通过下式得到路径 $X.(\omega)$：

1. 令 $X_0(\omega) = 0$。
2. 模拟随机数 $Y_k(\omega)$，$k = 1, \cdots, n$ 且 $Y_k \sim \mathbb{P}_k$。
3. 令 $X_k(\omega) = X_{k-1}(\omega) + Y_k(\omega)$，$k = 1, \cdots, n$。

为获得随机过程路径模拟的大多数相关结果，我们考量算法 4.1 中的一个简单案例。

在此，独立增量假设允许我们通过独立的抽样模拟增量。通过在当前值加上新的模拟增量可以得到下一刻的随机过程值。本案例的假设可以放宽。事实上，如果我们在时间步长 $k-1$ 知道 $X_k - X_{k-1}$ 的**条件分布**时，针对此类有限步随机过程路径的模拟方案就不需要修改。然后，我们可以通过条件分布进行抽样得到随机数 Y_k 进而获得增量。

模拟连续时间随机过程

如果不是有限集 $I = \{1, 2, \cdots, n\}$，则将如何？我们可以得到一个不可数指数集，如 $I = [0, T]$，尤其当我们面对连续时间随机过程时。这样的指数集通常无法同时为每个时间 t 上对应的随机过程路径进行模拟。不过，我们可以模仿 $[0, T]$ 上的充分细网格 $0 = t_0 < t_1 < \cdots < t_n = T$ 的上述结构，并在网格点上以合适的方式继续这个过程。在连续随机过程的特殊情况下，在模拟的网格中采用线性插值是合理的。这能确保我们能够通过连续过程近似到一个基准连续路径。在这种情况下，如给定网格点值 $X_{t_{k-1}}$，我们能够获得随机过程在 t_{k-1} 的增量的条件分布，也就能够展示模拟算法 4.2，这个算法扩展了有限集过程。

算法 4.2　模拟具有连续路径的连续时间随机过程

假设 $0 = t_0 < t_1 < \cdots < t_n = T$ 是 $[0, T]$ 的一部分，并有 $\mathbb{P}_k$ 表示在给定 $X_{t_{k-1}}$ 下的 X_{t_k} 的条件分布。我们通过下述得到一个路径 $X.(\omega)$：

1. 假设 $X_0(\omega) = 0$。
2. 对于 $k = 1$ 至 n 有
   （a）模拟一个随机数 $Y_k(\omega)$ 且 $Y_k \sim \mathbb{P}_k$。
   （b）假设 $X_{t_k}(\omega) = X_{t_{k-1}}(\omega) + Y_k(\omega)$。
   （c）在 t_{k-1} 和 t_k 之间进行线性插值得到 X_t，即
   　　假设

$$X_t(\omega) = X_{t_{k-1}}(\omega) + \frac{t - t_{k-1}}{t_k - t_{k-1}} Y_k(\omega), t \in (t_{k-1}, t_k)$$

当然，关于如何离散随机过程，以及离散的收敛性仍然存在问题。这些问题将在后续章节中被解决。

精确模拟与近似模拟

如果我们知道 X_0 的分布，以及 $X_{t_k} - X_{t_{k-1}}$（给定过程的历史路径）的所有增量，那么对于每个 t_k，可以模拟与 X_{t_k} 具有同样分布的随机变量。为实现这点，模拟 X_0 和对于在 $j = 1, \cdots, k$ 下的 $X_{t_j} - X_{t_{j-1}}$ 的所有增量。所有随机数的

和将具有 X_{t_k} 的分布。这被称为一个**精确模拟**（在时间 t_k）。我们同样面临这种情况，不知道不同于 $t = 0$ 时刻的随机过程增量的分布。不过，随机过程随时间的动态演变是由方程（如随机差分方程）固定的。在这种情况下，我们能够得到离散方法，并将得到随机过程的近似值。尽管一般情况下，如果分布已知，大家希望采用精确模拟；但仍会出现精确模拟效率过于低下使得一个良好的离散方法将更值得考虑。

4.3.3　随机过程的方差缩减

如果我们可以模拟一个随机过程 X 的路径，则又返回到 $\mathbb{E}(g(X))$ 的原始蒙特卡罗估计的方差缩减问题。此处也可以采用前面章节中介绍的方法。我们不会过多详述，因为后面章节将对随机过程和相关问题进行针对性处理。然而，我们在此针对这些不同方法给出一些简单评论。

控制变量法

我们将看到，控制变量法的应用往往是用函数 $h(X)$ 来近似函数 $g(X)$，这种方法比采用一个完全不同的过程作为控制变量要容易计算得多。一个典型情况是，对于一个适当函数 $h(.)$ 和适当时期 $t_1, \cdots, t_n$，采用其中如下有限维近似一个无限维的函数：

$$\mathbb{E}(g(X)) \approx \mathbb{E}(h(X_{t_1}, \cdots, X_{t_n})) \tag{4.17}$$

为计算 $h(.)$ 的均值，非条件均值控制变量将可能是进一步方差缩减的近似方法。

分层抽样法

如果期望值 $\mathbb{E}(g(X))$ 强烈地依赖于特定时期 $t_1, \cdots, t_n$ 的基准随机变量 X 的分布，只要 n 不是很大，那么分层抽样 $(X_{t_1}, \cdots, X_{t_n})$ 的联合分布将是一个很好的选择。

重要性抽样

当过程 X 在给定时间区间 $[0, T]$ 不离开特定区域 O 时，函数 $g(x)$ 才非零时，重要性抽样就始终是方差缩减的一个很好的候选方案。有很多应用这种方法的情况，其中两种将在 5.6.2 节的障碍期权定价和 8.2.5 节中的极端事件估计进行介绍。

4.4　布朗运动和布朗桥

作为金融模型的最重要的组成部分，而且在各个科学领域有广泛应用的随机过程被称为布朗运动过程。

定义 4.9

（a）具有连续路径和下述特征的实值随机过程 $\{W_t\}_{t \geqslant 0}$

$$W_0 = 0 \quad \mathbb{P}\text{-}a.s. \tag{4.18}$$

$$W_t - W_s \sim \mathcal{N}(0, t-s), 0 \leqslant s < t \tag{4.19}$$

$$W_t - W_s \text{ 独立于 } W_u - W_r, 0 \leqslant r \leqslant u \leqslant s < t \tag{4.20}$$

被称为**一维布朗运动**。

（b）一个 **n-维布朗运动**是 $\mathbb{R}^n$-值过程

$$W(t) = (W_1(t), \cdots, W_n(t)) \tag{4.21}$$

且成分 W_i 是独立一维布朗运动。

在上面的定义中，我们可以放宽假设，通过限定布朗运动具有平稳和独立增量，从而限定布朗运动具有正态分布增量。然而，可以证明，这个假设与连续路径的假设一同出现意味着布朗运动具有上述正态分布属性。因此，上述要求并不丧失一般性。此外，布朗运动可以与它的自然 σ 域流相关。

$$F_t^W := \sigma\{W_s \mid 0 \leqslant s \leqslant t\}, t \in [0, \infty) \tag{4.22}$$

由于技术原因，我们将主要集中精力于 $\mathbb{P}$ -**自然 σ 域流扩展**，

$$F_t := \sigma\{F_t^W \cup N \mid N \in F, \mathbb{P}(N) = 0\}, t \in [0, \infty) \tag{4.23}$$

并称之为**布朗 σ 域流**。这具有某些技术优势，但此处不再解释（详见 Karatzas 与 Shreve 的著作［1991］或 R. Korn 与 E. Korn 的著作［2001］）。在学术上，当布朗运动与给定 σ 域流 $\{F_t\}_{t \geqslant 0}$ 存在关联时，布朗运动的独立增量条件往往有如下所声明的一般化形式：

$$W_t - W_s \text{ 独立于 } F_s, 0 \leqslant s < t \tag{4.24}$$

如果 $\{F_t\}_{t \geqslant 0}$ 要么是自然 σ 域流，要么是布朗 σ 域流，则这将等同于初始条件。当在续集中，如果考虑一个具有任意 σ 域流 $\{F_t\}_{t \geqslant 0}$ 的布朗运动 $\{(W_t, F_t)\}_{t \geqslant 0}$，则我们隐含地认为条件式（4.24）成立。

相关的布朗运动和楚列斯基分解

我们已经简单地定义了一个多维的布朗运动作为独立一维布朗运动的向量。然而，对于某些金融应用相关多维布朗运动被假定为基准随机过程。通过这一点，我们认为，布朗运动的成分有一个给定的相关结构。我们证明了为实现模拟，总可以限制于在独立条件下。为明白这一点，首先考虑二维情况。假设有一个二维独立布朗运动 $(W_1(t), W_2(t))$。由此，我们获得一个二维布朗运动 $(\tilde{W}_1(t), \tilde{W}_2(t))$，且

$$\mathbb{C}\mathrm{orr}(\tilde{W}_1(t), \tilde{W}_2(t)) = \rho \tag{4.25}$$

令

$$\tilde{W}_1(t) = W_1(t), \tilde{W}_2(t) = \rho W_1(t) + \sqrt{1 - \rho^2} W_2(t) \tag{4.26}$$

显然，这两个成分具有所需的相关性。此外，由于两个独立正态随机变量的总和也是正态分布（其中，均值和方差为简单相加），则第二个成分也具有所需的分

布。这种构建方法可以推广到多维设定。事实上，如果我们要生成具有给定的正定协方差矩阵 Σ 的 n 维的布朗运动 $\tilde{W}(t)$，然后通过楚列斯基分解

$$\Sigma = LL' \tag{4.27}$$

（其中 L 是下三角矩阵，对角元素等于 Σ 特征值的平方根）并假设

$$\tilde{W}(t) = LW(t) \tag{4.28}$$

得到所需过程。L 通过算法 2.19 获得，这通常被植入常规标准数学软件中。

4.4.1 布朗运动属性

（一维）布朗运动具有显著特性。特别是，它的路径是非常不规则的（参见 Karatzas 与 Shreve 的著作［1991］得证如下）。更确切地说，我们可以证明如下定理。

定理 4.10

（a）$\mathbb{P}$-几乎所有布朗运动 $\{W_t\}_{t\in[0,\infty)}$ 的路径在时间函数 t 上处处不可微。

（b）定义

$$Z_n(\omega) := \sum_{i=1}^{2^n} |W_{i/2^n}(\omega) - W_{(i-1)/2^n}(\omega)|, n \in \mathbb{N}, \omega \in \Omega \tag{4.29}$$

得到

$$Z_n(\omega) \xrightarrow{n\to\infty} \infty \quad \mathbb{P}\text{-}a.s. \tag{4.30}$$

即布朗运动的路径 $W_t(\omega)$ 以几乎确定地承认区间 $[0,1]$ 的无限方差。更进一步，路径 $W_t(\omega)$ 具有每个非空区间 $[s_1, s_2] \subset [0, \infty)$ 且它们都具有无限方差。

在模拟布朗运动的一些路径之前，我们将展示随机过程重要的鞅属性，还将介绍一个简单扩展，具有漂移项和波动的布朗运动。

定理 4.11

（a）一个一维布朗运动 W_t 是鞅过程。

（b）一个**具有漂移 μ 和波动 σ 的布朗运动**且 μ，$\sigma \in \mathbb{R}$，

$$X_t := \mu t + \sigma W_t, t > 0 \tag{4.31}$$

当且仅当 $\mu = 0$ 时，是鞅过程，当且仅当 $\mu \leq 0$ 时为上鞅，当且仅当 $\mu \geq 0$ 时为下鞅。

注 4.12

1. 上述定理很容易从如下布朗运动属性中得到。对于（a），只要使用公式

$$W_t = W_s + (W_t - W_s) \tag{4.32}$$

和一个事实，即独立增量具有零均值。这将得出具有漂移 μ 和波动 σ 的布朗运动是（条件）期望的线性结果。应注意，具有漂移 μ 和波动 σ 的布朗运动 X_t 满足 $X_t \sim \mathcal{N}(\mu, \sigma^2)$。

2. 同样可以证明：每个具有独立中心化增量（即增量具有零均值）的随机过

程是相对于其自然 σ 域流的鞅过程。

3. 增量的独立性确保了布朗运动是一个马尔可夫过程。独立增量属性和分解式（4.32）得到在 $0 < t_1 < \cdots < t_n$ 下的 $(W_{t_1}, \cdots, W_{t_n})$ 联合分布：

$$\begin{pmatrix} W_{t_1} \\ W_{t_2} \\ \vdots \\ W_{t_n} \end{pmatrix} \sim \mathcal{N}\left(\begin{pmatrix} 0 \\ 0 \\ \vdots \\ 0 \end{pmatrix}, \begin{pmatrix} t_1 & t_1 & \cdots & t_1 \\ t_1 & t_2 & \cdots & t_2 \\ \vdots & \vdots & & \vdots \\ t_1 & t_2 & \cdots & t_n \end{pmatrix} \right) \tag{4.33}$$

如果考虑 Itô 积分和随机微分方程，我们将看到布朗运动的更多属性，但现在将转向其路径的模拟。虽然布朗运动的路径是相当不规则的，这个过程本身还是相对容易模拟，因为它具有独立和平稳增量。以我们讨论连续时间随机过程的模拟的思路，我们不可能模拟布朗运动的一个完整路径，但我们至少可以精确地在每一个点 $t \in [0, T]$ 得到模拟值。因此，我们选择一个足够精细的时间网格，并在此上进行精确模拟，然后进行线性插值，这将得到一个合适的近似值。我们在算法 4.3 中说明这点。

算法 4.3 模拟布朗运动

假设 $[0, T]$ 的一部分 $0 = t_0 < t_1 < \cdots < t_n = T$ 给定。那么我们通过如下得到一个一维布朗运动的路径 $W.(\omega)$，

1. 假设 $W_0(\omega) = 0$。

2. 对于 $k = 1$ 至 n

   （a）模拟一个标准正态分布随机数 Z_k。

   （b）假设 $W_{t_k}(\omega) = W_{t_{k-1}}(\omega) + \sqrt{t_k - t_{k-1}} Z_k$。

   （c）在 t_{k-1} 和 t_k 之间进行线性插值得到 W_t，即对于 $t \in (t_{k-1}, t_k)$ 假设

$$W_t(\omega) = W_{t_{(k-1)}}(\omega) + \frac{t - t_{k-1}}{t_k - t_{k-1}}(W_{t_k}(\omega) - W_{t_{(k-1)}}(\omega))$$

图 4.1 显示了一个具有 $n = 500$ 个等距点 t_i 的一维布朗运动的一些模拟路径。实际上，在这个水平上难以意识到其余点由线性内插法求得。此外，路径的外观给大家的感觉是（理论上）非可微。根据布朗运动属性，如果我们放大时间刻度，那么路径放大版本也将承认同样的非可微的典型行为。

注 4.13 通过模拟 d 个独立一维布朗运动可以获得 d 维布朗运动。如果需要模拟相互关联的布朗运动，刚刚生成的独立布朗运动与具有从协方差矩阵 Σ 的楚列斯基分解得到三角矩阵 L 的乘积就具有预期的结果。为使用上述一维算法，只需更正需要模拟的随机数 Z_k。可以通过如下简单地实现替换：

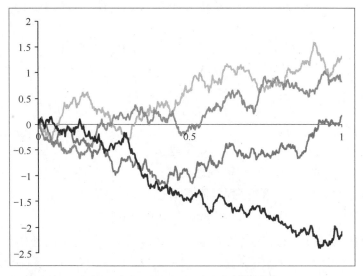

图 4.1 布朗运动在区间 $[0, 1]$ 上的模拟路径，$n = 500$

- 模拟随机数 $Z_k \sim \mathcal{N}(0, I)$

在标准的、非相关情况下（I 表示 d-维单位矩阵），且通过

- 模拟随机数 $Z_k \sim \mathcal{N}(0, \Sigma)$

在相关情况下（Σ 表示给定的协方差矩阵）。

由于布朗运动的不规则路径行为，网格点之间的线性插值似乎是一个原始方法。不过，我们可以展示模拟和线性布朗运动收敛至**实值** 1，如果分区 $I_n = \{t_0, t_1, \cdots, t_n\}$ 的直径

$$\mathrm{diam}(I_n) = \sup_{i=1,\cdots,n} \{ |t_i - t_{i-1}| \} \tag{4.34}$$

对于 $n \to \infty$ 接近零。对于这一点，我们首先需要弱收敛的过程和一个相应的过程中心极限定理，这将在下面章节中介绍。

4.4.2 弱收敛和 Donsker 定理

由于我们想有一个建立在容易辨认的假设基础上，也适用于广泛的随机过程近似方法的收敛结果，于是在度量空间中引入弱收敛框架。若读者对这个框架不感兴趣，可考虑直接跳到结果，Donsker 定理（见定理 4.17）。

如果将在 $[0, T]$ 上具有连续路径的随机过程 $(X_t, F_t)_{t \in [0, T]}$ 视为**函数值随机变量**（function – valued random variable），该理论可以很简单地表达出来。如下是一种很自然诠释：实验结果 ω 就是随机过程的相应路径 $X.(\omega)$，而该随机过程在 $[0, T]$ 上给每个 $\omega \in \Omega$ 分配了一个连续函数。

为了便于用符号表示，我们首先假设 $T = 1$，并引入概率空间，在该空间能够将随机过程理解为函数值随机变量。更确切地说，我们将考察在 $[0, 1]$ 上的连续实

值函数的概率空间 $C[0,1]$，且具有相应博雷尔 σ – 域 $\mathcal{B}(C[0,1])$ 和概率测度 $\mathbb{P}$，即

$$(\Omega, F, \mathbb{P}) = (C[0,1], \mathcal{B}(C[0,1]), \mathbb{P}) \tag{4.35}$$

通过定义如下公式，可以将随机过程 X 理解为，在 $(\Omega, F, \mathbb{P})$ 上的一个函数值随机变量

$$X(\omega) := \omega \,\forall\, \omega \in C[0,1] \tag{4.36}$$

为获得随机过程在时间 $t \in [0,1]$ 上的值 $X_t(\omega)$，我们使用 ω 的第 t 个坐标的投影

$$X(t, \omega) = \omega(t) \tag{4.37}$$

回顾随机变量收敛的分布特征（或**弱收敛**），并意识到 (Ω, F) 是当赋有上确界度量时（以确保与度量相关的序列极限具有连续路径！）的度量空间。

$$\rho(x, y) = \sup_{0 \le t \le 1} |x(t) - y(t)| \tag{4.38}$$

我们在度量空间上使用弱收敛框架并不奇怪（参见 Billingaley 的著作 [1968]）。

定义 4.14

假设 $(S, \mathcal{B}(S))$ 是具有度量 ρ 和在 S 上有博雷尔 – σ – 域 $\mathcal{B}(S)$ 的度量空间。进一步假设 $\mathbb{P}$、$\mathbb{P}_n$，$n \in \mathbb{N}$ 是 $(S, \mathcal{B}(S))$ 上的概率测度。那么有，序列 $\mathbb{P}_n$ **弱收敛**于 $\mathbb{P}$，如果在 S 上对于每个连续有界实值函数 f，有

$$\int_S f \, \mathrm{d}P_n \xrightarrow{n \to \infty} \int_S f \, \mathrm{d}P \tag{4.39}$$

为将这个定义转换至我们感兴趣的度量空间——连续随机过程的空间，我们引入在 $C[0,1]$ 上一致连续的有界函数的空间 $C(C[0,1], \mathbb{R})$。

定义 4.15

假设 $X_n = \{X_n(t)\}_{t \in [0,1]}$ 是连续随机过程的一个序列。我们称 X_n **弱收敛**（或**分布收敛**）于连续随机过程 X，如果有

$$\mathbb{E}(f(X_n)) \xrightarrow{n \to \infty} \mathbb{E}(f(X)) \tag{4.40}$$

对于所有 $f \in C(C[0,1], \mathbb{R})$。

因为有

$$\mathbb{E}(f(X_n)) = \int f \mathrm{d}\mathbb{P}_n, \mathbb{E}(f(X)) = \int f \mathrm{d}\mathbb{P} \tag{4.41}$$

随机过程的弱收敛意味着基准概率分布 $\mathbb{P}_n \to \mathbb{P}$ 弱收敛。为表明 $\mathbb{R}^n$ 实值随机变量上的分布的常规收敛隐含于随机过程分布的收敛中，我们引用下面的定理，这是 Billingsley 的著作（1968）中定理 5.1 的特例。

定理 4.16

假设 $\mathbb{P}$、$\mathbb{P}_n$，$n \in \mathbb{N}$ 是具有测度 ρ 的测度空间 $(S, \mathcal{B}(S))$ 的概率测度。进一步地，假设 $h: S \to S'$ 是可测映射到测度空间 S'，且具有测度 ρ'，博雷尔 -σ- 域 $\mathcal{B}(S')$。我们进一步假设 h 的非连续点集 D_h 是零集，即

$$\mathbb{P}(D_h) = 0 \tag{4.42}$$

然后分布的收敛被储存于映射 h：

$$\mathbb{P}_n \xrightarrow{n \to \infty} \mathbb{P} \Rightarrow \mathbb{P}_n \cdot h^{-1} \xrightarrow{n \to \infty} \mathbb{P} \cdot h^{-1} \qquad (4.43)$$

特别地，连续映射在分布中保持收敛。

注意 $(\mathbb{R}^k, \mathcal{B}(\mathbb{R}^k))$ 同样是一个测度空间。假设 X_n、X 是实值连续随机过程，对于 k 个固定时间点 $0 \le t_1 < \cdots < t_k \le 1$ 的集合，由定理 4.16 可以得到

$$分布\ X_n \xrightarrow{n \to \infty} X$$

$$\Rightarrow (X_n(t_1), \cdots, X_n(t_k)) \xrightarrow{n \to \infty} (X(t_1), \cdots, X(t_k)) \qquad (4.44)$$

因此，通常 $\mathbb{R}^k$ 实值随机变量分布的收敛隐含于相应随机过程的分布中。反之一般不为真。所以，如果选择 $[0,1]$ 的分区 $0 = t_0 < t_1 < \cdots < t_n = 1$ 的序列 I_n，那么如下并非显然成立，基于布朗运动 X_n 模拟过程的线性插值将最终在分布上收敛于布朗运动 $W = \{W_t\}_{t \in [0,1]}$。但是，如下定理意味着，我们的方法确实实现了所需的弱收敛（见 Karatzas 与 Shreve 的著作[1991]或 Donsker 的著作[1952]）。

定理 4.17　Donsker 定理

假设 $\{\xi_n\}_{n \in \mathbb{N}}$ 是独立同分布随机变量的序列，且 $E(\xi_i) = 0, 0 < \mathbb{V}\mathrm{ar}(\xi_i) = \sigma^2 < \infty$。假设

$$S_0 = 0, S_n = \sum_{i=1}^{n} \xi_n \qquad (4.45)$$

我们构造如下随机过程序列 X_n：

$$X_n(t, \omega) = \frac{1}{\sigma \sqrt{n}} S_{[nt]}(\omega) + (nt - [nt]) \frac{1}{\sigma \sqrt{n}} \xi_{[nt]+1}(\omega) \qquad (4.46)$$

对于 $t \in [0,1], n \in \mathbb{N}$。那么这个序列将弱收敛于一维布朗运动 $\{W(t)\}_{t \in [0,1]}$，即有

$$X_n \xrightarrow{n \to \infty} W \qquad (4.47)$$

注 4.18

1. 式（4.46）构造的过程 X_n 可以由我们的基于线性插值布朗运动模拟方法进行识别。事实上，如果把所有 ξ_i 视为独立的，且服从标准正态分布，那么对于等距分割，即 $t_k = \dfrac{k}{n}$，有

$$X_n\left(\frac{k}{n}, \omega\right) = \frac{1}{\sigma \sqrt{n}} S_k(\omega) \sim \mathcal{N}\left(0, \frac{k}{n}\right) \qquad (4.48)$$

对于 $t \in \left(\dfrac{k}{n}, \dfrac{k+1}{n}\right)$，通过线性插值得到 $X_n(t)$。这也正是我们的方法专门适用于等距分割。因此，Donsker 定理是我们方法的理论证明。此外，很显然，对于一个具有独立组成的多维布朗运动，Donsker 定理也证明线性内插的近似性。的确，由于弱收敛保存于连续映射中，因此我们也证明线性插值法对于广义且相关的布朗运动的实用性。

2. 收敛论断和 Donsker 定理的极限分布与 ξ_i 的选择相独立。出于这个原因，该定理也被称为 **Donsker 不变原理**。这也可以被视为中心极限定理的**随机过程版**。将其扩展至任意时间间隔 $[0, T]$ 则只是符号的问题。

3. 虽然我们已经用正态分布随机变量 ξ_i 作为构建随机过程 X_n 的近似序列的基础，人们可以想象用更简单的随机变量。一个可能的建议是

$$\xi_i = Y_i - q \tag{4.49}$$

且 $Y_i \sim B(1, q)$，$0 \leqslant q \leqslant 1$。求和为

$$S_n = \sum_{i=1}^{N} \xi_i \tag{4.50}$$

被称为一个**随机游动**，尤其是，对于 $q = 1/2$ 的对称随机游动。因此，我们可以将布朗运动视为适当比例随机游动的极限。因此，Donsker 定理由二项式分布扩展了正态分布的棣莫弗 – 拉普拉斯定理。

4. 人们可以使用 Donsker 定理来获得如上述构建的随机过程 S_n，如果 n 比较大。Donsker 定理则表明，X_n 的适当缩放在分布上将朝着一个布朗运动收敛，即对于 $S_n(t)$，在每个 $t \in [0, T]$ 都有一个渐近正态分布。

布朗运动有很多显著的特性。对它们的介绍远远超出了本书的范围，我们建议有兴趣的读者阅读 Hida（1980）、Karatzas 和 Shreve（1991）的专著。在此，我们将说明下列结果，Hincin（1933）的布朗路径的迭代算法定律和一个有用的推论。

定理 4.19

假设 $\{W_t\}_{t \geqslant 0}$ 是一维布朗运动，那么对于 $\mathbb{P}$-几乎所有 $\omega \in \Omega$，有

$$\lim_{t \to \infty} \sup \frac{W_t(\omega)}{\sqrt{2t \log(\log(t))}} = 1 \tag{4.51}$$

$$\lim_{t \to \infty} \inf \frac{W_t(\omega)}{\sqrt{2t \log(\log(t))}} = -1 \tag{4.52}$$

推论 4.20

假设 $X_t = \mu \cdot t + \sigma W_t$，$t \geqslant 0$ 是具有漂移 μ 和波动 σ 的布朗运动，那么有

$$\lim_{t \to \infty} \frac{X_t}{t} = \mu \ \mathbb{P}\text{-}a.s. \tag{4.53}$$

这个推论尤其告诉我们，具有漂移的布朗运动，漂移渐近地决定了布朗运动的波动。

4.4.3　布朗桥

在这里，我们将回到这样一个问题，是否有针对布朗运动两个时间点 t_{k-1} 和 t_k 的线性插值更好替代方法？考虑当我们无法观察这两点间的布朗运动，但却观察其 $W_{t_{k-1}}$ 和 W_{t_k} 值，是有可能选择适当的随机过程，用来作为在 $W_{t_{k-1}}$ 和 W_{t_k} 的插值，这

是否与未观察的布朗运动非常相近？要回答这个问题，我们首先给出如下定义。

定义 4.21

假设 $\{W_t\}_{t \in [0,T]}$ 是一维布朗运动，假设 $a, b \in \mathbb{R}$ 是两个实数，那么过程

$$B_t^{a,b} = a\frac{T-t}{T} + b\frac{t}{T} + \left(W_t - \frac{t}{T}W_T\right), t \in [0,T] \tag{4.54}$$

被称为从 a 到 b 的**布朗桥**。

很明显，随机过程 $B_t^{a,b}$ 在 $t=0$ 时从 a 开始，且在时间 T 在 b 结束。一些模拟路径已在图 4.2 中给出。

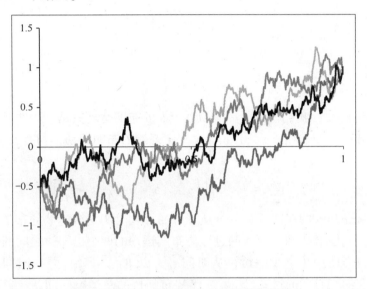

图 4.2 从 -0.5 到 1 的布朗桥模拟路径

人们可以通过布朗运动的独立增量属性获得它的分布。

命题 4.22

从 a 到 b 的布朗桥满足

$$B_t^{a,b} \sim \mathcal{N}\left(a + \frac{t}{T}(b-a), t - \frac{t^2}{T}\right) \tag{4.55}$$

为 d 维的布朗运动（具有独立组成），从 a 至 b，且 $a, b \in \mathbb{R}^d$ 的 d **维布郎桥**的定义几乎与式（4.54）中的完全一致。此外，前述命题的一般化很简单。

在介绍如何模拟布朗桥的路径前，我们将它与具有一些给定值的布朗运动关联。对于这一点，我们需要了解在一个多元正态假设下的条件分布的如下公式。

命题 4.23 正态条件分布公式

假设 $Z = (Z^{(1)}, \cdots, Z^{(d)})$ 是一个 d-维随机向量，且 $Z \sim \mathcal{N}(\mu, \Sigma)$。我们将 Z 分成第一部分 d_1，其成分 X 和剩下的 $d - d_1$ 部分，其成分 Y。那么

$$\begin{pmatrix} X \\ Y \end{pmatrix} \sim \mathcal{N}\left(\begin{pmatrix} \mu_X \\ \mu_Y \end{pmatrix}, \begin{pmatrix} \Sigma_X & \Sigma_{XY} \\ \Sigma_{YX} & \Sigma_Y \end{pmatrix} \right) \tag{4.56}$$

并假设 Σ_Y^{-1} 存在，我们有 $X \mid Y = y$ 的条件分布是 d_1-维正态，且

$$X \mid Y = y \sim \mathcal{N}(\mu_X + \Sigma_{XY}\Sigma_Y^{-1}(y - \mu_Y), \Sigma_X - \Sigma_{XY}\Sigma_Y^{-1}\Sigma_{YX}) \tag{4.57}$$

算法 4.4   布朗桥的前向模拟

1. 在 $[0, T]$ 上模拟布朗运动 $W_t(\omega)$ 的路径。

2. 假设 $B_t^{a,b} = a\dfrac{T-t}{T} + b\dfrac{t}{T} + \left(W_t - \dfrac{t}{T}W_T\right) \quad \forall t \in [0, T]$。

通过标记，有

$$\begin{pmatrix} W_t \\ W_T \end{pmatrix} \sim \mathcal{N}\left(\begin{pmatrix} 0 \\ 0 \end{pmatrix}, \begin{pmatrix} t & t \\ t & T \end{pmatrix}\right) \tag{4.58}$$

这个命题的直接结果是

$$W_t \mid W_T = b \sim \mathcal{N}\left(b\frac{t}{T}, t - \frac{t^2}{T}\right) \tag{4.59}$$

即借助于命题 4.22，我们得到，一个从 0 至 b 的布朗运动只是一个**布朗运动在时间 T 条件性达到 b**。通过 $W_0^a = a$，引入一个**从 a 开始的布朗运动**，则有 $W_t^a \sim \mathcal{N}(a, t)$，且

$$W_t^a \mid W_T^a = b \sim \mathcal{N}\left(a + (b-a)\frac{t}{T}, t - \frac{t^2}{T}\right) \tag{4.60}$$

这意味着，从 a 到 b 的布朗桥是一个从 a 开始并在时间 T 到达 b 的布朗运动。

因此，我们已经找到了合适的过程为布朗运动的两个已知值之间的不可观测值进行插值：只需使用一个布朗桥，从时间 t_{k-1} 以 $W_{t_{k-1}}$ 开始，并在时间 t_k 以 W_{t_k} 结束。当然，我们则必须通过 $t_k - t_{k-1}$ 来代替布朗桥的总运行时间 T。剩下的就是提出一个布朗桥的模拟算法。目前至少存在两种技术。算法 4.4 是简单地模拟布朗运动的路径，然后通过适当加入剩余部分转换成从 a 至 b 布朗桥。

虽然这种算法易于编程和易于理解，它是一个被用来作为与布朗运动相关的方差缩减技术的第二构建方法。与之前的模拟方法在时刻 0 开始不同，第二种方法通过首先抽样 W_T 作为开始，然后通过进行有限点集 W_t 抽样，并由线性插值构建剩余点。对于这点，我们需要在给定 W_u 和 W_s 下，W_t 的条件分布。我们得到作为命题 4.23 的应用（简单地使用 (W_s, W_t, W_u) 的联合分布）。

命题 4.24

假设 W 是一维布朗运动。$a, b \in \mathbb{R}$，$0 < s < t < u$。那么在已知 (W_u, W_s) 下，W_t 的条件分布由如下给定：

$$W_t \mid (W_u = b, W_s = a) \sim \mathcal{N}\left(\frac{(u-t)a + (t-s)b}{u-s}, \frac{(u-t)(t-s)}{u-s}\right) \tag{4.61}$$

倒向（backward）模拟方法确定一个布朗桥为布朗运动，由 a 开始，并在 b 结束。假设我们已经构建了 k 个点 $W_0, W_{t_1}, \cdots, W_{t_{k-2}}, W_T$，我们要在时间 s 填充另

外点，且 $t_i < s < t_{i+1}$。如果假设集合 $t_1, \cdots, t_{k-2}$ 不断增加，那么由于马尔可夫属性和布朗运动的独立增量属性，有

$$W_s \mid (W_0 = a, \cdots, W_{t_i} = x, W_{t_{i+1}} = y, \cdots, W_T = b)$$

$$\sim W_s \mid (W_{t_i} = x, W_{t_{i+1}} = y) \qquad (4.62)$$

右边的条件分布是由命题 4.24 给出的：

$$W_s \mid (W_{t_{i+1}} = y, W_{t_i} = x) \sim \mathcal{N}\left(\frac{(t_{i+1} - s)x + (s - t_i)y}{t_{i+1} - t_i}, \frac{(t_{i+1} - s)(t_{i+1} - t_i)}{t_{i+1} - s}\right)$$

$$(4.63)$$

在这些结果基础上，我们可以建立一个模拟算法，假定我们有选择进行条件模拟的时间点的固定规则。一种特别适合进行实际目标导向的策略被称为 $[0, T]$ 的**二元分割**，它是建立在网格规模逐次减半的基础上的。更确切地说，先从 T（我们称之为 0 级）开始，然后继续 $T/4$、$3T/4$，接着 $T/8$、$3T/8$、$5T/8$、$7T/8$，以此类推。因此，在水平 K，我们处于这种情况，在时间 $jT/(2^k)$，$j = 0, 1, \cdots, 2^k$ 的所有布朗桥值都产生了。由于我们不会两次生成点，在迭代水平 k，仅生成了值 $(2j-1)/(2^k)$。因此，在这种特殊情况下，对于所有在水平 k 生成的点遵循关系式 (4.63)，有

$$W_s \mid (W_{t_{i+1}} = y, W_{t_i} = x) \sim \mathcal{N}\left(\frac{x + y}{2}, \frac{T}{2^{k+1}}\right) \qquad (4.64)$$

且对于合适的指数 j，有 $s = (2j-1)T/(2^k)$，并且 $t_i = 2(j-1)T/(2^k)$，$t_{i+1} = 2jT/(2^k)$。正如预期，均值是已经模拟的临近值的均值。方差仅仅是新生成点距离临近点的长度的一半。在特殊情况下，对应的算法 4.5 具有特别简单的形式。

算法 4.5 从 a 至 b，具有 $n = 2^k$ 个时间点的布朗桥的倒向模拟

1. 模拟一个标准正态分布的随机变量 Z，并假设 $W_T = \sqrt{T}Z$。进一步假设 $W_0 = 0$，$h = T$。

2. 对于 $k = 1$ 至 K 有

    (a) 假设 $h = h/2$。

    (b) 对于 $j = 1$ 至 2^{k-1} 有

        i. 模拟一个标准正态分布的随机变量 Z 并假设

        ii. $W_{(2j-1)h} = \frac{1}{2}\left(W_{2(j-1)h} + W_{2jh}\right) + \sqrt{h}Z$。

注 4.25

1. 我们可以用与上述算法完全一致的方法模拟一个 d-维布朗桥。命题 4.24 的多维版本的基础是

$$W_t \mid (W_u = b, W_s = a) \sim \mathcal{N}\left(\frac{(u-t)a + (t-s)b}{u-s}, \frac{(u-t)(t-s)}{u-s}I_d\right) \qquad (4.65)$$

其中 $W(.)$ 是一个 d 维布朗运动，$a, b \in \mathbb{R}^d$，$0 < s < t < u$，且 I_d 是 d 维单位矩阵。

在布朗运动的协方差矩阵为 Σ 时，我们仅仅只需用 Σ 替换上述 I_d。上述算法

中唯一的变化是，在第 2 步（b）中分布用多元正态随机变量 $Z \sim \mathcal{N}(0, I_d)$ 和 $Z \sim \mathcal{N}(0, \Sigma)$ 分别替换标准正态分布随机变量 Z.

2. 当然，我们也可以模拟一个具有与前述二元分割所不同的序列点 t_i 的布朗桥。然后，算法中对布朗桥"新"值的定义必须基于比特殊条件期望表示式（4.64）更一般的条件期望式（4.63）表示。

布朗桥构建的方差缩减

构建布朗桥允许我们考虑分层抽样、条件抽样或重要性抽样等方法。为了说明这一点，我们考虑通过算法 4.6 的两阶段步骤得到的布朗运动的最后值 W_T 的方差缩减的最简单形式。

算法 4.6　利用布朗桥进行方差缩减

对于 $i = 1$ 至 N：

1. 给 W_T 应用一个方差缩减方法，并得到对 $W_{T,i}(\omega) = z_i$ 的模拟。

2. 通过模拟在 $[0, T]$ 上，从 0 至 z_i 的布朗桥来模拟一个布朗运动的路径 $W_{\cdot,i}(\omega)$。

有了这个算法，模拟一个结束于给定区间的布朗路径很简单。人们甚至可以通过对均匀分布数进行分层，然后将其转化为 W_T 的正态分布，实现对布朗运动最终值的分层。

注 4.26　由于拟随机数字序列的前部元素通常比尾部元素分布更加均匀，这将使得如果从方差缩减角度考虑，使用它们模拟一个随机过程的路径**重要点**将很有帮助。事实上，布朗桥的倒向抽样方法能够确保这点。它首先在所有 W_t 中具有最高方差的值 W_T 中进行抽样。然后，它生成的中间点 $W_{T/2}$，这是剩余点中具有最高的（条件）方差剩下的点，并以此类推。因此，使用反向模拟非常适合用拟随机数字序列。这在多维情况下尤其如此。

4.5　Itô 微积分的基础

4.5.1　Itô 积分

为分析布朗运动函数 $g(W_t, t \in [0, T])$ 的模拟方法的性能，我们需要能够解析这些函数。为了这个目的，以及财务及精算数学建模目的，我们引入了 **Itô 微积分**（请参阅 Karatzas 与 Shreve[1991] 的详细介绍）。它是基于 Itô 微积分和属性。在深入研究以前，我们希望指出，由于布朗路径的属性（尤其不可微和无限方差），如下积分具有布朗运动路径：

$$\int_0^t X_s(\omega) \, dW_s(\omega) \tag{4.66}$$

但其作为被积函数，在常规勒贝格－斯蒂尔切斯（Lebesgue-Stieltjes）积分中无法进行。为显示这是定义积分 $\int X \mathrm{d}W$ 的合理方式，我们汇集 Itô 法的主要思想。

首先，对于 $X_s \equiv 1$，积分应该正是布朗运动本身。接下来的步骤是：

1. 以直接的方式为适当的简单积分引入 $\int X \mathrm{d}W$。

2. 证明更一般的积分 X 可以由简单被积函数 X_n 的序列以合适的正态形式近似得到。

3. 证明我们可以定义积分 $\int X \mathrm{d}W$ 作为积分 $\int X_n \mathrm{d}W$ 的中心极限。

了解构造 Itô 积分的主要步骤对于进行相应的模拟方法很重要，我们花一些时间研究这些步骤的细节。

我们先从**简单过程**的类及它们的 Itô 积分开始（推荐阅读 R. Korn 与 E. Korn 的著作［2001］以获得本章所有结果的证明）。一个简单过程有步骤函数路径，而跳跃时间都已既定，不过跳跃高度是随机的（参见图 4.3）。

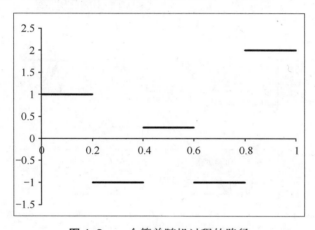

图 4.3 一个简单随机过程的路径

定义 4.27

假设 $\{(W_t, F_t) \mid t \in [0, T]\}$ 是一个在概率空间 $(\Omega, F, \mathbb{P})$ 上的一维布朗运动。

（a）随机过程 $\{X_t\}_{t \in [0, T]}$ 被称为一个**简单过程**，如果存在实数 $0 = t_0 < t_1 \cdots < t_p = T$，$p \in \mathbb{N}$，有限随机变量 $\Phi_i : \Omega \to \mathbb{R}$，$i = 0, 1, \cdots, p$，且

$$\Phi_0 \text{ 是 } F_0 \text{ 可测度}, \Phi_i \text{ 是 } F_{t_{i-1}} \text{ 可测度}, i = 1, \cdots, p \qquad (4.67)$$

对于每个 $\omega \in \Omega$，$X_t(\omega)$ 都有如下表达式：

$$X_t(\omega) = X(t, \omega) = \Phi_0(\omega) \cdot 1_{\{0\}}(t) + \sum_{i=1}^{p} \Phi_i(\omega) \cdot 1_{(t_{i-1}, t_i]}(t) \qquad (4.68)$$

（b）对于一个简单过程 $\{X_t\}_{t \in [0, T]}$ 和 $t \in (t_k, t_{k+1}]$ **随机积分**或者 **Itô 积分** $I.(X)$ 通过下式定义：

$$I_t(X): = \int_0^t X_s \mathrm{d}W_s: = \sum_{1 \leq i \leq k} \Phi_i(W_{t_i} - W_{t_{i-1}}) + \Phi_{k+1}(W_t - W_{t_k}) \qquad (4.69)$$

或更一般的形式 $t \in [0, T]$：

$$I_t(X): = \int_0^t X_s \mathrm{d}W_s: = \sum_{1 \leq i \leq p} \Phi_i(W_{t_i \wedge t} - W_{t_{i-1} \wedge t}) \qquad (4.70)$$

注 4.28

1. 注意，对于所有 $t \in (t_{i-1}, t_i]$，X_t 是 $F_{t_{i-1}}$-可测。此外，简单过程 X_t 的路径 $X(. , \omega)$ 是左连续阶跃函数，其高度为 $\Phi_i(\omega) \cdot 1_{(t_{i-1}, t_i]}(t)$。这意味着 Itô 积分具有布朗运动的可测性。

2. 每个时间间隔的 X 是恒定的，在该区间的布朗运动的增量乘以 X_t 对应值，即 Φ_i，以获得相应 Itô 积分值。将此值与简单函数的勒贝格 - 斯蒂尔切斯积分进行比较。尽管被积函数很简单，但图 4.4 说明了一个简单过程的 Itô 积分有不规则路径。在此，我们已绘制被积函数，基准布朗运动，所得随机积分于一张图中。注意，随机积分的行为依赖于两个成分，即被积函数和布朗路径。

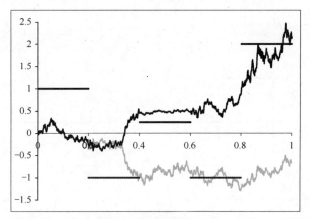

图 4.4　简单过程（阶跃函数）、布朗运动的路径（灰色）和相应 Itô 积分

3. 假设简单过程 X 是确定性的，即其跳跃高度为常数。注意基于构造简单过程的 Itô 积分和布朗运动的属性，有

$$I_t(X) \sim \mathcal{N}\left(0, \int_0^t X_s^2 \mathrm{d}s\right) \qquad (4.71)$$

我们将在后续不断使用该属性。

上述定义的 Itô 积分的主要属性总结于如下定理中。

定理 4.29　随机积分的基本属性

假设 X 是一个简单过程，那么有：

（a）$\{(I_t(X), F_t)\}_{t \in [0, T]}$ 是一个连续鞅。特别地，有

$$\mathbb{E}(I_t(X)) = 0, t \in [0, T] \qquad (4.72)$$

（b）Itô 积分的方差有限，且

$$\mathbb{E}\left(\int_0^t X_s \mathrm{d}W_s\right)^2 = \mathbb{E}\left(\int_0^t X_s^2 \mathrm{d}s\right), t \in [0, T] \tag{4.73}$$

由该定理得到，Itô 积分保持有连续性和基准布朗运动的鞅性质。在 L^2 理论的帮助下，第二部分中的方差公式将被用于扩展积分到更一般的被积函数。为引入这类随机过程，我们需要一个循序可测随机过程的概念。虽然可测性这个概念非常技术性，我们需要记住，具有左连续（右连续）路径的所有进程都是循序可测。

定义 4.30

假设 $\{(X_t, \mathcal{G}_t)\}_{t \in [0, \infty)}$ 是一个随机过程。它将被称为**循序可测**，如果对于所有 $t \geq 0$，映射

$$[0, t] \times \Omega \to \mathbb{R}^n, (s, \omega) \to X_s(\omega) \tag{4.74}$$

是 $\mathcal{B}([0, t]) \otimes \mathcal{G}_t - \mathcal{B}(\mathbf{R}^n)$ - 可测。

首先提出，一个循序可测且具有滤子 $\{F_t\}_{t \geq 0}$ 的被积函数，对于所有 $\epsilon > 0$，都不依赖于布朗运动 $W_{t+\epsilon} - W_t$ 的增量。基于可测性，我们引入如下的随机过程类，其中 $(\Omega, F, \mathbb{P})$ 是一个概率空间，正是在这个空间上，定义了布朗运动 $(W_t, F_t)_{t \in [0, T]}$：

$$L^2[0, T] := L^2\left([0, T], \Omega, F, \{F_t\}_{t \in [0, T]}, \mathbb{P}\right)$$

$$:= \left\{ \{(X_t, F_t)\}_{t \in [0, T]} \text{ 实植随机过程} \mid X \text{ 循序可测}, \mathbb{E}\left(\int_0^T X_t^2 \mathrm{d}t\right) < \infty \right\} \tag{4.75}$$

所有过程 $X \in L^2[0, T]$ 可以由简单过程的序列 $X^{(n)}$ 来近似，此过程满足

$$\lim_{n \to \infty} E \int_0^T (X_s - X_s^{(n)})^2 \mathrm{d}s = 0 \tag{4.76}$$

我们可以为简单过程定义 Itô 积分 $I.(X^{(n)})$ 的一个序列，而该简单过程收敛于由下式：

$$\| I.(X^{(n)}) \|_{L^T}^2 := E\left(\int_0^T X_s \mathrm{d}W_s\right)^2 \tag{4.77}$$

给定的正态序列的极限过程 Z 被称为 **Itô 积分**。假设

$$I_t(X) := \int_0^t X_s \mathrm{d}W_s := Z_t \tag{4.78}$$

可以证明，这个定义与简单过程的近似序列 $X^{(n)}$ 无关。如果被积函数 X 是一个简单过程，那么 Itô 的定义仅仅与众多简单过程中的一个相一致。积分保持有所有随机积分的重要属性，即有：

定理 4.31

式（4.78）中定义的 Itô 积分 $(I_t(X), F_t)_{t \in [0, T]}$ 是连续鞅，且

$$I_t(aX + bY) = aI_t(X) + bI_t(Y), a 、b \in \mathbb{R}, X 、Y \in L^2[0, T] \tag{4.79}$$

$$\mathbb{E}(I_t(X)) = 0, \mathbb{E}(I_t(X)^2) = \mathbb{E}\left(\int_0^t X_s^2 \mathrm{d}s\right) \tag{4.80}$$

刚刚定义的随机积分的多维版本可以通过对分量形式定义的合适缩减得到：

定义 4.32

假设 $\{(W(t),F_t)\}_{t\in[0,T]}$ 是一个具有成分 $W_i(t),i=1,\cdots,m$ 的 m-维布朗运动。假设 $\{(X(t),F_t)\}_t$ 是一个 $\mathbb{R}^{n,m}$-值循序可测，且每个成分为 $X_{ij}\in L^2[0,T]$。那么相对于 W 的 X **多维 Itô 积分**由下式定义：

$$\int_0^t X(s)\,\mathrm{d}W(s):=\begin{pmatrix}\sum_{j=1}^m\int_0^t X_{1j}(s)\,\mathrm{d}W_j(s)\\ \vdots\\ \sum_{j=1}^m\int_0^t X_{nj}(s)\,\mathrm{d}W_j(s)\end{pmatrix},t\in[0,T] \tag{4.81}$$

在右边求和里的所有单一积分是式（4.78）定义的一维 Itô 积分。

注意，通过这个积分，多维 Itô 积分的所有成分都是鞅。

为在金融中应用，需要将 Itô 积分进一步扩展至 $L^2[0,T]$ 过程的极限。考虑一维情况（这可以扩展至如上多维）并引入：

$$H^2[0,T]:=H^2([0,T],\Omega,F,\{F_t\}_{t\in[0,T]},P)$$

$$:=\left\{(X_t,F_t)_{t\in[0,T]}\text{ 实值随机过程}\mid X\text{ 循序可测},\int_0^T X_t^2\,\mathrm{d}t<\infty\,a.s.\,P\right\} \tag{4.82}$$

通过引入终止时间序列 $\tau_n,n\in\mathbb{N}$，由下式给出：

$$\tau_n(\omega):=T\wedge\inf\left\{0\leqslant t\leqslant T\,\bigg|\,\int_0^t X_s^2(\omega)\,\mathrm{d}s\geqslant n\right\} \tag{4.83}$$

我们通过下式定义终止过程的序列 $X^{(n)}$：

$$X_t^{(n)}(\omega):=X_t(\omega)\cdot 1_{\{\tau_n(\omega)\geqslant t\}} \tag{4.84}$$

由于过程 $X^{(n)},n\in\mathbb{N}$ 是 $L^2[0,T]$ 的成员，它们的随机积分由式（4.78）中的定义给定。借助这个定义，我们使用下式定义过程 $X\in H^2[0,T]$ 的随机积分 $I(X)$：

$$I_t(X):=I_t(X^{(n)}),0\leqslant t\leqslant\tau_n \tag{4.85}$$

定义非常充分，因为下式：

$$\tau_n\xrightarrow{n\to\infty}+\infty\ \mathbb{P}\text{-}a.s. \tag{4.86}$$

对于 $X\in H^2[0,T]$。可以看出，上面的定义对于终止时间序列的不同值 τ_n 和 τ_m 都一致。该定义的随机积分仍然是线性的，具有连续路径。然而，由于期望值和过程 X 的方差在上述引入的终止时间序列中仍然有限，对于过程 $X\in H^2[0,T]$ 的 Itô 积分，却没有鞅属性和方差公式。这些属性在停止时间序列上都满足，以确保 Itô 积分是一个（连续）局部鞅，其定义如下：

定义 4.33

一个随机过程 $\{(X_t,F_t)\}_{t\geqslant0}$ 被称为**局部鞅**，如果存在终止时间序列 $\tau_n,n\in$

$\mathbb{N}$, 且

$$\tau_n(\omega) \xrightarrow{n \to \infty} \infty \tag{4.87}$$

对于几乎所有 $\mathbb{P}$, $\omega \in \Omega$, 例如由下式定义的终止过程 $\left\{\left(\hat{X}_t^{(n)}, F_t\right)\right\}_{t \geq 0}$:

$$\hat{X}^{(n)}(\omega) = X_{t \wedge \tau_n(\omega)}(\omega) \tag{4.88}$$

都是鞅。这样的终止时间序列被称为**序列局部化**。

有了这个 Itô 积分的一般化，我们引入 Itô 过程的类，这仅仅包括勒贝格总和，以及一个 Itô 积分，这将在接下来章节中扮演重要角色。

定义 4.34

假设 $\{(W(t), F_t)\}_{t \in [0, \infty)}$ 是一个 m-维布朗运动，$m \in \mathbb{N}$ 。

（a）一个形如下式的随机过程 $\{(X(t), F_t)\}_{t \in [0, \infty)}$:

$$X(t) = X(0) + \int_0^t K(s) \, \mathrm{d}s + \sum_{j=1}^m \int_0^t H_j(s) \, \mathrm{d}W_j(s) \tag{4.89}$$

其中 $X(0) F_0$-可测，$\{K(t)\}_{t \in [0, \infty)}$ 和 $\{H(t)\}_{t \in [0, \infty)}$ 是循序可测过程，且有

$$\int_0^t |K(s)| \, \mathrm{d}s < \infty , \int_0^t H_i^2(s) \, \mathrm{d}s < \infty \quad \mathbb{P}\text{-}a.s. \tag{4.90}$$

对于所有 $t \geq 0$, $i = 1, \cdots, m$ 被称为一个**实值 Itô 过程**。

（b）一个 n-**维 Itô 过程** $X = (X^{(1)}, \cdots, X^{(n)})$ 包括的成分向量是实值 Itô 过程。

在我们展示 Itô 积分主要结果、不同形式的 Itô 公式之前，引入二次变异和协变。

定义 4.35

假设 X 和 Y 是两个实值 Itô 过程，且具有表达式

$$X(t) = X(0) + \int_0^t K(s) \, \mathrm{d}s + \int_0^t H(s) \, \mathrm{d}W(s) \tag{4.91}$$

$$Y(t) = Y(0) + \int_0^t L(s) \, \mathrm{d}s + \int_0^t M(s) \, \mathrm{d}W(s) \tag{4.92}$$

那么，X 和 Y 的**二次协变异**的定义为

$$\langle X, Y \rangle_t := \sum_{i=1}^m \int_0^t H_i(s) \cdot M_i(s) \, \mathrm{d}s \tag{4.93}$$

$\langle X \rangle_t := \langle X, X \rangle_t$ 的特殊情形被称为 X 的**二次变异**。

二次变异也可以由事实证实，事实上，在 Itô 过程中，积分的顺向二次变异与上述定义的二次变异一致。如果如下公式右侧所有积分都已被定义，我们可以通过下式得到一维 Itô 过程 X ，进而得到引入一个实值，循序可测过程 Y 的积分：

$$\int_0^t Y(s) \, \mathrm{d}X(s) := \int_0^t Y(s) K(s) \, \mathrm{d}s + \int_0^t Y(s) H(s) \, \mathrm{d}W(s) \tag{4.94}$$

4.5.2　Itô 公式

现在我们将所有成分加一起，以不同形式表示 Itô 公式。我们首先考虑一维

情形：

定理 4.36   一维 Itô 公式

假设 W 是一个一维布朗运动，X 是一个实值 Itô 过程，且具有形式

$$X_t = X_0 + \int_0^t K_s \mathrm{d}s + \int_0^t H_s \mathrm{d}W_s \tag{4.95}$$

假设 $f: \mathbb{R} \to \mathbb{R}$ 是一个 C^2-函数，那么对于所有 $t \geq 0$，有

$$
\begin{aligned}
f(X_t) &= f(X_0) + \int_0^t f'(X_s) \mathrm{d}X_s + \frac{1}{2} \cdot \int_0^t f''(X_s) \mathrm{d}\langle X \rangle_s \\
&= f(X_0) + \int_0^t \left(f'(X_s) \cdot K_s + \frac{1}{2} \cdot f''(X_s) \cdot H_s^2 \right) \mathrm{d}s + \\
&\quad \int_0^t f'(X_s) H_s \mathrm{d}W_s \, \mathbb{P} \text{-}a.s.
\end{aligned}
\tag{4.96}
$$

尤其是，$f(X_t)$ 再次是一个 Itô 过程，并且上述所有积分都已定义。

注 4.37   为证明 Itô 公式，使用不同的标记将有显著作用

$$\mathrm{d}f(X_t) = f'(X_t)\mathrm{d}X_t + \frac{1}{2} \cdot f''(X_t) \mathrm{d}\langle X \rangle_t \tag{4.97}$$

然而，人们应该记住，这并不表示 Itô 过程具有可微的路径。

注 4.38   虽然 Itô 的概念高度技术性，但 Itô 公式却容易处理。我们通过一些简单的例子强调这一点，并鼓励读者多做这样的尝试。

1. 利用过程 $X_t = t$，我们可以从 Itô 公式中推断

$$f(t) = f(0) + \int_0^t f'(s) \mathrm{d}s \tag{4.98}$$

对于一个（二次）连续可微函数 f。那么，积分的基准理论可以视为 Itô 公式的特殊情况。

2. 如果我们使用（已定的）过程 $X_t = h(t)$，且具有 C^1-函数 h，那么应用 Itô 公式将得到著名的链式法则：

$$(f \circ h)(t) = (f \circ h)(0) + \int_0^t f'(h(s)) \cdot h'(s) \mathrm{d}s \tag{4.99}$$

3. 最后，根据 $X_t = W_t$ 和选择 $f(x) = x^2$，我们可以通过 Itô 公式得到

$$W_t^2 = \int_0^t 2 \cdot W_s \mathrm{d}W_s + \frac{1}{2} \cdot \int_0^t 2 \mathrm{d}s = 2 \cdot \int_0^t W_s \mathrm{d}W_s + t \tag{4.100}$$

方程右侧的额外成分 "t" 具有 W_t 的非零二元变异的原始形式。

定理 4.39   多维 Itô 公式

假设 $X(t) = (X_1(t), \cdots, X_n(t))$ 是一个 n-维 Itô 过程，且

$$X_i(t) = X_i(0) + \int_0^t K_i(s) \mathrm{d}s + \sum_{j=1}^m \int_0^t H_{ij}(s) \mathrm{d}W_j(s), i = 1, \cdots, n \tag{4.101}$$

并有 $W(t)$ 是一个 m-维布朗运动。进一步假设 $f:[0,\infty) \times \mathbb{R}^n \to \mathbb{R}$ 是一个 $C^{1,2}$-函数，即 f 关于第一个变量（时间）是连续的，连续可微，关于最后 n 个变量（空间）的二次连续可微。于是有

$$f(t, X_1(t), \cdots, X_n(t)) = f(0, X_1(0), \cdots, X_n(0)) +$$

$$\int_0^t f_t(s, X_1(s), \cdots, X_n(s)) \mathrm{d}s + \sum_{i=1}^n \int_0^t f_{x_i}(s, X_1(s), \cdots, X_n(s)) \mathrm{d}X_i(s) +$$

$$\frac{1}{2} \sum_{i,j=1}^n \int_0^t f_{x_i x_j}(s, X_1(s), \cdots, X_n(s)) \mathrm{d}\langle X_i, X_j \rangle_s$$

(4.102)

最后，我们证明多维 Itô 公式的推断——乘积规则。

推论 4.40 乘积规则或偏积分

假设 X_t、Y_t 是一维 Itô 过程，且具有公式

$$X_t = X_0 + \int_0^t K_s \mathrm{d}s + \int_0^t H_s \mathrm{d}W_s, Y_t = Y_0 + \int_0^t \mu_s \mathrm{d}s + \int_0^t \sigma_s \mathrm{d}W_s \quad (4.103)$$

那么有

$$X_t \cdot Y_t = X_0 \cdot Y_0 + \int_0^t X_s \mathrm{d}Y_s + \int_0^t Y_s \mathrm{d}X_s + \int_0^t \mathrm{d}\langle X, Y \rangle_s$$

$$= X_0 \cdot Y_0 + \int_0^t (X_s \mu_s + Y_s K_s + H_s \sigma_s) \mathrm{d}s + \int_0^t (X_s \sigma_s + Y_s H_s) \mathrm{d}W_s \quad (4.104)$$

4.5.3 鞅表示和测度变化

在本节中，我们提出与 Itô 积分有关的布朗运动属性的两个最有名的结论（参见 R. Korn 与 E. Korn[2001] 的证明）。第一结论是，每一个称为布朗鞅可以表示为关于布朗运动的 Itô 积分。

定义 4.41

假设 $(\Omega, F, \mathbb{P})$ 是概率空间，$(W_t, F_t)_{t \geq 0}$ 是一个定义在这个空间的一维布朗运动。每个关于布朗筛选 F_t 的实值鞅 $(M_t, F_t)_{t \geq 0}$ 都被称为一个**布朗鞅**。

定理 4.42 Itô 的鞅表示理论

假设 M 是一个布朗鞅，且额外满足

$$\mathbb{E}(M_t^2) < \infty, t \geq 0 \quad (4.105)$$

那么，存在一个随机过程 $\psi \in L^2[0, T]$ 对于所有 $T < \infty$，都有

$$M_t = \mathbb{E}(M_t) + \int_0^t \psi_s \mathrm{d}W_s, t \geq 0 \quad (4.106)$$

注 4.43

1. 鞅表示定理在布莱克－斯克尔斯模型中扮演决定性的作用，这一点我们将在下一章中看到。也存在它的多维变量（即布朗运动和被积函数 ψ 都与 d 具有相

同分布）。此外，我们可以放松靴条件。但是，如果 M 是唯一一个布朗局部靴，那么被积函数 ψ 只能在 $H^2[0,T]$（对于所有有限 T）。

2. 在该定理中，被积函数 ψ 在 L^2 意义是唯一的。我们推荐读者阅读 R. Korn and E. Korn（2001）详解。

3. 由于靴表示定理有，每个布朗靴等于随机积分加上其期望值，这尤其意味着每个布朗靴具有连续路径！

第二个结论说明，一个具有漂移项的布朗运动是如何通过改变成另一个概率测度转换成一个布朗运动的，这也是期权定价的基本结论（见下一章）。

我们会考虑一个具有非常数漂移项的更一般假设。因此，假设 $\{(X(t),\mathcal{F}_t)\}_{t\geq 0}$ 是一个 m 维循序可测过程，其中 $\{\mathcal{F}_t\}$ 是布朗过滤（Brownian filtration），且

$$\int_0^t X_i^2(s)\,\mathrm{d}s < \infty\ a.\,s.\,\mathrm{P},\text{对所有 } t \geq 0, i = 1,\cdots,m. \tag{4.107}$$

更进一步，假设

$$Z(t,X):= \exp\Big(-\sum_{i=1}^m \int_0^t X_i(s)\,\mathrm{d}W_i(s) - \frac{1}{2}\int_0^t \|X(s)\|^2\mathrm{d}s\Big) \tag{4.108}$$

这个过程称为靴的一个充分条件是 **Novikov 条件**：

$$E\Big(\exp\Big(\frac{1}{2}\int_0^t \|X(s)\|^2\mathrm{d}s\Big)\Big) < \infty \tag{4.109}$$

如果 $Z(t,X)$ 的确是一个靴，对于所有 $t\geq 0$，有 $E(Z(t,X))=1$；对于所有 $T\geq 0$，我们可以通过下式定义一个在 $\mathcal{F}_T$ 上的概率测度 $\mathbb{Q}=\mathbb{Q}_T$：

$$\mathbb{Q}(A):= E(1_A \cdot Z(T,X)), A \in \mathcal{F}_T \tag{4.110}$$

接下来的定理显示，一个 $\mathbb{Q}$-布朗运动 $W^{\mathbb{Q}}(t)$ 是如何通过改变从 $\mathbb{P}$ 至 $\mathbb{Q}$ 的概率测度，由具有漂移项的 $\mathbb{P}$-布朗运动 $W(t)$ 构建而成的。

定理 4.44　Girsanov 定理

假设 $Z(t,X)$ 为如上述描述的靴。定义 $\{(W^{\mathbb{Q}}(t),\mathcal{F}_t)\}_{t\geq 0}$，通过

$$W_i^{\mathbb{Q}}(t):= W_i(t) + \int_0^t X_i(s)\,\mathrm{d}s, 1 \leq i \leq m, t \geq 0 \tag{4.111}$$

那么，对于固定 $T\in[0,\infty)$，过程 $\{(W^{\mathbb{Q}}(t),\mathcal{F}_t)\}_{t\in[0,T]}$ 是一个在 $(\Omega, \mathcal{F}_T, Q)$ 上的 m-维布朗运动，其中概率测度 $\mathbb{Q}$ 由式（4.110）定义。

4.6　随机微分方程

4.6.1　随机微分方程的基本结论

前面已经介绍了 Itô 过程以及它们的微分表达式，现在将直接引入随机微分方程（SDE）以及它的（强）解。

定义 4.45

随机微分方程的一个（**强**）**解** $X(t)$:

$$dX(t) = b(t, X(t))dt + \sigma(t, X(t))dW(t), \quad X(0) = x \qquad (4.112)$$

对于给定函数 $b:[0,\infty) \times \mathbb{R}^d \to \mathbb{R}^d$，$\sigma:[0,\infty) \times \mathbb{R}^d \to \mathbb{R}^{d,m}$ 是一个 d – 维连续过程 $\{(X(t), F_t)\}_{t \geq 0}$ 在 $(\Omega, F, \mathbb{P})$ 上，且满足

$$X(0) = x \qquad (4.113)$$

$$X_i(t) = x_i + \int_0^t b_i(s, X(s))ds + \sum_{j=0}^m \int_0^t \sigma_{i,j}(s, X(s))dW_j(s) \qquad (4.114)$$

$$\int_0^t \left(|b_i(s, X(s))| + \sum_{j=0}^m \sigma_{ij}^2(s, X(s)) \right)ds < \infty \qquad (4.115)$$

对于所有 $t \geq 0$, $i \in \{1, \cdots, d\}$, 有 $\mathbb{P}$-几乎都成立（$a.s.$）。

注 4.46 因此，一个强解是一个具有积分表示式（4.114）的随机过程，且定义于给定概率空间 $(\Omega, F, \mathbb{P})$，在该空间布朗运动 W 也同样已知。对于一个弱解的概念，如果对某些布朗运动的某些概率空间，仅仅存在满足方程（4.114）的过程 X 是不够的。我们不会在此阐述细节，而是建议感兴趣的读者阅读 Karatzas 与 Shreve 的著作（1991）。

SDEs 在金融应用中的两个案例包括：

- 一维线性齐次方程

$$dX(t) = bX(t)dt + \sigma X(t)dW(t), X(0) = x \qquad (4.116)$$

  且 b、$\sigma \in \mathbb{R}$ 和 $W(.)$ 是一维布朗运动。

- 具有可加噪声的一维线性方程

$$dX(t) = (a + bX(t))dt + \sigma dW(t), X(0) = x \qquad (4.117)$$

  且 a、b、$\sigma \in \mathbb{R}$ 和 $W(.)$ 是一维布朗运动。

这两个方程都拥有唯一强解，其解将在下述介绍线性 SDFs 的 4.6.2 节中介绍。

正如确定性微分方程的情况，对随机微分方程存在一个唯一结论，这与著名 Picard – Lindelöf 定理非常相似（本节结论的证明参见 R. Korn 与 E. Korn 的著作 [2001]）。

定理 4.47 SDEs 解的存在性和唯一性

假设 SDE［式（4.112）］的系数 $b(t, x)$、$\sigma(t, x)$ 是同时满足利普希茨和增长条件的连续函数

$$\|b(t, x) - b(t, y)\| + \|\sigma(t, x) - \sigma(t, y)\| \leq K\|x - y\| \qquad (4.118)$$

$$\|b(t, x)\|^2 + \|\sigma(t, x)\|^2 \leq K^2(1 + \|x\|^2) \qquad (4.119)$$

对于所有 $t \geq 0$, x、$y \in \mathbb{R}^d$ 和常数 $K > 0$（其中 $\|.\|$ 代表适当维）的欧几里得形。那么存在一个连续的式（4.112）的强解 $\{(X(t), F_t)_{t \geq 0}\}$，且

$$E\left(\parallel X(t)\parallel^2\right)\leqslant C\cdot\left(1+\parallel x\parallel^2\right)\cdot e^{C\cdot T},t\in[0,T]\qquad(4.120)$$

对于某些常数有 $C=C(K,T)$ 和 $T>0$。此外，$X(.)$ 是唯一和不可分辨的，即如果 $Y(.)$ 能够成为式（4.112）的另外解，那么有

$$\mathbb{P}\left(X(t)=Y(t),\forall t\geqslant0\right)=1\qquad(4.121)$$

注 4.48　可以看出，式（4.112）的解 $\{(X(t),F_t)\}_t$ 是一个马尔可夫过程。这尤其意味着，对于所有博雷尔可测、有界函数 f，有

$$\mathbb{E}\left(f(X(s))\mid F_t\right)=\mathbb{E}\left(f(X(s))\mid X(t)\right)=g(X(t))\qquad(4.122)$$

对于固定 $t\leqslant s$ 且 $g(x):=\mathbb{E}\left(f(X^{t,x}(s))\right)$。在此，利用上指数 t、x 意味着，过程 $X^{t,x}$ 解决了具有初始条件 $X(t)=x$ 的 SDE［式（4.112）］。为简化表示，接下来会经常忽略上指数，但是利用这些上指数给相应的期望进行标记：

$$\mathbb{E}\left(\cdots X^{t,x}(s)\cdots\right)=\mathbb{E}^{t,x}\left(\cdots X(s)\cdots\right)\qquad(4.123)$$

4.6.2　线性随机微分方程

至于常微分方程，我们最了解线性假设下的解。下面将从一维情况开始，可以提出一个完全显式解，这是众所周知的常数变异公式的推广。

定理 4.49　常数变异

假设 $\{(W(t),F_t)\}_{t\in[0,\infty)}$ 是一个 m-维布朗运动。假设 $x\in\mathbb{R}$ 和 A、a、S_j、σ_j 是循序可测的实值过程，且

$$\int_0^t\left(\mid A(s)\mid+\mid a(s)\mid\right)\mathrm{d}s<\infty,\int_0^t\left(S_j^2(s)+\sigma_j^2(s)\right)\mathrm{d}s<\infty,\forall t\geqslant0\qquad(4.124)$$

$\mathbb{P}$-a.s.，$j=1,\cdots,m$。那么**一般化的一维线性 SDE**

$$\mathrm{d}X(t)=(A(t)X(t)+a(t))\mathrm{d}t+\sum_{j=1}^m(S_j(t)X(t)+\sigma_j(t))\mathrm{d}W_j(t)\qquad(4.125)$$

$$X(0)=x\qquad(4.126)$$

拥有唯一解 $\{(X(t),F_t)\}_{t\in[0,\infty)}$：

$$X(t)=Z(t)\cdot\left(x+\int_0^t\frac{1}{Z(u)}\left(a(u)-\sum_{j=1}^m S_j(u)\sigma_j(u)\right)\mathrm{d}u+\right.$$

$$\left.\sum_{j=1}^m\int_0^t\frac{\sigma_j(u)}{Z(u)}\mathrm{d}W_j(u)\right)\qquad(4.127)$$

其中

$$Z(t)=\exp\left(\int_0^t\left(A(u)-\frac{1}{2}\cdot\parallel S(u)\parallel^2\right)\mathrm{d}u+\int_0^t S(u)\mathrm{d}W(u)\right)\qquad(4.128)$$

是齐次方程的唯一解

$$\mathrm{d}Z(t)=Z(t)(A(t)\mathrm{d}t+S(t)'\mathrm{d}W(t)),Z(0)=1\qquad(4.129)$$

我们对金融建模特别感兴趣的是，常数变异公式中齐次方程解 $Z(t)$。当然，如果改变初始条件为 $Z(0)=z$，只需用 z 乘以解。另一种感兴趣的特殊情况由下式给出：

$$dX(t) = (a - AX(t))dt + \sigma dW_1(t), X(0) = x \tag{4.130}$$

其中非零 A 和实值常数 a、σ。它的唯一解

$$X(t) = xe^{-At} + \frac{a}{A}(1 - e^{At}) + \sigma \int_0^t e^{-A(t-u)}dW_j(u) \tag{4.131}$$

满足

$$X(t) \sim \mathcal{N}\left(xe^{-At} + \frac{a}{A}\left(1 - e^{-At}\right), \frac{\sigma^2}{2A}\left(1 - e^{-2At}\right)\right) \tag{4.132}$$

其中，在 $A > 0$ 情况下，$t \to \infty$ 具有明显受限分布。

在一般化的 n-维假设下，我们有相同的结论，不过无法完全显性地得出齐次方程的解。

定理 4.50   多维齐次线性 SDE

假设 $\{(W(t), F_t)\}_{t \in [0, \infty)}$ 是一个 m-维布朗运动。假设 $x \in \mathbb{R}^n$，A、S^j 是 $n \times n$-矩阵，且满足

$$AS^j = S^j A, \quad S^j S^k = S^k S^j \tag{4.133}$$

对于 $j, k = 1, \cdots, m$。那么线性齐次 SDE

$$dZ(t) = AZ(t)dt + \sum_{j=1}^m S^j Z(t)dW_j(t), Z(0) = Z_0 \tag{4.134}$$

且常数系数拥有唯一解

$$Z(t) = Z_0 \exp\left(\left(A - \frac{1}{2}\sum_{j=1}^m (S^j)^2\right)t + \sum_{j=1}^m S^j W_j(t)\right) \tag{4.135}$$

$$= Z_0 \sum_{k=0}^\infty \frac{\left(\left(A - \frac{1}{2}\sum_{j=1}^m (S^j)^2\right)t + \sum_{j=1}^m S^j W_j(t)\right)^k}{k!} \tag{4.136}$$

定理 4.51   多维线性 SDE

假设 $\{(W(t), F_t)\}_{t \in [0, \infty)}$ 是 m-维布朗运动。假设 $x \in \mathbb{R}^n$，A、S^j 是渐近可测的 $n \times n$-矩阵值过程，并且 a、$\sigma^j \mathbb{R}^n$-值过程有

$$\int_0^t (|A_{ik}(s)| + |a_i(s)|)ds < \infty, \int_0^t \left(S_{ik}^{j\,2}(s) + \sigma_i^{j\,2}(s)\right)ds < \infty \tag{4.137}$$

对于所有 $t \geq 0$ $\mathbb{P}$-a.s.，$i, k = 1, \cdots, n, j = 1, \cdots, m$。那么**一般化 n-维线性 SDE**

$$dX(t) = (A(t)X(t) + a(t))dt + \sum_{j=1}^m (S_j(t)X(t) + \sigma_j(t))dW_j(t) \tag{4.138}$$

$$X(0) = x \tag{4.139}$$

能够推出唯一解 $\{(X(t), F_t)\}_{t \in [0,\infty)}$

$$X(t) = Z(t) \cdot \left(x + \int_0^t Z(u)^{-1} \left(a(u) - \sum_{j=1}^m S_j(u)\sigma_j(u) \right) du + \right.$$

(4.140)

$$\left. \sum_{j=1}^m \int_0^t Z(u)^{-1}\sigma_j(u)\mathrm{d}W_j(u) \right)$$

其中, $Z(t)$ 是齐次方程的唯一解

$$\mathrm{d}Z(t) = A(t)Z(t)\mathrm{d}t + \sum_{j=1}^m S^j(t)Z(t)\mathrm{d}W(t), Z(0) = I \qquad (4.141)$$

4.6.3   平方根随机微分方程

一个没有解析解, 但已知解的分布的特殊 SDE 被称为平方根方程

$$\mathrm{d}X(t) = \kappa(\theta - X(t))\mathrm{d}t + \sigma\sqrt{X(t)}\mathrm{d}W(t), X(0) = x \qquad (4.142)$$

其中 $x, \kappa, \theta, \sigma$ 是正的常量。

它将会在股票定价模型 (特别是在局部和随机波动模型中) 和利率建模中发挥突出作用。关于它的首次应用可以追溯到 Feller (1951), 不过却与金融没有任何关系。从那开始, 该过程产生了很多有意思的发展, 见 Cox 等 (1985) 或 Dufresne (2001) 的著作。需要注意的是, 平方根 SDE 不能由我们的标准存在性和唯一性结论处理, 因为平方根函数既不是初始可微, 也不是在 $[0, \infty)$ 上利普希茨连续。因此, 当人们想证明其属性的推论时, 通常需要进行单独处理。我们在如下定理中对上述研究的主要结论进行总结。

定理 4.52

(a) 对于正的常量 $x, \kappa, \theta, \sigma$, 平方根公式(4.142)具有唯一非负解 $X(t)$。

(b) 且

$$d = \frac{4\kappa\theta}{\sigma^2}, g(t) = \frac{4\kappa\mathrm{e}^{-\kappa t}}{\sigma^2(1 - \mathrm{e}^{-\kappa t})} \qquad (4.143)$$

$\mathrm{e}^{\kappa t}g(t)X(t)$ 服从自由度为 d 的非中心卡方分布, 非中心参数为 $xg(t)$。

(c) 有

$$\mathbb{E}(X(t)) = \theta + (x - \theta)\mathrm{e}^{-\kappa t}, \qquad (4.144)$$

$$\mathbb{V}\mathrm{ar}(X(t)) = \frac{x\sigma^2\mathrm{e}^{-\kappa t}}{\kappa}(1 - \mathrm{e}^{-\kappa t}) + \frac{\theta\sigma^2}{2\kappa}(1 - \mathrm{e}^{-\kappa t})^2 \qquad (4.145)$$

(d) 对于 $2\kappa\theta \geqslant \sigma^2$, 解 $X(t)$ 是严格为正。对于 $2\kappa\theta \leqslant \sigma^2$, 可以通过 $X(t)$ 获得原始解。

我们将在第 5 章进一步讨论该方程的模拟。

4.6.4   弗恩曼-卡茨表示定理

随机微分方程的泛函期望和一种特殊类型的偏微分方程 (PDE) 的解之间存在

深度关系。我们首先要提出必要的术语。

定义 4.53

假设 $X(t)$ 是在条件式 (4.118) 和式 (4.119) 下，SDE[式 (4.112)] 的唯一解。对于 $f: \mathbb{R}^d \to \mathbb{R}$，$f \in C^2(\mathbb{R}^d)$，运算符 A_t 由下式定义：

$$(A_t f)(x) := \frac{1}{2} \sum_{i=1}^{d} \sum_{k=1}^{d} a_{ik}(t,x) \frac{\partial^2 f}{\partial x_i \partial x_k}(x) + \sum_{i=1}^{d} b_i(t,x) \frac{\partial f}{\partial x_i}(x) \quad (4.146)$$

且

$$a_{ik}(t,x) = \sum_{j=1}^{m} \sigma_{ij}(t,x) \sigma_{kj}(t,x) \quad (4.147)$$

被称为对应于 $X(t)$ 的**特性运算符**。

注 4.54　很容易给那些作为 SDEs 解析解的随机过程分配特性算符：

1. $X(t) = W(t)$ 是方程 $dX(t) = dW(t)$，$X(0) = 0$ 的解。那么，

$$\frac{1}{2}\Delta = \frac{1}{2} \sum_{i=1}^{d} \frac{\partial^2}{\partial x_i^2} \quad (4.148)$$

是 d 维布朗运动的特性运征算符。

2. $X(t) = x \cdot e^{\left(b - \frac{1}{2}\sigma^2\right)t + \sigma W(t)}$ 是线性 SDE 的解

$$dX(t) = X(t)(bdt + \sigma dW(t)), X(0) = x \quad (4.149)$$

并且由此得到由如下定义的特征运算符 A_t：

$$(A_t f)(x) = \frac{1}{2}\sigma^2 x^2 f''(x) + bxf'(x) \quad (4.150)$$

为说明我们希望的结果与 SDEs 和 PDEs 相关，我们处理一类特殊问题，称为柯西问题。

定义 4.55

假设 $T > 0$ 是固定值，那么针对运算符的 A_t 的**柯西问题**就是为已知函数 $f: \mathbb{R}^d \to \mathbb{R}$，$g: [0,T] \times \mathbb{R}^d \to \mathbb{R}$，$k: [0,T] \times \mathbb{R}^d \to [0, \infty)$ 找到一个函数 $v(t,x): [0,T] \times \mathbb{R}^d \to \mathbb{R}$ 以满足下式：

$$在 [0,T] \times \mathbb{R}^d 上，-v_t + kv = A_t v + g \quad (4.151)$$

$$v(T,x) = f(x), x \in \mathbb{R}^d \quad (4.152)$$

为确保柯西问题解的唯一性，我们额外需要 v 服从多项式增长条件：

$$\max_{0 \le t \le T} |v(t,x)| \le M(1 + \|x\|^{2\mu}), M > 0, \mu \ge 1 \quad (4.153)$$

此外，函数 f, g, k 应该是连续的。我们假设对于适当常数 L, λ，有

$$|f(x)| \le L(1 + \|x\|^{2\lambda}), L > 0, \lambda \ge 1 \quad \underline{或} \quad f(x) \ge 0 \quad (4.154)$$

$$|g(t,x)| \le L(1 + \|x\|^{2\lambda}), L > 0, \lambda \ge 1 \quad \underline{或} \quad g(t,x) \ge 0 \quad (4.155)$$

定理 4.56　费恩曼-卡茨表达式

假定式 (4.154) 和式 (4.155)，并有 $v(t,x): [0,T] \times \mathbb{R}^d \to \mathbb{R}$ 是柯西问题式 (4.151) 的连续解，且 $v \in C^{1,2}([0,T] \times \mathbb{R}^d)$。在式 (4.151) 中，用 A_t 表示具有

连续系数 b、σ 的 SDE 的唯一解 $X(t)$ 的特性运算符，其中连续系数对于 $i=1$，$\cdots$，d，$j=1$，$\cdots$，m 满足条件式（4.118），$b_i(t,x)$、$\sigma_{ij}(t,x):[0,\infty)\times\mathbb{R}^d\to\mathbb{R}$。如果 $v(t,x)$ 满足多项式增长条件式（4.153），则有表达式

$$v(t,x) = E^{t,x}\left(f(X(T))\cdot\exp\left(-\int_t^T k(\theta,X(\theta))\mathrm{d}\theta\right)+\right.$$

$$\left.\int_t^T g(s,X(s))\cdot\exp\left(-\int_t^s k(\theta,X(\theta))\mathrm{d}\theta\right)\mathrm{d}s\right) \tag{4.156}$$

尤其是，$v(t,x)$ 是满足多项式增长条件式（4.153）的 PDE[式（4.151）] 的唯一解。

注 4.57

1. 注意这个定理的准确论断：如果我们可以证明 PDE [式（4.151）] 具有满足多项式增长条件式（4.153）的经典（即充分平滑）解，那么它已经由上述期望给出了，其中期望作为 SDE [式（4.112）] 解的初始参数的函数。然而，一般反之不成立。更确切地说，上述期望并不一定是 PDE [式（4.151）] 的解，因为它可能并不足够平滑。另一方面，如果可以计算这个期望，那么可以检查它是否解决了柯西问题。如果的确解决了，那么它就是满足多项式增长条件式（4.153）的 PDE [式（4.151）] 唯一解。

2. 此外，有必要明白，我们已经有可能通过蒙特卡罗模拟解决柯西问题。为实现这点，必须有：

（1）证明柯西问题就有满足增长条件式（4.153）的经典解。

（2）通过蒙特卡罗方法近似计算式（4.156）中的期望：

（a）模拟基准 SDE [式（4.112）] 的 N 个路径。

（b）在式（4.156）中，计算相应的函数值。

（c）估计这些值的算数平均值 $v(t,x)$。

4.7   模拟随机微分方程的解

4.7.1   简介和基本知识

作为普通微分方程（ODE），大多数随机微分方程并无解析解。这使得有必要考虑给出这些微分方程的数值解方法。然而，基于如下事实，确定的常微分方程（ODEs）和随机微分方程（SDE）存在根本的差异：

- SDE 的解是（函数值）随机变量，且不同 $\omega\in\Omega$ 有不同的解。
- SDE 的一个（强）解并不平滑，因为基准布朗运动根本不平滑。

第二个事实使得，当采用了 SDE 时，依赖于解的平滑属性的 ODEs 数值解法并不优秀。第一个事实具有一个重要结果：它依赖我们得到 SDE 解的目的。我们是否对如下感兴趣，

- 获得一个离（未知）路径解 $X(t,\omega)$，$t\in[0,T]$ **尽可能近的路径** $Y(t,\omega)$，

$t \in [0, T]$。

- 或者计算一个 SDE 的函数 $\mathbb{E}(g(X))$ 的期望值？

在第一种情况下，数值方案得到的路径 Y 完美地拟合了 X。在第二种情况下，我们已经在 3.3 节中看到，模拟一个与 X 完全不同的随机变量也是有意义的，这会得到一个高效且精确计算 $\mathbb{E}(g(X))$ 的方法。这两个方面将导致 SDEs 数值解法的两个不同表达，被称为强收敛和弱收敛。在这之前，我们对具有解析解的 SDE 解的模拟进行简单评论。

模拟解析解

在一个具有唯一解析解的罕见的 SDE 案例下，这通常足以模拟一个基准布朗运动，并将其代入解析公式中。一个标准案例是具有常系数的一维线性齐次方程

$$dX(t) = X(t)(a dt + b dW(t)), X(0) = x \qquad (4.157)$$

且 $x > 0$。唯一解

$$X(t) = x \exp\left(\left(a - \frac{1}{2}b^2\right)t + bW(t)\right) = f(t, W(t)) \qquad (4.158)$$

是具有适当函数 f 的精确形式。对于每个单一时刻 $t, X(t)$ 的精确分布可以通过服从 $N(0, t)$-分布的随机数来模拟，并把它们插入显式公式。更一般地，如果 $X(t)$ 分布是显式已知，那么在特定时模拟随机过程就与第 2 章中模拟随机数没有不同。

如果考虑完整路径 $\{X(t, \omega) : t \in [0, T]\}$ 的泛函，则任务变得更复杂。即使在上述几何布朗运动的案例中，我们也不能模拟一个过程的整个路径，仅能生成离散路径。但这个问题在我们引入了布朗运动时已经解决。由于几何布朗运动是布朗运动的连续函数，我们仍然能够得到一个混合了线性插值和离散情况的弱收敛。我们在区间 $[0, T]$ 上选择一个等空间划分 $0 = t_0 < T/n < 2T/n < \cdots < nT/n = T$，模拟布朗运动的值，得到值 $X(t_i)$，并在这些时间点之间进行线性插值。然后，如果我们选择了 $[0, T]$ 的合适成分序列，Donsker 定理就能确保弱收敛。这意味着，（至少）有界泛函 g，我们有：

命题 4.58

假设实值 SDE

$$dX(t) = a(t, X(t)) dt + \sigma(t, X(t)) dW(t) \qquad (4.159)$$

具有形如 $X(t) = f(t, W(t))$ 的解析解，且 f 是一个连续实值函数。假设 Y_n 是 X 的近似，X 构造如下：

$$Y_n(t) = f(t, W(t)), \text{若 } t = iT/n, i = 0, 1, \cdots, n \qquad (4.160)$$

并通过线性插值扩展至所有 $t \in [0, T]$。那么，对于每个有界可测函数 $g : C[0, t] \to \mathbb{R}$，有

$$\mathbb{E}(g(Y_n)) \xrightarrow{n \to \infty} \mathbb{E}(g(X)) \qquad (4.161)$$

4.7.2 常微分方程的数值算法

如果随机微分方程没有解析解，那么作为确定性案例，我们只有依靠数值离散

法。Kloeden 与 Platen（1999）的专著仍然是此类数值方法的权威参考。读者在接下来章节中看到的大部分证明（如果没有特别注明）都是来源于此本专著。

为明白如何构建数值离散法，我们了解确定 ODEs 的一些常用的离散法。更精确地，我们将考察初始值问题

$$x'(t) = a(t,x), x(t_0) = x_0 \tag{4.162}$$

其中假设函数 a 满足平滑和增长条件以确保初始值问题的解的存在性和唯一性。为得出 $[0,T]$ 的数值解，我们考虑离散时间 $t_0 < t_1 < t_2 < \cdots < t_k \leqslant T$。尽管假设一个等时间空间很便捷，但我们不会这样明确地假定，而是假设

$$h_n := t_{n+1} - t_n \tag{4.163}$$

由于 $x(t_0)$ 是显式已知，我们同样有 $x'(t_0) = a(t_0, x_0)$。这可以被用于近似计算 $x(t_1)$。基于得到的近似，我们可以再次使用微分方程，以逼近 $x(t_2)$ 等。为获得 $x(t_1)$ 的逼近，我们应

- 以合适方法近似 $x'(t_0)$ 及 $x(t_1)$ 且找到解，
- 或在 $t = t_0$ 时使用泰勒展开式 $x(t)$ 且试图用近似方法推导出 $x(t_1)$。

为实现这点，逼近过程难免会出现误差。为更加精确，我们引入

- $x(t; t_0, x_0) = $ 从 t_0 和 x_0 开始的初始值问题的真解，
- $y_n = $ 从 $y_0 = x_0$ 开始的数值算法生成的 $x(t_n; t_0, x_0)$ 的逼近值，
- $x(t; t_n, y_n) = $ 从 t_n 开始，初始值为 y_n 的初始值问题的真解。

定义 4.59

基于上述概念和在迭代步长 n 产生值 y_n 的初始值问题的逼近法，我们称

$$l_{n+1} := x(t; t_{n+1}, y_n) - y_{n+1} \tag{4.164}$$

是在步长 n 的**局部离散误差**，且

$$e_{n+1} := x(t; t_{n+1}, x_0) - y_{n+1} \tag{4.165}$$

为在步长 n 的**全局离散误差**。

逼近程序-Ⅰ：显性一步法

构建逼近法的第一个显然想法，已经通过下式，在前述逼近 $x'(t_0)$ 中提及：

$$\frac{x(t_1) - x(t_0)}{t_1 - t_0} \approx x'(t_0) = a(t_0, x_0) \tag{4.166}$$

将此视为等式，解 $x(t_1)$，得到由下式定义的**欧拉法**：

$$y_1 = y_0 + a(t_0, y_0) \cdot h_0 \tag{4.167}$$

当然，为得到一般化 n，我们仅仅需要将上述公式中的 1 和 0 替换为 $n+1$ 和 n。如下展示了一个明显的一般化扩展。

定义 4.60

由如下迭代过程规定的初始值问题的解的数值离散过程被称为具有增量函数 g 的**显式一步过程**：

$$y_{n+1} = y_n + g(t, y_n, h_n) \cdot h_n \tag{4.168}$$

此类一步法的例子有：

- 由 $g(t, x, h) = a(t, x)$ 定义的欧拉法，
- 由下式定义的二阶龙格 – 库塔（Runge-Kutta）法：

$$g(t, x, h) = \alpha a(t, x) + \beta a(t + \gamma h, x + \gamma a(t, x) h) \tag{4.169}$$

且 $\alpha + \beta = 1, \gamma\beta = \dfrac{1}{2}$。这尤其意味着我们有一个自由参数。所选 $\alpha = \beta = \dfrac{1}{2}, \gamma = 1$ 被称为 Heum 法。更一般的四阶龙格 – 库塔法定义为

$$g(t, x, h) = \frac{1}{6}\left(k_1^{(n)} + 2k_2^{(n)} + 2k_3^{(n)} + k_4^{(n)}\right) \tag{4.170}$$

且

$$k_1^{(n)} = a(t_n, y_n), k_2^{(n)} = a\left(t_n + \frac{1}{2}h_n, y_n + \frac{1}{2}k_1^{(n)}h_n\right)$$

$$k_3^{(n)} = a\left(t_n + \frac{1}{2}h_n, y_n + \frac{1}{2}k_2^{(n)}h_n\right), k_4^n = a\left(t_{n+1}, y_n + k_3^{(n)}h_n\right)$$

为解释构建龙格-库塔法的直觉意识和引入决定局部离散阶的基本工具，我们考察最高 p 阶的**泰勒展开式**

$$x(t_{n+1}) = x(t_n) + x'(t_n) \cdot h_n + \cdots + \frac{1}{p!}x^{(p)}(t_n) \cdot h_n^p + O(h^{(p+1)}) \tag{4.171}$$

如果 x 在 t_n 中充分可微，则上述有效。由于我们显然知道式 $a(t, x)$，利用微分方程 $x'(t) = a(t, x)$，我们可以表达在时间 t 的所有 x 导数。尤其是，对于前三阶导数，有

$$x'(t) = a(t, x), x''(t) = a_t(t, x) + a_x(t, x)a(t, x)$$

$$x'''(t) = a_{tt}(t, x) + a_x(t, x)a_t(t, x) + a(t, x)\left(2a_{tx}(t, x) + a_x(t, x)^2\right)$$

替换泰勒公式中的这些条件将得到离散法，该方法的局部离散误差由其他 h 阶决定。在一阶导数之后，将泰勒展开式截断就得到欧拉方法（这将使得其具有局部离散误差 2）。在二阶导数之后的泰勒截断将得到具有如下行的一步法：

$$y_{n+1} = y_n + a(t_n, y_n) \cdot h_n + \frac{1}{2}(a_t(t_n, y_n) + a_x(t_n, y_n)a(t_n, y_n)) \cdot h_n^2 \tag{4.172}$$

因此，在原则上，（在给定 a 足够平滑的情况下）对于局部离散误差，我们可以得到 h 的任意期望阶的离散法。然而，由于 a 取决于 t 和 x，因此公式非常冗长。而且，更重要的是，从计算的角度考虑，估算 a 的所有导数将变得非常费时。因此有人试图用更适合的方式逼近 a 的导数。二阶龙格 – 库塔法背后也隐含地说明了这一点。因此注意，这种方法的第二项 (t, x) 的泰勒展开式将产生

$$g(t, x, h) = \alpha a(t, x) + \beta a(t + \gamma h, x + \gamma(t, x)h)$$

$$= (\alpha + \beta)a(t, x) + \gamma\beta h(a_t(t, x) + a_x(t, x)a(t, x)) + O(h^2)$$

与泰勒公式忽略二阶导数后相比，我们看到第二阶龙格-库塔法中 α、β、γ 的条件确保了局部离散误差的 h^3 的阶。

逼近程序-Ⅱ：隐式法

如果逼近方法的右侧同样依赖于 y_{n+1}，我们称之为**隐式法**，由于我们必须（通常采用数字法）解 y_{n+1} 以得到下一个迭代。一个简单案例即是隐式欧拉法

$$y_{n+1} = y_n + a(t_{n+1}, y_{n+1})h_n \tag{4.173}$$

或者被称为**梯形法**

$$y_{n+1} = y_n + \frac{1}{2}(a(t_n, y_n) + a(t_{n+1}, y_{n+1}))h_n \tag{4.174}$$

在梯形法中，$[t_n, t_{n+1}]$ 上 $x(t)$ 的平均斜率是由通过区间的两个端点斜率的平均值来逼近。尽管隐式法需要解（典型）非线性方程的过程，但由于它们具有良好的数值稳定性（参见 Stoer 与 Bulirsch 的著作 [1993]），仍被广泛地运用于实际问题中。

逼近程序-Ⅲ：多步法

尽管一步法试图得到通过包括（至少逼近地）更高阶导数以描述 $x(t)$ 的演化，从而得到局部离散误差的更高阶；多步法试图通过涵盖 $x(t)$ 的历史信息以得到一个更好的描述。为简化，我们假设等距，即对于所有 n，有 $h_n = h$：

定义 4.61

如下形式的数值离散法

$$y_{n+1} = \sum_{j=1}^{k} \alpha_j y_{n+1-j} + \sum_{j=0}^{k} \beta_j a(t_{n+1-j}, y_{n+1-j})h \tag{4.175}$$

且 $\alpha_i, \beta_i \in \mathbf{R}$，被称为解决初始值问题的**多步法**。如果 $\beta_0 = 0$，我们称之为显性，反之则为隐性。

注意，这些方法需要 k 个初始点 $y_1, \cdots, y_k$，这些点是由另一种方法计算出。案例如下：

- $y_{n+1} = y_{n-1} + 2a(t_n, y_n)h$，被称为**中点法**，这可以通过采用下式的中心差商逼近 $x'(t_n)$：

$$\frac{x(t_{n+1}) - x(t_{n-1})}{2h}$$

由此，很容易通过泰勒展开式得到，这种方法具有一个阶 $O(h^3)$ 的局部离散误差。

- $y_{n+1} = y_n + \frac{1}{12}(5a(t_{n+1}, y_{n+1}) + 8a(t_n, y_n) - a(t_{n+1}, y_{n+1}))$，（隐性）亚当斯-莫尔顿（Adams-Moulton）法。

注 4.62　一种避免隐式法的可能是，首先通过一些显性法（y_{n+1} 的一个**预测**）

计算 y_{n+1} 的近似 $\bar{y}_{n+1}$，然后用离散法的右侧计算 y_{n+1}（**校正**）的最终值。我们不会在此介绍此类**预测校正法**的细节，因为我们将在随机微分方程的章节介绍。

考虑收敛性

当然，以上关于离散法的局部误差的阶的证明，并不保证这种方法的收敛性。因此我们将介绍一些理论背景：

定义 4.63

（a）假设 y_n 是由从 $y_0 = x_0$ 开始的离散法生成的序列。我们称该方法是**收敛**的，如果有

$$\lim_{\max_n h_n \to 0} \left| x(t_{n+1}; t_0, x_0) - y_{n+1} \right| = 0 \tag{4.176}$$

在任何有限间隔 $[t_0, T]$。

（b）如果增量函数 g 满足

$$g(t; x, 0) = a(t, x) \tag{4.177}$$

则称一步法在初始值问题上**一致**（consistent）。一致性尤其意味着如果将初始值问题的精确解 $x(t)$ 植入离散法，那么对于 $h \to 0$，针对 $x(t)$ 生成序列就能够确保收敛。我们仅仅引用能够代表 ODEs 初始值问题的一步法收敛特征的一个结果（见 Kloedem 与 Platen 的著作 [1999]）。

定理 4.64

假设一步法

$$y_{n+1} = y_n + g(t_n, y_n, h_n) h_n \tag{4.178}$$

在 (t, x, h)：上满足全局利普希茨条件

$$\left| g(t', x', h') - g(t, x, h) \right| \leq K(\left| t' - t \right| + \left| x' - x \right| + \left| h' - h \right|) \tag{4.179}$$

（a）如果除此之外，一步法遵循如下形式的一个全局约束：

$$\left| g(t, x, 0) \right| \leq L \tag{4.180}$$

那么它将收敛，当且仅当它是连续的。

（b）如果一步法具有 $O(h^{p+1})$ 阶的局部离散误差，那么全局离散误差是 $O(h^p)$ 阶。

注 4.65 由于在欧拉法中有 $g(t, x, h) = a(t, x)$，很明显它是一致的。当然，在欧拉法中，利普希茨和定理中有界条件依赖于函数 a。

4.7.3 随机微分方程的数值算法

基本上，确定性的微分方程的离散法可以用于解如下这类随机微分方程

$$dX(t) = a(t, X(t)) dt + \sigma(t, X(t)) dW(t) \tag{4.181}$$

在此，为简化起见，我们考虑一维 SDE，下面将介绍对多维情形的完善。主要的区

别是，除了用时间差 Δt 替换 $\mathrm{d}t$ 外，我们同样必须将布朗运动 $\mathrm{d}W_t$ 的无穷小增量替换为有限差分

$$\Delta W(t) := W(t + \Delta t) - W(t) \tag{4.182}$$

通过简单的修正，我们已经获得解 SDEs 的最基本数值方法，即欧拉-丸山法

欧拉-丸山法

我们将在算法 4.7 中证明，并评论其作用。

算法 4.7　欧拉 - 丸山法

对于给定 N，假设 $\Delta t := T/N$。那么可通过下列步骤求解 SDE [式（4.181）]：

1. 假设 $Y_N(0) = X(0) = x_0$。

2. 对于 $j = 0$ 至 $N - 1$ 有

（a）模拟一个标准正态分布随机数 Z_j

（b）假设 $\Delta W(j\Delta t) = \sqrt{\Delta t} Z_j$ 且

$$Y_N((j+1)\Delta t) = Y_N(j\Delta t) + a(j\Delta t, Y_N(j\Delta t))\Delta t +$$
$$\sigma(j\Delta t, Y_N(j\Delta t))\Delta W(j\Delta t)$$

由于欧拉-丸山法简单，因此在金融中应用很广泛。稍后我们将看到，如果从收敛方面考虑，其流行的确有理论根据。采用这种方法甚至所有这类方法的一个重要原因是基于 **Itô-Taylor** 展开式。这种展开式与经典的泰勒展开式相似，但是基于 Itô 公式，因为其基准过程是 Itô 过程。当系数函数是自主形式 $a(X(t)), \sigma(X(t))$ 时，我们考虑将其应用于一维情形。将 Itô 公式分别应用于两种 SDE [式（4.181）] 系数函数中并使用标记

$$L^0 = a(x)\frac{\partial}{\partial x} + \frac{1}{2}\sigma^2(x)\frac{\partial^2}{\partial x^2}, L^1 = \sigma(x)\frac{\partial}{\partial x} \tag{4.183}$$

得到

$$X(t) = X(0) + \int_0^t a(X(s))\mathrm{d}s + \int_0^t \sigma(X(s))\mathrm{d}W(s)$$

$$= X(0) + \int_0^t \left\{ a(X(0)) + \int_0^s L^0 a(X(u))\mathrm{d}u + \int_0^s L^1 a(X(u))\mathrm{d}W(u) \right\}\mathrm{d}s +$$

$$\int_0^t \left\{ \sigma(X(0)) + \int_0^s L^0 \sigma(X(u))\mathrm{d}u + \int_0^s L^1 \sigma(X(u))\mathrm{d}W(u) \right\}\mathrm{d}W(s)$$

$$= X(0) + a(X(0)) \cdot t + \sigma(X(0)) \cdot \int_0^t \mathrm{d}W(s) + R \tag{4.184}$$

在此，R 表示第二行有而最后一行没有的所有剩余条件。通过寄希望 t 的较小值能够得到一个可以忽略的 R，上述的最后一行就可以视为 $X(t)$ 的逼近。通过将 $[0, t]$ 替换为时间间隔 $[t, t + \Delta t]$，我们得到欧拉-丸山法的常规步长（general step）。

注 4.66

1. 多维欧拉-丸山法：

欧拉-丸山法扩展至 d 维情形很容易。可以简单地将每一成分作为一个基准 SDE 相应成分的一维近似。如果基准布朗运动是 m 维的，则需要如下两个修正：

- 在每个步长中，生成一个 m – 维标准正态变量 $Z_i \sim \mathcal{N}(0, I_d)$，而不是仅仅一个一元变量。
- 通过如下 d 个成分迭代替换迭代过程（上标表示相应向量的成分）

$$Y_N^{(i)}((j+1)\Delta t) = Y_N^{(i)}(j\Delta t) + a^{(i)}(j\Delta t, Y_N(j\Delta t))\Delta t +$$

$$\sum_{k=1}^{m} \sigma^{(i,k)}(j\Delta t, Y_N(j\Delta t))\Delta W^{(k)}(j\Delta t) \tag{4.185}$$

我们将在介绍更多一般方法之后，考察欧拉 – 丸山法的效果和它的收敛属性。

2. 上述 Itô-Taylor 展开式可以扩展至：

- 时间依赖系数：在 L 操作符中的所有系数都是时间依赖型，操作符 L^0 必须包括时间导数，且能够得到

$$L^0 = \frac{\partial}{\partial t} + a(t,x)\frac{\partial}{\partial x} + \frac{1}{2}\sigma^2(t,x)\frac{\partial^2}{\partial x^2} \tag{4.186}$$

- 多变量假设：L-操作符具有能够应用 n 维 Itô 公式于 $C^{1,2}$ 函数的形式。

3. 对于 Itô-Taylor 展开式的有效性，我们需要系数函数 a 和 σ 的合适平滑。不过，其最终形式的欧拉-丸山法可以不需要任何平滑条件就能应用。

米尔斯坦法

扩展欧拉-丸山法的最简单想法是，包括为近似得到下一个迭代点，式（4.184）的余项 R 的最大阶项（当然在 t 很小时）。为证实这一点，注意 $\Delta W(t)$ 与 $\sqrt{\Delta t}$ 同阶，因为可以从下式得到：

$$\mathbb{Var}(\Delta W(t)) = \Delta t \tag{4.187}$$

这样，双重随机积分

$$\int_0^t \int_0^s \sigma(X(u))\sigma'(X(u))\,dW(u)\,dW(s)$$

$$= \sigma(X(0))\sigma'(X(0))\int_0^t \int_0^s dW(u)\,dW(s) + \tilde{R}$$

$$= \frac{1}{2}\sigma(x(0))\sigma'(X(0))(W(t)^2 - t) + \tilde{R} \tag{4.188}$$

便欧拉-丸山法逼近中，Itô-Taylor 逼近的余项的主项。将最后一行增加至迭代过程以得到每一步的新值（忽略新的余数 $\tilde{R}$），那么得到米尔斯坦法（见 Milstein 的著作 [1978]）由于对于时间依赖系数，Itô-Taylor 公式的应用不会影响如下事实，双随机积分是余数的主导条件，我们可以以更一般的形式为时间依赖系数改写算法 4.8。

算法 4.8   米尔斯坦法

假设对于给定 N，有 Δt：$= T/N$。那么通过下式得到 SDE［式（4.181）］的解：

1. 假设 $Y_N(0) = X(0) = x_0$。

2. 对于 $j = 0$ 至 $N-1$，有

（a）模拟一个标准正态分布随机数 Z_j；

（b）假设 $\Delta W(j\Delta t) = \sqrt{\Delta t} Z_j$ 且

$$Y_N((j+1)\Delta t) = Y_N(j\Delta t) + a(j\Delta t, Y_N(j\Delta t))\Delta t +$$
$$\sigma(j\Delta t, Y_N(j\Delta t))\Delta W(j\Delta t) +$$
$$\frac{1}{2}\sigma(j\Delta t, Y_N(j\Delta t))\sigma'(j\Delta t, Y_N(j\Delta t))(\Delta W(j\Delta t)^2 - \Delta t)$$

对于欧拉-丸山法，米尔斯坦法很容易执行，这也是在金融中非常流行的原因。不过，这仍有一个特别原因。当我们有某种直觉，通过使用一种更娴熟的方法逼近函数（通过涵盖更高阶条件），我们可以期望更好的收敛性，微分方程 $\sigma(.,.)$ 的隐性条件使得它能否直接应用于平方根过程存疑。这个事实，以及米尔斯坦和欧拉-丸山法的表现都通过两者在应用于 SDE 的过程中展现了：

$$dX(t) = -0.5a^2 X(t)dt + a\sqrt{1 - X(t)^2}dW(t), X(0) = x \qquad (4.189)$$

（且 $a \in \mathbb{R}$，$-1 < x < 1$）这具有解析解

$$X(t) = \sin(aW(t) + \arcsin(x)) \qquad (4.190)$$

在图 4.5 中，当实数过程接近于 1 时，米尔斯坦法看上去存在问题。当然，核心问题是，$\sigma(.)$ 不可微且 $X(t)$ 值接近于 1 时，$\sigma(.)$ 的导数变得非常大。这事实上得到，米尔斯坦法的 Y_n 近似序列脱离了区间 $[-1, 1]$，而过程 $X(t)$ 恰定义于该区间，因此我们在该区域终止应用该方法。很明显，可以设置 Y_n 上限（cap）为 1，但对于展示目的，我们并不这么做。在第 5 章，当考虑模拟赫斯顿模型时，我们将会在可比情况下讨论更多细节。虽然欧拉-丸山法满足我们的要求，但我们应该注意它能够产生区间 $[-1, 1]$ 之外的 Y_n 值。不过，由于这是无导数法，当 $X(t)$ 很大时，它不会如米尔斯坦法受太多影响。

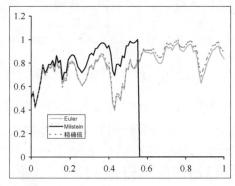

图 4.5   比较欧拉-丸山和米尔斯坦法

注 4.67 不得不说，与欧拉-丸山法相同，米尔斯坦法的 d-维情形可以通过扩展至分量迭代流程得到。不过仍有一点可能会影响。在多维情形，我们同样必须推演如下形式的双随机积分

$$I^{(i,k)} = \int_{j\Delta t}^{(j+1)\Delta t} \int_{j\Delta t}^{s} \mathrm{d}W^{(i)}(u) \mathrm{d}W^{(k)}(s) \tag{4.191}$$

对于 $i=k$，由于它们很容易由简单封闭型推演，米尔斯坦法扩展至多维情形的唯一情形是，如果相应 SDE 的成分 i 单独依赖于基准布朗运动的成分 i，且没有其他成分（当然，这里处理的是标准布朗运动，其成分是独立的）。这个特殊情形，多维米尔斯坦法被视作 d 个平行计算的一维米尔斯坦法。

4.7.4　SDEs 数值算法的收敛

我们现在将转向前面提及的数值方法的收敛性和收敛速度问题，并考虑 SDEs 数值算法的一般化收敛定理。根据 SDE 解的不同模拟目的，我们考虑两种根本不同的收敛概念。

强收敛和顺向近似

假设 δ 是数值算法中的最大步长，即

$$\delta = \max_{i=1,\cdots,n} (t_i - t_{i-1}), t_0 = 0 < t_1 < \cdots < t_n = T \tag{4.192}$$

我们以 $Y^\delta = Y_n^\delta$ 表示由如下给定的数值算法：

$$Y^\delta(t_0) = f_0(X(t_0)) \tag{4.193}$$

$$Y^\delta(t_{j+1}) = f_{j+1}(Y^\delta(t_0), \cdots, Y^\delta(t_j)) + g_j(Z_{j+1}) \tag{4.194}$$

在此，f_i, g_i 是可测函数，且 Z_i 被假设为 F_{t_i}- 可测。尤其注意，我们必须有 $n \geq T/\delta$。因此，尽管在下述省略指数 n，我们总是有一个隐式 n- 独立。

定义 4.68

我们称，SDE ［式 (4.181)］ 或更一般的式 (4.112) 的数值算法在 $[0, T]$ 上，**强收敛** 于 SDE 的解 X，如果对于最终时间 T 有

$$\lim_{\delta \to 0} \mathbb{E}(| X(T) - Y^\delta(T) |) = 0 \tag{4.195}$$

一个强收敛算法被称为有**收敛速度** γ，如果对于某些常数 C 和 $\delta_0 > 0$，有

$$\mathbb{E}(| X(T) - Y^\delta(T) |) \leq C \cdot \delta^\gamma \, \forall \delta \in [0, \delta_0] \tag{4.196}$$

那么强收敛对于 SDE 的每个路径，尤其意味着，数值算法尽可能地近似于 SDE（最终值），如果最大步长近似于 0。我们引用一个著名的结论，它完全决定了欧拉-丸山法的强收敛性（见 Kloeden 与 Platen 的著作 ［1999］）。

定理 4.69　强收敛：欧拉-丸山法

在定理 4.47 的假设下（即利普希茨系数和 SDE 系数的线性增长条件），且有

$$| a(t,x) - a(s,x) | + | \sigma(t,x) - \sigma(s,x) | \leq K(1 + | x |) | t - s |^{1/2} \tag{4.197}$$

对于某些常数 K，欧拉-丸山法以速度 $\gamma = 1/2$ 强收敛。甚至，如果定义 $Y^\delta(t)$ 作为

由欧拉-丸山法生成的具有时间不长 δ 的过程，且过程在非时间网格点由线性插值定义，那么有

$$\mathbb{E}\left(\sup_{0\leqslant t\leqslant T} | X(t) - Y^{\delta}(t) | \right) < C\delta^{1/2} \tag{4.198}$$

一致收敛［式（4.198）］对于金融应用非常重要，如计算路径依赖的期权定价。

由于我们没有显性地考虑多维米尔斯坦法，仅列出一个定理，它是 Kloeden 与 Platen（1999）证实的米尔斯坦法强收敛性的一个特例。

定理 4.70　强收敛：米尔斯坦法

在定理 4.47 和定理 4.69 的假设之外，我们假设 $\sigma(t,x)\dfrac{\partial\sigma(t,x)}{\partial x}$ 满足定理 4.69 的系数的条件。如果更进一步有

$$a \in C^{1,1}, \sigma \in C^{1,2} \tag{4.199}$$

那么米尔斯坦法以收敛速度 $\gamma = 1$ 强收敛。

这样，在更严格的系数函数假设下，米尔斯坦法在收敛速度方面，的确比欧拉-丸山法好。为严谨地说明这一点，对于欧拉-丸山法有

$$\mathbb{E}(| X(T) - Y^{\delta}(T) |) = O(\delta^{1/2}), \delta \to 0 \tag{4.200}$$

而对于米尔斯坦法有

$$\mathbb{E}(| X(T) - Y^{\delta}(T) |) = O(\delta), \delta \to 0 \tag{4.201}$$

不过，注意到，如果系数的微分条件无法满足，那么米尔斯坦法可能出现不规律情形。在适当的假设下，它优于欧拉-丸山法，而且在需要轨道近似时，我们更为推荐这种方法。

弱收敛和期望近似

对于大多数估计的 SDE 泛函期望，我们并不需要知道它的确切路径。因此，我们可以放宽条件，不再要求数值算法中的随机数与基准 SDE 的路径存在关系，即不再需要随机数 Z_i 的 F_{t_i} - 可测。在这种情况下，弱收敛足以满足我们需求的估计效果，这便是我们通常希望的条件。

定义 4.71

我们称，SDE［式（4.181）］或更一般的式（4.112）的数值算法在 $[0, T]$ 上，**弱收敛于**关于函数 H 类 SDE 的解 X，如果在最终时间 T 有

$$\lim_{\delta \to 0} | \mathbb{E}(g(X(T))) - \mathbb{E}(g(Y^{\delta}(T))) | = 0 \tag{4.202}$$

对于所有 $g \in H$。关于 H 类，一个弱收敛法被称为具有**收敛速度** γ，如果对一些常数 C 和 $\delta_0 > 0$，有

$$| \mathbb{E}(g(X(T))) - \mathbb{E}(g(Y^{\delta}(T))) | \leqslant C \cdot \delta^{\gamma} \ \forall \delta \in [0, \delta_0] \forall g \in H \tag{4.203}$$

上述弱收敛的表示允许我们考虑比关于强收敛的数值算法更宽广的类别。例如，我们可以通过下式简单地替换欧拉 - 丸山法中的标准正态随机变量 Z_j，进而

引入**弱欧拉法**

$$Z_j = \begin{cases} 1 \\ -1 \end{cases} \text{概率均为 0.5} \tag{4.204}$$

对于大多数问题，在弱收敛定义中的测试函数 H 类包含多项式是很合情理的。当然，弱收敛的速度取决于测试泛函。在这里，我们只陈述欧拉-丸山法的一个结果，这是 Kloeden 与 Platen （1999） 的定理 14.5.1 的必然结果。

定理 4.72　弱收敛：欧拉-丸山法

如果我们有利普希茨连续和多项式有界限的自主系数函数 $a(x)$、$\sigma(x)$，且该函数在 C_P^4（即它们是四次微分，并在多数的多数项式增长中同它们的导数一起），那么欧拉 - 丸山法是收敛速度为 $\gamma = 1$ 的弱收敛，且对于所有多项式的 H 都成立，即有

$$| \mathbb{E}[g(X(T))] - \mathbb{E}[g(Y^\delta(T))] | = O(\Delta t), \delta \to 0 \tag{4.205}$$

对于任意多项式 g。

注 4.73

1. 出乎意料的是，如果考虑弱收敛，我们获得欧拉-丸山法的 1/2 阶收敛的额外阶。不过，同样存在 1 阶弱收敛 （参见 Kloeden 与 Platen 的著作 [1999]） 的米尔斯坦法**并不**具有此性质。因此，关于弱收敛，欧拉-丸山法具有更高的效率，因为它比米尔斯坦法简单，且具有同样的收敛速度。

2. 证实上述弱收敛定理需要很强的假设，但也可以一定程度地放宽。因为这需要额外的技术，我们推荐读者阅读 Kloeden 与 Platen 的著作 （1999）。

3. 我们还想指出，在金融和保险数学中 SDEs 的形式通常很简单。如果要模拟它们，更复杂的离散化方法并不一定能大幅提升性能。

4. 一致性和收敛性

SDEs 数值算法的一致性和收敛性之间的关系与 ODEs 相近。它们也具有如下形式：

$$\text{一致性 + 常规假设} \Rightarrow \text{收敛性}$$

对于弱收敛和强收敛都成立。由于一致性的概念比在 ODE 假设下更复杂，我们并不在此介绍 [参见 Kloeden 与 Platen [1999] （给出） 的定义]。

4.7.5　更多的 SDEs 数值法

到目前为止，我们仅考虑了通过数值方法解 SDEs 的两个显式案例。然而，已有大量文献研究这个问题，存在很多不同的处理方式方法。我们无法给出一个完整的方法列表，仅举其中一些。

泰勒强逼近

如果进行 Itô – Taylor 高阶展开，如式 （4.184），那么数值法有可能被设计为具有高收敛率的强收敛。原则上，通过在合适阶进行 Itô-Taylor 展开，并构建一个

相应的数值法，则可以实现任意收敛率。不过该方法对于 1.5 阶和 2 阶已经非常冗长。由于它们都包括多个随机积分，因此难以在每个离散时间对它们进行估计。通常，金融和保险数学中的随机微分方程并不适用这种方法。

一个特殊的（在某些假设条件下）具有 2 阶强收敛的一维案例是 Milstein（1978）和算法 4.9 的另一种方法。在自主系数情况下，这是 Itô – Taylor 在至多 2 阶展开的直接结果，Duffie 与 Glynn（1995）分析了其表现。

请注意，这个方法需要在每个迭代步骤进行很多函数估计。此外，我们需要一个 a 和 σ 导数，对它的使用当然主要依赖于 SDE 的具体形式。

SDEs 的隐式解

正如我们已经提到的，由于确定性的常微分方程具有数值稳定性，因此往往计算隐式解。因为隐式解具有这个特点，迭代补偿的右侧依赖于（尽管未知）新的迭代点 $Y((j+1)\Delta t)$。在**全隐式欧拉-丸山法**中，有

算法 4.9　米尔斯坦二阶法

对于给定 N，假设 $\Delta t := T/N$，那么可以通过下列步骤求解 SDE 式（4.181）：

1. 假设 $Y_N(0) = X(0) = x_0$。

2. 对于 $j = 0$ 至 $N-1$，有

(a) 模拟一个标准正态分布随机数 Z_j。

(b) 假设 $\Delta W(j\Delta t) = \sqrt{\Delta t}\, Z_j$ 和

$$Y_N((j+1)\Delta t) = Y_N(j\Delta t) + a(Y_N(j\Delta t))\Delta t +$$
$$\sigma(Y_N(j\Delta t))\Delta W(j\Delta t) +$$
$$\sigma(Y_N(j\Delta t))\sigma'(Y_N(j\Delta t))\left(\frac{1}{2}\Delta W(j\Delta t)^2 - \Delta t\right) +$$
$$\nu(Y_N(j\Delta t))\Delta t\Delta W(j\Delta t) + \eta(Y_N(j\Delta t))(\Delta t)^2$$

且

$$\nu(x) = \frac{1}{2}(a(x)\sigma'(x) + a'(x)\sigma(x)) + \frac{1}{4}\sigma^2(x)\sigma''(x)$$

$$\eta(x) = \frac{1}{2}a(x)a'(x) + \frac{1}{4}a''(x)\sigma^2(x)$$

$$Y_N((j+1)\Delta t) = Y_N(j\Delta t) + a((j+1)\Delta t, Y_N((j+1)\Delta t))\Delta t +$$
$$\sigma((j+1)\Delta t, Y_N((j+1)\Delta t))\Delta W(j\Delta t) \tag{4.206}$$

$Y_N((j+1)\Delta t)$ 解的一个主要问题是，这可能需要具有布朗增长 $\Delta W(j\Delta t)$ 的表达式进行区分。不过，这个表示可能为 0，或者非常接近 0，我们经常仅对一个具有布朗项的显式型称为**隐式解**。在欧拉-丸山型下，这将是

$$Y_N((j+1)\Delta t) = Y_N(j\Delta t) + a((j+1)\Delta t, Y_N((j+1)\Delta t))\Delta t +$$
$$\sigma(j\Delta t, Y_N(j\Delta t))\Delta W(j\Delta t) \tag{4.207}$$

将一个隐式欧拉-丸山解应用于 SDE 案例中

$$dX(t) = -0.5a^2X(t)dt + a\sqrt{1 - X(t)^2}dW(t), X(0) = x \qquad (4.208)$$

（其中 $a \in \mathbb{R}$，$-1 < x < 1$）得到解

$$Y_N((j+1)\Delta t) =$$

$$\frac{2}{2 + a^2\Delta t}\left(Y_N(j\Delta t) + a\sqrt{1 - Y_N(j\Delta t)^2}\Delta W(j\Delta t)\right) \qquad (4.209)$$

Kahl 与 Jäckel（2006）介绍了利用隐式米尔斯坦解模拟赫斯顿模型。

龙格-库塔型和预测校正法

同样，这些方法可以扩展以应用于 SDEs。如果谁希望避免使用系数函数的导数，这将尤其有意思。不过，由于它们在金融和保险中作用并不大，我们将不会在此展现，而是推荐读者阅读文献（见 Kloeden 与 Platen 的著作 [1999]）。

4.7.6 SDEs 数值方法的效率

尽管我们关注 SDEs 的不同数值方法的收敛性和收敛速度，这只是我们感兴趣的误差的一部分。如果我们想通过蒙特卡罗方法估计 $\mathbb{E}(g(X))$，那么必须考虑蒙特卡罗估计值和 $\mathbb{E}(g(X))$ 的差异。一个通常衡量两者差异的方法是**均方误差**，即 MSE，定义如下：

$$MSE(\bar{g}_N(Y^\delta)) = \mathbb{E}(\bar{g}_N(Y^\delta) - \mathbb{E}(g(X)))^2 \qquad (4.210)$$

其中 Y^δ 是由具有（最大）步长 δ 的特殊离散法生成的近似随机过程，且

$$\bar{g}_N(Y^\delta) = \frac{1}{N}\sum_{i=1}^{N}g(Y_i^\delta) \qquad (4.211)$$

表示基于 $g(Y^\delta)$ 的 N 个独立样本 $g(Y_i^\delta)$ 的常规原始蒙特卡罗估计值。注意，由于 $\bar{g}_N(Y^\delta)$ 不是 $g(X)$ 的无偏估计值（由于离散误差），我们无法将其方差作为其表现的衡量指标，但又必须使用 MSE。不过可以通过下式分解 MSE：

$$MSE(\bar{g}_N(Y^\delta)) = \mathbb{E}(\bar{g}_N(Y^\delta) - \mathbb{E}(g(X)))^2$$

$$= \mathbb{E}(\bar{g}_N(Y^\delta) - \mathbb{E}(\bar{g}_N(Y^\delta)) + \mathbb{E}(\bar{g}_N(Y^\delta)) - \mathbb{E}(g(X)))^2$$

$$= \mathbb{E}((\bar{g}_N(Y^\delta) - \mathbb{E}(\bar{g}_N(Y^\delta)))^2) + (\mathbb{E}(\bar{g}_N(Y^\delta)) - \mathbb{E}(g(X)))^2$$

$$= \mathbb{V}ar(\bar{g}_N(Y^\delta)) + 偏差(\bar{g}_N(Y^\delta)) \qquad (4.212)$$

从而得到原始蒙特卡罗估计值的方差和通过 Y^δ 逼近随机过程 X 的数值法得到偏差的和。同时还得到，通过 MSE 分解，可以采用两种方式降低 MSE。

- 通过使用更多的随机过程样本路径 N，降低蒙特卡罗方差。
- 通过选择更小的步长 δ 降低偏差。

注意，我们面临在上述两种可能性之间的取舍。如果计算时间给定，那么减少

偏差将导致更小的步长，这将使得每个样本路径的成本更高。因此，如果减小 N，就有可能实现最小偏差，这将增加蒙特卡罗方差。同时，对于给定计算时间，两个误差的阶数应该考虑，即如果我们希望获得由 $O(\epsilon^2)$ 的 MSE 代表的**给定精确值**，那么需要

$$O(\epsilon^2) = O(1/N) + O(\delta^2) \tag{4.213}$$

因此需要 $\delta = \epsilon$ 的步长和 $N = \lceil \epsilon^{-2} \rceil$ 的样本路径。由于每个样本路径的计算量是 $O(1/\delta)$ 的阶数，从而获得 $O(\epsilon^{-3})$ 的计算量，这个事实经常表述如下：

推论 4.74

通过原始蒙特卡罗方法和欧拉–丸山法，可以得到估计 $E(g(X))$ 的计算复杂度，这等于 $O(\epsilon^2)$ 实现要求的 MSE 对应的 $O(\epsilon^{-3})$。

在接下来的章节中，我们将介绍一些使用同样成分、欧拉-丸山法和蒙特卡罗估计值，以娴熟的方法实现较低计算复杂度的方法。

4.7.7　弱外推法

Talay-Tubaro 外推

外推法的原理是基于这样一种想法，我们不是仅仅关注采用离散方案寻找特别的结果，而且关注对于不同递减步长的这些结果的序列。从前述具有较大步长的方案所获得的信息也应该纳入考虑，以表明作为步长函数的误差有所提高。Talay 与 Tubaro（1990）在估计一个 SDE 的函数期望时，将这一原则引入蒙特卡罗方法中。它是基于如下扩展结果。

命题 4.75

假设 g 是一个 C^∞ 函数，假设 SDE 的系数函数同样在 C^∞ 里。那么对于由欧拉-丸山法计算的具有步长 δ 的近似过程 $Y^\delta(t)$，将存在一个常数 C 使我们有

$$\mathbb{E}(g(Y(T))) - \mathbb{E}(g(Y^\delta(T))) = C\delta + O(\delta^2) \tag{4.214}$$

函数 g 和 SDE 的系数函数的规律性要求可以适当放宽。例如，如果在上述命题的假设外，我们假设 SDE 的系数函数 a、σ 有界，σ 是一致椭圆形，即它满足

$$x'\sigma(x)\sigma(x)'x \geq cx'x \, \forall \, x \in \mathbb{R}^d \tag{4.215}$$

对于一个合适的正数 c，那么命题4.75 的假设将是合理的，如果 g 仅仅是有限博雷尔可测函数（同见 Bally 与 Talay 的著作［1996］）。

命题 4.75 的一个直接结果是函数

$$Q_g^\delta = \mathbb{E}(2g(Y^\delta(T)) - g(Y^{2\delta}(T))) \tag{4.216}$$

它是从两个具有步长 δ 和 2δ 的估计函数的展开式获得的，且有 2 阶弱收敛，因为我们有

$$Q_g^\delta = \mathbb{E}\,(g(Y(T)) - \mathbb{E}\,(g(Y^{2\delta}(T))) -$$
$$2(\mathbb{E}\,(g(Y(T)) - \mathbb{E}\,(gY^\delta(T)))) \tag{4.217}$$

使用扩展函数 Q_g^δ，从而得到在既定步长 δ 下，$O(\delta^2)$ 的偏差比欧拉-丸山法的明显偏小。更进一步，因为每个样本路径的计算量与欧拉-丸山法的相当（在多数情况下，会较生成步长为 δ 的样本路径的两倍耗时低），在效率上得到很大的提升。不过，我们可以使用独立布朗运动计算两个不同近似。事实上，使用步长为 δ 的离散抽样布朗运动来计算式 $2g(Y_i^\delta(T)) - g(Y_i^{2\delta}(T))$ 更有效。

通常，这将减少相应蒙特卡罗估计值的方差。为简单起见，我们在算法 4.10 中选择步长为 $2\delta = T/K$。

算法 4.10　Talay-Tubaro 外推
_____

假设 $\delta = T/(2K)$，N 和 x 都已知
对于 $i = 1$ 至 N
- 假设 $Y_i^\delta(0) = Y_i^{2\delta}(0) = x$。
- 对于 $j = 1$ 至 $2K$，估计独立的 $N(0,1)$ – 随机数 $Z_{i,j}$。
- 模拟具有步长 δ，即对于 $j = 1$ 至 $2K$：

$$Y_i^\delta(j\delta) = Y_i^\delta((j-1)\delta) + a((j-1)\delta, Y_i^\delta((j-1)\delta))\delta +$$
$$\sigma((j-1)\delta, Y_i^\delta((j-1)\delta))\sqrt{\delta}Z_{i,j}$$

- 模拟一个具有步长 2δ 的路径，即对于 $j = 1$ 至 K：

$$Y_i^{2\delta}(2j\delta) = Y_i^{2\delta}(2(j-1)\delta) + 2a(2(j-1)\delta, Y_i^{2\delta}(2(j-1)\delta))\delta +$$
$$\sigma(2(j-1)\delta, Y_i^{2\delta}(2(j-1)\delta))\sqrt{\delta}(Z_{i,2j} + Z_{i,2j-1})$$

- 假设 $\tilde{g}(\tilde{Y}_i(T)) = 2g(Y_i^\delta(T)) - g(Y_i^{2\delta}(T))$。

计算 Talay – Tubaro 蒙特卡罗估计值

$$\bar{g}_N(Y^\delta) = \frac{1}{N}\sum_{i=1}^{N}\tilde{g}(\tilde{Y}_i(T))$$

我们将在 4.7.8 节对 Talay-Tubaro 法的数值计算进行评论。

统计龙贝格法

从概念上讲，统计龙贝格（Romberg）法与 Talay-Tubaro 外推相关，但该方法是 Kebaier（2005）引入以减少混合蒙特卡罗方法的计算量和数值离散方案以计算 $\mathbb{E}\,(g(X(T)))$。在此，我们考虑一个 d-维 SDE 和一个满足常规增长条件的利普希茨连续函数 $g:\mathbb{R}^d \to \mathbb{R}$。Kebaier 在下列中引入了一个控制变量法：

$$Q = g(Y^{1/n}(T)) - g(Y^{1/m}(T)) + \mathbb{E}\,(g(Y^{1/m}(T))) \tag{4.218}$$

其中 $m << n$。我们期望上述两个函数正相关，这是一个良好控制变量法的基础。不过，式（4.218）右边的期望值仍有待计算。Kebaier（2005）的主要观察值是 Q 的方差以 m 线性递减，即有

$$\sigma_Q^2 = \mathrm{Var}(Q) = O(1/m) \tag{4.219}$$

如果我们进一步注意，则有 $\mathbb{E}(Q) = \mathbb{E}(g(Y^{1/n}(T)))$，那么将直接得到

$$\mathrm{Var}(\bar{Q}_N) = O\left(\frac{1}{mN}\right) \tag{4.220}$$

通过因子 $1/m$，这的确比 $\mathbb{E}(g(Y^{1/n}(t)))$ 的原始蒙特卡罗估计值要小。不过仍存在两个问题：

- 如何计算 $\mathbb{E}(g(Y^{1/m}(T)))$?
- 如何选择 n 和 m?

针对第一个问题，我们将通过原始蒙特卡罗方法估计期望值，即通过

$$\bar{g}_{N_m}((Y^{1/m}(T))) = \frac{1}{N_m}\sum_{i=1}^{N_m} g(Y_i^{1/m}(T)) \tag{4.221}$$

如果已经选择 N_n，该值是与 Q 相关的样本数，那么可以引入**统计龙贝格估计值**

$$\bar{Q}_{N_n,N_m} = \frac{1}{N_n}\sum_{i=1}^{N_n}\left(g(Y_i^{1/n}(T)) - g(Y_i^{1/m}(T))\right) + \\ \bar{g}_{N_m}((\hat{Y}^{1/m}(T))) \tag{4.222}$$

在此，我们强调，在方程右边的最后部分中使用的 $\hat{Y}$ 意味着估计 $\mathbb{E}(g(Y^{1/m}(T)))$，我们应该使用 SDE 的新路径，这与第一种选择不同。下面的定义给出了这种方法的最佳选择，这是 Kebaier（2005）的一个特例。

定理 4.76　统计龙贝格法的复杂性

假设 $\epsilon = 1/n$ 是统计龙贝格法所需的 MSE（且 $n \in \mathbb{N}$）。假设函数 f 和 SDE [式（4.112）] 的系数满足条件，例如，欧拉 – 丸山方案具有 1 阶弱收敛。那么为获得基于欧拉 – 丸山法的统计龙贝格的 MSE 所需最小的计算量由下而得

$$m = \sqrt{n}, N_m = n^2, N_n = n^{1.5} \tag{4.223}$$

特别地，对于下式的统计龙贝格法，我们得到总计算复杂度 C_{SR}：

$$C_{SR} = O(\epsilon^{-2.5}) \tag{4.224}$$

注 4.77

1. 乍一看，这似乎违反直觉，为估计 $\mathbb{E}(g(Y^{1/m}(T)))$ 的样本路径的数目 $N_m = n^2$ 比 $N_n = n^{1.5}$ 大，而 $N_n = n^{1.5}$ 是在较好尺度 n 上为估计期望值所需的样本路径数。不过，较小的 N_n 是控制变量法的结果。总之，为计算 $\mathbb{E}(g(Y^{1/m}(T)))$ 付出的成本为 $O(m \cdot N_m) = O(n^{2.5})$，这与估计 $\mathbb{E}((g(Y^{1/m}(T)) - g(Y^{1/m}(T))))$ 的成本 $O(n \cdot N_n)$ 相同。我们因而在相应的原始蒙特卡罗方法中使用同一个离散 $\epsilon = 1/n$，但在步长为 ϵ 下，却只需要少得多的高成本的路径。

2. Kebaier（2005）的结果以一种比上述简单得多的假设呈现。我们建议有兴趣的读者阅读这篇文章。

算法 4.11 的数值结果描述于 4.7.8 节中。

4.7.8　多层蒙特卡罗方法

多层蒙特卡罗方法是 Glies（2008）最近引入到金融中的方法（见 Heinrich [2001] 对参数积分的介绍），该方法吸取了 PDE 的多重网格法的理念。该方法的目的是，当计算 SDE 函数期望值时，减少混合蒙特卡罗方法和离散路径的计算复杂度。该方法通过不断减小步长得到的计算序列获得信息。由此，在给定所需精确度下，应尽可能避免在最优网格范围中进行样本模拟。我们考虑通常形式的 d 维 SDE

$$dX(t) = a(t,X,(t))dt + \sigma(t,X,(t))dW(t) \tag{4.225}$$

并假设系数满足条件，以确保唯一强解的存在。我们的目标是通过蒙特卡罗方法计算 $\mathbb{E}(g(X(T)))$，其中 $g: \mathbb{R}^d \to \mathbb{R}$ 是利普希茨连续。对于递减的步长 δ_i，假设 $Y^{\delta_i}(T)$ 是欧拉 - 丸山法产生的 $X(T)$ 的近似值。然后，与统计龙贝格法相似的标准控制变量法就可以使用关系式

$$\mathbb{E}(g(Y^{\delta_L}(T))) =$$
$$\mathbb{E}(g(Y^{\delta_L}(T)) - g(Y^{\delta_{L-1}}(T))) + \mathbb{E}(g(Y^{\delta_{L-1}}(T))) \tag{4.226}$$

算法 4.11　统计龙贝格法

假设已经对 $\epsilon = 1/n$（且对于一些 $k \in \mathbb{N}$ 有 $n = k^2$）有既定精确要求，

1. 假设 $m = n^{0.5}, N_m = n^2, N_n = n^{1.5}$

2. 通过欧拉-丸山法模拟 N_m 个 Y- 过程的路径，且步长为 $\delta = 1/m$，并计算 $\bar{g}_{N_m}((\hat{Y}^{1/m}(T)))$

3. 通过欧拉-丸山法模拟更多 N_n 个 Y- 过程的路径，且步长为 $\delta = 1/n$，每个都来自于 $g(Y_i^{1/n}(T))$。从 Y-过程的路径，在时间 $jT/m, j = 0,1,\cdots,m$ 使用基准布朗运动，得到 $g(Y_i^{1/m}(T)), i = 1,\cdots,N_n$。

4. 计算统计龙贝格估计值

$$\bar{Q}_{N_n,N_m} = \frac{1}{N_n}\sum_{i=1}^{N_n}(g(Y_i^{1/n}(T)) - g(Y_i^{1/m}(T))) + \bar{g}_{N_m}((\hat{Y}^{1/m}(T)))$$

不过，由于我们没有对应步长 δ_{L-1} 的期望值的数值表达，我们可以再次使用控制变量技术进行估计。通过迭代，得到

$$\mathbb{E}(g(Y^{\delta_L}(T))) =$$
$$\mathbb{E}(g(Y^{\delta_0}(T))) + \sum_{i=1}^{L}\mathbb{E}(g(Y^{\delta_i}(T)) - g(Y^{\delta_{i-1}}(T))) \tag{4.227}$$

这种关系可被看作是**多元控制变量法**的基准，以通过蒙特卡罗模拟来获得所需的期望值。在分析 MSE 和统计龙贝格法时注意：

- 为获得的 $O(\epsilon^2)$ 所需精度, 我们需要 $\delta_L = O(\epsilon)$ 。
- 上述差分的期望值应该具有很小方差。
- 从较大步长 δ_i 获得信息应该有助于在 δ_L- 层减少样本。

式 (4.227) 左边项的期望值全部是通过原始蒙特卡罗估计法进行估计。

$$I_0(g) = \frac{1}{N_0} \sum_{i=1}^{N_0} g(Y_i^{\delta_0}(T)) \tag{4.228}$$

$$I_j(g) = \frac{1}{N_j} \sum_{i=1}^{N_j} (g(Y_i^{\delta_j}(T)) - g(Y_i^{\delta_{j-1}}(T))) \tag{4.229}$$

对于 $j = 1, \cdots, L$。在此, 有必要指出所有的 $L+1$ 个蒙特卡罗估计值必须基于不同的独立样本。我们接着引入**多层蒙特卡罗估计值**, 具体如下:

$$I(g) = \sum_{j=0}^{L} I_j(g) \tag{4.230}$$

由于为获得 I_j 而假设了路径相互独立, 多层蒙特卡罗估计值的方差可以通过下式得到:

$$\sigma_I^2 = \mathbb{V}\mathrm{ar}(I(g)) = \sum_{j=0}^{L} N_j^{-1} \sigma_j^2 \tag{4.231}$$

其中 σ_j^2 代表 $g(Y_i^{\delta_j}(T)) - g(Y_i^{\delta_{j-1}}(T))$ 的方差。由于多层蒙特卡罗估计值的计算成本大约为 $\sum_{j=0}^{L} N_j \delta_j^{-1}$, 简单的拉格朗日优化能够证明, 在给定计算成本下, 如果我们从 $\sqrt{\sigma_j^2 \delta_j}$ 中成比例地选择 N_j, 则估计值的方差可以实现最小化。Giles (2008) 建议采用如下步长:

$$\delta_j = M^{-j}T \text{ 对于一些整数 } M \geq 2 \tag{4.232}$$

(实际上, 他选择了 $M = 4$)。

更进一步, 为获得 $O(\epsilon^2)$ 所需的 MSE, Giles (2008) 证明了被称为**复杂性理论**的命题。它证明, 尤其在欧拉-丸山法拥有通常的弱收敛和强收敛时的均衡函数, 如多层蒙特卡罗方法选择如下, 则其计算复杂性为 $O(\epsilon^{-2}(\ln(\epsilon))^2)$:

$$L = \left\lceil \frac{(\ln(\epsilon^{-1})}{(\ln(M))} \right\rceil, N_l = \left\lceil 2\epsilon^{-2} \sqrt{\sigma_l^2 \delta_l} \left(\sum_{i=0}^{L} \sqrt{\sigma_i^2/\delta_i} \right) \right\rceil \tag{4.233}$$

然而, 上面 N_l 的显式方程存在一个缺点, 蒙特卡罗路径在水平 l 的数量为: 差分 $g(Y_j^{\delta_j}(T)) - g(Y_j^{\delta_{j-1}}(T))$ 的方差 σ_l^2 并不事先知道。以此, 人们必须在每个级别 l 包含一个**估计环路**, 为 σ_l^2 获得足够可靠的估计值, 而这正是后续计算的基础。此外, 为计算蒙特卡罗估计值 $I_j(g), j \geq 1$, 我们使用相同的正态随机数生成细和粗的路径 (与 Talay – Tubaro 算法 4.10 相比; 请注意, 我们在此必须对四个正态分布的随机数求和以得到粗路径)。

算法 4.12 多层蒙特卡罗估计

假设 ϵ 和 M 已知；L 是根据式（4.233）而定。

1. 方差估计循环过程

对于每个 $l = 0, 1, \cdots, L$，估计 $N_l = 10^4$ 个步长为 δ_l 的样本路径，为 σ_l^2 获得 $\hat{\sigma}_l^2$ 的常规估计值。

2. 从式（4.233）中定义最优样本数量 $N_l, l = 0, \cdots, L$。

3. 在每个层次 $l = 0, \cdots, L$ 上，估计 N_l 个新型独立样本路径以获得式（4.228）和式（4.229）的蒙特卡罗估计值 $I_j(g)$。

4. 得到多层蒙特卡罗估计值 $I(g) = \sum_{l=0}^{L} I_j(g)$。

注 4.78

1. 算法的改进：与算法 4.12 中采用既定的 L 不同，Giles（2008）建议从粗劣层次建立多层次的蒙特卡罗估计值。然后，通过推测估计值的剩余偏差，可以在每个层次，确定是否已经足以选作最优步长 δ_L。当使用这样的方法时，每个层所需的样本大小 N_l 并不是事先确定的，因为 L 还没有固定。不过，式（4.233）中的数字 N_l 在 L 中不断增加。当 L 在每个接下来的迭代中不断增加时，我们可以计算必要的额外样本数。为检验收敛性，Giles 建议停止使用 $L = l \geqslant 2$ 迭代，如果有

$$\max\{M^{-1} \mid I_{l-1}(g) \mid, \mid I_l(g) \mid\} < \frac{1}{\sqrt{2}}(M-1)\epsilon \qquad (4.234)$$

借助这个修正，算法 4.13 中重新开始一个新型可加的蒙特卡罗估计法。

2. Giles（2007）基于米尔斯坦法，为一维 SDEs 给出了多层蒙特卡罗算法的变形（a variant）。

算法 4.13 可加多层蒙特卡罗估计值

---

1. 从 $L = 0$ 开始。

2. 模拟 $N_L = 10^4$ 个样本以估计 σ_L^2。

3. 从式（4.233）中定义最优样本数 $N_l, l = 0, \cdots, L$。

4. 在每层 $l = 0, \cdots, L$ 上推演 N_l 所需的额外样本，从式（4.228）和式（4.229）中更新蒙特卡罗估计值。

5. 如果 $L \geqslant 2$，则查验收敛条件式（4.234）。如果满足条件，则停止计算。

6. 如果 $L < 2$ 或者未实现收敛，则假设 $L = L + 1$，并在此回到第二步。

Talay – Tubaro 扩展、统计龙贝格和多层蒙特卡罗方法的数值表现

从复杂角度看，多层蒙特卡罗方法似乎是最近推出方法中的最有前途的。我们将通过比较原始蒙特卡罗法、Talay – Tubaro 扩展法、统计龙贝格扩展法和多层蒙

特卡罗法来说明这点。作为第一个测试案例，我们采用 Kebaier（2005）的一个二维 SDE：

$$dX(t) = -\frac{1}{2}X(t)dt - Y(t)dW(t) \tag{4.235}$$

$$dY(t) = -\frac{1}{2}Y(t)dt + X(t)dW(t) \tag{4.236}$$

对于一些 $\theta \in [0, 2\pi]$，有 $Z(0) = (X(0), Y(0)) = (\cos(\theta), \sin(\theta))$。可以证实，这个方程的唯一解可以通过如下完成：

$$Z(t) = (X(t), Y(t)) = (\cos(\theta + W(t)), \sin(\theta + W(t))) \tag{4.237}$$

我们采用上述四种方法，并比较它们的结果，目标是估计期望值

$$\mathbb{E}((\parallel Z(T) \parallel^2 - 1)) = 0 \tag{4.238}$$

请特别注意，虽然 $Z(t)$ 位于单位球面上，但数值方法得到的离散化的方案并不要求模拟也是在单位球面上完成的。

对于 $\theta = 0$，我们从由 ϵ 界定的不同精确度得到以下结果（ϵ 关系到多层蒙特卡罗方法对于 $M = 4$ 的选择，并决定了 $N = 1/\epsilon^2$）：

表 4.1　对于 SDEs 式（4.235）和式（4.236）的
MC 方法扩展的 CPU 耗时比较，$T = 1$（精确值为 0）

方法（时间）	$\epsilon = 4^{-2}$	CPU	$\epsilon = 4^{-5}$	CPU
原始 MC	0.04	(1)	2×10^{-4}	(1)
Talay – Tubaro	-0.05	(2.76)	1×10^{-6}	(1.82)
统计龙贝格	0.004	(0.53)	2×10^{-3}	(0.27)
多层次 MC	0.01	(80.29)	9×10^{-4}	(4.23)

结果表明，Talay-Tubaro 法似乎收敛更快，这确实应该如此，因为它具有更高的顺序。此外，统计龙贝格法是迄今为止最快的方法。至少与原始蒙特卡罗方法和 Talay-Tubaro 法相比时理应如此。然而，多层蒙特卡罗方法的表现令人失望，需要进行详细说明。首先，很显然，对于相对较大 ϵ，在每个层 l 上估计方差比实际所需达到的水平都需要额外的运行时间。对于 $\epsilon = 4^{-5}$，多层蒙特卡罗方法的效果更好，但该方法仍然无法与同类相比。仔细分析表明，最粗糙层次的估计值方差比所有其他层次的方差小得多，这使得只有很少观测值被使用，而我们预期是适用更多的路径并减少时间耗费。在这个意义上，这也解释了为什么多层蒙特卡罗方法没能节省 CPU 时间。这种情况并不影响统计龙贝格法，因为在它处理问题前，已经确定粗、细网格的载荷分布。

如需了解更多多层蒙特卡罗方法，以及实际应用，建议参照 Imkeller 的著作（2009）。

为展现多层蒙特卡罗方法的潜力，并强调上述结论，我们考察如下计算，对于一维布朗运动 $W(.)$，

$$\mathbb{E}\left(\left(\int_0^1 \exp(0.2W(t) + 0.03t)\,\mathrm{d}t - 1\right)^+\right) \tag{4.239}$$

我们采用 $S(t)$ 代表积分的 SDE，

$$\mathrm{d}S(t) = S(t)(0.05\mathrm{d}t + 0.2\mathrm{d}W(t)), S(0) = 1$$

现在对于 $M = 4$ 使用多层蒙特卡罗的可加变量法(对于 $M = 2$,其结果具有可比性，但有些简单)，并同原始蒙特卡罗方法进行对比。关于原始蒙特卡罗的 CPU 计算时间，我们同样在表 4.2 中给出多层蒙特卡罗法结束时的水平 L。

表 4.2　原始 MC 和可加多层 MC 比较，CPU 耗时角度 (精确值 = 0.0606)

方法（时间）	$\epsilon = 0.01$	CPU	L	$\epsilon = 0.001$	CPU	L
原始 MC	0.0608	(1)		0.0605	(1)	
多层次 MC	0.0603	(2.89)	2	0.0604	(0.015)	2

再次说明，对于低精度要求，原始蒙特卡罗方法稍快，原因在于多层方法中的不同层的方差预估计过程耗费大量时间。不过，也可以通过多层法在更高精确水平下采用大于 60 的因子，这对效率有显著提高。而最重要的是，它在 $\epsilon = 0.0001$ 水平上所需时间同原始蒙特卡罗在 $\epsilon = 0.001$ 水平的时间一样。尽管在上述两个例子中，水平 $L = 2$ 已经足够，但对于非常小的 ϵ，则水平 $L = 3$ 就是必要的。作为结论，多层蒙特卡罗方法在减少计算复杂性方面具有巨大潜力，至少估计值的方差在粗糙水平与更好水平的方差比不是非常小的情况下是适用的。

4.8　应为 SDE 选择何种模拟方法

正如 3.4.2 节，我们将很自然会考虑，在这么多不同的模拟和离散方法中，应该采用哪种方法。虽然没有普遍有效的建议，但一个经验法则是，如果能够进行精确模拟（即已知 SDE 解增量的条件分布），那么就应该使用准确模拟。当然，如果不能使用一个方便方法获得所需的分布，或无法获得闭式解，那么就必须依靠数值方法得到离散化 SDE。

如果 SDE 的系数函数足够平滑以应用于高阶方法中，如米尔斯坦二阶法，那么我们建议使用这种方法。然而，在金融应用中，我们经常会遇到这种情况，SDE 系数函数不满足假设以至于无法确保米尔斯坦一阶条件。在这种情况下，简单的欧拉 - 丸山法就是一种可靠的替代方案，在我们并不关心 SDE 解路径的逼近时，此种方法尤其有效。然后，我们只关注弱收敛。在此，欧拉 - 丸山和米尔斯坦（一阶）条件具有相同的收敛顺序，因此没有必要使用更复杂的米尔斯坦法。

如果需要很多基准 SDE 的许多路径以获得 MC 估计值（如精度要求高），那么最好使用方差缩减方法，如统计方面的龙贝格法或多层蒙特卡罗方法。尽管第一种方法从概念上简单得多，但第二种方法能够实现方差减小。然而，统计龙贝格法仍比多层蒙特卡罗方法更加稳健。多层蒙特卡罗方法的应用需要对问题仔细分析，以避免如 4.7.8 节中的第一个数值例子中的糟糕表现。此外，如果我们不满意蒙特卡罗估计值的结果，可以在一个更好的网格上进行二次模拟，使用 Talay-Tubaro 估计值则是一种利用已有结果的便捷方法，同时也会提高收敛的阶数。

　　关于各种不同算法、计算案例或收敛的分析可以在 Koleden 与 Platen 的著作（1999）中找到。

第5章

模拟金融模型：连续路径

5.1 引言

从学术界及行业角度来看，金融数学显然是当今应用数学最受欢迎的学科之一。金融数学在研究问题及方法上的巨大吸引力，吸引了大量有浓厚兴趣的学生，进而各高校创建了大量关于金融数学的硕士课程，并在这一领域中占得一席之地。股票交易所上市衍生品的复杂性不断增加，来自银行、保险公司和金融市场投资对高级金融产品和精确定价方法的大量需求促使数学方法的需求也大幅提升，而这种需求是前所未有的。

金融数学主要关心如下几点：

- 对金融过程中如股票价格、利率、通货膨胀率、汇率或商品价格的变化过程进行建模。
- 对于衍生品的基本潜在因素如股票价格、利率或商品的定价。
- 投资组合优化，即寻找最优投资策略。
- 风险评测和管理。

在近几十年中，在金融数学的各个学科中都已经发表了许多研究论文。凭借诺贝尔奖授予 H. Markowitz（1990）、R. Merton 和 M. Scholes（1997）以及 R. Engle 和 C. Granger（2003），金融数学在理论方面和实践方面的价值被进一步强化。当前出现了大量关于金融数学各个领域方面的专著。仅举几个例子：Björk（2004）、Bingham 和 Kiesel（1998）、Darrell Duffie（2001）、Karatzas 和 Shreve（1998）以及 R. Korn 和 E. Korn（2001）的著作。

在这一章中，我们主要结合蒙特卡罗方法的应用介绍股票价格模型、期权定价及利率模型。主要限定在模型底层的不确定性是由（多维）布朗运动造成的情况。在很多情形下，这使相关问题的分析易于处理。然而，我们也考虑由非连续变量引起的股票价格模型或利率模型的变化，即所谓的跳跃过程。我们将在第7章中去研究它们。

5.2 股票价格建模基础

在这一节中，我们会介绍股票价格建模的基础。我们关注假设连续路径的连续时间股票价格模型，即股票价格是关于时间的函数且没有跳跃过程。

每当我们考虑一个股票价格或股票价格指数随着时间变化时，就会意识到一些显著的特性。它们是：

- 股票价格随着时间的推移不会以平稳的方式变化。
- 局部上，随机波动具有明显趋势特征。

- 在时间间隔的不同期间段的变化看上去都相似，但是没有周期性和季节性。这也暗示了股票价格建模上的构造。的确，如果我们坚持股票价格模型按经济上的理由做连续路径处理，股票价格路径应该是无处可微的关于时间的函数。如果——相反——路径将在某些点可微，在这些点上就可以毫无疑问地预测股票价格在未来时刻是上涨或下跌（根据路径函数导数的符号）。因此，可以预测一个投资在很短时间间隔内会导致收益或是损失。于是，没有人会买肯定损失的股票，也不会有人卖肯定上涨的股票。因此，我们需要一个股票价格路径不可微的模型。这一模型的明显构成就是上一章介绍的布朗运动 $W(t)$。

事实上，股票价格建模的（不完整）历史始于 Bachelier 的博士论文《投机交易理论》（1900）（Théorie de la Spéculation）。他超越了他的时代，他在对股票价格建模时，通过推导福克 – 普朗克（Fokker – Planck）方程得到股票的转移密度，将股票价格变动视为一个具有漂移项的布朗运动（虽然在他那个时代，尚未有布朗运动一词）。事实上，这个模型因布朗运动的漂移项可能产生负值而受到批评。此外，股票的价格变化应该是乘法的，而不是单纯的相加，股票的回报应该与当前价值成比例。因此在 20 世纪 60 年代，Samuelson（1965）提出了**几何布朗运动**作为一个适当的股票价格模型。在此，Bachelier 模型的问题被简单地通过指数函数进行改进。模型上最主要的突破来自于 20 世纪 70 年代 Black、Scholes（1973）和 Merton（1973）为欧式看涨和看跌期权定价提出的 Black – Scholes 公式。

到了 20 世纪 80 年代，几个布朗运动模型的不完美变得清晰。这不仅是由于极端事件例如 1987 年股灾的发生，还由于在期权市场上观察到的价格的特性。为了更好地解释这些价格的变化，大量的新类型的股票定价模型在 20 世纪 90 年代进入市场。两个主要的流派为，一类是**局部波动率模型**（参见如 Dupire 的著作［1997］）和另一类是**随机波动率模型**（参见如 Heston 的著作［1993］）。这两种方法主要都是为了介绍价格波动强度的不均匀性（也被称为**波动集聚性**）。在最近的十年，基于 Levy 过程的模型一直是学术界热门的话题（我们将会在第 7 章中详细介绍）。越来越多的股票期权（如高度路径依赖期权或实现股价波动期权）的复杂性导致从业者对局部和随机波动模型进行了一般化扩展（参见 Bergomi 的著作［2005］）。

对于在金融上诸多问题（如期权定价或风险管理）没有明确公式的解析解存在，使用合适的蒙特卡罗方法往往是简单而明智的选择。因此，接下来我们将用它解释不同的股票价格模型及模拟它们的方式。

5.3 布莱克-斯克尔斯类型的股票定价框架

我们在这一节介绍的模型框架是稍微推广的著名的布莱克-斯克尔斯模型。我们称它为**线性模型**。假设 n 个不同股票价格的动态变化是由下面 n 维随机微分方程（SDE）给出的：

$$\mathrm{d}S_i(t) = \mu_i(t)S_i(t)\mathrm{d}t + \sum_{j=1}^{n}\sigma_{i,j}(t)S_i(t)\mathrm{d}W_j(t), S_i(0) = s_i \qquad (5.1)$$

其中 $i = 1, \cdots, n$ 且 $\{(W(t), F_t), t \in [0, T]\}$ 是一个 n 维布朗运动。这里，市场参数 μ（**漂移量**）和 σ（**波动性矩阵**）被假设是有界可测的有序 F_t- 过程。我们还假设矩阵 σ 是均匀正定矩阵。即，对于一些正数 c 有

$$x'\sigma(t,\omega)\sigma(t,\omega)'x \geq c \cdot x'x \,\forall\, (t,\omega) \in [0,T] \times \Omega \qquad (5.2)$$

对于一个线性随机微分方程，股票价格方程有唯一的解 $S_i(t)$：

$$S_i(t) = s_i\exp\Big(\int_0^t\Big(\mu_i(s) - \frac{1}{2}\sum_{j=1}^{n}\sigma_{i,j}^2(s)\Big)\mathrm{d}s + \sum_{j=1}^{n}\int_0^t\sigma_{i,j}(s)\mathrm{d}W_j(s)\Big) \qquad (5.3)$$

除了股票的高风险投资之外，还存在着一些无风险的投资在债券（或者：银行存款）。无风险资产的价格随时间的变化取决于方程

$$\mathrm{d}B(t) = r(t)B(t)\mathrm{d}t, B(0) = 1 \qquad (5.4)$$

并有唯一的解

$$B(t) = \exp\Big(\int_0^t r(s)\mathrm{d}s\Big) \qquad (5.5)$$

这里，利率过程 $r(t)$ 被假设成关于虑子 F_t 的有界且有序可测过程。

有了前面的股票价格模型，我们将介绍投资者（或者交易员）进入市场的特定操作和行为。投资者可能的操作有：

1. 调整所持有资产的资金组合，即他能卖出股票并将资金投资到其他股票。这一操作将会被通过**投资过程**或**交易策略**模拟。

2. 资产的消费部分将会根据假定通过**消费过程**计入。

此外，投资者不应该有内幕消息。尤其不允许有未来价格的消息。我们只考虑价格接受者（即所谓的**小投资者**），他们的操作行为不影响股票市场。我们的投资者被赋予初始财富，然后以自筹经费的方式进行投资。因此，他们资产的变化仅通

过交易的收益/损失及消费情况造成。我们忽略股票不是不完全可分的且忽略交易费用。同时还假设投资者在投资债券及股票时可以持有负的头寸。对于持有负的债券头寸的可能，意味着我们假设投资者可以用同样的利率进入或贷出资产。我们通过以下定义给出这些标准的假设。

定义 5.1

令 $\{W(t), F_t\}_{t \in [0,T]}$ 是一个 n – 维布朗运动。假设所在的市场中，股票和债券根据动态价格公式 (5.1) 和公式 (5.4) 进行交易。

(a) **交易策略** φ 是一个 $\mathbb{R}^{n+1}$ – 值的有序可测过程

$$\varphi(t) := (\varphi_0(t), \varphi_1(t), \cdots, \varphi_n(t))' \quad (5.6)$$

使得积分

$$\int_0^T \varphi_0(t) \, dB(t), \int_0^T \varphi_i(t) \, ds_i(t), i = 1, \cdots, n \quad (5.7)$$

都是有定义的且有限。值 $x := \varphi_0(0) + \sum_{i=1}^n \varphi_i(0) s_i$ 是 φ 的**初始值**或者是投资者的初始财富。

(b) 令 φ 是以 $x > 0$ 为初始值的交易策略。过程

$$X(t) := \varphi_0(t) B(t) + \sum_{i=1}^n \varphi_i(t) S_i(t) \quad (5.8)$$

被称作**财富过程**相当于 φ 和**初始财富** x。

(c) 非负有序可测过程 $c(t)$ 及

$$\int_0^T c(t) \, dt < \infty \quad \mathbb{P} - a.s. \quad (5.9)$$

被称作**消费率过程**（简称**消费过程**）。

(d) (φ, c) 由交易策略 φ 和消费过程 c 组成，被称为**自筹资金组合**，如果相关财富过程 $X(t)$，$t \in [0, T]$ 满足 $\mathbb{P} - a.s.$。

$$X(t) = x + \int_0^T \varphi_0(s) \, dB(s) + \sum_{i=1}^n \int_0^t \varphi_i(s) \, dS_i(s) - \int_0^t c(s) \, ds \quad (5.10)$$

(e) 令 (φ, c) 是由交易策略和消费过程的自筹资金组合，其中财富过程 $X(t) > 0$ 为对于所有 $t \in [0,T]$ 有 $\mathbb{P} - a.s.$ 那么，$\mathbb{R}^n$ – 值的过程

$$\pi(t) := (\pi_1(t), \cdots, \pi_n(t))', t \in [0,T], \pi_i(t) = \frac{\varphi_i(t) \cdot S_i(t)}{X(t)} \quad (5.11)$$

被称为相对于 (φ, c) 的**自筹资金的投资组合过程**。

注 5.2

1. 投资过程表示了总资产投资到不同股票的分数。因此，资产投资到债券的分数可以表示为

$$(1 - \pi(t)' \underline{1}) = \frac{\varphi_0(t) \cdot B(t)}{X(t)}, \underline{1} := (1, \cdots, 1)' \in \mathbb{R}^n \quad (5.12)$$

2. 一旦知道了财富 $X(t)$ 和定价 $S_i(t)$，投资者的交易/消费操作可以用一个自筹资金组合（π, c）描述，相当于（φ, c）。我们总是对其中更方便的操作二者选其一（投资过程或交易策略）。

3. 对于积分等式（5.7）定义有限的简单要求，只是一个技术条件，为了确保投资资产在收益/损失中的改变是被定义的。对于假设，特别需要的是关于市场系数如果有 $\mathbb{P} - a.s.$

$$\int_0^T |\varphi_0(t)| \, \mathrm{d}t < \infty \tag{5.13}$$

$$\sum_{j=1}^n \int_0^T (\varphi_i(t) \cdot S_i(t))^2 \mathrm{d}t < \infty, i = 1,\cdots,n \tag{5.14}$$

定义 5.3

一个由交易策略 φ 或投资过程 π 和消费过程 c 组成的自筹资金组合（φ, c）或（π, c）被称作**可受理初始财富** $x > 0$，如果相关财富过程满足

$$X(t) \geq 0 \ \mathbb{P} a.s. \ \forall t \in [0,T] \tag{5.15}$$

可受理的（π, c）组合集相关的初始财富 x 会被表示成 $\mathcal{A}(x)$。

5.3.1 一个重要的特殊情况：布莱克-斯克尔斯模型

假设在布莱克-斯克尔斯模型中的市场参数 μ_i、σ_{ij} 都是常数，从而导致债券和股票价格的形式如下：

$$B(t) = \exp(rt) \tag{5.16}$$

$$S_i(t) = s_i \exp\left(\left(\mu_i - \frac{1}{2}\sum_{j=1}^n \sigma_{i,j}^2\right)t + \sum_{j=1}^n \sigma_{i,j} W_j(t)\right) \tag{5.17}$$

这里，我们可以更进一步确定

$$\mathbb{E}(S_i(t)) = s_i \exp(\mu_i t) \tag{5.18}$$

$$\mathbb{Var}(S_i(t)) = s_i^2 \exp(2\mu_i t)(\exp(\sum_{j=1}^n)\sigma_{ij}^2 t) - 1) \tag{5.19}$$

$$\mathbb{Cov}(\ln(S_i(t)), \ln(S_j(t))) = \sum_{k=1}^n \sigma_{ik}\sigma_{jk} t \tag{5.20}$$

由于股票价格的解析解是关于时间函数的布朗运动 $f(t, W(t))$，模拟股票价格 $S(t)$ 或布莱克-斯克尔斯公司中的组成 $S_i(t)$ 都是没有问题的：

- 如果只需要得到某个时刻 t 的 $S(t)$ 的值，那么足够可以用 $N(0, t \cdot I)$ 分布的随机变量模拟，从中得到 $W(t)$ 和评估 $f(t, W(t))$ 的值。
- 如果需要整个过程 $S(t)$，那么模拟布朗运动 $W(t)$ 的过程并从中得到 $S(t)$。

我们有一个简易的算法 5.1 如下。

我们回到线性模型并为财富过程推导一个随机微分方程。基于从交易策略切换

到投资组合过程。为了推导过程，设自筹资金组合 (φ, c) 是由交易策略和消费过程组成的。可得

算法 5.1   通过布莱克-斯克尔斯模型模拟股票价格路径

设 $0 = t_0 < t_1 < \cdots < t_k = T$ 是 $[0, T]$ 的一个分割，$S(0)$ 为给定的初值。

1. 令 $a_j = \mu_j - 0.5 \sum_{i=1}^{n} \sigma_{ji}^2$。

2. For $j = 1$ to k do

   (a) $\delta = t_j - t_{j-1}$。

   (b) 模拟 $Z \sim N(0, \delta \cdot I)$。

   (c) For $i = 1$ to n do $S_i(t_j) = S_i(t_{j-1}) \cdot \exp(a_j \delta + \sum_{m=1}^{n} \sigma_{im} Z_m)$。

3. 对于区间中的点进行线性插值。

$$
\begin{aligned}
dX(t) &= \varphi_0(t) dB(t) + \sum_{i=1}^{n} \varphi_i(t) dS_i(t) - c(t) dt \\
&= \varphi_0(t) B(t) r(t) dt + \\
&\sum_{i=1}^{n} \varphi_i(t) S_i(t) \left(\mu_i(t) dt + \sum_{j=1}^{m} \sigma_{ij}(t) dW_j(t) \right) - c(t) dt \\
&= (1 - \pi(t)' \underline{1}) X(t) r(t) dt + \\
&\sum_{i=1}^{n} X(t) \pi_i(t) \left(\mu_i(t) dt + \sum_{j=1}^{m} \sigma_{ij}(t) dW_j(t) \right) - c(t) dt \\
&= (1 - \pi(t)' \underline{1}) X(t) r(t) dt + \\
&X(t)(\pi(t)' \mu(t) dt + \pi(t)' \sigma(t) dW(t)) - c(t) dt
\end{aligned}
\tag{5.21}
$$

又因为这是一个线性随机微分方程，常量的变化公式给出一些对于 $\pi(t)$ 的合理的可积性要求确保它有唯一的解。由于 μ、r、σ 是均匀有界且消费过程 c 被假设为可积的，我们只需求满足

$$
\int_0^T \pi_i^2(t) dt < \infty \quad \mathbb{P} - a.s., i = 1, \cdots, n
\tag{5.22}
$$

以确保财富公式（5.21）的唯一性和存在性。这就允许投资过程的定义无须参考交易策略。

定义 5.4

有序可测 $\mathbb{R}^n$-过程 $\pi(t)$ 被称为**自筹资金投资组合过程**，对于消费过程 $c(t)$，如果财富公式（5.21）有唯一解 $X(t) = X^{\pi, c}(t)$，且

$$
\int_0^T (X(t) \cdot \pi_i(t))^2 dt < \infty \quad \mathbb{P} - a.s., i = 1, \cdots, d
\tag{5.23}
$$

注意到在投资者过程中的积分条件式（5.23）和财富过程恰好是交易策略的

积分条件式（5.7）。进一步，注意到如果投资组合过程满足条件式（5.22），那么相应财富过程连续性产生的条件也是满足式（5.23）的。因此，条件式（5.23）比式（5.22）要弱。尤其，如果没有消费，那么条件式（5.22）意味着财富过程是严格正的［简要看一下在假设条件式（5.23）下的方程（5.21）的解析解］。然而，更弱的条件式（5.23）会导致投资者投资组合过程的毁灭［即，对于一些时间段 $t \in [0, T]$ 中 $X(t)$ =0，甚至造成 $X(t)$ 的负值］。这将会是一个典型的复制期权定价方法的情况。

恒定投资组合过程和消费比例

对于一个恒定投资组合的自筹资金组合 $(\pi, c) \in \mathcal{A}(x)$ 的简单但是极其相关的案例是其消费与当前财富成比例，即

$$\pi(t) \equiv \pi \in \mathbb{R}^n（常数）, c(t) = \gamma \cdot X(t) \tag{5.24}$$

其中 $\gamma > 0$ 且 $X(t)$ 是相对于 (π, c) 的财富过程。因此，投资者以这种方式调整他持有的资产，随着时间的推移保持投资在不同股票和债券上的比例不变。更进一步，消费增长的速度（消费率）总和当前投资者的资产成比例。这一情形相应的资产方程有如下形式：

$$dX(t) = X(t)((r(t) - \gamma)dt + \pi'((\mu(t) - r(t)\underline{1})dt + \sigma(t)dW(t))) \tag{5.25}$$

结果为

$$X(t) = x \cdot \exp\int_0^t \left(\left[r(s) - \gamma + \pi'(\mu(s)) - r(s) \cdot \underline{1} - \frac{1}{2} \| \pi'\sigma(s) \|^2 \right]ds + \int_0^t \pi'\sigma(s)dW(s) \right) \tag{5.26}$$

特别地，$X(t)$ 是严格正的且有 $(\pi, c) \in \mathcal{A}(x)$。

5.3.2　完全市场模型

在这一节中我们以**完全市场理论**开始介绍线性市场。为了更好地说明这一理论，我们需要如下表达式：

$$\gamma(t) := \exp\left(- \int_0^t r(s)ds \right), \theta(t) := \sigma^{-1}(t)(b(t) - r(t)\underline{1}) \tag{5.27}$$

$$Z(t) := \exp\left(- \int_0^t \theta(s)'dW(s) - \frac{1}{2}\int_0^t \| \theta(s) \|^2 ds \right) \tag{5.28}$$

$$H(t) := \gamma(t) \cdot Z(t) \tag{5.29}$$

$\theta(t)$ 能被解释成某种股票投资的风险溢价。过程 $H(t)$ 将扮演期权定价中的重要角色。注意到 $H(t)$ 是正的、连续的且有序可测。更进一步，随机微分方程的唯一解是

$$dH(t) = - H(t)(r(t)dt + \theta(t)'dW(t)), H(0) = 1 \tag{5.30}$$

定理 5.5　完全市场

假设我们仅考虑线性市场模型。

（a）令 $(\pi, c) \in \mathcal{A}(x)$，相应的财富过程 $X(t)$ 满足

$$\mathbb{E}\left(H(t)X(t) + \int_0^t H(s)c(s)\,\mathrm{d}s\right) \leqslant x \, \forall t \in [0, T] \tag{5.31}$$

（b）令 $B \geqslant 0$ 是一个 F_T – 可测随机变量且 $c(t), t \in [0, T]$ 是一个消费过程满足

$$x := \mathbb{E}\left(H(T)B + \int_0^T H(s)c(s)\,\mathrm{d}s\right) < \infty \tag{5.32}$$

那么，这里存在一个投资过程 $\pi(t), t \in [0, T]$，其中 $(\pi, c) \in A(x)$ 且相应的财富过程 $X(t)$ 满足

$$X(T) = B \, \mathbb{P} - a.s. \tag{5.33}$$

注 5.6

1. 定理中（a）的观点认为过程 $H(t)$ 能被近似看作是在时间 $t = 0$ 时初始财务折现的过程，

$$\mathbb{E}\left(\int_0^T H(s)c(s)\,\mathrm{d}s + H(T)B\right)$$

这是有必要到达的远期目的（就像根据给定消费过程或在时刻 $t = T$ 得到财富 B）。因此，（a）给出了投资者初始资金 $x \geqslant 0$ 预期的边界。（b）证明了远期目的的可行性，从某种意义上也说明了（a）的确可以实现。也就是说最终在时间 $t = T$ 时预期的财富 B 都可以通过一个有足够初始资金的自筹资金组合（π, c）的交易过程**完全达到**。然而，这正是我们要说的**完全市场**。

2. 推导上面定理的主要工具是在第 4 章出现的鞅表示理论（具体证明请看 R. Korn 与 E. Korn 的著作 [2001]）。

3. 由完全市场定理，我们将会得到一个明确的在线性市场环境下的期权定价问题的解决方法（详见 5.5.2 节）。

5.4 期权的基本因子

期权定价在现代连续金融问题中有着明星领域之称。它包含了金融数学中最有名的结果，欧式看涨看跌期权定价的布莱克-斯克尔斯公式。由于这一理论公式的重要性及实用性，最终将 1997 年的诺贝尔经济学奖授予了 Robert Merton 和 Myron Scholes，以表彰他们在期权定价中做出的贡献。遗憾的是，Fischer Black 已经于两年前去世而没有获得诺贝尔奖。

什么是期权？

期权是**衍生证券**，即从标的资产中衍生出来的有价证券。它们已经被交易了几个世纪，但是最终在 20 世纪确立了经济上的重要性。这主要归功于 1973 年芝加哥期权交易所的建立。最简单的期权可以分为看涨期权和看跌期权。

看涨期权是一份给持有者在指定的未来时刻内通过已商定的价格**敲定价格**或**执行价格**，从期权的卖方或者**期权契约人**处购买固定数量某一资产的权利（但不是

义务）的合同。与其对应的是**看跌期权**。这里，期权持有者有权利根据看跌执行价格去出售固定数量的标的资产给契约人。另一种区分是所谓的**美式期权**和**欧式期权**。美式期权的持有者可以在整个协议跨度时间内出售或购买资产，与美式期权不同的是，欧式期权只能在期权协议最终时刻执行，即所谓的**到期**或**满期**。

当今，期权已经是现在金融市场的标志，它们是一种通用的证券。存在的期权包含了关于股票、债券、商品如石油、能源、气候、金属、农作物、肉类、货币，甚至是期权的期权（仅几个例子）。它们在全世界大量的股票中进行交易。它们的合同形式也可以非常不同于上述的**简单**的看涨看跌期权。我们接下来会介绍很多**奇异期权**。首先给出欧式看涨和看跌期权的形式：

以欧式看涨和看跌期权作为基本示例

欧式看涨期权给予持有者可以在 $t = T$ 时刻以在时刻 $t = 0$ 时固定的执行价格 $K \geqslant 0$ 去购买股票的权利。因此，如果最终的股价 $S_1(T)$ 超过 K，那期权持有者以价格 K 购买股票并马上将它按市场价 $S_1(T)$ 卖出，这就得到了 $S_1(T) - K$ 的收益（忽略交易费用）。如果是 $S_1(T) < K$ 的情况，期权持有者可以不执行他以价格 K 购买股票的权利。因此，在这一情况下，就没有通过期权得到收益。考虑这两种情况，就得到了如下最终支付公式：

$$(S_1(T) - K)^+, t = T \tag{5.34}$$

欧式看跌期权的持有者，有权在时刻 $t = T$ 时以价格 $K > 0$ 出售股票。因此，类似于欧式看涨期权的情况，可以表示欧式看跌期权的收益如下：

$$(K - S_1(T))^+, t = T \tag{5.35}$$

从业者经常依据**溢损图**来考虑期权。期权溢损图是一张根据期权最终的股票标的价格 $S_1(T)$ 函数得到的图。这一过程需要关于 $S_1(T)$ 的回报函数。图 5.1 为欧式看涨和看跌期权的溢损图。

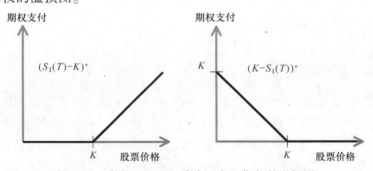

图 5.1 看涨（左）和看跌（右）期权的溢损图

一种简单得到新型期权的方式是组合这两种溢价图得到不同类型的溢价组合。这在交易中十分流行。从数学上看，这相当于持有一定的看跌和看涨期权的组合。

期权交易的简史

从 17 世纪开始，第一次期权类型协议的交易发生在荷兰。在郁金香狂热的期间，一些郁金香种植者购买看跌期权以规避郁金香高价格的波动。然而，在 1637 年荷兰郁金香市场的崩盘，期权出售者无法保证协议中的部分内容。这一结果导致了荷兰严重的经济危机。为了确保协议中契约人和出售人双方之间的安全，就需要有一个中间机构来协调协议双方中有一方产生违约后的步骤。有组织的期权交易起始于 18 世纪的伦敦。不过，由于在期权交易中匮乏法律约束，违约经常发生。直到 1930 年年末，期权交易才有了法律框架。从 20 世纪 70 年代开始，期权交易获得了当今经济上的主要地位。以 1973 年芝加哥期权交易所成立为一个起点，有组织的期权交易在全世界范围内流行。如今，期权已经在金融市场上无处不在了。

期权交易的原因

期权交易主要有两个原因，**保值**和**投机**。一个简单的应用就是保护股票头寸。一个投资者持有一定数量的股票并想确保股票头寸在时间 T 时不会跌落期望值 K，简单的措施就是购买关于这只股票到期日是 T 执行价格为 K 的欧式看跌期权。股票和看跌期权组成的在时间 T 的投资价值可以表示为

$$S(T) + (K - S(T))^+ \geq K \tag{5.36}$$

当然，投资者还需要支付看跌期权的费用以达到保值的目的。更进一步来确保规避不利价格变动的例子很容易构造。

那些认为期权价值相对于标的资产而言会超比例变化（杠杆效应）的投机者会交易期权。举个例子，很明显如果标的股票价格上涨 1 欧元，期权价格上涨不到 1 欧元。然而，期权的涨幅通常会比在这种情况下股票涨幅高。这就是所谓的**杠杆效应**。此外，对于投机者而言，期权比标的资产更便宜且更具有流动性。另一方面，投机者持有期权仅会产生有限时间内的全部损失，在看涨和看跌期权中零回报是很自然的事情。

5.5 期权定价的介绍

5.5.1 期权定价简史

期权定价的现代理论开始于 L. F. Bachelier 的论文《投机交易理论》（1900）。文章中，股票价格被按漂移的布朗运动模型进行建模，他希望基于此推导这些股票的理论期权价格，并与实际市场价格做对比。他建议使用预期值的贴现作为相应期权的支付价格。然而，作为期权定价现代理论中最惊人的结果之一，这一理论没有得到一个合理的期权价格。

现代期权定价公式的决定性突破来自于 Fischer Black 和 Myron Scholes［Black - Scholes（1973）］。他们推导了一个偏微分方程以计算期权价格，并得出了方程解。与此同时，Robert Merton 对 Black 和 Scholes 结论进行了推广［Merton（1973）］。这一结论也许是最优美的期权定价方法，即所谓的**复制方法**，它基于完全市场背景

下的纯粹套利定价。它只要求，如果两个金融资产未来的支付相同，那么这两个金融资产就应该具有相同的价格。这一方法，被直接引用到了鞅理论，最早出现在 Harrison 与 Pliska 的著作中（1981）。我们会在下一节介绍。

5.5.2　通过复制原理进行期权定价

动机：在一阶段二项式模型中的期权定价

我们介绍在一阶段**二项式模型**中复制原理的主要思想。在这里，市场由交易时间是 0 和 T 的股票和债券组成。债券的价格由 $B(0) = 1, B(T) = \exp(rT)$ 给出。股票价格以初始值 $S(0)$ 开始，并有两种可能性的值，$dS(0)$ 或 $uS(0)$，其中 $d < u$。$S(T) = uS(0)$ 的概率假设为 $p \in (0,1)$。进一步地有

$$d < \exp(rT) < u \tag{5.37}$$

以避免不需要初始资金得到的无风险收益，即所谓的**套利机会**。为了弄清楚这个，一开始假设 $d \geqslant \exp(rT)$。借入资金并投资于股票，我们总是在最终时刻 T 时收回至少要偿还贷款的金额。然而，在 $S(T) = uS(0)$ 的情况下，我们在偿还初始贷款后依然还有资金剩余。因此，每个人都会做这样的投资。为此，市场会增加初始股票的价格，直到这种情况不再发生。同理可得，我们能说明 $\exp(rT) \geqslant u$ 也不应该满足。

现在二项式模型中考虑执行价格为 $K = 100$ 和到期日为 $T = 1$ 看涨期权。更进一步，选取 $u = 1.2$，$d = 0.95$ 和 $r = 0$。支付的情况如图 5.2 所示。

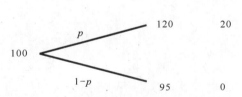

$$S(0) \qquad\qquad S(T) \quad (S(T)-K)^+$$

图 5.2　二项式模型中股票和期权的支付流

Bachelier 建议使用**净现值**

$$\mathbb{E}\left(\exp(-rT)(S_1(T) - K)^+\right) \tag{5.38}$$

作为期权价格，这将导致以上看涨期权的价格为

$$\mathbb{E}((S_1(T) - K)^+) = (20) \cdot p + 0. (1 - p) = 20 \cdot p \tag{5.39}$$

正如期望的那样，这个建议的价格在很大程度上依赖于成功的概率 p。然而，两个不同的交易者一般不会为 p 的实际价值达成一致。对于期权定价的复制方法的一个不错的功能是，不需要对期权定价时计算 p 的值。主要的原因是期权最终的支付可以从下面适合的股票和债券的自筹资金交易策略中得到。综合这一构建期权的原理被称为**复制原理**。为了这一目的，我们必须确定 $(\varphi_0(0), \varphi_1(0))$ 使得我们能得到

$$X(T) = \varphi_0(0)B(T) + \varphi_1(0)S(T) = (S(T) - K)^+ \tag{5.40}$$

那么，根据 $t=0$ 时通过复制策略 $(\varphi_0(0),\varphi_1(0))$ 购买初始资本所定义的看涨期权的价格 $\hat{C}$ 可以表示为

$$\hat{C} = \varphi_0(0)B(0) + \varphi_1(0)S(0) \tag{5.41}$$

这是唯一有价格合理的期权。为了说明这点，假设一开始期权价格 $\tilde{C}$ 低于 $\hat{C}$。那么，我们可以以价格 $\tilde{C}$ 购买期权并按策略 $(\varphi_0(0),\varphi_1(0))$ 以价格 $\hat{C}$ 卖出期权（即我们持有头寸 $(-\varphi_0(0),-\varphi_1(0))$）。在时刻 $t=T$ 时的支付，可以从期权和所持有的头寸 $(-\varphi_0(0),-\varphi_1(0))$ 中相互抵消。因此，我们在 $t=0$ 将得到一个实际的收益 $\hat{C}-\tilde{C}$，且不需要使用任何持有的资本。在 $\tilde{C} > \tilde{C}$ 的情况下，我们将会卖出看涨期权并持有只需要花费 $\hat{C}$ 的头寸 $(\varphi_0(0),\varphi_1(0))$。同样地，我们将会在不需要投资初始资产的情况下得到一个无风险的回报。因此，在这两种情况下，都存在着套利机会。

因为套利机会将会被市场中的所有参与者意识到，这将会导致市场价格的调整以致套利消失。因此，有理由假设市场中不存在套利。

在我们的例子中需要收益率方程系统（5.40）

$$\varphi_0(0) \cdot 1 + \varphi_1(0) \cdot 120 = 20 \tag{5.42}$$

$$\varphi_0(0) \cdot 1 + \varphi_1(0) \cdot 95 = 0 \tag{5.43}$$

可得唯一的解

$$(\varphi_0(0),\varphi_1(0)) = \left(-76, \frac{4}{5}\right) \tag{5.44}$$

从而得到期权价格为

$$\hat{C} = -76 \cdot 1 + \frac{4}{5} \cdot 100 = 4 \tag{5.45}$$

这一价格与未知的概率 p 无关。更深入地注意到上述看涨期权的价格，当且仅当有 $p=1/5$ 时恰好与看涨期权最终支付的期望值的贴现相同，在这一情况下，$S_1(t)$ 是一个鞅。这不是巧合，详细内容我们会在5.5.2 节里阐述。

在线性扩散市场模型下的期权定价

我们接受了在线性市场中，通过复制原理推导完全市场下的期权定价这一思想。在这么做之前，我们介绍了期权的数学定义，更一般地说，一种未定权益，一种套利机会的概念。

定义 5.7

一个可许可自筹资金组合 (φ, c)，由一个交易策略 φ 和消费过程 c 组成，被称为**套利机会**，如果相关的财富过程满足

$$X(0) = 0, X(T) \geqslant 0 \ \mathbb{P}-a.s. \tag{5.46}$$

$$\mathbb{P}(X(T) > 0) > 0 \ \text{或} \ \mathbb{P}\left(\int_0^T c(t)\,dt > 0\right) > 0 \tag{5.47}$$

因此套利可以从没有任何投入的情况下获得收益，但是从不会有负的支付可以

表明线性市场存在免费的套利机会（R. Korn 与 E. Korn 的著作［2001］）。我们引入一个未定权益作为期权的一种概括。

定义 5.8

（欧式）**未定权益** (g, B) 由如下两部分构成，一个 $\{F_t\}_t$ – 有序可测的支付率过程 $g(t)$，$t \in [0, T]$，$g(t) \geqslant 0$ 和一个在时刻 $t = T$ 的一个 F_t – 可测的最终支付 $B \geqslant 0$ 且

$$\mathbb{E}\left(\left(\int_0^T g(t)\,\mathrm{d}t + B\right)^{\mu}\right) < \infty，对一些 \mu > 1 \tag{5.48}$$

注 5.9

1. 注意到除了一般的最终支付 B 之外，我们还介绍一个付款过程可以被当作一个连续的股息流的模型，即所谓的股息收益率。由于经常存在误用，我们还是使用期权一词作为未定权益的代名词。

2. 一个欧式未定权益只说明欧式期权的支付时间是固定的。美式期权可以不同对待。

为了介绍复制方法，我们定义复制策略和平价的概念。

定义 5.10

（a）$(\pi, c) \in A(x)$ 被称为未定权益 (g, B) 的**复制策略**，如果有如下等式成立：

$$g(t) = c(t) \ \mathbb{P} - a.s. \ \forall t \in [0, T]，X(T) = B\mathbb{P} - a.s. \tag{5.49}$$

而其中 $X(t)$ 是关于复制策略 (π, c) 的财富变化过程。

（b）复制策略价格 x 的集合被定义为

$$\mathcal{D}(x) := \mathcal{D}(x; (g, B)) := \{(\pi, c) \in \mathcal{A}(x) \mid (\pi, c)(g, B) \text{ 的复制策略}\} \tag{5.50}$$

（c）未定权益 (g, B) 的**平价** $\hat{p}_{g, B}$ 可以被定义为

$$\hat{p}_{g, B} := \inf\{p \mid D(p) \neq \emptyset\} \tag{5.51}$$

复制策略的存在性由完全市场理论所确保。它的第二部分也对平价提供了候选，

$$\tilde{x} = \mathbb{E}\left(H(T)B + \int_0^T H(t)g(t)\,\mathrm{d}t\right) \tag{5.52}$$

事实上，具体内容如下（见 R. Korn 与 E. Korn 的著作［2001］）。

定理 5.11 未定权益的平价

未定权益 (g, B) 的平价可以如下给出：

$$\hat{p}_{g, B} = \mathbb{E}\left(H(T)B + \int_0^T H(t)g(t)\,\mathrm{d}t\right) < \infty \tag{5.53}$$

并存在唯一的复制策略 $(\hat{\pi}, \hat{c}) \in D(\hat{p}_{g, B})$。它的财富过程 $\hat{X}(t)$（也被称作 (g, B) 的**估值过程**）可以由如下给定：

$$\hat{X}(t) = \frac{1}{H(t)}\mathbb{E}\left(H(T)B + \int_t^T H(s)g(s)\,\mathrm{d}s \mid F_t\right) \tag{5.54}$$

这一定理给出了很多值得研究的层面：

- 表示了对于特殊选择 (g, B) 的平价的计算。

- 可以使用蒙特卡罗方法计算没有明确表达式的平价。
- 对平价公式的解释。

我们马上会处理这些问题。

布莱克-斯克尔斯公式

对于欧式看涨和看跌期权的特殊情况，平价定理可以有一个完全的表达式，即所谓的布莱克-斯克尔斯公式（见 Black 与 Scholes 的著作［1973］）。

推论 5.12　布莱克-斯克尔斯公式

考虑布莱克-斯克尔斯市场模型，其中 $n = m = 1, r(t) \equiv r, b(t) \equiv b, \sigma(t) \equiv \sigma > 0$ 对所有的 $t \in [0, T], T > 0, r、b、\sigma \in \mathbb{R}$. 那么，有：

（a）一个执行价格为 $K > 0$ 到期日为 T 的欧式看涨期权在时刻 t 的价格 $X_C(t)$ 可以表示为

$$X_C(t) = S_1(t)\Phi(d_1(t)) - Ke^{-r(T-t)}\Phi(d_2(t)) \tag{5.55}$$

$$d_1(t) = \frac{\ln\left(\frac{S_1(t)}{K}\right) + \left(r + \frac{1}{2}\sigma^2\right)(T - t)}{\sigma\sqrt{T - t}}, d_2(t) = d_1(t) - \sigma\sqrt{T - t} \tag{5.56}$$

其中 Φ 是标准正态分布函数。

（b）一个执行价格为 $K > 0$ 到期日为 T 的欧式看跌期权在时刻 t 的价格 $X_P(t)$ 可以表示为［其实 $d_i(t)$ 与式（5.56）中的相同］

$$X_P(t) = Ke^{-r(T-t)}\Phi(-d_2(t)) - S_1(t)\Phi(-d_1(t)) \tag{5.57}$$

了解布莱克-斯克尔斯公式及其使用范围

布莱克-斯克尔斯公式是现代金融数学的基石。这听起来像是期权交易的数学基础，为在期权市场中大量的更加复杂的期权即所谓的**奇异期权**的飞速发展铺平了道路。该公式成功的主要原因也是因为它的神奇：（原则上）观察到的无风险利率 r 进入定价公式之后，股票的平均回报率 b 不再出现。由于 b 不再被注意到（在时间序列数据中也很难得到！），这对于交易者在给看涨看跌期权定价时不再需要关注 b 的值提供了很大的便利。更进一步地，b 被解读成吸引股票投资的优先参数，上述对于欧式看涨和看跌期权的估值公式也可以被称为**免费优先估值**。

当然，这一事实需要论证。答案和解释一阶段二项式模型是相似的。这里存在一个概率测度 $\mathbb{Q}$ 标的定价机制有别于个人**主观**的概率测度 $\mathbb{P}$。我们会给出两种方法解释这一点，主要思想是**市场一致定价**和等价于鞅测度的**变换测度**的概念。

为了了解一致定价思想背后的含义，我们关注在未来时刻 T 时股票的净值，

$$\mathbb{E}(e^{-rT}S_1(T)) = s_1e^{(b-r)T} \tag{5.58}$$

这一净值当且仅当 $b = r$ 时，等于今天的股票价值 s_1。因此，如果市场中所有的股票的实际价格都是通过净现值计算的话，市场必须假设 b 和 r 相等。现在就很容易核实布莱克和斯克尔斯在 $b = r$ 时得到的期权定价公式的积分表达式等于

$$\mathbb{E}\left(e^{-rT}(S_1(T) - K)^+\right),\, \mathbb{E}\left(e^{-rT}(K - S_1(T))^+\right)$$

因此，布莱克-斯克尔斯公式可以通过事实来解释，只要市场在计算期权价格和标的股票价格时有相同的简单假设 $b = r$ 即可。

测度变化的概念可以通过 Girsanov 的定理（见第 4 章）解释。我们引入一个新的布朗运动

$$W^{\mathbb{Q}}(t) := W(t) + \theta \cdot t \tag{5.59}$$

其中 $\theta = (b - r)/\sigma$ 通过在概率测度 $\mathbb{Q}$：

$$\mathbb{Q}(A) = \mathbb{E}(1_A Z(T)),\, \forall A \in F_T \tag{5.60}$$

得到，其中 Z 由式（5.28）定义。则有

$$S_1(t) = s_1 \exp\left(\left(r - \frac{1}{2}\sigma^2\right)t + \sigma W^{\mathbb{Q}}(t)\right) \tag{5.61}$$

因此得到［记住 $H(T)$ 的定义］

$$X_C(0) = \mathbb{E}\left((s_1\exp\left[\left(b - \frac{1}{2}\sigma^2\right)T + \sigma W(T)\right] - K)^+ Z(T)\right)$$

$$= \mathbb{E}_{\mathbb{Q}}\left(\exp(-rT)(s_1\exp\left[(r - \frac{1}{2}\sigma^2)T + \sigma W^{\mathbb{Q}}(T)\right] - K)^+\right) \tag{5.62}$$

其中 $\mathbb{E}_{\mathbb{Q}}(.)$ 表示关于测度 $\mathbb{Q}$ 的期望值。表达式解释了布莱克-斯克尔斯价值公式与 b 无关。更进一步地，从式（5.61）可得：

1. 股票的折现价值 $S_1(t)/B(t) = s_1 \cdot \exp\left(\sigma W^{\mathbb{Q}}(t) - \frac{1}{2}\sigma^2 t\right)$ 是一个 $\mathbb{Q}$-鞅。因此，$\mathbb{Q}$ 被称为**等价鞅测度**，同时有

$$dS_1(t) = S_1(t)(r dt + \sigma dW^{\mathbb{Q}}(t)) \tag{5.63}$$

2. 期权价格在所谓的**风险中性市场**（通过使用 $\mathbb{Q}$）中等于它的净现值，在风险中性市场中，所有正态化的证券价格 $S_i(t)/S_i(0)$ 具有相同的期望值。

期权定价和等价鞅测度

应用等价鞅测度是期权定价中的核心概念，我们给出通用的等价期权定价的定义，具体如下：

定义 5.13

考虑具有过滤子 $\{F_t: t \in [0, T]\}$ 的概率空间 $(\Omega, F, \mathbb{P})$。假设在这一概率空间上，具有价格过程 $S_0(t), \cdots, S_n(t)$ 的 $n + 1$ 个证券组成的金融市场模型可定义为，价格过程 $S_0(t)$ 是严格正的。如果所有的折价过程

$$\tilde{S}_i(t) = \frac{S_i(t)}{S_0(t)} \tag{5.64}$$

对于 $\mathbb{Q}$（和 $\{F_t: t \in [0, T]\}$）都是鞅过程，那么，概率测度 $\mathbb{Q}$ 等价于 $\mathbb{P}$（两种概

率测度有相同的零集），即所谓的对于这样的市场是**等价鞅测度**（EMM）。

注 5.14　可以发现，对于 EMM 的存在意味着相关的金融市场有着自由的套利机会。相反，如果没有套利机会的存在，那就意味着 EMM 只能在一些（平稳）的附加技术条件下存在。在完全市场中（即，市场中每一个未定权益可以被复制）只存在唯一 EMM（详见 Björk 的著作 [2004]）。

由于我们的线性市场模型是完全的，因此正好有一个这样的 EMM $\mathbb{Q}$。它能通过上述的布莱克-斯克尔斯模型计算得出

$$\mathbb{Q}(A) = \mathbb{E}(1_A Z(T)) \,\forall A \in F_T \tag{5.65}$$

有了它的帮助，我们能得到期权价格的表达式更加适合应用蒙特卡罗方法：

定理 5.15　用 EMM 期权定价

假设我们所在的线性市场有 EMM $\mathbb{Q}$。令 (g, B) 是一个未定权益。对于 $0 \leq t \leq T$ 的价格过程 $\hat{X}(t)_{g,B}$ 可以由下给出：

$$\hat{X}_{g,B}(t) = E_{\mathbb{Q}}\left(e^{-\int_t^T r(s)\,ds}B + \int_t^T e^{-\int_t^T r(u)\,du}g(s)\,ds \mid F_t\right) \tag{5.66}$$

这一理论的一个非常重要的推论如下：**为了期权定价的目的我们总是假设**

$$b_i(t) = r(t), i = 1, \cdots, n \tag{5.67}$$

为了完整性，我们也用在原始文献 Black 与 Scholes 的著作（1973）中表述的布莱克-斯克尔斯**偏微分方程**（布莱克-斯克尔斯 PDE）去推导布莱克-斯克尔斯公式。这基于费恩曼-卡茨表述定理给出的 PDEs 和 SDEs 的相关性理论。

定理 5.16　期权定价和布莱克-斯克尔斯偏微分方程

假设我们在一维布莱克-斯克尔斯框架中。

（a）布莱克-斯克尔斯偏微分方程

$$\frac{1}{2}\sigma^2 s^2 C_{ss} + rsC_s + C_t - rC = 0, (t,s) \in [0,T) \times (0,\infty) \tag{5.68}$$

$$C(T,s) = (s-K)^+, s \geq 0 \tag{5.69}$$

有唯一解 $C \in C([0,T] \times (0,\infty)) \cap C^{1,2}([0,T) \times (0,\infty))$ 由如下方程给出：

$$C(t,S_1(t)) = S_1(t)\Phi(d_1(t)) - Ke^{-r(T-t)}\Phi(d_2(t)) \tag{5.70}$$

其中 $d_i(t)$ 与式（5.56）相同。特别地，这唯一解等同于布莱克-斯克尔斯公式。

（b）欧式看涨期权的唯一复制策略 (φ_0, φ_1) 由如下方式给出：

$$\varphi_0(t) = (C(t,S_1(t)) - C_s(t,S_1(t))S_1(t))e^{-rt} \tag{5.71}$$

$$\varphi_1(t) = C_s(t,S_1(t)) \tag{5.72}$$

注 5.17

1. 对于通过布莱克-斯克尔斯偏微分方程最后支付形式 $f(S_1(T))$ 对其他欧式期权定价，只有边界条件式（5.69）改变为

$$C(T,s) = f(s), s \geq 0 \tag{5.73}$$

2. 上述定理得到的股票部分的复制策略的表述，等价于期权价格相对于标的

资产的偏导数，即所谓的期权的 **delta**。

　　一个在计算期权价格时非常有用的结论是**对数正态分布估值公式**。

命题 5.18

令 $X \sim N(0, 1)$ ，$m \in \mathbb{R}$ ，v、$K \geqslant 0$。有

$$\mathbb{E}\left((ye^{m+vX} - K)^+\right) = ye^{\tilde{m}}\Phi(d_1) - K\Phi(d_1 - v) \tag{5.74}$$

$$\tilde{m} = m + \frac{1}{2}v^2, d_1 = \frac{\ln(y/K) + (m + v^2)}{v} \tag{5.75}$$

5.5.3　在布莱克-斯克尔斯假设条件下的股息

　　在真实市场中，股息是在投资股票时很具有吸引力的特性。它们通常在（将近）固定日一次性支付。为了讨论股息支付的实际建模意义，我们参考文献 Korn 与 Rogers（2005）。一个受从业者喜好的方式是连续的股息流，即存在一个连续的支付流 $\delta S_1(t)\,dt$。这导致股票价格在风险中性市场中等价于

$$dS_1(t) = S_1(t)((r - \delta)dt + \sigma dW(t)) \tag{5.76}$$

由于股息流是支付给股票的持有者而不是期权的持有者，我们可以看到如下修正后的通过 $\exp(-\delta t)S_1(t)$ 替代 $S_1(t)$ 得到的**带有连续股息的布莱克-斯克尔斯公式**：

$$X_C(t) = e^{-\delta t}S_1(t)\Phi(d_1(t)) - Ke^{-r(T-t)}\Phi(d_2(t)) \tag{5.77}$$

$$d_1(t) = \frac{\ln\left(\dfrac{S_1(t)}{K}\right) + \left((r - \delta) + \dfrac{1}{2}\sigma^2\right)(T - t)}{\sigma\sqrt{T - t}}, \tag{5.78}$$

$$d_2(t) = d_1(t) - \sigma\sqrt{T - t}$$

将 $\exp(-\delta t)S_1(t)$ 替代 $S_1(t)$ 这一方式也在其他模型中有效，在后面的叙述中我们不再将股息率分开考虑。为了模拟的原因，可以看到修正项 $-S_1(t)\delta dt$ 出现在随机微分公式（5.76）中，这一做法在其他模型中也是有效的，这也是使用连续股息流比较流行的一个原因。

5.6　在布莱克-斯克尔斯假设条件下的期权定价和蒙特卡罗方法

　　尽管布莱克-斯克尔斯不能解释实际市场中价格的所有特性，但是它依旧被作为实际应用中的一种标准。更广泛地，它常常服务于非常复杂的高维期权定价方面的应用。因此，我们在布莱克-斯克尔斯假设条件下引入蒙特卡罗方法。注意到由于在期权定价中使用了唯一的 EMMQ ，我们总能假设

$$b_i = r \tag{5.79}$$

其等价于 $\mathbb{P} = Q$，即我们在等价鞅测度下直接建模。的确，应用蒙特卡罗方法进行期权定价的目的仅需要知道**期权价格是一个随机变量的（折现的）希望值**。我们也会忽略简单的支付流 g。对于一个（欧式）期权的支付 B，蒙特卡罗方法会近似

其为 $\mathbb{E}_Q\,(\,\mathrm{e}^{-rT}B\,)$ 。

算法 5.2   蒙特卡罗模拟期权定价

1. 模拟 n 个关于最后支付 B 的独立变量 B_i 。

2. 选择折现均值近似作为期权价格

$$\left(\frac{1}{n}\sum_{i=1}^{n}B_i\right)\cdot\mathrm{e}^{-rT}\approx\mathbb{E}_Q\,(\,\mathrm{e}^{-rT}B\,)$$

虽然算法的第二步不会引起什么问题，但是模拟期权的最终回报 B 需要根据很多方面的因素，例如：

- 回报的形式：它只是依赖单一时间点还是根据（整个）标的资产的路径？
- 标的资产：我们有一个还是多个标的资产？

由此我们将多个资产期权和单个资产期权分开考虑并用蒙特卡罗方法分别研究路径独立和路径不独立期权的估值。

利用蒙特卡罗方法给期权定价由 Boyle（1977）所倡导。Boyle 等（1977）可以被视作最近的研究阶段最早提倡使用精确的蒙特卡罗技术给复杂期权进行定价的先驱。

5.6.1   路径独立的（欧式）期权

这里，我们总假设期权的回报形式如下：

$$B = f\,(\,S\,(\,T\,)\,) = g\,(\,W\,(\,T\,)\,) \tag{5.80}$$

其中 $S\,(\,T\,) = (\,S_1\,(\,T\,)\,,\cdots,S_n\,(\,T\,)\,)$ 。为了得到 g ，注意到在布莱克-斯克尔斯模型下的股票价格表达式意味着 $S\,(\,T\,) = h(W(T))$ 且

$$h_i(x) = s_i\exp\left(\,(\,r - \frac{1}{2}\sum_{j=1}^{n}\sigma_{ij}^2\,)\,T + \sum_{j=1}^{n}\sigma_{ij}x_j\right) \tag{5.81}$$

当然，只有当期权价格没有一个封闭的解析表达式时，利用蒙特卡罗方法计算期权价格才是有意义的。在这种情况下，用蒙特卡罗方法得到价格 $\hat{p}_{B,N}$ 的简要算法如下：

算法 5.3   路径独立期权的蒙特卡罗定价

设 $f(S(T)) = g(W(T))$ 是期权的最终回报。

1. 令 $\hat{p}_{B,N} = 0$ 。

2. For $i = 1$ to N do

(a) 模拟 $Z^{(i)} \sim N\,(0,I)$ 。

(b) 计算 $B^{(i)} = g\,(\sqrt{T}Z^{(i)})$ 。

(c) 令 $\hat{p}_{B,N} = \hat{p}_{B,N} + B^{(i)}$ 。

3. 令 $\hat{p}_{B,N} = \frac{1}{N}\mathrm{e}^{-rT}\hat{p}_{B,N}$ 。

这只是一个纯粹的蒙特卡罗框架。然而，如果考虑期权的详细分类的话，我们可以使用所有在第 3 章中提到的方差缩减的方法。我们以期权组合为例：

期权组合定价与矩匹配和控制变量法

期权组合的**回报**是股票价格组合的均值，即（欧式）期权组合的最终回报

$$B = \left(\sum_{i=1}^{n} w_i S_i(T) - K \right)^{+} \tag{5.82}$$

其中权重 w_i 通常和为 1。由于股票价格的总和的分布是未知的，因此没有看涨期权组合价格的闭解。存在很多近似方法为期权组合定价，但是它们总有不足之处（见 Krekel 等的著作［2004］）。最流行的方法是 **Lévy 矩匹配方法**（见 Lévy 的著作［1992］）。它通过使用相同均值和方差的对数正态分布变量 Z 替代期权组合的回报，即定义

$$Z = \exp(m + vX) \tag{5.83}$$

其中 $X \sim N(0,1)$ 且 m、v 由如下方程给出：

$$m = 2\ln(M) - \frac{1}{2}\ln(V^2), v = \ln(V^2) - 2\ln(M) \tag{5.84}$$

$$M = \mathbb{E}\left(\sum_{i=1}^{n} w_i S_i(T) \right) = e^{rT} \sum_{i=1}^{n} w_i s_i \tag{5.85}$$

$$V^2 = \mathbb{E}\left(\sum_{i=1}^{n} w_i S_i(T) \right)^2 = e^{2rT} \sum_{i,j=1}^{n} s_i s_j e^{\left(\sum_{k=1}^{n} \sigma_{ik}\sigma_{jk} \right)^T} \tag{5.86}$$

期权组合价格的近似表示可以通过如下 Black – Scholes 类型公式给出：

$$\hat{p}_{\text{basket}} \approx e^{-rT}(M\Phi(d_1) - K\Phi(d_2)) \tag{5.87}$$

$$d_1 = \frac{m + v^2 - \ln(K)}{v}, d_2 = d_1 - v \tag{5.88}$$

尽管 Lévy 对于各种参数 r，σ 近似得到了很好的结论，但是如果股票的波动十分不同，其表现就非常差。在这样的情况下，一个适当控制变量的蒙特卡罗方法是一个好的选择。这里有两个主要的控制变量的方法：

- 使用看涨的几何平均值 $B_{\text{geo}} = \left(\prod_{i=1}^{n} nw_i S_i(T) \right)^{1/n} - K)^{+}$。

- 使用每一个看涨股票的权重和 $B_w = \sum_{i=1}^{n} w_i (S_i(T) - K)^{+}$。对于这两种选择，我们都能明确计算期权的价格。对于看涨的权重均值，布莱克-斯克尔斯公式可以得到

$$p_{B_w} = \sum_{i=1}^{n} w_i \left(s_i \Phi\left(d_1^{(i)} \right) - Ke^{-rT}\Phi\left(d_2^{(i)} \right) \right) \tag{5.89}$$

$$d_1^{(i)} = \frac{\ln(s_i/K) + \left(r + \frac{1}{2}v_i^2 \right)^T}{v_i \sqrt{T}}, d_2^{(i)} = d_1^{(i)} - v_i \sqrt{T}, v_i^2 = \sum_{j=1}^{n} \sigma_{ij}^2 \tag{5.90}$$

对于对数正态估值公式（参考命题 5.18）得到的看涨几何平均价格如下：

定理 5.19   几何平均看涨组合的期权价格

在布莱克-斯克尔斯模型中，几何平均看涨组合的期权价格由如下形式给出：

$$p_{B_{\text{geo}}} = e^{-rT}(\tilde{s}\, e^{\tilde{m}}\Phi(\tilde{d}_1) - K\Phi(\tilde{d}_2)) \tag{5.91}$$

$$\nu = \frac{1}{n}\sqrt{\sum_{j=1}^{n}\left(\sum_{i=1}^{n}\sigma_{ij}^2\right)^2},\ m = rT - \frac{1}{2n}\sum_{i,j=1}^{n}\sigma_{ij}^2 T \tag{5.92}$$

$$\tilde{m} = m + \frac{1}{2}\nu^2,\ \tilde{s} = \left(\prod_{i=1}^{n}s_i\right)^{1/n},\ \tilde{d}_1 = \frac{\ln(\tilde{s}/K) + m + \nu^2}{\nu},\ \tilde{d}_2 = \tilde{d}_1 - \nu \tag{5.93}$$

其中 $\omega_i = 1/n$。

几何均值和算术均值常常有很大的不同，我们也应用矩匹配的一种方式：我们在几何均值期权组合中使用修正的执行价格 $\tilde{K}$ 使得线性回报的矩一致。即，我们需要

$$\mathbb{E}\left(\left(\frac{1}{n}\sum_{i=1}^{n}S_i(T) - K\right)\right) = \mathbb{E}\left(\left(\prod_{i=1}^{n}S_i(T)\right)^{1/n} - \tilde{K}\right) \tag{5.94}$$

通过定理 5.19 的表述，可得结果

$$\tilde{K} = K - e^{rT}\frac{1}{n}\sum_{i=1}^{n}s_i + \tilde{s}\, e^{\tilde{m}} \tag{5.95}$$

例 5.20

我们关注四个股票的看涨组合期权，其中 $T = 5$，$K = 100$，$S_i(0) = 100$ 且具有相同的权重 $w_i = 0.25$。假设 $r = 0$，对数回报上有相同的相关系数 0.5，每个股票的波动性相同 $0.4 = (\sigma_{i1}^2 + \cdots + \sigma_{i4}^2)^{1/2}$，$i = 1, \cdots, 4$。表 5.1 清楚地演示了通过上述控制方法得到的缩小方差。虽然在这里对于单个看涨期权使用控制变量方法得到了很好的结果，但是如果股票价格有很大不同的波动这也会导致结果的偏差。

表 5.1   看涨组合期权的蒙特卡罗定价（极值为 28.00）

方法 N	10000 价格 95% 置信区间		1000000 价格 95% 置信区间	
原始 MC	27.07	[25.84, 28.29]	27.99	[27.86, 28.12]
几何平均 MC	27.86	[27.46, 28.26]	27.99	[27.95, 28.03]
相关几何平均 MC	28.00	[27.68, 28.33]	27.97	[27.93, 28.00]
单一看涨期权 MC	28.13	[27.83, 28.43]	28.00	[27.97, 28.03]

5.6.2   路径相关的欧式期权

为了给路径相关的期权定价，我们需要（部分）模拟标的资产价格过程的路径。下面给出几个期权的例子来证明方差缩减基数的实用性。

亚式期权和矩匹配控制变量

亚式期权的特性是它们的回报包含了一个股票价格路径的平均过程。它们是典型的单一股票期权，但也进行组合交易。基于连续均值的典型亚式期权（或者说均值期权）的例子如下：

$$B = \left(S_1(T) - \frac{1}{T}\int_0^T S_1(s)\,ds\right)^+ \text{连续亚式期权} \tag{5.96}$$

$$B = \left(\frac{1}{T}\int_0^T S_1(s)\,ds - K\right)^+ \text{连续平均固定执行价格期权} \tag{5.97}$$

在实际交易中的期权，连续时间均值常常被离散形式代替

$$B = \left(S_1(T) - \frac{1}{n}\sum_{i=1}^n S_1(t_i)\right)^+ \text{离散亚式期权} \tag{5.98}$$

$$B = \left(\frac{1}{n}\sum_{i=1}^n S_1(t_i) - K\right)^+ \text{离散平均固定执行价格期权} \tag{5.99}$$

这类期权定价的主要问题如同期权组合定价的问题：对数正态分布随机变量的和不再是对数正态分布。这也通常使得在对数正态集上的积分变得不再对数正态。因此，对于连续和离散形式的期权都没有明确的定价解析公式。

第一个简单方法就是模拟股票价格的不同路径，计算所得回报，并通过贴现等差中项计算期权价格。以期权组合的情况看，我们能使用基于不同类型的期权的几何平均值作为控制变量。由于对数正态分布随机变量的乘积还是对数正态分布，对于对数正态分布的估值结果，由定理 5.18 可以得到如下结果。

定理 5.21　期权价格的几何平均值

在一维布莱克-斯克尔斯模型中，几何平均值回报是

$$B = \left(\left(\prod_{i=1}^n S_1(t_i)\right)^{1/n} - K\right)^+ \text{几何平均固定执行价格期权} \tag{5.100}$$

且 $0 = t_0 < t_1 < \cdots < t_n$ 的离散平均固定执行价格期权的价格是

$$p_{GFA} = e^{-rT} S_1(0) e^{m+\frac{1}{2}\nu^2} \Phi\left(\frac{\ln(S_1(0)/K) + m + \nu^2}{\nu}\right) -$$
$$e^{-rT} K \Phi\left(\frac{\ln(S_1(0)/K) + m}{\nu}\right) \tag{5.101}$$

$$m = \left(r - \frac{1}{2}\sigma^2\right)\frac{1}{n}\sum_{i=1}^n t_i, \nu = \frac{\sigma}{n}\sqrt{\sum_{i=1}^n (n+1-i)^2(t_i - t_{i-1})} \tag{5.102}$$

Kemna 与 Vorst（1990）使用这个公式，而且事实上，算术平均值是至少与几何平均值获得同样大小的相应的亚式期权价格的下界。同时，也可以在几何均值中使用修正的执行价格 $\tilde{K}$ 以得到一个匹配的均值，即

$$\mathbb{E}\left(\frac{1}{n}\sum_{i=1}^n S_1(t_i) - K\right) = \mathbb{E}\left(\left(\prod_{i=1}^n S_1(t_i)\right)^{1/n} - \tilde{K}\right) \tag{5.103}$$

修正执行价格由如下公式给出：

$$\tilde{K} = K + S_1(0)\left(\exp\left(\left(r - \frac{1}{2}\sigma^2\right)\bar{t}_n + \frac{1}{2}\frac{\sigma^2}{n^2}\tilde{t}_n\right) - \frac{1}{n}\sum_{i=1}^{n}e^{rt_i}\right) \qquad (5.104)$$

$$\bar{t}_n = \frac{1}{n}\sum_{i=1}^{n}t_i, \tilde{t}_n = \sum_{i=1}^{n}(n+1-i)(t_i - t_{i-1}), t_0 = 0 \qquad (5.105)$$

对于等距时间间隔，有 $\bar{t}_n = (n+1)\Delta t/2$，这一想法表述在算法 5.4 中，并用 $p_{GFA}(\tilde{K})$ 表示执行价格 $\tilde{K}$。与第 3 章中的内容相比较，控制变量（**不是样本**）通过均值修正。因此，我们用**矩匹配控制变量法**来代替表述。

算法 5.4　平均固定执行价格期权的修正几何均值控制

---

1. 模拟 N 个回报：$B_i = $ "亚式期权 – 几何均值期权。"

2. 通过如下公式近似亚式期权价格 $\hat{p}_{FSA}^N$：$= p_{GFA}(\tilde{K}) + e^{-rT}\sum_{i=1}^{N}B_i$。

在期权组合情况下，两个变量控制法的数值优势堪比在期权组合下的控制变量方法。

注 5.22

1. 注意到，模拟上述相关股票价格路径时我们不需要一个离散化的方法，因为只需要时间点 t_i 的最后一个所对应的股票，我们可以通过 $S(t_i)$ 的精确分布（分布从增量 $S(t_i) - S(t_{i-1})$ 中得到）中进行抽样获得。这会与连续时间均值期权的情况有所不同。

2. 有很多关于亚式期权定价的文献如 Rogers 与 Shi（1995）使用了由其他作者后来得到的一个微分方程方法。更流行的方法是 Turn bull 与 Wakeman（1991）给出的矩匹配方法和 Geman 与 Yor（1993）给出的拉普拉斯变化的数值反演 H. Geman and Yor（1993）。对于解析法和蒙特卡罗方法的比较也在 Fu 等（1999）的著作中有所指出。

障碍期权定价、重要性抽样和布朗桥技术

障碍期权是很流行的衍生产品。它们只提供一个最终支付，通常是关于标的资产的一个看涨或看跌，如果标的的路径要跨越（或不跨越）某些障碍。障碍期权的简单例子是（单边）**敲出障碍期权**，其最终支付形式如下：

$$B_{DOC} = (S_1(T) - K)^+ 1_{\{S_1(t) > H \forall t \in [0,T]\}} \quad \text{向下敲出看涨期权} \qquad (5.106)$$

$$B_{UOC} = (S_1(T) - K)^+ 1_{\{S_1(t) < H \forall t \in [0,T]\}} \quad \text{向上敲出看涨期权} \qquad (5.107)$$

$$B_{DOP} = (K - S_1(T))^+ 1_{\{S_1(t) > H \forall t \in [0,T]\}} \quad \text{向下敲出看跌期权} \qquad (5.108)$$

$$B_{UOP} = (K - S_1(T))^+ 1_{\{S_1(t) < H \forall t \in [0,T]\}} \quad \text{向上敲出看跌期权} \qquad (5.109)$$

其中 K 是执行价格且 $H \geq 0$ 是期权的障碍。注意到，看涨（看跌）期权的最终回报由相同执行价格 K 向下敲出看涨期权和向下敲入看涨期权的总和得出，由于无障碍期权和已敲出障碍期权的价格存在差别，我们能得到在障碍中的障碍期权的价格（"敲入 – 敲出平价"）。因此我们可以集中关注如下敲出期权。

带有障碍上、下限 H_1、H_2 的障碍期权是关于上述障碍期权的一种变形，它也在金融市场中交易且与单边障碍期权有着相类似的支付。将**双障碍敲出期权**作为示例，其回报为

$$B_{DBKOC} = (S_1(T) - K)^+ 1_{\{H_2 > S_1(t) > H_1 \forall t \in [0,T]\}} \qquad (5.110)$$

然而上述期权在它的回报里包含了一个参数障碍条件，我们称为**连续障碍期权**。与此相反，我们也会考虑**离散障碍期权**，其障碍条件只有在有限时间区间集 $0 \leq t_1 < \cdots < t_m \leq T$ 中成立。也就是说，离散向下敲出看涨期权有如下回报形式：

$$B_{DOC}^N = (S_1(T) - K)^+ 1_{\{S_1(t_i) > H \forall t_i, i = 1, \cdots, m\}} \qquad (5.111)$$

由于漂移布朗运动的最大/最小运行的联合分布和它在时间 T 下的最终值 $W(T)$ 已知（参看 R. Korn 与 E. Korn 的著作 [2001]），这里，在布莱克-斯克尔斯类型市场中存在关于单边（或单障碍）期权的简单明确的定价公式。

命题 5.23

在布莱克-斯克尔斯市场中，关于单个股票的向下敲出看涨期权的价格可以定义为：

a) 障碍是 $H < S(0)$ 且执行价格为 $K < H$，期权价格为

$$X_{do}^{Call}(0) = S(0)\Phi(d_1) - Ke^{-rT}\Phi(d_1 - \sigma\sqrt{T}) -$$

$$S(0)\left(\frac{H}{S(0)}\right)^{2\frac{r}{\sigma^2}+1}\Phi(d_2) + e^{-rT}K\left(\frac{H}{S(0)}\right)^{2\frac{r}{\sigma^2}-1}\Phi(d_2 - \sigma\sqrt{T}) \qquad (5.112)$$

$$d_1 = \frac{\ln\left(\frac{S(0)}{H}\right) + \left(r + \frac{1}{2}\sigma^2\right)T}{\sigma\sqrt{T}}, d_2 = \frac{\ln\left(\frac{H}{S(0)}\right) + \left(r + \frac{1}{2}\sigma^2\right)T}{\sigma\sqrt{T}} \qquad (5.113)$$

b) 障碍为 $H < S(0)$ 且执行价格为 $K \geq H$，期权价格为

$$X_{do}^{Call}(0) = S(0)\Phi(d_3) - Ke^{-rT}\Phi(d_3 - \sigma\sqrt{T}) -$$

$$S(0)\left(\frac{H}{S(0)}\right)^{2\frac{r}{\sigma^2}+1}\Phi(d_4) + e^{-rT}K\left(\frac{H}{S(0)}\right)^{2\frac{r}{\sigma^2}-1}\Phi(d_4 - \sigma\sqrt{T}) \qquad (5.114)$$

其中我们由 d_1 和 d_2 通过 K 替代 H 得到 d_3 和 d_4。

这里有类似的对于所有其他类型单障碍期权定价的表达式（参看 Reiner 与 M. Rubinstein 的著作 [1991]）。在后面它们能被用作得到离散障碍期权定价的近似值。对于双障碍期权，这样精确定价的表达式通常不存在。

离散障碍期权的蒙特卡罗（MC）定价：标准方法

由于对于离散障碍期权只需要核实在时间点 $t_1 < \cdots < t_m$ 下的障碍条件，我们只要模拟价格路径 $S(t)$ 在这些时间点 t_i 和最终时刻 T 的值。更多地，在敲出期权的情况，如果永远不触及障碍条件，我们只需模拟直到时间 T 的值。否则，我们在触及障碍条件的第一时间停止模拟路径并设置相关的回报为零。在敲入期权的情况下，如果障碍条件在 T 之前的某些时间点 t_i 被满足，我们只能模拟最终的回

报。注意到这些，标准的方法可以很容易地适用每一种障碍条件，不论它们是双障碍、时间独立障碍还是敲入或敲出的组合期权。更进一步地，这个方法应用到一个布莱克-斯克尔斯类型的 d – 维模型下的多资产设置的期权也是没有问题的。为了给出一个通用的公式，我们忽略对于一个敲出期权的障碍条件在第一时刻就违反了从而停止模拟的可能性。

算法 5.5　离散障碍期权的蒙特卡罗方法

For $i = 1$ to N

1. 模拟在障碍时刻的股票价格 $S^{(i)}(t_j)$，$j = 1, \cdots, m$。

2. 如果障碍条件在所有时刻 $t_1, \cdots, t_m$ 都满足，那么计算最后的回报 $B^{(i)} = f(S^{(i)}(T))$，否则，设置 $B^{(i)} = 0$。

得到离散障碍期权的蒙特卡罗估值价格为

$$\hat{p}_{B,N} = \frac{1}{N} e^{-rT} \sum_{i=1}^{n} B^{(i)}$$

离散障碍期权的 MC 定价：条件生存率

标准方法经常能在一维条件下得到令人满意的结果。然而，当初始股票价格接近敲出期权的障碍值时，我们很可能来模拟很多价格路径，实际上并不能计算出最终的回报。它们通常早就违反了障碍条件。为了避免这个问题，我们可以使用一个包含满足条件生成唯一价格路径的重要性抽样方法直到 T 时刻（也可参看 Glasserman 与 Staum 的著作［2001］。我们通过逐步条件抽样得到。

我们考虑一个最终回报是 $B = f(S(T))$ 的离散敲出障碍期权并假设在时间 t_i 时是不违反边界条件的，如果

$$S(t_i) \in (H_1(t_i), H_2(t_i)), i = 1, \cdots, m \tag{5.115}$$

注意到我们允许时间独立的障碍条件。如果能明确计算条件生成概率 $p_i(S(t_i))$ 通过

$$p_i(s) = \mathbb{P}(S(t_{i+1}) \in (H_1(t_{i+1}), H_2(t_{i+1})) \mid S(t_i) = s) \tag{5.116}$$

那么结合如下概率表示

$$L_j = \prod_{i=0}^{j} p_i(S(t_i)) \tag{5.117}$$

符合条件的收益率可以表示为

$$\mathbb{E}\left(e^{-rT} B \prod_{i=1}^{m} 1_{\{S(t_i) \in (H_1(t_i), H_2(t_i))\}}\right) = \mathbb{E}(e^{-rT} L_{m-1} B) \tag{5.118}$$

我们将会用表达式的右端并模拟生存条件下的唯一路径，同时计算它们沿着这条路径上的条件生存概率。然后，我们得到回报结果的均值。我们这么做是为了计算时间独立的双障碍敲出期权。根据式（5.118），这样的估计是无偏的。

关于条件 $S(t_i) = s$ 其中 $\Delta_i = t_{i+1} - t_i$ 并利用

$$S(t_{i+1}) = S(t_i) e^{(r-1/2\sigma^2)\Delta_i + \sigma\sqrt{\Delta_i}\Phi^{-1}(U)} \tag{5.119}$$

其中 U 是 $[0, 1]$ 上的均匀分布，可得

$$S(t_{i+1}) \in (H_1(t_{i+1}), H_2(t_{i+1})) \Leftrightarrow U \in (1 - p_i^-, 1 - p_i^+) \tag{5.120}$$

且

$$p_i^- = \mathbb{P}(S(t_{i+1}) > H_1(t_{i+1}) \mid S(t_i) = s)$$

$$= \Phi\left(\frac{\ln(S(t_i)/H_1(t_{i+1})) + (r - 1/2\sigma^2)\Delta_i}{\sigma\sqrt{\Delta_i}}\right) \tag{5.121}$$

并且 p_i^+ 可以通过在 p_i^- 中用上界 $H_2(t_{i+1})$ 替代下界 $H_1(t_{i+1})$ 得到。因此，为了确保上述情况，生成条件式（5.120）总是满足的，我们将 U 替代成条件随机数

$$\tilde{U} = (1 - p_i^-) + V(p_i^- - p_{i+1}^+) \tag{5.122}$$

并得到条件生存概率

$$p_i(s) = p_i^- - p_i^+ \tag{5.123}$$

由此，能得到算法 5.6。

算法 5.6　双障碍敲出期权的条件 MC 方法

令 $S(t_0) = S(0) = s, L_{-1} = 1$。

For $i = 1$ to N

1. 模拟一个股票价格的条件生成路径，即

   For $j = 0$ to $m - 1$ do

   - 根据式（5.121）计算 p_j^-、p_j^+。
   - 根据式（5.122）模拟一个随机数 $\tilde{U}$。
   - 令 $S^{(i)}(t_{j+1}) = S^{(i)}(t_j) e^{(r-1/2\sigma^2)\Delta_j + \sigma\sqrt{\Delta_j}\Phi^{-1}(\tilde{U})}$。
   - 令 $L_j^{(i)} = L_{j-1}^{(i)} \cdot (p_j^- - p_j^+)$。

2. 模拟在时刻 T 的最终回报，即

   - 令 $S^{(i)}(T) = S^{(i)}(t_m) e^{(r-1/2\sigma^2)(T-t_m) + \sigma\sqrt{T-t_m}\Phi^{-1}(U)}$

     其中 U 是 $[0, T]$ 上的均匀分布。

   - 令 $B^{(i)} = f(S^{(i)}(T))$。

得到双障碍敲出期权价格的条件 MC 估值如下：

$$\hat{p}_{B,N}^{cond,DBKNO} = \frac{1}{N} e^{-rT} \sum_{i=1}^{N} L_{m-1}^{(i)} B^{(i)}$$

注 5.24

1. Glasserman 与 Staum（2001）证明了一个在方差缩减下对比于标准方法使用条件 MC 的估值结果。如果初始股票价格接近于障碍值的话（相对于时间的到期日和股市的波动性进行判断），这一缩减可以很高。然而，这一调整仅降低由障碍条件所造成的方差。方差与最终回报的影响无关。

2. 条件方法也能够推广到多维假设的情况。我们只要改动定义并计算概率 $p_j^{\pm}$，并且在算法中用合适的方式生成一个多维的算计变量 $\tilde{U}$。然而，在此能从细节上看出来是相对烦琐的。

连续障碍期权的 MC 定价：布朗桥技术

如果我们想通过标准的蒙特卡罗方法计算连续双障碍敲出看涨期权的价格（即模拟离散股票价格路径、检查边界条件、计算满足边界条件的最终回报及平均值），那么估计不再是无偏的。的确，由于价格路径的离散化会系统地高估期权价格，在标准方法中期权敲出的情况太少。为了使得模拟更加精确，设想我们得到了来年各个价格 $S(t_i)$ 和 $S(t_{i+1})$ 并且它们都很接近于障碍值。那么，在标准方法中，我们不做任何修正，因为没有任何障碍的跨越。然而，价格过程可能会在时间 t_i 和 t_{i+1} 之间跨越障碍或不跨越。我们也有一个与敲入期权类似的问题。然而，此时的价格通过标准方法将会被低估。通常我们将面对一个只会慢慢消失的**监控偏差**，即，这个偏差具有 $O(m^{-1/2})$ 阶，如果 m 是标准方法中的离散点的数目（参考 Gobet 的著作 [2009]）。

两个标准方法得到的模拟值间进行（隐式）线性插值的一个替代方案是，使用布朗桥技术来填充中间的间隙（关于这方法的完整描述可见 Gobet 的著作 [2009]）。在简单的例子中，这个间隙可以是整个 $[0, T]$ 区间。设 $f(S(T))$ 是（连续）障碍期权的最终回报。那么有

$$\mathbb{E}\left(1_{\{S(t) \in (H_1, H_2) \ \forall t \in [0,T]\}} f(S(T))\right)$$
$$= \mathbb{E}\left(\mathbb{E}\left(1_{\{S(t) \in (H_1, H_2) \ \forall t \in [0,T]\}} \mid S(T), S(0)\right) f(S(T))\right)$$
$$= \mathbb{E}\left((1 - p(S(0), S(T), H_1, H_2, T, \sigma)) f(S(T))\right) \tag{5.124}$$

其中

$$p(s_1, s_2, H_1, H_2, T, \sigma)$$
$$= \mathbb{P}\left(\exists t \in [0,T] : S(t) \notin (H_1, H_2) \mid S(0) = s_1, S(T) = s_2\right) \tag{5.125}$$

根据式（5.124），算法 5.7 描述了一个向下敲出期权定价的无偏估计。

算法 5.7　敲出障碍期权的布朗桥技术的 MC 定价方法

考虑一个最终回报为 $B = f(S(T))$ 且障碍为 H_1、H_2 的双障碍敲出期权。

For $i = 1$ to N

- 模拟股票价格在时间点 T 的值 $S^{(i)}(T)$。
- 计算 $B^{(i)} = (1 - p(S(0), S^{(i)}(T), H_1, H_2, T,)) f(S^{(i)}(T))$。

通过布朗桥 MC 估计得到双障碍敲出期权的价格为

$$I_B^{bridge, DBKO} = \frac{1}{N} e^{-rT} \sum_{i=1}^{N} B^{(i)}$$

当然，这一算法仅当我们能明确计算相关概率时有效。这能通过一些例子看出

来（关于概率的计算可见 Gobet［2009］或 Karatzas 与 Shreve［1998］的著作）。

案例 1：单一障碍期权

这里，我们有 $H_1 = 0$ 或 $H_2 = +\infty$。简单起见，我们只考虑 $H_2 = \infty$ 的情况。那么，我们需要计算漂移布朗运动从 $\ln(s_1)$ 开始在时间 T 时到达 $\ln(s_2)$ 在 0 和 T 之间低于 $\ln(H_1)$ 的概率。一方面，这一条件过程是布朗桥过程（因此称为**布朗桥技术**），另一方面，概率可由下得出：

$$p(s_1, s_2, H_1, +\infty, T, \sigma) = \begin{cases} 1, \text{如果 } s_1 < H_1 \text{ 或 } s_2 < H_1 \\ \exp\left(-2\dfrac{\ln(s_1/H_1)\ln(s_2/H_1)}{\sigma^2 T}\right), \text{其他} \end{cases} \quad (5.126)$$

同时，概率由漂移布朗运动的终止和它的最大运行的联合概率分布得出。在一个上限的情况下（即 $H_1 = 0$），可以得到

$$p(s_1, s_2, 0, H_2, T, \sigma) = \begin{cases} 1, \text{如果 } s_1 > H_2 \text{ 或 } s_2 > H_2 \\ \exp\left(-2\dfrac{\ln(s_1/H_2)\ln(s_2/H_2)}{\sigma^2 T}\right), \text{其他} \end{cases} \quad (5.127)$$

我们也能利用上述概率得到相关敲入期权的定价。明显地，我们只要修改式 (5.124) 左边并在等式右边用 $p(.)$ 代替 $1 - p(.)$。

案例 2：分段常数障碍下的单障碍期权情况

在此情景中，我们仍旧能应用案例 1 中的方法。由于有一个分段常数的单障碍，相关敲出概率能通过计算沿着恒等间隔的障碍的敲出概率的乘积得到：设时间独立障碍 $H_1(t)$ 在给定时间区间 $0 = t_1 < \cdots < t_m < t_{m+1} = T$ 上的取值为 $H_{1,1}, \cdots, H_{1,m}$。那么，我们模拟股票价格过程的值 $S(t_i)$ 并得到敲出概率（离散股票价格路径上的条件）为概率 $(1 - p(S(t_i), S(t_{i+1}), H_{1,i}, +\infty, t_{i+1} - t_i, \sigma))$，$i = 1, \cdots, m$ 的乘积。相较标准方法，布朗桥技术是无偏的。更进一步地，只需模拟 $m + 1$ 个时刻的股票价格。

案例 3：双障碍期权

在案例 1 中，我们还有一个简单明确的定价公式，但它在双障碍期权的情况下是无效的。然而，至少在上述布朗桥算法中当 s_1 和 s_2 都不在 (H_1, H_2) 外面时对于概率需要有一个明确的公式（参见 Gobet 的著作［2009］）：

$$p(s_1, s_2, H_1, H_2, T, \sigma)$$
$$= \sum_{k=-\infty}^{+\infty}\left(\exp\left(-2\dfrac{k\ln(H_2/H_1)(k\ln(H_2/H_1) + \ln(s_2/s_1))}{\sigma^2 T}\right) - \exp\left(-2\dfrac{(k\ln(H_2/H_1) + \ln(s_1/H_2))(k\ln(H_2/H_1) + \ln(s_2/H_1))}{\sigma^2 T}\right)\right) \quad (5.128)$$

如果这一情况不成立，上述概率将会等于 1。当然，对于上述序列的数值估值是微不足道的。

文献 Moon（2008）考虑了上述方法的一个稍微的变化形式，并应用它到单资

产的双障碍期权定价中，对于多资产障碍期权的障碍条件仅与单资产相关。这类期权回报的一个例子如下：

$$B_{out} = (S_1(T) - K)^+ 1_{S_2(t) > H \forall t \in [0,T]} \tag{5.129}$$

Moon 精确地模拟了每个股票的价格路径基于一个直到有限期或直到第一次敲出时刻的离散网格。Moon 的想法是通过计算敲出（或敲入）概率来分开对待每个障碍。这些概率已由式（5.126）明确地给出。当然，总和超过跨越特殊障碍的概率要比跨越至少一个障碍的概率要稍微高一些。然而，如果给的离散时间段充分合适，那么由于在一个很短时间内跨越整个障碍区间的概率非常小，从而上述区别可以忽略。在已计算得出敲出概率后，Moon 建议用一个 $\mathcal{U}[0,1]$ 均匀分布的随机数赋予每一个概率。如果所有概率都低于相应的 $\mathcal{U}[0,1]$ 数值，那么股票价格路径的模拟继续。如果不满足这一情况，那么这一路径就会被认为是敲出并且下一个模拟路径开始。

我们给出 Moon 的对于双障碍敲出看涨期权在分段常数障碍 (L_1, U_1), …, (L_m, U_m) 下的定价算法如下：

算法 5.8 在分段常数障碍下的双障碍敲出看涨期权的 Moon 方法

设执行价格为 K，障碍为 $L_i < U_i$ 上存在 $[t_i, t_{i+1}]$，且 $0 = t_1 < \cdots < t_{m+1} = T$，并给定到期时间 T。令 $\delta_i = t_{i+1} - t_i$。

For $i = 1$ to N do

1. 令 $S_0^i = S(0)$。

2. For $j = 1$ to m do

   (a) 令 $V_i = 0$ 并得到 $Y_{ij} \sim N(0,1)$。

   (b) 令 $S_j^i = S_{j-1}^i e^{((r - 1/2\sigma^2)\delta + \sigma\sqrt{\delta}Y_{ij})}$。

   (c) 如果 $S_j^i \notin (L_j, U_j)$ 那么返回到步骤 1。

   (d) 否则，$p_{low} = e^{-2\frac{\ln(S_j^i/L_1)\ln(S_{j+1}^i/L_1)}{|\sigma^2|\delta_i}}$，$p_{up} = e^{-2\frac{\ln(S_j^i/U_1)\ln(S_{j+1}^i/U_1)}{|\sigma^2|\delta_i}}$。

   (e) 模拟两个独立随机变量 X_1, X_2，其中 $X_i \sim \mathcal{U}[0,1]$。

   (f) 如果 $p_{low} \geq X_1$ 或 $1 - p_{up} \geq X_2$，那么返回到步骤 1。

   (g) 如果 $j = m$，那么 $V_i = (S_m^i - K)^+$。

得到期权价格的蒙特卡罗估值如下：

$$I_B^{Moon, DBKO} = \frac{1}{N} e^{-rT} \sum_{i=1}^N V_i$$

注 5.25 对于上述敲入期权、看跌期权或其他路径依赖的最终支付 B 的算法的完善很简单，可以通过修改相关步骤得以完成（敲入-敲出标准，桥概率计算或最终回报计算）。一个具有单一障碍标准的多资产期权最终回报的变形（如期权组合）也能容易地计算（参看 Moon 的著作 [2008]）。更进一步地，我们将介绍这算法在更一般的股票价格定价假设条件下的应用。

注 5.26 Broadie、Glasserman 与 S. Kou（1997；1999）已经通过一个连续单

障碍期权的适当转移障碍来展现这点，获得了一个对于相关离散单障碍期权定价的很好的近似。我们也能反向利用这个方法，即通过一个合适的离散障碍期权为一个连续障碍期权定价。这一技术在 Gobet 的著作（2009）中得到了更进一步的发展并在 Gobet 与 Menozzi 的著作（2007）中应用到了多资产情况。因为这一技术原理已经超过了本书的范围，我们建议读者自行查阅这些文献。

5.6.3 更多的奇异期权

由于奇异期权存在大量不同版本，在本书中，我们只对以下非常流行的例子做详细处理。然而，应该明确的是，至少总有一个粗略的方式处理任何类型的期权：

- 多次模拟股票价格路径，并沿着该路径计算相关支付。
- 计算模拟出的支付的平均值并将它们以一个合理的方式折现得到一个对于期权价格的粗略蒙特卡罗估值。

虽然这方法总是有效的，但是总有一些巧妙的适应性算法存在的可能，它们通过利用特定期权的特殊性质或利用一个合适的方差缩减方法来实现。关于这类方法的文献的数量十分之多，以至于不能有一个明确的汇总。我们仅提及某些广为流传的期权：

- 回顾期权的回报是基于在一个标准时间跨度下的最小/最大股票价格，其形式如下：

$$B_{lookback} = \left(\max_{t \in [0,T]} S(t) - K \right)^+$$

- 棘轮期权通常由一个对于下跌变动的担保组成，但是仍有上涨的潜力。它们有很多表示形式，如

$$B_{Nap} = \left(a + \min_{i=1,\cdots,n} r_i \right)^+, \text{所谓的\textbf{拿破仑期权}}$$

$$B_{rc} = \left(b + \sum_{i=1}^{n} r_i^- \right)^+, \textbf{逆向棘轮期权}$$

$$B_{accu} = c + \sum_{i=1}^{n} \max(\min(r_i, cap), floor)^+, \textbf{累计期权}$$

其中 r_i 是股票或股指在时间 i 的回报，a、b、c 和 cap、$floor$ 是常数。

棘轮期权由于对于股票波动率的改变十分敏感而为人熟知。

5.6.4 数据预处理的矩匹配方法

我们已经在前面讲述的期权组合和亚式期权定价时提及了矩匹配方法。此前，我们主要关注了算术平均值的期望值和股票价格的近似几何均值的等价性。这里，我们将提及生成样本以匹配理论矩的修正方法（已经在第 3 章中讲述方差缩减方法时有所讨论）。这个方法会有一些选择概率，例如：

- **标的布朗运动的矩匹配**：如果股票价格过程是一个 d-维布朗运动 $W(t)$，那么通过如下修正抽样值可以确保，利用在固定时间 t 的抽样值 $W^{(i)}(t)$

的经验性结果匹配布朗运动成分的第一个二阶矩。

$$\tilde{W}_j^{(i)}(t) = \frac{W_j^{(i)}(t) - \bar{W}_j(t)}{\bar{s}(t)/\sqrt{t}} \tag{5.130}$$

其中 $\bar{W}(t)$ 和 $\bar{s}(t)$ 为在固定时刻 t 时的样本均值和标准差。

- **资产价格的矩匹配**：这里，我们可以使得，达到期权支付的股票价格的实证矩与它们的理论期望相匹配。这可以通过为每个股票价格计算如下修正样本值得到实现。

$$\tilde{S}_j^{(i)}(t) = \frac{S_j^{(i)}(t) \, \mathbb{E}(S(t))}{\bar{S}_j(t)} \tag{5.131}$$

其中 $\bar{S}_j(t)$ 是在时刻 t 时得到的股票价格的样本均值。

- **对偶抽样的均值匹配**：得到样本均值匹配所需希望值的最简单的方式是对偶抽样（参看 3.3.1 节）。

与前述方法不同，我们在此的目的是描述一个新的方法 [见 Wang 的著作 (2008)]，它专注于通过实验均值精确地匹配基准布朗运动。我们称其为样本数据预处理。这里特别有意思的是对于某些类型的期权，相关性结构会对它们的价格产生巨大的影响。一个典型的例子就是对于 n 个股票的最大看涨期权

$$B_{\max} = \left(\max_{k=1,\cdots,n} \{S_k(T)\} - K \right)^+ \tag{5.132}$$

这里很明显知道，对于独立性的股票这一期权的价格将会比完全不独立性的股票的期权的价格高很多。

样本预处理过程，在它被用作得到相关性股票价格之前，Wang 已用它来考虑不相关样本的 d-维布朗运动。它的主要目的是创造一个由均值为 0 且单一样本协方差矩阵为 I 的 d-维标准正态分布 N 个样本集合。这方法在算法 5.9 中有所描述。

算法 5.9　d-维正态样本的预处理

1. 得到 N 个独立标准正态分布随机数的独立样本 $(z_1, \cdots, z_d)$。

2. 引入均值修正样本 $\tilde{z}_i = z_i - \bar{z}_i \cdot \underline{1}$，其中 $\bar{z}_i$ 为样本元素 $z_{ij}, j = 1, \cdots, N$ 上的均值，且 $\underline{1} = (1, \cdots, 1) \in \mathbb{R}^N$。

3. 计算在 $\tilde{z}$ – 向量上的实验性协方差矩阵 $\tilde{C}$，即

$$\tilde{C}_{ij} = \frac{1}{N-1} \sum_{k=1}^{N} \tilde{z}_{ik} \tilde{z}_{jk}, i, j = 1, \cdots, d$$

4. 计算楚列斯基分解 $\tilde{C} = \tilde{A}' \tilde{A}$。

5. 通过 $Z' = (\tilde{z}_1, \cdots, \tilde{z}_d') \tilde{A}^{-1}$，获得所需属性的样本

$$Z' = (z_1', \cdots, z_d')$$

可以利用数据预处理方法从中构造一个布朗运动样本。这样本可以用于蒙特卡罗期权定价。文献 Wang（2008）表述了当上述预处理方法被应用时对于不同期权的蒙特卡罗期权定价方法的性能有相当大的改进。在对数收益的股票之间的相关性不大时，这一方法表现的效果尤为突出。

5.7 布莱克-斯克尔斯模型的弱点

到现在为止，我们已经呈现了在（多维）布莱克-斯克尔斯模型中期权定价的主要方法和原则。这个模型一直是行业的基准。然而，在从业人员和学者之间也存在一个共识，布莱克-斯克尔斯模型对于股票和期权价格的真实变动情况考虑得过于简单。我们可以通过股票的对数收益率正态性统计检验来验证这一观点。这里，正态对数回报分布的零假设经常会因为一个小的 p 值而被拒绝。同样也有其他性质如对数回报的现有方差或它们的独立性也是通常在关注合适的金融时间序列的统计性质时被质疑。我们不再详细介绍上述统计问题。然而，我们会用另一种方法说明布莱克-斯克尔斯模型的假设并不满足，这一方法也是从业者的一个重要工具，被称为**波动面**。

隐含波动面和布莱克-斯克尔斯公式

在单个股票的看涨期权的布莱克-斯克尔斯公式中，

$$X_C(t) = S_1(t) \cdot \Phi(d_1(t)) - K \cdot e^{-r(T-t)} \Phi(d_2(t)) \tag{5.133}$$

其中 $d_i(t), i = 1, 2$ 由式（5.56）给出，并且唯一一个不能明显观察到的参数就是波动率 σ。我们当然能够从实际数据的对数回报中估值得到

$$\mathbb{Var}\left(\ln\left(\frac{S(t+\Delta t)}{S(t)}\right)\right) = \sigma^2 \Delta t \tag{5.134}$$

但是也能从一个看涨期权的市场价格中得到。由于布莱克-斯克尔斯公式对于 σ 是一个严格的增函数（对正数 σ），存在唯一的值 σ^* 使得布莱克-斯克尔斯公式利用这个值推导出一个与这一看涨期权的市场价格相同的理论价格（当然是在其他参数如 K、r、T 固定的情况下）。我们称 σ^* 为这一看涨价格的**隐含波动率**。因此，如果布莱克-斯克尔斯模型的确用一个适当的方式描述了实际情况，我们可以利用任何其他看涨期权的市场价格，通过逆推布莱克-斯克尔斯模型，得到相同（至少近似）的隐含波动率 σ^*。为了判定布莱克-斯克尔斯模型对于期权定价的解释效果，我们可以看一看所谓的**隐含波动率曲线**或**隐含波动率曲面**。对于一条隐含波动率曲线，我们主要考虑有固定到期日 T 和可变执行价格 K 或是固定执行价格 K 和可变到期日 T 的看涨（或看跌）期权。那么，我们可以通过所有可观察的市场价格并利用布莱克-斯克尔斯公式去计算银行波动率。对于固定到期日 T 的看涨期权价格可以通过如下公式给出：

$$p_{call}^{market}(K_i; T) = X_c(0; \sigma^*(K_i), K_i, T) \tag{5.135}$$

在等式的左侧我们得到的是执行价格为 K_i 的看涨期权的市场价格。在等式右边我们通过布莱克-斯克尔斯公式结合执行价格 K_i、到期日 T 计算期权价格并通过左右两边式子相等来确定 $\sigma^*(K_i)$。方程

$$f(K) = \sigma^*(K) \tag{5.136}$$

被称作固定到期日 T 的**波动率曲线**。通常我们不得在这些点中做插值当我们不在这里解决这个问题。为了举例说明隐含波动率是正态化执行价格 K/s_1 的函数，具有不同行为，我们展示了一些不同市场中的典型曲线，如外汇、商品和股票，图 5.3 中展示了常数布莱克-斯克尔斯模型的曲线。没有一条真实曲线是常数形式的。

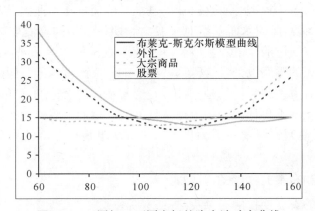

图 5.3　（图解）不同市场的隐含波动率曲线

　　根据曲线的形式，有一术语称为**波动率偏移**或**波动率微笑**。如果不是一个波动率曲线，我们也能看到隐含波动率以第二个变量（根据上面的例子，到期日）为函数的行为，通过让变量不断变化，那么就能得到波动率曲面。图 5.4 展示了一个波动率曲面。

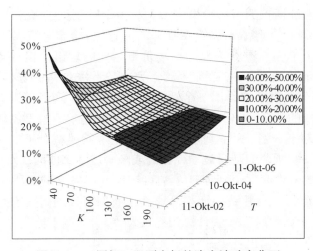

图 5.4　（图解）股票市场的隐含波动率曲面

所有的情况我们都已经看到了，波动率曲线或者曲面从布莱克-斯克尔斯模型得到但是看起来并不像。为了应对这一事实，更加复杂的模型被引入。这些模型的两个主要流派是局部波动率模型和随机波动率模型。这些模型的主要目的就是为了得到期权价格产生隐含波动率曲线或曲面，从而模拟真实现有的情况。作为一个副产物，针对布莱克-斯克尔斯公式的重要性，波动率曲面是针对重要性的另一个理由（虽然是人为的），它需要从新的模型中逆推市场价格和理论期权价格。

5.8 局部波动率模型和 CEV 模型

在局部波动率模型中，我们用依赖于运行时间和股票价格的**波动率方程**替换布莱克-斯克尔斯模型中常系数波动参数 σ。我们只考虑单一股票动态结果的情况

$$dS(t) = rS(t)dt + \sigma(t,S(t))dW(t), S(0) = s \tag{5.137}$$

其中 $W(t)$ 是一个一维布朗运动。方程 $\sigma(t,s)$ 被假设为具有能够确保随机微分式（5.137）有唯一解的形式。可以证明，对于一个充分正则的波动率方程，由一个常规债券和一股票组合的市场是足够完整的，并且有唯一的 EMM $\mathbb{Q}$。一如既往，我们假设在这 EMM 条件下直接建模，这一事实通过使用漂移量 r 来表示。当然，上述随机微分方程的一般形式也能包含一个漂移量 μ。

在我们提出波动率函数的具体例子之前，我们先行陈述 Dupire（1997）提出的著名结论。对于可观察到的看涨期权的市场价格的所有给定假设，存在一个波动率方程使得这些价格与相关的理论看涨期权价格一致。

定理 5.27   (Dupire [1997])

如果当天市场上的看涨期权价格 $p_c^{market}(0,S;K,T)$ 对于所有可能的执行价格 $K \geq 0$ 和所有到期日 $T \geq 0$ 都是已知的，那么市场价格的选择与看涨期权的理论价格在相关局部波动率模型中一致

$$\sigma(K,T) = \sqrt{\dfrac{2\dfrac{\partial p_c^{market}}{\partial T} + rK\dfrac{\partial p_c^{market}}{\partial K}}{K^2\dfrac{\partial^2 p_c^{market}}{\partial K^2}}} \tag{5.138}$$

即有

$$p_c^{market}(0,S;K,T) = \mathbb{E}\left(e^{-rT}(S(T)-K)^+\right), \forall (T,K) \in [0,\infty)^2 \tag{5.139}$$

特别地，假设所有需要的关于当天市场价格曲线的偏导数都存在。

尽管这一结论十分令人满意，但是在实际应用中还是存在着一些问题：

- 为了得到波动率方程，我们需要一个连续的市场价格的集合，这在实际中做不到。
- 波动率方程必须通过内插值或外插值得到，这也会引起很多问题。

- 对于简单期权的价格也没有一个封闭形式的解。

我们建议感兴趣的读者可以参看 Dupire（1997）的著作对常规假设条件做更详尽的讨论。

作为最著名的参数局部波动率模型，我们更愿意描述所谓的常方差弹性 CEV模型。这里，股票价格由如下随机微分方程的解唯一给出：

$$dS(t) = rS(t)dt + \sigma S(t)^\alpha dW(t), S(0) = s \qquad (5.140)$$

其中 $\alpha \in [0,1]$（对于 $\alpha \notin [0,1]$ 的值，我们参考 Davydov 与 Linetsky 的著作[2001]），r、σ 为给定的常实数。对于 α 的特别选择，可得：

- $\alpha = 1$：这是布莱克-斯克尔斯假设条件，即股票价格服从对数正态分布。
- $\alpha = 0$：我们能明确求解股票价格方程并得到

$$S(t) = s \exp(rt) + \sigma \int_0^t \exp(r(t-u))dW(u) \qquad (5.141)$$

这意味着股票价格是服从正态分布的，其中均值和方差服从

$$\mathbb{E}(S(t)) = s \exp(rt), \mathbb{V}ar(S(t)) = \frac{\sigma^2}{2r}(\exp(2rt) - 1) \qquad (5.142)$$

我们也看到了这个模型在利率模型领域的推广（瓦西塞克模型）。

- $\alpha = 0.5$：这里，随机微分方程不能被直接求解出来，但是股票价格保持非负（参考第 4 章中关于平方根等式的相关内容）。我们将会在利率建模时关注这一模型的推广（考克斯-英格索-罗斯模型）的更详细的内容。

CEV 模型是布莱克-斯克尔斯模型的一个推广。参数 α 可以用作逼近比布莱克-斯克尔斯更好的隐含波动率曲线的形状。CEV 模型的命名来源于方差函数 $\sigma(t,S)^2 = \sigma^2 S^{2\alpha}$ 得出的**方差弹性**是常数这一事实

$$\frac{d\sigma^2/dS}{\sigma^2/S} = 2\alpha \qquad (5.143)$$

除了选择上述提到的特殊 α 的值之外，股票价格也没有通过一明确的解析表达式给出。更多地，对于 $\alpha \in [0,1)$ 这里有一个正的概率使得股票价格达到 0。当 $\alpha = 0$ 的情况时，我们已经在上面讨论过了。当 $\alpha \in (0,1)$ 的情况时，这仅仅意味着随着随机微分公式（5.140）根据时间的推移，这一过程一直保持在 0。然而，通过这一给定的结果，令人惊喜的是，在 CEV 模型中对于欧式看涨期权的价格存在一个明确表达式（参见 Schroder[1989] 或 Davydov 与 Linetsky[2001] 的著作）。

定理 5.28

对于 $\alpha \in (0,1)$，在 CEV 模型中，执行价格为 K 且到期日为 T 的欧式看涨期权的价格由如下方程给出：

$$C(0,s;\alpha,\sigma,T,K) = sQ(y;z,\zeta) - e^{-rT}KQ(\zeta;z-2,y) \qquad (5.144)$$

$$z = 2 + \frac{1}{1-\alpha} \qquad (5.145)$$

$$\zeta = \frac{2rs^{2(1-\alpha)}}{\sigma^2(1-\alpha)(1-\mathrm{e}^{-2r(1-\alpha)T})}, y = \frac{2rK^{2(1-\alpha)}}{\sigma^2(1-\alpha)(\mathrm{e}^{2r(1-\alpha)T}-1)} \qquad (5.146)$$

其中 $Q(x;u,v)$ 是自由度为 u 的非中心卡方分布，非中心参数 v 在点 x 处估值。

　　当然，对于流动性交易期权一个封闭形式结果使得看涨期权允许对于 CEV 模型的输入参数 α、σ 做模型系数调整：利用这些参数 α^*、σ^* 最小化差的平方和

$$\sum_{i=1}^{m}(p_c^{market}(0,s;K_i) - C(0,s;\alpha,\sigma,r,T,K_i))^2 \qquad (5.147)$$

对于 σ 和 α 所有允许的值。图 5.5 阐明了对于隐含波动率曲线对于不同 α 值的偏移行为。这里，我们总选 $S(0) = 100, r = 0$ 和一个波动率变量 $\sigma(\alpha) = \sigma S(0)^{1-\alpha}$ 使得对于所有不同值 α 的初始波动率一致。

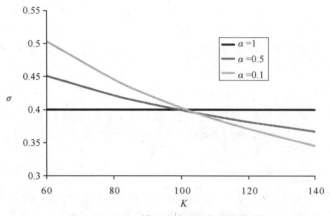

图 5.5　CEV 模型的银行波动率曲线

5.8.1　CEV 期权定价的蒙特卡罗方法

　　尽管我们现在有了比布莱克-斯克尔斯模型更加复杂的模型，计算期权的价格仍然意味着计算期望值。因此，对于这一情况蒙特卡罗方法的原理保持不变。讨论方差缩小方法应用到布莱克-斯克尔斯假设下的某些奇异期权的定价也是事实。

　　在 CEV 模型主要呈现的新特征是得到 $S(t)$ 的值，我们现在必须依靠离散形式如欧拉-丸山或米尔斯坦模型。尽管波动率方程在 CEV 模型中在 $S = 0$ 处是典型的非莱布尼茨连续的，但是我们依旧能应用这些方法只要股票价格远离 0。只有当股票价格非常接近 0 时，我们才可能在使用离散形式方法时遇到问题。然而，对于离散形式其不能避免离散化的价格变成负数。当 $\alpha \in (0,1)$ 的情况下，股票价格路径随着时间的推移很容易变成 0。

　　由于所有的单步执行方法（得到股票价格路径，计算有或没有方差缩减的蒙特卡罗估计）都已经很详细地讲述了，这里只给出一个粗略的算法描述。

算法 5.10 在 CEV 模型中的蒙特卡罗定价

设期权的回报 B 已经给定，那么：

For $i = 1$ to N

1. 模拟 CEV 股票价格路径 $S^{(i)}(t), t \in [0, T]$。
2. 计算期权回报 $B^{(i)} = B(S^{(i)}(t), t \in [0, T])$。

计算期权价格的蒙特卡罗估值 $\dfrac{1}{N} e^{-rT} \displaystyle\sum_{i=1}^{N} B^{(i)}$。

注 5.29

1. 为使得框架更加精确，第一步必须先确定模拟股票价格路径的离散化形式。然后，选择合适的离散化程度，需要的精度 ϵ（某种意义上来说是均方误差的平方根）。当然，也需要关注期权回报 B。举个例子，对于平均执行价格期权，离散化程度必须至少包含所有那些平均计算的点。最后，由于我们通常得不到精确结果，推导的方法如多级蒙特卡罗方法比较适合这样的情况。不仅仍然需要计算 $N = N(\epsilon)$，股票价格路径的数量也是需要的。

2. 注意到既不是我们用在布莱克-斯克尔斯假设条件下的方差缩减方法，也不是我们对于美式期权的估值方法，明确地需要具备模型的特性。因此可以针对 CEV 模型的情况下，使用布莱克-斯克尔斯模型下的所有方法，只有触及期权行权的股票价格模拟才会涉及更多模型。

3. 一个特定的方差缩减方法：

只要我们考虑一个带有在布莱克-斯克尔斯假设条件下封闭定价公式的期权，就能方便应用布莱克-斯克尔斯情况作为控制变量，即选择波动率 $\sigma_{BS} = \sigma s^{\alpha-1}$，使得在 $t = 0$ 时波动性在模型中都是被接受的，在布莱克-斯克尔斯假设条件下利用这个波动率计算期权价格 p_{BS}，并利用这控制变量进行估计

$$\frac{1}{N} e^{-rT} \sum_{i=1}^{N} B^{(i)} - B_{BS}^{(i)} + p_{BS} \qquad (5.148)$$

其中回报 $B_{BS}^{(i)}$ 是从波动率为 σ_{BS} 的几何布朗运动路径中计算出来的。特别要说明的是，在两个路径 $B^{(i)}$ 和 $B_{BS}^{(i)}$ 中我们都是用相同的布朗运动。

数值例子：二元看涨期权定价

为了证实在上述注 5.29 中提到的方差缩减方法，我们将用它对比原始的蒙特卡罗方法。我们关注二元看涨期权的情况，支付一个单位的钱当且仅当股票价格在到日期 $S(T)$ 超过执行价格 K。用到的参数定义如下：

$$r = 0, \alpha = 0.1, \sigma = 25, \sigma_{BS} = 0.3962, S(0) = K = 100, T = 1$$

对于这两种方法，我们都选择 Euler – Maruyama 形式去模拟股票价格路径，精度为 $\epsilon = 0.01$，数据模拟量为 $N = 10000$。二元看涨期权的精确价格为（0.4915 ± 0.0005）。模拟结果都列在表 5.2 中。

表 5.2 用 CEV 模型对于二元看涨期权的 MC 定价（α = 0.1）

方法	价格	95% 置信区间
原始 MC	0.4896	[0.4798，0.4994]
BS 控制的 MC	0.4920	[0.4869，0.4970]

注意，简单的控制变量方法已经得到对 2 的分解的方差缩减。对于更高的 α 值，这使得 CEV 模型接近 Black – Scholes 模型变得更加明显。对于另一个相同的二元看涨期权，其中 α = 0.5，σ = 3，σ_{BS} = 0.3，并且精确价格是（0.4698 ± 0.0004），我们得到对 3 的分解的方差缩减（见表 5.3）。

表 5.3 用 CEV 模型对于二元看涨期权的 MC 定价（α = 0.5）

方法	价格	95% 置信区间
原始 MC	0.4735	[0.4637，0.4833]
BS 控制的 MC	0.4685	[0.4652，0.4717]

5.9 一个偏题：模型系数校正

读者可能会问，为什么我们要在 CEV 模型中给出复杂的看涨期权定价公式？显然地，对于直接通过足够精度的原始蒙特卡罗模拟得到看涨期权价格，相比较于数值误差，我们应该需要使用精确的公式。这一问题的主要原因与其他模型也有关系。

我们如何得到模型中的输入参数？

问题的答案是我们必须**校正**模型。为此需要取证券或衍生品的市场价格作为输入参数。我们尝试为我们偏好的模型确定参数（如股票价额），以这种方式使得观察到的市场价格与模型的理论价格尽可能地接近。为此，我们看到的关于证券的明确定价公式是非常有帮助的。举个例子，我们看布莱克-斯克尔斯模型如何在算法 5.11 中为看涨期权定价校正波动率参数 σ。

算法 5.11 在布莱克-斯克尔斯模型中校正 σ

$C^M(0, S(0), T_1, K_1), \cdots, C^M(0, S(0), T_n, K_n)$ 表示有着不同执行价格和到期日的（欧式）股票看涨期权的市场价格。

$C(0, S(0); T, K, \sigma)$ 表示在波动率为 σ 假设下的到期日为 T、执行价格为 K 且由布莱克-斯克尔斯公式得到的欧式看涨期权的价格（假设 r 已知）。

设 $\omega_1, \cdots, \omega_n$ 是正的权重且 $\sum_{i=1}^{n} \omega_i = 1$。

求解最小二乘问题如下：

$$\min_{\sigma > 0} \sum_{i=1}^{n} \omega_i (C^M(0, S(0), T_i, K_i) - C(0, S(0); T_i, K_i, \sigma))^2$$

得到参数 σ 从而说明用布莱克-斯克尔斯模型得到的市场价格足够好。

注 5.30

1. 上述最小二乘问题由于看涨期权价格的波动率 σ 的非线性独立性，使得这一问题是一个高度非线性问题。它们的求解需要一个非线性求解方法。有一点需要特别说明的是在求解该问题时只要获得局部最小就可以了。因此，强烈建议需要检查校正参数的合理性。

另外一点，例如 CEV 模型或者利率模型等更加复杂的模型，我们需要比 σ 更多的模型参数。然而，算法的原理始终保持一致。对于所有这些参数的最小二乘问题还是需要处理的。

2. 当然，我们也可以将不寻常的看涨期权的市场价格包含进来以校正模型。然而，如果相关衍生品没有对标的参数给出一个明确的定价公式，我们就需要用数值方法（如蒙特卡罗方法）来计算模型的价格。这可能会非常耗时。因此，封闭的定价公式为模型校正提供便利。

3. 在实际应用中，一些市场衍生品会对参数校正产生不同重要性（根据流动性或协议买卖差价的大小）。注意一点需要通过根据在校正过程中的重要性从而指派有平方差异的不同权重（总和为 1）。

5.10　不完全市场中期权定价

通过定义，在**不完全市场**中存在着一个未定权益不能被交易中的基本资产所复制。一个不完全市场的简单例子是**单阶段三项式模型**。其股票价格 s 可以在时间 0 时变化到时间 T 时的 $S(T) \in \{us, s, ds\}$ 且

$$u > e^{rT} > d, u > 1 > d \tag{5.149}$$

简单的实践就能表明执行价格为 K 的看涨期权满足 $s < K < us$ 且没有复制策略（φ_0，φ_1）。的确，如下三个方程等价于复制策略没有解：

$$\varphi_0 e^{rT} + \varphi_1 us = us - K, \varphi_0 e^{rT} + \varphi_1 s = 0, \varphi_0 e^{rT} + \varphi_1 s = 0 \tag{5.150}$$

很明显，后两个方程的唯一解是（φ_0，φ_1）=（0，0），但是并不是第一个方程的解。

在这一情况下，复制方法不再对期权定价有帮助。然而这里通常的情况，我们可以为期权定价确定所谓的**套利边界**。由此让我们考虑一个在时间 T 时最终回报为 B 的期权。那么，我们有如下的套利边界：

- **子套期保值价格** p_B^- 定义为最大的现金量使得交易策略 $\varphi(.)$ 存在并导致最终财富 $X^\varphi(T)$ 从不超过期权的最终支付。
- **上套期保值价格** p_B^+ 定义为最小的现值量使得交易策略 $\varphi(.)$ 存在并导致最终财富 $X^\varphi(T)$ 从不低于期权的最终支付。

显然地，期权 B 的可能价格 p_B 不允许有套利的机会从而必须满足

$$p_B^- \leqslant p_B \leqslant p_B^+ \tag{5.151}$$

因此，这些考虑的第一个重要结果是，通常在不完全市场的对期权价格的套利方法只得到套利边界。然而，如果期权是可实现的（即存在一个复制期权策略），则有等价关系式（5.151）且价格 B 是唯一的。

在完全市场中我们为未定权益定价的第二个方法是等价鞅测度。同样的，在不完全市场中这一情况也是适用的。尽管在单阶段二项式模型中，只有股票价格上涨概率 p 是由概率测度所确定的，在单阶段三项式模型中，我们必须用概率测度唯一确定两个概率。然而，在这一例子中的鞅条件只需要预期股票价格的未来贴现等于它的起始值。这只确定了一个概率；另一个由我们自己支配。所以我们有无限多的 EMM。

通常复制这两个事实几乎是不可能的（应该被子套期保值价格和上套期保值价格得到价格边界所替代），并且存在无限多的等价鞅测度这都是不完全市场中的常见情况。对于在不完全市场中期权定价方法不同方面的处理我们可以参看 Delbaen 与 Schachermayer 的著作（2006）。这里，资产定价的基础理论是以精确的表达给出的。由于需要大量的技术细节，这里我们只罗列了对于基本内容所需的条件：

- EMM 的存在性确保套利机会的不存在。
- 如果 $\mathbb{Q}$ 是一个 EMM，那么如果选择 $\mathbb{E}_\mathbb{Q}(e^{-rT}B)$ 作为期权价格，则不通过它引入一个套利机会。

的确，我们可以在所有考虑的模型中说明这一点，这里只是存在一个 EMM。因此，无套利期权价格的形式可以表示为 $\mathbb{E}_\mathbb{Q}(e^{-rT}B)$。当然，如果这个 EMM 不是唯一的，我们不得不为期权定价确定 EMM。很多的文献都为此提供了大量的建议。给出那个应用的建议已经超出了本书的范围。然而，为了蒙特卡罗期权定价的目的，足够让我们假设选择定价的 EMM 已经存在了。

5.11 随机波动率和在赫斯顿模型中的期权定价

让我们重新考虑一个股票的情况。在局部波动率模型中，我们试图通过引入非线性波动率函数从而得到股票价格的更真实行为，在随机波动率假设中，波动率被假设为遵循一个独立的随机过程。这基于股票市场价格是由交易行为产生变化的这一事实。考虑波动率作为价格变化的衡量，我们可以认为这是由股票交易的强度、成交量或对股票的需求造成的。

通过二维股票价格方程，我们能将它融入扩展框架中。然而，为了区分研究股票价格和波动率估值，随机波动率模型通常按如下给出：

$$dS(t) = \mu S(t)dt + \sqrt{\nu(t)}S(t)dW_1(t), S(0) = s \tag{5.152}$$

$$d\nu(t) = \alpha(t)dt + \beta(t)\left(\rho dW_1(t) + \sqrt{1-\rho^2}dW_2(t)\right), \nu(0) = \nu \tag{5.153}$$

这里，$\alpha(t)$、$\beta(t)$ 是由二维布朗运动（$W_1(t)$，$W_2(t)$）产生的有序可测的

过滤随机过程。更进一步，我们假设它们对于价格和波动率的二维随机微分方程存在唯一解。

这里有各种规格的波动率系数方程（例如 Hull 与 White［1987］的模型或 E. M. Stein 与 J. Stein［1991］的模型）。然而，在现实世界应用中最流行的是**赫斯顿模型**。为了确保波动率过程保持非负，对于波动率 Heston（1993）使用了一个平方根过程（对于平方根过程的详细情况可以参见 4.6.3 节）。因此，我们考虑如下模型：

$$dS(t) = rS(t)dt + \sqrt{\nu(t)}S(t)dW_1(t) \tag{5.154}$$

$$d\nu(t) = \kappa(\theta - \nu(t))dt + \sigma\sqrt{\nu(t)}dW_2(t) \tag{5.155}$$

其中两个布朗运动有如下相关系数：

$$\mathbb{Corr}(W_1(t), W_2(t)) = \rho \tag{5.156}$$

在现实中，股票价格和波动率的布朗运动之间的相关系数通常是负的（有些时候还接近 -1！），这一影响也被称为**杠杆效应**。θ 是波动率的长期限制，κ 决定漂移项向长期值移动的速度，并且 σ 是**波动率的波动**。

赫斯顿模型在实际中成功的主要理由是对于欧式看涨和看跌期权定价有一个（半）解析定价公式（参看 Andersen［2007］的著作）。

定理 5.31　赫斯顿看涨期权定价公式

（a）在赫斯顿模型中通过式（5.154）～式（5.156）指出执行价格为 K 和到期日 T 在欧式看涨期权的价格为

$$p_C = S(0) - Ke^{-rT} \cdot$$

$$\frac{1}{2\pi}\int_{-\infty}^{\infty} \frac{\exp((\frac{1}{2} - iu)\ln(S(0)e^{rT}/K) + h_1 - (u^2 + \frac{1}{4})h_2)\nu(0)}{u^2 + \frac{1}{4}}du \tag{5.157}$$

其中 i 是一个单位复数并且有

$$h_1 = -\frac{\kappa\theta}{\sigma^2}\left(\delta_+ T + 2\ln\left(\frac{\delta_- + \delta_+ e^{-\xi T}}{2\xi}\right)\right), \quad h_2 = \frac{1 - e^{-\xi T}}{\delta_- + \delta_+ e^{-\xi T}} \tag{5.158}$$

$$\hat{\kappa} = \kappa - \frac{\rho\sigma}{2}, \delta_\pm = \xi \mp (iu\rho\sigma + \hat{\kappa}) \tag{5.159}$$

$$\xi = \sqrt{u^2\sigma^2(1 - \rho^2) + 2iu\sigma\rho\hat{\kappa} + \hat{\kappa}^2 + \sigma^2/4} \tag{5.160}$$

（b）设

$$\varphi(u, w) = \mathbb{E}(e^{iu\nu(T) + iwx(T)}) \tag{5.161}$$

是 $x(T) = \ln(S(T)/S(0))$ 和 $\nu(T)$ 的联合特征函数。那么有

$$\varphi(u, w) = e^{iwrT + C(T;u,w) + D(T;u,w)\nu(0)} \tag{5.162}$$

其中

$$d(w) = \sqrt{(iw\rho\sigma - \kappa)^2 + w^2\sigma^2 + \sigma^2 iw} \tag{5.163}$$

$$Q(u,w) = \frac{\alpha_+(w) - iu}{\alpha_-(w) - iu}, \alpha_\pm(w) = \frac{\kappa - iw\rho\sigma \pm d(w)}{\sigma^2} \tag{5.164}$$

$$D(T;u,w) = \alpha_+(w) \frac{1 - Q(u,w)e^{d(w)T\frac{\alpha_-(w)}{\alpha_+(w)}}}{1 - Q(u,w)e^{d(w)T}} \tag{5.165}$$

$$C(T;u,w) = \kappa\theta\left[\alpha_+(w)T + \frac{\alpha_-(w) - \alpha_+(w)}{d(w)}\ln\left(\frac{Q(u,w)e^{d(w)T} - 1}{Q(u,w) - 1}\right)\right] \tag{5.166}$$

尽管这里波动率方程有一个非封闭形式的解，但是我们知道 $\nu(t)$ 有一个合适自由度的非中心卡方分布及非中心化参数（参看定理 4.52）。这将会促使人们使用一种直接、精确的模拟方法模拟波动率。像这样的一个模拟 $\nu(t)$ 的精确算法已经在 Broadie 与 Kaya（2006）的著作中有所描述。随后，给定模拟的波动率过程，我们能使用适合的离散化形式（例如欧拉或米尔斯坦形式）模拟股票价格过程。只要两个布朗运动得到的股票价格和波动率过程是独立的，那么这方法将会很有效。然而，通常这会有一个问题：如何得到股票价格布朗运动和波动率方程之间所需的相关系数？Broadie 与 Kaya（2006）描述了一个包含傅里叶逆变换的无偏过程，但是相比于简单形式要慢（参看 Lord 等的著作 [2008]）。

一个最简单的方法是用一个离散化的算法模拟股票价格路径和波动率过程。一个显然可供选择的算法是基于 Euler – Maruyama 形式的如下算法。

算法 5.12　在赫斯顿模型中模拟价格路径（简单方式）

1. 初始波动率和股票价格过程：$\nu(0) = \nu_0, S(0) = s$。

2. 取 $\Delta = \dfrac{T}{n}$，其中 n 为循环步骤数，T 为到期日。

3. For $j = 1$ to n do

(a) 模拟独立随机数 $Z \sim N(0,1), Y \sim N(0,1)$。

(b) 令 $W = \rho Z + \sqrt{1 - \rho^2}\, Y$。

(c) 更新波动率：

$$\nu(j\Delta) = \nu((j-1)\Delta) + \kappa(\theta - \nu((j-1)\Delta))\Delta + \sigma\sqrt{\nu((j-1)\Delta)}\sqrt{\Delta}W$$

(d) 更新对数股票价格 $X(t) = \ln(S(t))$：

$$X(j\Delta) = X((j-1)\Delta) + \left(r - \frac{1}{2}\nu((j-1)\Delta)\right)\Delta + \sqrt{\nu((j-1)\Delta)}\sqrt{\Delta}Z$$

4. 根据时间点 $j\Delta, j = 0,1,\cdots,n$ 对 $X(t)$ 进行线性插值。

尽管在一开始上面的算法像是 Euler-Maruyama 形式的一个教条性的应用，它包含有一个明显的缺陷：在连续时间的情况下波动率过程根据上述波动方程的解总是非负的，在离散形式的算法步骤 3（c）中，波动率可能得到负值。如果这样的话，那么我们不能在下一个循环步骤 3（c）和（d）中使用平方根。为了避免这个问题，在文献中有大量的建议（系统性地解决它们可以参看 Lord 等的著作

［2008］）：

1. **吸收**：使用上一步循环中的正的部分，即

$$\nu(j\Delta) = \nu((j-1)\Delta)^+ + \kappa\left(\theta - \nu((j-1)\Delta)^+\right)\Delta + \sigma\sqrt{\nu((j-1)\Delta)^+}\sqrt{\Delta}W$$

并在模拟的步骤中为计算 $X(j\Delta)$ 时使用 $\nu((j-1)\Delta)^+$。

2. **反演**：使用上一步循环的绝对值，即

$$\nu(j\Delta) = |\nu((j-1)\Delta)| + \kappa(\theta - |\nu((j-1)\Delta)|)\Delta + \sigma\sqrt{|\nu((j-1)\Delta)|}\sqrt{\Delta}W$$

并在模拟的步骤中为计算 $X(j\Delta)$ 时使用 $|\nu((j-1)\Delta)|$。

3. 在计算下一次循环的波动率和股票价格时才会在平方根的部分使用绝对值 $|\nu((j-1)\Delta)|$。否则，对于两个过程都使用标准欧拉形式（Higham 与 Mao 的著作［2005］中的方法）。

4. **局部截断**：只有在波动率和股票价格的下一次迭代的平方根部分中，我们才使用绝对值 $\nu((j-1)\Delta)^+$。否则，对于两个过程都使用标准欧拉形式（参看 Deelstra 与 Delbaen 的著作提出的方法［1998］）。

5. **完整截断**：只在漂移项和扩展项中使用上一循环的正的部分，即

$$\nu(j\Delta) = \nu((j-1)\Delta) + \kappa\left(\theta - \nu((j-1)\Delta)^+\right)\Delta + \sigma\sqrt{\nu((j-1)\Delta)^+}\sqrt{\Delta}W$$

并在模拟的步骤中为计算 $X(j\Delta)$ 时使用 $\nu((j-1)\Delta)^+$（参看 Lord 等的著作［2008］）。

Lord 等的著作（2008）说明了完整截断方法最优有效。因此，如果想要使用上述算法并确保波动过程是非负的，那么就应该在算法步骤 3 的（c）和（d）中使用完整截断方法。我们会在下一节的最后给出它的性能特性。

5.11.1 赫斯顿模型的 Andersen 算法

在金融界中对于赫斯顿模型的密集应用导致大家寻找比欧拉 – 丸山形式更加精确的方法。虽然在 Kahl 与 Jäckel（2006）中有一个算法基于米尔斯坦形式的一个隐式变换，确保对于某一参数的波动率过程是正的，但是它在 Andersen、Leif（2007）的测试序列中表现不佳。另一方面在 Broadie 与 Kaya（2006）中的精确模拟算法实现起来太慢，在应用到赫斯顿模型时也会有很多问题。然而，最近在 Andersen、Leif（2007）中有一个算法融合了精确模拟的思想，并具有类似于欧拉-丸山离散形式的速度。主要的思想是：

- 使用适合的（高斯）近似的非中心卡方分布去模拟波动率过程。
- 使用一个合适的离散化形式进行股票价格的后续模拟。

这里，最关心的是得到一个在模拟波动率和股票价格过程之间的正确的相关系数。这一算法的描述是很复杂的。对于衍生的所有结果和修正的详细描述已经超过了本

书的范围。由于它们也给出了有意思的见解，我们就一步一步地描述其主要的思想。

步骤 1：波动过程的近似

由于波动率过程总是非负的，所以它的近似也应该是非负。更进一步地，波动率过程有一个（非中心）卡方分布，或许有人想用置换的高斯平方分布作为一个近似估计。的确，Andersen 建议使用组合方法。对于大的值 $\hat{\nu}$ (t) 他使用高斯分布的平方作为近似然而对于小的值 $\hat{\nu}$ (t) 就选择一个从密度函数 $\hat{\nu}$ $(t+\Delta)$ 得到渐近展开式。更精确地，设

$$\hat{\nu}(t + \Delta) = a(b + Z_\nu)^2 \tag{5.167}$$

其中 $Z_\nu \sim N$ $(0, 1)$ 和 a、b 通过相关的一阶和二阶矩匹配获得。下面的定理显示了对于 $\hat{\nu}$ $(t+\Delta)$ 条件分布的一阶或二阶矩在对 $\hat{\nu}$ (t) 适当相关时的矩匹配。的确，它显示了这需要 $\hat{\nu}$ (t) 不能太小。我们需要波动率过程的一阶矩与二阶矩的解析式（参见定理 4.52）：

$$m := m(\hat{\nu}(0)) := \mathbb{E}(\nu(\Delta) \mid \nu(0) = \hat{\nu}(0)) = \theta + (\hat{\nu}(0) - \theta)e^{-\kappa\Delta} \tag{5.168}$$

$$s^2 := s^2(\hat{\nu}(0)) := \mathbb{V}ar(\nu(\Delta) \mid \nu(0) = \hat{\nu}(0))$$

$$= \frac{\hat{\nu}(0)\sigma^2\exp(-\kappa\Delta)}{\kappa}(1 - \exp(-\kappa\Delta)) + \frac{\theta\sigma^2}{2\kappa}(1 - \exp(-\kappa\Delta))^2 \tag{5.169}$$

引理 5.32

有了上述定义，设 $\Psi := s^2/m^2$。在 $\Psi \le 2$ 时，令

$$b^2 = 2\Psi^{-1} - 1 + \sqrt{2\Psi^{-1}}\sqrt{2\Psi^{-1} - 1} > 0 \tag{5.170}$$

$$a = \frac{m}{1 + b^2} \tag{5.171}$$

那么，对于 $\hat{\nu}$ $(t+\Delta)$ 可以从式（5.167）中得到，我们有了近似和精确分布的一阶矩、二阶矩的匹配，即

$$m = E(\hat{\nu}(\Delta)), s^2 = \mathbb{V}ar(\hat{\nu}(\Delta)) \tag{5.172}$$

由于上述引理只有对于一个受限制的 Ψ 才成立，我们也不得不去寻找一个对于给定一个很小 $\hat{\nu}$ (t) 的 ν $(t+\Delta)$ 精确（条件）分布的近似。因此我们关注自由度是 η 的卡方分布的密度，其具有如下形式：

$$f_{\chi^2}(x;\eta) = \text{const} \cdot e^{-x/2}x^{\eta/2-1} \tag{5.173}$$

在实际应用中注意到对于波动率过程分布的相关自由度的值

$$\eta = 4\kappa\theta/\sigma^2 \tag{5.174}$$

明显满足

$$\eta < 2 \tag{5.175}$$

在上述情况下，密度函数在 0 周围达到很大的值（相当于对于很小值 $\hat{\nu}$ (t) 时非中心卡方分布的行为）。的确，累积分布函数在这种情况下能通过分布函数在点 0 处的聚集来被很好地近似。Andersen、Leif（2007）选择了如下近似形式：

$$F(x) = p + (1 - p)(1 - e^{-\beta x}), x \geqslant 0 \tag{5.176}$$

其中 p 和 β 还是通过矩匹配来确定的。通过 F 的逆

$$F^{-1}(u) = \begin{cases} 0 & , \quad 0 \leqslant u \leqslant p \\ \dfrac{1}{\beta}\ln\left(\dfrac{1-p}{1-u}\right), & \quad p < u < 1 \end{cases} \tag{5.177}$$

我们能使用这逆变换方法模拟波动率过程下一步的值

$$\hat{\nu}(t + \Delta) = F^{-1}(U_V), U_V \sim \mathcal{U}(0,1) \tag{5.178}$$

对于足够小的 $\hat{\nu}(t)$ 通过矩匹配也可以得到 p 和 β，并由下面的引理保证。

引理 5.33

我们沿用引理 5.32 中的符号。在 $\Psi \geqslant 1$ 时令

$$p = \frac{\Psi - 1}{\Psi + 1} \in [0,1), \beta = \frac{1 - p}{m} = \frac{2}{m(\Psi + 1)} > 0 \tag{5.179}$$

那么，对于从式（5.178）中得到的 $\hat{\nu}(t+\Delta)$，有对于近似和精确分布的一阶矩和二阶矩的匹配，即

$$m = \mathbb{E}(\hat{\nu}(\Delta)), s^2 = \mathbb{V}\mathrm{ar}(\hat{\nu}(\Delta)) \tag{5.180}$$

通过上述两个引理，对于 Ψ 的所有可能值（即 $\hat{\nu}(t)$ 所有的可能值），我们有一个得到波动率过程中下一步值 $\hat{\nu}(t+\Delta)$ 的方法。为了确定哪种方法在重叠区域 $[1, 2]$ 中使用，文献 Andersen、Leif（2007）建议使用 $\Psi_{sw} = 1.5$ 作为分界点，即大于 Ψ_{sw} 我们用第一种方法，小于 Ψ_{sw} 用第二种方法。

算法 5.13　在赫斯顿模型中模拟波动率的二次指数（QE）方法

---

1. 给定 $\hat{\nu}(t)$，计算 $m = m(\hat{\nu}(t))$ 和 $s^2 = s^2(\hat{\nu}(t))$ 通过式（5.168）和式（5.169）。
2. 计算 $\Psi = s^2/m^2$。
3. 生成一个均匀随机数 U_v。
4. 如果 $\Psi \leqslant \Psi_{sw}$，那么
   - 按引理 5.32 计算 a、b。
   - 计算 $Z_\nu = \Phi^{-1}(U_v)$。
   - 令 $\hat{\nu}(t+\Delta) = a(b + Z_v)^2$。
5. 否则，
   - 按引理 5.33 计算 b、p。
   - 令 $\hat{\nu}(t+\Delta) = F^{-1}(U_V)$。

由于方差 s^2 根据步长 Δ 的减小而减小，参数 Ψ 会随着步长的减小而趋于 0。因此对于小步长，通常第一个方法经常在上述 QE 算法中用到。

注 5.34　Andersen、Leif（2007）通过一个截断的高斯分布也给出了波动率的近似，但是效果比 QE 要差。

步骤 2：模拟股票价格过程

我们现在推导一个股票价格过程的递归过程。很明显由于在波动率过程每一步中的非线性形态的正态随机数 Z_ν，一个标准如下形式的对数股票价格模拟

$$\ln(\hat{S}(t+\Delta)) = \ln(\hat{S}(t)) - \frac{1}{2}\hat{\nu}(t)\Delta + \sqrt{\hat{\nu}(t)}\sqrt{\Delta}Z_s \qquad (5.181)$$

会导致一个相关的问题。的确，选择 $\mathbb{C}\mathrm{orr}(Z_s,Z_\nu)=\rho$ 将不会产生两个过程之间所需的相关系数。因此需要另一种方法，其依靠对数股票价格和波动过程之间的精确相关系数。根据定理 5.31 中得到的联合特征函数，Andersen、Leif（2007）推导了一个对于小 Δ 值的极限：

$$\mathbb{C}\mathrm{orr}(\ln(S(\Delta)),\nu(\Delta)) = \rho + o(\Delta) \qquad (5.182)$$

因此，在给定 $\ln(\hat{S}(t))$ 和 $\hat{\nu}(t)$ 下，$\ln(\hat{S}(t+\Delta))$ 和 $\hat{\nu}(t+\Delta)$ 条件相关系数应该等于 ρ。利用 Itô 公式可得

$$\mathrm{d}\ln(S(t)) = \left(r - \frac{1}{2}\nu(t)\right)\mathrm{d}t + \sqrt{\nu(t)}\,\mathrm{d}W_1(t)$$

$$= \left(r - \frac{1}{2}\nu(t)\right)\mathrm{d}t + \rho\sqrt{\nu(t)}\,\mathrm{d}W_2(t) + \sqrt{1-\rho^2}\sqrt{\nu(t)}\,\mathrm{d}\tilde{W}(t)$$

其中 $\tilde{W}(t)$ 与 $W_2(t)$ 独立。代入表达式 $\nu(t)$ 对 $\int_t^{t+\Delta}\sqrt{\nu(u)}\,\mathrm{d}\tilde{W}_2(u)$ 求解，得到

$$\ln(S(t+\Delta)) = \ln(S(t)) + r\Delta + \frac{\rho}{\sigma}(\nu(t+\Delta) - \nu(t) - \kappa\theta\Delta) +$$

$$\left(\frac{\kappa\rho}{\sigma} - \frac{1}{2}\right)\int_t^{t+\Delta}\nu(u)\,\mathrm{d}u + \sqrt{1-\rho^2}\int_t^{t+\Delta}\sqrt{\nu(u)}\,\mathrm{d}\tilde{W}(u) \qquad (5.183)$$

在这一表达式中，两个包含波动率的积分需要被近似处理。对于第一个，最简单形式是

$$\int_t^{t+\Delta}\nu(u)\,\mathrm{d}u \approx \Delta(\gamma_1\nu(t) + \gamma_2\nu(t+\Delta)) \qquad (5.184)$$

这里，$\gamma_1 = 1$，$\gamma_2 = 0$（左端近似）或 $\gamma_1 = \gamma_2 = \frac{1}{2}$（中心近似）都可选择。用作模拟波动率步骤的正态变量 Z_ν 必须和 $\tilde{W}$ 相独立。这对于利用下面的方法得到两个过程 $\hat{S}$ 和 $\hat{\nu}$ 之间正确的相关系数是很重要的。更进一步地，对于给定的 $\hat{\nu}(t)$ 和 $\int_t^{t+\Delta}\nu(u)\,\mathrm{d}u$，有

$$\left(\int_t^{t+\Delta}\sqrt{\nu(u)}\,\mathrm{d}\tilde{W}_u\,\middle|\,\nu(t),\int_t^{t+\Delta}\nu(u)\,\mathrm{d}u\right) \sim N\left(0,\int_t^{t+\Delta}\nu(u)\,\mathrm{d}u\right) \qquad (5.185)$$

上式允许对这个积分进行简单模拟，因此，可以得出一个股票价格的离散化步骤如下：

$$\ln\left(\hat{S}(t+\Delta)\right) = \ln\left(\hat{S}(t)\right) + r\Delta + \frac{\rho}{\sigma}(\hat{v}(t+\Delta) - \hat{v}(t) - \kappa\theta\Delta) +$$

$$\Delta\left(\frac{\kappa\rho}{\sigma} - \frac{1}{2}\right)(\gamma_1\hat{v}(t) + \gamma_2\hat{v}(t+\Delta)) +$$

$$\sqrt{\Delta}\ \sqrt{1-\rho^2}\sqrt{\gamma_1\hat{v}(t) + \gamma_2\hat{v}(t+\Delta)} \cdot Z \qquad (5.186)$$

其中 $Z \sim N(0,1)$ 与模拟的波动率过程独立。Andersen、Leif（2007）中的性质 10 显示了算法的一个弱的特性。这尤其意味着对于小的 Δ 股票价格值增量的近似过程和波动过程之间的条件相关系数（近似）有正确的阶。因此，我们可以给出算法 5.14。

算法 5.14　赫斯顿模型中的股票价格路径

---

1. 给定 $\hat{v}(t)$ 通过上述给出的 QE 算法模拟 $\hat{v}(t+\Delta)$。

2. 生成一个标准正态分布随机数 Z。

3. 给定 $\hat{v}(t)$、$\hat{v}(t+\Delta)$ 和 $\ln(\hat{S}(t))$ 根据式（5.186）模拟 $\ln(\hat{S}(t+\Delta))$，其中 γ_1、γ_2 都是非负数且 $\gamma_1 + \gamma_2 = 1$。

更进一步的细化（例如鞅修正，赫斯顿模型中处理时间独立系数的算法变形或精确的波动率过程的近似）也是有可能的，但是在这里我们不再描述。我们建议读者参考 Andersen、Leif 的著作（2007）以做进一步的研究。

在介绍 Heath-Platen 估计之后，一些数值实例会在 5.11.2 节中给出。

5.11.2　赫斯顿模型中的 Heath-Platen 估计

Heath 和 Platen 提出了一个适合障碍期权（或其他包含敲入或敲出的期权）的算法（参见 Heath 与 Platen 的著作［2002］）。虽然该算法可以处理一些更一般的情况，但是在这里将会按赫斯顿模型的框架来描述它。该方法尝试尽可能地局部动态近似赫斯顿模型并在近似过程中给出良好的解析式。为了介绍这一算法，我们需要一些符号。

设股票价格和波动率过程（在已经选择的 EMM 之下）由如下给出：

$$dS(t) = S(t)\left(rdt + \sqrt{v(t)}dW_1(t)\right) \qquad (5.187)$$

$$dv(t) = \kappa(\theta - v(t))dt + \sigma\sqrt{v(t)}\left(\rho dW_1(t) + \sqrt{1-\rho^2}dW_2(t)\right) \qquad (5.188)$$

并引入算子

$$L^0 f(t,s,v) = f_t(t,s,v) + rsf_s(t,s,v) + \frac{1}{2}vs^2 f_{ss}(t,s,v) +$$

$$\kappa(\theta - v)f_v(t,s,v) + \frac{1}{2}v\sigma^2 f_{vv}(t,s,v) + vs\sigma\rho f_{vs}(t,s,v) \qquad (5.189)$$

对于一个可积光滑函数 $g(t,x,y)$，Itô 公式暗含

$$\mathbb{E}\left(g(\tau,S(\tau),\nu(\tau))\right) = g(0,s,\nu) + \mathbb{E}\left(\int_0^{\tau} L^0 g(t,S(t),\nu(t))\,\mathrm{d}t\right) \qquad (5.190)$$

其中 τ 是由如下公式定义的退出时间，Γ 代表区间（可能是无界的）。

$$\tau = \inf\{t \geqslant 0 \mid (t,S(t)) \notin [0,T) \times \Gamma\} \qquad (5.191)$$

关于期权的终止时间例子有：

- 与 $\tau = T$ 相一致的一个简单欧式期权。

- 通常情况为 $\tau = \inf\{t \geqslant 0 \mid (t,S(t)) \notin [0,T) \times (H_1,H_2)\}$ 的障碍期权。

对于一个最终回报给定为 $B = h(\tau, S(\tau))$ 的期权，我们考虑它的非折现值（同样的，我们假设在一个 EMM 条件下运作）

$$u(t,s,\nu) = \mathbb{E}^{(t,s,\nu)}(h(\tau,S(\tau))) = \mathbb{E}(h(\tau,S(\tau)) \mid F_t) \qquad (5.192)$$

是一个鞅（根据 $(S(.), \nu(.))$ 得到的过过滤子 F_t）。考虑到有 $t \leqslant \tau(\omega)$ 并且期权回报 $h(.,.)$ 是充分可积的（我们总是这么假设）。这尤其意味着

$$L^0 u(t,s,\nu) = 0, (t,s,\nu) \in (0,T) \times \Gamma \times [0,\infty) \qquad (5.193)$$

Heath 与 Platen（2002）的主要思想是找到函数 $\tilde{u}(t, s, \nu)$ 使得

$$h(\tau,S(\tau)) = u(\tau,S(\tau),\nu(\tau)) = \tilde{u}(\tau,S(\tau),\nu(\tau)) \qquad (5.194)$$

而且允许有一个 $\bar{u}(0, s, \nu)$ 的简单计算。给定充分可积的 $\tilde{u}(.,.,.)$，我们通过 Itô 公式及式（5.192）和式（5.194）得到

$$u(0,s,\nu) = \mathbb{E}(h(\tau,S(\tau)))$$

$$= \tilde{u}(0,s,\nu) + \mathbb{E}\left(\int_0^{\tau} L^0 \tilde{u}(t,S(t),\nu(t))\,\mathrm{d}t\right) \qquad (5.195)$$

现在，在赫斯顿条件下选择一个好的 $\tilde{u}(.,.,.)$ 的想法，与寻找能够模拟赫斯顿模型的一些性质的近似价格过程是等同的，但这只是理论分析上可行。因此，我们根据如下确定性波动率引入布莱克-斯克尔斯类型的赫斯顿近似

$$\mathrm{d}\tilde{S}(t) = \tilde{S}(t)\left(r\mathrm{d}t + \sqrt{\nu(t)}\,\mathrm{d}W_1(t)\right) \qquad (5.196)$$

$$\mathrm{d}\tilde{\nu}(t) = \kappa(\theta - \tilde{\nu}(t))\mathrm{d}t \qquad (5.197)$$

连同算子

$$\tilde{L}^0 f(t,s,\nu) =$$
$$f_t(t,s,\nu) + rsf_s(t,s,\nu) + \frac{1}{2}\nu s^2 f_{ss}(t,s,\nu) + \kappa(\theta - \nu)f_{\nu}(t,s,\nu) \qquad (5.198)$$

对于给定的初始值 $\tilde{\nu}(0) = \nu$，有

$$\tilde{\nu}(t) = \theta + (\nu - \theta)\mathrm{e}^{-\kappa t} \qquad (5.199)$$

对于欧式看涨期权的一些特殊情况我们直接获得如下性质。

命题 5.35

根据某一 $K \geqslant 0$ 选择 $\tau = T, h(T,s) = (s - K)^+$ 可得

$$\tilde{u}(0,s,\nu) := \mathbb{E}\left((\tilde{S}(T) - K)^+\right) \tag{5.200}$$

$$= e^{rT}BS(s,K,r,\bar{\sigma}_0,T) \tag{5.201}$$

其中 $BS(s,K,r,\sigma,T)$ 表示执行价格为 K 到期日为 T 的欧式看涨期权在初始价格为 s，漂移量为 r 并且波动率为 σ 时的布莱克-斯克尔斯价格。更进一步地有

$$\bar{\sigma}_t := \sqrt{\frac{1}{T-t}\int_t^T \tilde{\nu}(y)\mathrm{d}y} = \sqrt{\theta - (\nu(t) - \theta)\frac{\exp(-\kappa(T-t)) - 1}{\kappa(T-t)}} \tag{5.202}$$

$$\tilde{L}^0\tilde{u}(t,s,\nu) = 0, (t,s,\nu) \in (0,T) \times [0,\infty)^2 \tag{5.203}$$

根据在性质中选择的 $\tilde{u}$ 我们能通过关系式（5.195）来构造一个对于 $u(0,s,\nu)$（也为期权价格）的无偏估计。然而，关系式（5.203）允许我们基于被积函数，减去 $\tilde{L}^0\tilde{u}(t,s,\nu)$，并且确保估计值的无偏性。更多地，通过减去这一部分，根据式（5.195）一些项被抵消。因此在这假设下通过如下公式的右边项来定义 **Heath-Platen 估计**：

$$u(0,s,\nu) = \mathbb{E}\left((\tilde{S}(T) - K)^+\right)$$

$$= \tilde{u}(0,s,\nu) + \mathbb{E}\left(\int_0^T \left(L^0 - \tilde{L}^0\right)\tilde{u}(t,S(t),\nu(t))\mathrm{d}t\right) \tag{5.204}$$

为了应用这一估计，我们还需要计算如下被积函数：

$$\left(L^0 - \tilde{L}^0\right)\tilde{u}(t,s,\nu) = \sigma\nu\left(s\rho\tilde{u}_{s\nu}(t,s,\nu) + \frac{1}{2}\sigma\tilde{u}_{\nu\nu}(t,s,\nu)\right)$$

$$= \sigma\nu e^{r(T-t)}\left(s\rho BS_{s\bar{\sigma}_t}(s,K,r,\bar{\sigma}_t,T-t)\frac{d\bar{\sigma}_t}{d\nu} + \right.$$

$$\frac{1}{2}\sigma\left[BS_{\bar{\sigma}_t\bar{\sigma}_t}(s,K,r,\bar{\sigma}_t,T-t)\left(\frac{d\bar{\sigma}_t}{d\nu}\right)^2 + \right.$$

$$\left.\left. BS_{\bar{\sigma}_t}(s,K,r,\bar{\sigma}_t,T-t)\frac{d^2\bar{\sigma}_t}{(d\nu)^2}\right]\right) \tag{5.205}$$

其中所有的下标表示相关变量的偏导数。这些偏导数为从业者所熟知并且经常被计算。由于它们的特殊性，它们甚至有特殊的名字和**希腊字母**（更多的详细信息参看 5.15 节）。特别是，它们能在布莱克-斯克尔斯假设条件下为欧式看涨期权得到闭型的解析形式。我们不在这里对它们进行展开。然而，对于 Heath－Platen 估值我们标记这部分内容需要额外关注。对于一个特定期权应用该估值方法时，关于这一期权在布莱克-斯克尔斯模型下的所需的相关希腊字母需要被提前计算。特别地，对于障碍期权这意味着额外的工作。

将这些统一归纳入算法，我们必须模拟 N 个股票价格的路径、波动过程和

$$Z(t) = \tilde{u}(0,s,\nu) + \mathbb{E}\left(\int_0^T (L^0 - \tilde{L}^0)\tilde{u}(t,S(t),\nu(t))\mathrm{d}t\right) \tag{5.206}$$

其中表达式（5.205）需要被用到。为了模拟这个三变量过程 Heath 与 Platen （2002）使用了一个弱预测校正方法。我们下面会使用一个欧拉 – 丸山的完整截断形式以保证波动过程非负，当然任何适合的方法都可以使用。

原始 MC、Heath – Platen 和 Andersen 估值的一些数值比较

我们将通过一些例子来阐述标准方法（尤其是完整截断的欧拉 – 丸山模拟）、Andersen 算法和 Heath – Platen 估值方法的不同性能。尤其是对于 Andersen 估值方法，我们会参考 Andersen、Leif（2007）给出一个密集的数值研究。在此，Andersen 算法的优良性能证明特别适用于市场系数的极端设定。

首先，来看一个有适度市场系数的短期欧式看涨期权（到期日为 $T = 0.5$）。我们同时改变股票价格和波动率之间的相关性和波动率的波动。为了看到差异，选择温和的离散化程度 $\delta = 0.005$ 和 $N = 10000$ 来模拟运行。从表 5.4 可以看到，Heath – Platen 估值通常能达到最佳效果并导致一个大的方差减少随着波动率的波动值增加。然而，对于最近的情况，Andersen 算法更加接近真实值，即使在 Heath – Platen 估值的置信界限之外。这一结果能通过如下事实来解释，在模拟价格路径时的离散化形式，所有的估计都是有偏的。特别是注意 Heath – Platen 估计值的较窄置信区间。

算法 5.15　看涨期权定价的 Heath – Platen 估计

设 N 和 $\Delta = T/n$ 已给定。

For $i = 1$ to N do

  1. $S^{(i)}(0) = s, \nu^{(i)}(0) = \nu, Z^{(i)}(0) = e^{rT}BS(s, K, r, \bar{\sigma}_T, T)$ 。

  2. For $j = 1$ to n do

    （a）生成两个独立 $N(0, 1)$ 随机变量 $Y_1^{(ij)}, Y_2^{(ij)}$ 。

    （b）更新 (S, ν, Z) :

$$S^{(i)}(j\Delta) = S^{(i)}((j-1)\Delta)\left(1 + r\Delta + \sqrt{\nu^{(i)}((j-1)\Delta)}\sqrt{\Delta}Y_1^{(ij)}\right)$$

$$\nu^{(i)}(j\Delta) = \nu^{(i)}((j-1)\Delta) + \kappa(\theta - \nu^{(i)}((j-1)\Delta)^+)\Delta +$$
$$\sigma\sqrt{\nu^{(i)}((j-1)\Delta)^+}\sqrt{\Delta}(\rho Y_1^{(ij)} + \sqrt{1-\rho^2}Y_2^{(ij)})$$

$$Z^{(i)}(j\Delta) = Z^{(i)}((j-1)\Delta) + (L^0 - \tilde{L}^0)\tilde{u}((j-1)\Delta, S((j-1)\Delta), \nu((j-1)\Delta))\Delta$$

利用关系式（5.205）计算 Z 更新值。

通过 Heath – Platen 估计估值看涨期权价格

$$I_{HP,N} = \frac{1}{N}e^{-rT}\sum_{i=1}^{N}Z^{(i)}(T)$$

作为第二个例子，我们选择较长到期的欧式看涨期权（到期日 $T = 5$），$\delta = 0.01$，$N = 50000$，波动率的波动很高且与股票和波动性负相关。同样的，Heath – Platen 估计的性能最好，保持离散偏差见表 5.5。

表5.4   赫斯顿看涨价格, $T = 0.5, S(0) = K = 100, r = 0.04, \theta = \nu(0) = 0.04$ 和 $\kappa = 0.6$

方法	$\sigma = 0.2$ $\rho = -0.15$	$\sigma = 0.2$ $\rho = -0.8$	$\sigma = 0.7$ $\rho = -0.8$
Heath-Platen 估计 下 95% 界 上 95% 界	6.54602 6.54542 6.54661	6.59101 6.58864 6.59338	5.78902 5.76593 5.81211
原始 MC 估计 下 95% 界 上 95% 界	6.53499 6.47678 6.59319	6.58481 6.53440 6.63522	5.76985 5.66188 5.87781
Andersen 估计 下 95% 界 上 95% 界	6.49917 6.43985 6.55849	6.54820 6.49720 6.59920	5.83626 5.72666 5.94586
准确值	6.54730	6.59440	5.82040

表5.5   精确价值为 34.8348 的赫斯顿看涨价格,

$T = 5, S(0) = K = 100, r = 0.05, \theta = \nu(0) = 0.09, \kappa = 2, \sigma = 1$ 和 $\rho = -0.7$

方法	估计	下 95% 界	上 95% 界
Heath – Platen	34.8026	34.7736	34.8316
原始 MC	34.9887	34.5887	35.3886
Andersen	34.5734	34.1791	34.9677

为了评判三个算法，这两个例子是不够的。然而，Heath – Platen 估计的优势是明显的（高方差缩减，最好的精度），但是它必须面对计算期权价格敏感性产生的成本，后者是相当烦琐的，而且需要适应每个待定价的特殊类型期权。因此，另外的两个方法都是很好的替代方案，然而对于温和相关系数的选择，我们没有看到 Andersen 算法的一个明显优势。

5.12   在非布莱克-斯克尔斯模型中的方差缩减法则

我们会指出一些常用的在不同于布莱克-斯克尔斯模型的股票定价模型中的方差缩减法则。它们通常不会对特定的股票价格模型（如赫斯顿模型中的 Heath – Platen 估值）产生竞争。然而，它们通常在寻找方差缩减方向的第一步是有用的。

原则 1：在控制变量结构时使用一个简单但又不是太简单的近似定价过程

当使用蒙特卡罗方法计算期权价格时，控制变量明显的候选方法是使用一个基于近似布莱克-斯克尔斯模型的期权支付。为此，近似的布莱克-斯克尔斯定价过程的第一第二阶矩必须与股票定价过程中的第一第二阶矩相同。由 Heath – Platen 估计演示那样，当保持简单的分析时尽可能地模仿复杂的动态股票定价过程是有利的。

原则 2：使用局部化方法提高定价过程的简化

由于一个广义的股票价格过程的局部行为类似布莱克-斯克尔斯模型，因此，为特别类型期权定价的特殊蒙特卡罗方法的局部化形式也会有不错的效果。更多的，在更加复杂的股票价格模型中的定价需要通过离散形式的路径数值模拟，它们被作为局部布莱克-斯克尔斯模型处理。我们会在下面给出这一思想的应用。

一个应用：近似退出概率的障碍期权定价

障碍期权定价的标准方法是模拟离散化的股票价格路径并在模拟时间点检验障碍条件。在布莱克-斯克尔斯模型的情况，由于这一方法基于模拟股票价格进行线性插值，因此会对虚值期权的价格进行高估。相反，我们可以认为，在两个离散点之间，（对数）股票价格过程可以通过布朗桥方法很好地近似。因此，人们可以使用其中一种布朗桥方法呈现为在布莱克-斯克尔斯模型中的障碍期权定价，参考 5.6.2 节。举个例子，Moon 的算法中合适的变形（参考算法 5.8）会简化包含在步骤 2(d) ~2(f) 中每个股票价格路径离散点之间的障碍条件检验。然而，很明显，绝对波动 | σ | 不得不被模型的波动率所替代，这适用于在相应区间上的离散股票价格过程。

5.13 随机局部波动模型

为了给高度路径相关的期权定价，已经开发出了结合局部波动和随机波动方法的模型。其中一个这样的模型就是 **Bergomi 模型**（见 Bergomi 的著作 [2005]）。Bergomi 模型被开发出来为支付取决于不同股票价格路径的期权进行定价，特别是当期权价格与股票波动是高度相关时。它具有以下功能：

- 股票价格过程的波动率可以通过所选离散时间的（"市场波动性一致行为"）远期方差互换的隐含方差来确定。
- 它也可能从当前价格演变化中解耦隐含方差过程的演变。

股票价格模型是基于一个潜在时间结构，适用于特殊类型期权的定价模型会被格外重视。给定一个时间离散序列 $0 = T_0 < T_1 < \cdots < T_n$，其中 $T_i = i\Delta$，股票价格假设服从 CEV 模型的形式

$$dS(t) = S(t)(r_t - q_t)dt + S(t)\sigma_0^{(i)}\left(\frac{S(t)}{S_{T_i}}\right)^{1-\beta^{(i)}}dW_t \qquad (5.207)$$

每一个 $t \in [T_i, T_i + \Delta]$。波动率参数 $\sigma_0^{(i)}, \beta^{(i)}$ 是在 $[T_i, T_i + \Delta]$ 上的分段线性常

数。它们在时间间隔的开始被重新调整。为了得到相关期权的价格，我们不得不对这些波动参数的分布进行建模。Bergomi 的建议是通过如下方程

$$\sigma_0^{(i)} = \sigma_0(\xi^{(i)}(T_i)), \beta^{(i)} = \beta(\xi^{(i)}(T_i)) \tag{5.208}$$

引入**动态波动率**。其中过程 $\xi^{(i)}(t)$ 假设服从加权指数 Ornstein – Uhlenbeck （OU）过程，即

$$\xi^{(i)}(t) = \xi^{(i)}(0)\exp(\omega\{e^{-k_1(T_i-t)}X_t + \theta e^{-k_2(T_i-t)}Y_t\}) \cdot$$

$$\exp\left(-\frac{\omega^2}{2}\{e^{-2k_1(T_i-t)}E(X_t^2) + \theta^2 e^{-2k_2(T_i-t)}E(Y_t^2)\}\right) \cdot$$

$$\exp\left(\frac{-\omega^2}{2}\{2\theta e^{-(k_1+k_2)(T_i-t)}E(X_tY_t)\}\right) \tag{5.209}$$

$$X_t = \int_0^t \exp(-k_1(t-u))dU_u, Y_t = \int_0^t \exp(-k_2(t-u))dZ_u \tag{5.210}$$

$$\mathbb{Corr}(U_t, Z_t) = \rho \tag{5.211}$$

当然可以使用尽可能多的布朗组件作为时间区间，但是使用一个两维的过程替代一个 n 维的过程是一个相对易于处理的方式。然而，我们至少需要一个两维布朗运动是能够对短期和长期的动态波动性的影响进行建模的。在上述的模型中，选择

$$k_1 > k_2 \tag{5.212}$$

这意味着 X_t 能被看成**空头因子**，Y_t 能被看作**多头因子**。Bergomi 模型的特有属性是，组合了 CEV 股票价格模型和指数化的 OU 波动模型，并允许对当日偏移/微笑曲线的解释和波动率结构的动态演变的解耦。我们在此不再详细深入介绍，但是感兴趣的读者可参考 Bergomi 的著作（2005）。

5.14   蒙特卡罗期权定价：美式期权和百慕大期权

直到现在，我们只研究了一些欧式期权。然而，在实际的期权市场中，很多交易的期权可以在到期日之前的任何时间提前执行（即**美式**期权）或在一个有限时间区间集内可以提前执行（所谓的**百慕大**期权）。由于美式期权或百慕大期权的购买者允许选择一个期权的执行时间，支付的时间对于期权的卖方是不清楚的。然而，对于每一个固定执行策略 τ 的支付 B_τ 是唯一确定的（其中 τ 是一个终止时刻且取值在 $[0, T]$ 之间），即对于美式看跌期权的执行策略 τ 有

$$B_\tau = (K - S(\tau))^+ \tag{5.213}$$

从而，对于这一固定执行策略的 τ 的期权价格可以给定为

$$p_{B\tau} = \mathbb{E}(\exp^{-r\tau}B_\tau) \tag{5.214}$$

其中，其中值是在完整市场的唯一 EMM 下计算的。作为期权的卖方应该准备着应对这种最坏的策略（从卖方观点看），期权的买方应该选择执行策略使得他的期权

价值最大，美式期权的价格可以定义为

$$\sup_{\tau \in S[0,T]} \mathbb{E}\left(\exp^{-r\tau} B_\tau\right) \tag{5.215}$$

其中 $S[0,T]$ 是所有终止时间的集合（适用于我们市场模型中的滤子）且几乎必然取值在 $[0,T]$ 之内。

注 5.36　重点需要知道的是期权的买方能执行任何类型——甚至是奇怪或者非最佳——执行策略，这对于卖家不可能完美复制从这一策略产生的支付。然而，它可以显示在一个完整市场中（如布莱克-斯克尔斯市场），有一个初始资金等于上述定义的美式期权价格且认同财富过程 $X^*(t)$ 满足

$$X^*(t) \geq B_t, \forall t \in [0,T] \text{ a. s.} \tag{5.216}$$

的允许交易的策略（参看 Karatzas 与 Shreve 的著作［1998］）。这里，B_t 表示美式期权在时刻 t 执行时的支付结果。注意到我们一般不可能有等价的时间在 $t \in [0,T)$。这里可以把美式看跌期权看作是在时刻 0 时的虚值期权：这里 $K < S(0)$ 得到

$$(K - S(T))^+ = 0 \tag{5.217}$$

如果我们坚持复制，那么财富过程——因此期权的价格——将会等于 0。然而，由于这里还是有可能使得看跌期权终止时为实值期权，但是从来不会导致一个负的财富，价格为 0 时会产生一个套利机会！

在继续深入之前，让我们先来定义美式未定权益的概念。

定义 5.37

一个**美式未定权益**由一个渐近可测的随机过程 $B = \{(B_t, F_t)\}_{t \in [0,T]}$，其中 $B_t \geq 0$ 和一个未定权益持有人所选择，在执行时间 $\tau \in [0,T]$ 时的最终收益 B_τ 的过程组成。另外假设 τ 是终止时刻，$\{(B_t, F_t)\}_{t \in [0,T]}$ 过程是连续路径的，并有

$$\mathbb{E}\left(\sup_{0 \leq s \leq T} (B_s)^\mu\right) < \infty \text{ 对某些 } \mu > 1。 \tag{5.218}$$

合适模拟的一个复制策略是美式未定权益的**对冲策略**。

定义 5.38

（a）一个投资过程 $\pi \in \mathcal{A}(x)$ 及相应的财富过程 $X^\pi(t) \geq B_t$，$t \in [0,T]$ 被称作**对冲策略**。其中对于美式未定权益 B 的价格 $x > 0$。令 $\mathcal{H}(x) = \mathcal{H}(x; B)$ 是对于 B 的 $x > 0$ 的对冲策略集合。

（b）$\hat{p} = \inf\{x > 0 \mid \mathcal{H}(x) \neq \emptyset\}$ 被称为美式未定权益的**平价**。

类同与这一技术框架，我们现在能阐明美式未定权益平价的结果。

定理 5.39

美式未定权益 B 的平价 $\hat{p}$ 由如下公式给定：

$$\hat{p} = \sup_{\tau \in S[0,T]} \mathbb{E}\left(e^{-r\tau} B_\tau\right) \tag{5.219}$$

这里存在一个终止时间 τ^* 使得最小上界会达到对冲策略 π^* 相关时刻为 τ^* 的值。

注 5.40

1. 显示最优终止策略 τ^* 和估值过程 $X^*(t)$ 形式的存在性是技术相关的（参看 Karatzas 与 Shreve 的著作［1998］）。然而，简单的套利参数得到每个美式未定权益的价格低于或高于 $\hat{p}$，从而产生一个套利机会（参看 R. Korn 与 E. Korn 的著作［2001］）。

2. 由定理 5.39 可知最优策略是在当期权内在价值 B_{τ^*} 与期权价格 $X^*(\tau^*)$ 一致时第一时间 τ^* 执行未定权益的策略。虽然这似乎是一个明确的结果，通常既不是 $X^*(t)$ 也不是 τ^* 有明确的表达式。甚至是在最简单的美式看跌期权的情况，计算也需要数值方法。更加详细的结果请参看 Myneni 的著作（1992）。

百慕大期权是离散形式的美式未定权益。其持有者有权在有限时间集 $t_1 < \cdots < t_m$ 内执行期权。

定义 5.41

考虑时间区域 $0 \leqslant t_1 < \cdots < t_m = T$，一个**百慕大期权**由 F_{t_i}-可测随机变量集 $B_{t_i} \geqslant 0$ 和一个持有者在可以执行时刻 $\tau \in \{t_1, \cdots, t_m\}$ 选择执行时最终收益为 B_τ 的期权的组合。这里，τ 假设为终止时刻且

$$\mathbb{E}\left(\sup_{s \in \{t_1, \cdots, t_m\}} (B_s)^\mu\right) < \infty \text{ 对某些 } \mu > 1。 \tag{5.220}$$

作为美式未知权益，百慕大期权也可以表述相关的平价理论（定义类似于美式未定权益的平价）和最优执行策略的存在性。

定理 5.42

百慕大期权 B 的平价 $\hat{p}$ 可以通过如下给出：

$$\hat{p} = \sup_{\tau \in \mathcal{S}\{t_1, \cdots, t_m\}} \mathbb{E}\left(\exp^{-r\tau} B_\tau\right) \tag{5.221}$$

其中 $\mathcal{S}\{t_1, \cdots, t_m\}$ 是终止时间集，其取值为 $\{t_1, \cdots, t_m\}$，且存在一个终止时刻 τ^* 使得对冲策略（π^*，0）的最小上界等同于 τ^*。

因此，如果想要计算美式期权或百慕大期权的平均值，则我们**不能**仅简单地通过蒙特卡罗模拟的方法得到大量的价格路径。我们也必须知道在每一时刻执行期权会得到怎么样的利益。但是仅仅只能当最优执行策略已知的情况下才能确定。这就导致了算法 5.16。

算法 5.16　美式（百慕大）期权蒙特卡罗方法定价的算法框架

1. 为未定权益 B 确定最优执行策略 τ^*。

2. 通过蒙特卡罗模拟方法确定期权价格 $\mathbb{E}\left(\exp^{-r\tau^*} B_{\tau^*}\right)$。

第二步比较直接（且与欧式期权的蒙特卡罗方法定价类似），第一步却是新的且很有必要的步骤。我们会在接下来的部分介绍如何操作这一步骤。

5.14.1 百慕大期权定价的朗斯塔夫 – 施瓦兹算法和基于回归 的算法变形

朗斯塔夫 – 施瓦兹算法（2001）是在我们考虑有多个标的资产的百慕大期权（计算单一标的资产的美式期权价格时，二叉树方法通常是更有效且更易选择的）时现实应用中最流行的算法。这一算法使用了随机控制的**动态规划原则**（也称作**逆向归纳法**）。为了理解可执行时间为 $\{t_1, \cdots, t_m = T\}$ 的百度大期权 B 定价问题的相关原理，引入

- $\mathcal{S}(i)$ 作为终止时间集，且 τ 取值为 $\{i, \cdots, m\}$，
- $V(i) = \mathrm{e}^{-rt_i} B_{t_i}$。

由于我们不知道最优执行策略的先前情况，因而关注时刻 T。给定的期权没有提前执行，它在那一时刻的值简单地等于它内在值 B_T。期权净现值等于 $\mathbb{E}(V(m))$。也注意到在时刻 T 时集合 $\mathcal{S}(m)$ 由参数时刻 m 组成，然后产生最优终止时刻 $t_m = T$。

如果在时间上回退一步到最后第二步，但是最终可执行时间为 t_{m-1}，我们不得不确定标的资产 $S(t_{m-1})$ 的每一种可能的价值，不论我们执行或不执行期权。这一决定很容易，仅仅需要比较持有期权至时刻 T 的价值与立即执行期权并得到内在价值 $B_{t_{m-1}}$。持有期权的价值可以通过在时刻 t_{m-1} 当前股票价格等于 $S(t_{m-1})$ 的收益 B_T 的净现值给出。即等于

$$\mathbb{E}(\mathrm{e}^{-r(T-t_{m-1})} B_T \mid S(t_{m-1})) \tag{5.222}$$

持有期权价格对比于在时刻 t_{m-1} 时的内在价值等价于对比 $V(m-1)$ 于 $\mathbb{E}(V(m)\mid S(t_{m-1}))$。根据这一对比，最优执行时间 $t_{\tau*(m-1)}$（在时刻 t_{m-1} 之前的条件下不执行且实际价格是 $S_{t_{m-1}}$）等价 m 或 $m-1$。由于我们知道如何能从每个可能的价格向量 $S(t_{m-1})$ 中得到一个最优的方式，我们能再一次得在时间上向后回退一步并用同样的方法得到在时刻 t_{m-2} 的最优策略。因此，我们得到算法 5.17 如下。

算法 5.17 百慕大期权价格的动态规划计算

---

1. 令 $i = m$，$\tau(i) = m$。
2. 在每一时刻 t_i，其中 $i = m-1, \cdots, 0$，可以确定（条件）最优执行策略 $\tau(i) \in \mathcal{S}(i)$ 通过如下公式：

$$\tau(i) = \begin{cases} i, & \text{如果 } V(i) \geqslant \mathbb{E}(V(\tau(i+1)) \mid S(t_i)) \\ \tau(i+1), & \text{其他} \end{cases}$$

3. 在时刻 $t = 0$，终止时刻 $t_{\tau(0)}$ 是最优执行策略且百慕大期权的平价为 $\mathbb{E}(V(\tau(0)))$。

如果在这算法内能计算所有需要的条件期望，我们就已解决百慕大期权 B 的定价问题。然而，通常不是这样的。另一方面，由于股票价格 $S(t)$ 是马尔可夫过

程，根据假设 B_t 有如下形式：

$$B_t = f(S(t)) \tag{5.223}$$

对于某些适当的方程 f，我们有如下相关表达式：

$$V(i) = g(i, S(t_i)) = e^{-rt_i}f(S(t_i)) \tag{5.224}$$

$$\mathbb{E}(V(j) \mid S(t_i)) = u(S(t_i)), i < j \tag{5.225}$$

u 是一个恰当的可测函数。注意到这一函数与 i 和 j 相关，但是我们忽视这一符号的简化。如果选择函数 u 的参数族 U，我们可以通过最小二乘法求解如下问题，建立一个回归模型以近似条件希望值：

$$\min_{u \in U} \mathbb{E}\left[\mathbb{E}\left(g(i+1, S(t_{i+1})) \mid S(t_i) \right) - u(S(t_i)) \right]^2 \tag{5.226}$$

因此我们需要一个规范的泛函空间 U 并且模拟数据以解决上述回归问题。比较常用的 U 有：

- $U := \left\{ u: \mathbb{R}^d \to \mathbb{R} \mid u(x) = \sum_{i=1}^{\infty} a_i x^i, a_i \in \mathbb{R} \right\}$,

- $U := \left\{ u: \mathbb{R}^d \to \mathbb{R} \mid u(x) = \sum_{i=1}^{k} a_i H_i(x), a_i \in \mathbb{R} \right\}$，其中 $H_i: \mathbb{R}^d \to \mathbb{R}$ 是**基函数**

且 $k \in \mathbb{N}$。

在 Longataff 与 Schwartz（2001）的著作中使用的拉盖尔多项式是这些基函数的例子。注意到参数化的 U 的参数 a_i 都是线性的。因此，上述最小二次问题也是线性回归问题。我们给定有 N 个独立的股票价格模拟路径 $S_{t_j}^{(n)}, n = 1, \cdots, N, j = 1, \cdots, m$ 的副本，可以明确求解如下回归问题：

$$\min_{a \in \mathbb{R}^k} \frac{1}{N} \sum_{j=1}^{N} \left(g(i+1, S^{(j)}(t_{i+1})) - \sum_{l=1}^{k} a_l H_l(S^{(j)}(t_i)) \right)^2 \tag{5.227}$$

线性回归问题的结果是最优系数向量 $(a_1^*, \cdots, a_N^*)$。因此，计算设计矩阵的伪逆矩阵如下：

$$H(i,j) = (H_1(S^{(j)}(t_i)), \cdots, H_k(S^{(j)}(t_i))) \tag{5.228}$$

$$H(i) = (H(i,1)', \cdots, H(i,N)')' \tag{5.229}$$

$$H^+(i) = \left(H(i)'H(i) \right)^{-1} H(i)' \tag{5.230}$$

并得到

$$a^*(i) = H^+(i)g(i+1) \tag{5.231}$$

其中 $g(i+1)$ 是向量，即向量包含所有的条目 $g(i+1, S^{(j)}(t_{i+1}))$。这一问题的结果也同样得到百慕大期权在时刻 t_i 时的延续价值的一个函数化的估值 $\hat{C}(S; i)$（即期权不执行时和长期持有的价值）

$$\hat{C}(S; i) = \sum_{l=1}^{k} a_l^*(i) H_l(S) \tag{5.232}$$

其中 $H_l(S)$ 是式 (5.228) 中相关 S 的第 l 个分量。

在原始文献中，作者 Longstaff 与 Schwartz（2001）仅在回归问题式（5.227）中使用了点 $S^j(t_i)$ 和正的内在价值 $f(S^j(t_i))$。在文献 Wendel（2009）中，数据实验显示建议遵循这一策略。

我们现在把所有的素材放到一起来公式化百慕大期权定价的朗斯塔夫 – 施瓦兹算法，即算法 5.18。

算法 5.18　百慕大期权定价的朗斯塔夫 – 施瓦兹算法

---

1. 选择基函数集 $H_1, \cdots, H_k$。
2. 得到 N 个百慕大期权在可执行时刻的独立股票价格路径 $S^j(t_1), \cdots, S^j(t_m), j = 1, \cdots, N$。
3. 确定百慕大期权在每一路径上的终值，即令

$$\hat{V}(m,j) := e^{(-rT)} f(S^j(T)), j = 1, \cdots, N$$

4. 在如下时刻连续回退：对于 $i = m - 1, \cdots, 1$。

 - 求解在时刻 t_i 时的回归问题式（5.227），即计算在时刻 t_i 时的最优权重向量 $\hat{a}^*(i)$ 通过如下方式：

 $$\hat{a}^*(i) = H^+(i)\hat{V}(i+1)$$

 - 通过如下方程计算延续价值的估值

 $$\hat{C}(S^j(t_i); i) = \sum_{l=1}^{k} a^*(i)_l H_l(S^j(t_i)), j = 1, \cdots, N$$

 - 对于 $j = 1$ 至 N 令

 $$\hat{V}(i,j) := \begin{cases} e^{-rt_i} f(S^j(t_i)), & \text{如果 } e^{-rt_i} f(S^j(t_i)) \geqslant C(S^j(t_i); i) \\ \hat{V}(i+1,j), \text{其他} \end{cases}$$

5. 令 $\hat{V}(0) := \dfrac{1}{N} \sum_{j=1}^{N} \hat{V}(1,j)$

LS – 算法的变形、收敛及各方面

1. 展示朗斯塔夫 – 施瓦兹算法的收敛性是一个微妙的事情。这里对于期权价格 $\hat{V}(0)$ 和实际价格之间的区别有两种不同的来源：

 - 一个离散化误差的条件期望的估值是基于通过对有限基函数集 $H_1, \cdots, H_k$ 投影。
 - 期望值（=期权价格）的蒙特卡罗误差是算术平均值的估计。

这一收敛性问题在文献 Clément 等（2002）被严谨细致地阐述。那里，作者引入

$$V^k(0) = \sup_{\tau \in \mathcal{S}(H_1, \cdots, H_k)} \mathbb{E}(e^{-r\tau} B_\tau) \tag{5.233}$$

其中集合 $\mathcal{S}(H_1, \cdots, H_k)$ 仅包含基于利用基函数 $H_1, \cdots, H_k$ 对回归问题的解的执行策略。作为第二个值，他们引入 $V^{k,N}(0)$，其相当于计算上述 k 个基函数和 N 个模

拟股票价格路径的朗斯塔夫 - 施瓦兹估值 $\hat{V}(0)$。在一定技术条件下，Clément 等（2002）证明了：

- 随着基函数个数 k 的增加，近似的期权价格 $V^k(0)$ 收敛于实际期权价格，即如果基函数序列全部都是在一个合适的 L^2 - 泛函空间时，有

$$V^k(0) \xrightarrow{k \to \infty} V(0) \tag{5.234}$$

- 随着模拟股票价格路径数 N 的增长，朗斯塔夫 - 施瓦兹值 $V^{k,N}(0)$ 几乎收敛至期权近似价格 $V^k(0)$，即有

$$V^{k,N}(0) \xrightarrow{N \to \infty} V^k(0) \ \mathbb{P} \text{a. s.} \tag{5.235}$$

再次表述：对于基函数的一个固定数目 k，LS 算法收敛至最优终止问题式（5.233）的解，并且如果我们假设模拟路径数目 N 趋向无穷时，不会收敛到期权价格。这里仍存在着由有限数目 k 产生的偏差。尽管这两种收敛结果从数值角度讲都很好，但是它们很难给出到底应选择多少基函数。至少，在 Clément 等（2002）中的解可以确保，对于朗斯塔夫 - 施瓦兹值向着 $V^k(0)$ 的收敛率 $O(1/\sqrt{N})$。然而，我们无法得到基函数数目的类似结果。我们由此尝试在考虑下面的数据实验时给出一些建议。

2. Longstaff 与 Schwartz（2001）声称算法能得到百慕大期权执行策略（通过连续函数估值）时价格的一个下界且不要求该策略是最优的。Clément 等（2002）给出了收敛结果，这是当模拟股票价格数目正 N 很大时的一个自然的正确近似。然而，Classerman（2004）指出，上述 LS - 算法包含了一个高低偏差的混合：由于执行策略的最优化仅在有限集路径中被执行，基于的这些路径得到的期权价值可能高于实际价值。因此，为了确保期权价格的一个低的偏差，LS - 算法应该包含基于新的并独立模拟股价路径的最后一步：

- 模拟 M 个新股票价格路径并计算

$$\hat{V}(0) := \frac{1}{M} \sum_{j=N+1}^{M+N} \hat{V}(1,j) \tag{5.236}$$

在实践应用中 LS - 算法经常显示一个低的偏差。

3. 在文献 Tsitsiklis 与 vanRoy（1999；2001）中，作者在第 4 步中引入了 LS - 算法的一种变形，在接下来的循环迭代过程中使用 $V(i,j)$：

$$\hat{V}(i,j) := \begin{cases} e^{-rt_i} f(S^j(t_i)), & \text{如果 } e^{-rt_i} f(S^j(t_i)) \geq \hat{C}_j(S^j(t_i);i) \\ \hat{C}_j(S^j(t_i);i), & \text{其他} \end{cases} \tag{5.237}$$

使用新的股票价格路径估计 $\hat{V}(0)$ 从而得到一个低偏差的估值。

4. LS - 算法的进一步发展

a. 在 LS - 算法中的回归步骤也能包含非线性或非参数回归方法，这可能更好得到条件期望的函数表达式（参看 Egloff 的著作[2005]）。实际上，这也是当前研

究的一个领域。

b. 如果相关欧式期权的价值在每个关于执行期权或不执行期权的点上都是有效的，那么这欧式期权的价值是真实延续值的下界且比一个机遇模拟路径得到的计算结果要高。因此，如果内在价值高于计算出的延续价值和欧式期权价值，则应该执行期权。

c. Rasmussen（2005）使用欧式期权的控制变量方法。

5. 基函数的选择对于计算的影响：由于我们会在下面看到数值算例，LS – 算法通常对于一些简单选择的可使得标的资产达到三阶的单项式基函数使用效果很好。包括收益函数连同其平方函数也通常很有用。有学者进一步建议，欧式期权的定价公式也可以包括在里面做研究。然而，由于这些表达式很难给自身定值，这会导致很长的计算耗时，即使是低维度的函数。

6. 参数执行边界的期权定价：对于评估美式期权和百慕大期权的另一种简单方式就是执行边界的参数化。更确切地说，我们给出最优执行边界形式的一个参数族并尝试确定可提供期权价格的最高估计。我们会在 5.19.4 节中针对百慕大利率期权来更详细地确定这一方法。

7. 使用 LS – 算法为美式期权定价：在 Bally 等（2005）中一个通过百慕大期权价格方法估计美式期权价格的收敛结果已经给出。这表明 L^p – 误差边界是 $1/\sqrt{m}$ 阶的。

LS – 算法的数值例子：百慕大最大看涨期权

我们通过下面百慕大最大看涨期权的例子来强调 LS – 算法的行为，该百慕大期权包含三个股票且它的回报函数为

$$h(s_1, s_2, s_3) = (\max\{s_1, s_2, s_3\} - K)^+ \tag{5.238}$$

其中我们给定时间范围为 $T = 3$，利率为 $r = 0.1$ 且股息利率为 $div = 0.1$。注意到这一结果将导致增加一个折现因子 $\exp(-0.1t)$ 进入股票价格（相较于 5.5.3 节）。所有股票的波动率为 0.2。更进一步地，股票间的对数回报率的相关系数为 $\rho_{12} = -0.25 = -\rho_{13}$，$\rho_{23} = 0.3$。这是通过使用如下结果得到的：

$$\sigma = \begin{pmatrix} \dfrac{1}{5} & 0 & 0 \\[2mm] -\dfrac{1}{20} & \dfrac{\sqrt{15}}{20} & 0 \\[2mm] \dfrac{1}{20} & \dfrac{29}{100\sqrt{15}} & \dfrac{\sqrt{3659}}{100\sqrt{15}} \end{pmatrix} \approx \begin{pmatrix} 0.2 & 0 & 0 \\ -0.05 & 0.1936 & 0 \\ 0.05 & 0.0749 & 0.1561 \end{pmatrix}$$

我们的目标是计算百慕大期权在步长为 m 变更时的价格。我们也想确定对于选择不同基函数对价格计算所造成的影响。尽管我们已经检验了更多的基函数集（详细研究参考 Wendel 的著作[2009]），但是这里仅给出如下结果于表 5.6 中。

表 5.6　基函数的集合

集合	基函数
0	1 1 1
I	s_1, s_2, s_3 + 集合 0
II	所有 3 次单项式
III	所有 3 次单项式 + $h(s_1,s_2,s_3)$
IV	所有单变量 3 次单项式 + $h(s_1,s_2,s_3)$ + $s_1 s_2, s_1 s_3, s_2 s_3, s_1 s_2 s_3$
V	集合 IV + $h(s_1, s_2, s_3)^2$, $h(s_1, s_2, s_3)^3$
VI	所有单变量 7 次单项式

第一个检验的情况是 $S_1(0) = S_2(0) = S_3(0) = K = 100$ 且 $m = 4, m = 50$，即期权是在值期权。$N = 50000$（95% 的置信区间）时的结果在表 5.7 中显示。数据显示了一些显著的事实：

- 由不同基函数集产生的价格差异要远比 m 造成的差异要大。
- 两个简易的基函数集 0 和 I 明显不合适。
- 没有混合单项式的基函数集得到的价格要比有混合单项式集的要小。
- 带有混合单项式和回报函数的基函数集（即 III，IV，V）得到相似的价格。

表 5.7　对于不同 m 和不同基函数的百慕大 LS-期权定价（在值期权）

集合	价格	$m = 4$ 95% 置信区间	价格	$m = 50$ 95% 置信区间
0	16.838	[16.692, 16.983]	15.795	[15.699, 15.8903]
I	17.002	[16.649, 17.155]	16.732	[16.615, 16.850]
II	17.318	[17.163, 17.472]	17.842	[17.717, 17.966]
III	17.261	[17.104, 17.417]	18.172	[18.022, 18.323]
IV	17.446	[17.287, 17.605]	17.979	[17.829, 18.129]
V	17.479	[17.322, 17.637]	18.088	[17.939, 18.236]
VI	17.247	[17.095, 17.399]	17.620	[17.494, 17.740]

这一行为通过我们所有的测试集表现出来，甚至对于 m 值较高时特别有效，如 $m = 250$ 或 $N = 500000$（也可参看 Wendel 的著作 [2009]）。对于 $m = 4$，$N = 500000$，我们也计算了包含所有到 3 阶的单项式的基函数集和欧式期权。可以验证更大的 N 值（其中好的基数集导致几乎相同的值）使得产生的价格是关于 50000 个路径最好的估值。由于这一算法已经对于欧式期权有过精密计算，对百慕大期权定价的计算时间通常要超过 1 小时（相对于其他基数集设置的时间单位）。

数值例子的主要实验结果是，对于基函数集的选择，它需要包含类似于回报函数的形式和欧式期权定价函数的形式。然而，包含的欧式期权定价函数的可能性是取决于这个函数计算的高效性。

5.14.2 对偶方法的价格上界

由于合适的朗斯塔夫 – 施瓦兹算法变形得到了百慕大期权价格的下界，这里还有个问题到底有多少的价格实际上偏离了真实价格。因此，价格的上界也是评判估值质量的因素。如果两个估值直接的差别很小，那百慕大期权的价格的预测精度会很高。这里，我们将通过考虑得到百慕大期权价格的最优终止问题的对偶优化问题来描述价格上界的想法。这一想法可追溯到 Rogers（2002）和 Haugh 与 Kogan（2004），这些学者考虑了百慕大期权定价最优终止问题的对偶优化问题的特性。

我们会继续使用上一节的折现项。由于在时刻 t_i 不执行百慕大期权可能不是最优的策略，这一事实为我们的出发点，得到

$$\hat{V}(i) \geqslant \mathbb{E}\left(\hat{V}(i+1) \mid S(t_i)\right) \tag{5.239}$$

这意味着（折现）价值函数过程是上鞅过程。根据 Myneni（1992）我们知道价值函数是最小上鞅控制（折现）回报过程 $g(i, S(t_i))$，即所谓的支付过程的斯涅尔包络通常很难计算，我们不得不看另一个上鞅控制。有了这些，就有了期权定价的上界。由此，我们考虑离散时间的鞅 $M(i), i = 0, 1, \cdots, m$，其被定义在百慕大期权的完全可执行时间上且由 $M(0) = 0$ 开始。使用如下任意抽样定理的结果

$$\mathbb{E}\left(g(\tau, S(t_\tau))\right) = \mathbb{E}\left(g(\tau, S(t_\tau)) - M(\tau)\right)$$

$$\leqslant \mathbb{E}\left(\max_{k=1,\cdots,m}\{g(k, S(t_k)) - M(k)\}\right) \tag{5.240}$$

当使用右手边的所有可能鞅的下确界时，不等式仍然成立，我们能取不等式左边部分在所有可终止时间 τ 上的上确界并达到

$$V(0) = \sup_\tau \mathbb{E}(V(\tau)) \leqslant \inf_M \mathbb{E}\left(\max_{k=1,\cdots,m}\{V(k) - M(k)\}\right) \tag{5.241}$$

希望期权价格的下界是一个比较好的结果，我们引入如下鞅（也是受上鞅 $\hat{V}$ Doob – Meyer 分解启发）：

$$\hat{M}(k) := \sum_{i=1}^{k} \Delta(i) := \sum_{i=1}^{k}\left(\hat{V}(i) - \mathbb{E}\left(\hat{V}(i) \mid S(t_{i-1})\right)\right) \tag{5.242}$$

注意到如果我们使用了最优执行策略用于计算 $\hat{V}(i)$，那么它会是一个鞅并且 $\hat{M}$ 会是 0，因此，$\Delta(i)$ 测量了每一时刻期权价格下界的质量。这一方法的主要问题是我们不得不计算关系式（5.242）的条件期望。这会导致嵌套模拟（参看下述 Andersen-Broadie 算法）。有如下事项需要注意：

- 使用朗斯塔夫 – 施瓦兹终止时间 $\hat{\tau}(i)$，

- 估计关系式（5.242）的条件期望以得到鞅 $\hat{M}$（.）的估值，
- 为式（5.241）右端项使用（原始）蒙特卡罗估值以估计期权价格的上界。

当直接使用蒙特卡罗方法去估计 $\mathbb{E}$（$\hat{V}(i)\mid S(t_{i-1})$）时，我们以几乎相同的方式得到了 $\hat{V}(i)$，注意到这些有

$$V(i) = \mathbb{E}\left(g\left(\tau_i, S(t_{\tau(i)})\right)\mid S(t_i)\right)$$

$$= \begin{cases} g(i, S(t_i)), & \text{如果 } g(i, S(t_i)) \geqslant \hat{C}(S(t_i); i) \\ \mathbb{E}\left(g(\tau(i+1), S(t_{\tau(i+1)}))\mid S(t_i)\right), & \text{如果 } g(i, S(t_i)) < \hat{C}(S(t_i); i) \end{cases}$$

$$= \begin{cases} g(i, S(t_i)), & \text{如果 } g(i, S(t_i)) \geqslant \hat{C}(S(t_i); i) \\ \mathbb{E}\left(V(i+1)\mid S(t_i)\right), & \text{如果 } g(i, S(t_i)) < \hat{C}(S(t_i); i) \end{cases} \qquad (5.243)$$

通过这些考虑我们能给出 Andersen 与 Broadie（2004）的**原始 – 对偶算法** 5.19。我们使用朗斯塔夫-施瓦兹算法中相同的符号和数据。事实上，令 $\hat{\tau}(i)$ 为从朗斯塔夫-施瓦兹算法通过特征连续函数 $\hat{C}(S; i) = \sum_{l=1}^{k} a_l^*(i) H_l(S)$ 得到的终止时刻。

算法 5.19　通过 Andersen – Broadie 算法得到百慕大期权价格的上界

独立重复下述循环步骤从 $j=1$ 到 N_1：

1. 模拟百慕大期权可执行时间上的一个股票价格 $S^j(t_1)$，$\cdots$，$S^j(t_m)$ 路径。
   令 $S^j(t_0) = S(0)$ 及 $M^j(0) = 0$。

2. For $i=0$ to $m-1$：
   - 当 $i > 0$ 时，根据式（5.243）计算 $\hat{V}(i, j)$。
   - 模拟 N_2 个股票价格从 $\hat{S}^k(t_i) = S^j(t_i)$ 开始的子路径 $\hat{S}^k(t_i)$，$\cdots$，$\hat{S}^k(t_{\tau(i+1)})$。
   - 通过
     $$\mathbb{E}\left(\hat{V}(i+1, j)\mid S^j(t_i)\right) = \frac{1}{N_2}\sum_{k=1}^{N_2} g\left(\tau(i+1), \hat{S}^k(t_{\tau(i+1)})\right)$$
     估值 $\mathbb{E}(\hat{V}(i+1)\mid S^j(t_i))$。
   - 对于 $i > 0$ 时，令
     $$\Delta^j(i) = \hat{V}(i, j) - \mathbb{E}\left(\hat{V}(i, j)\mid S^j(t_{i-1})\right), M^j(i) = M^j(i-1) + \Delta^j(i)$$

3. 令 $\hat{V}(m, j) = g(m, S^j(T))$ 且
   $$\Delta^j(m) = \hat{V}(m, j) - \mathbb{E}\left(\hat{V}(m, j)\mid S^j(t_{m-1})\right)$$
   $$M^j(m) = M^j(m-1) + \Delta^j(m)$$

4. 计算 $Y^{up}(j) = \max_{i=1, \cdots, m}\{g(i, S^j(t_i)) - M^j(i)\}$。

最终，通过下式估计期权价格的上界：
$$\bar{Y}^{up}_{N_1} = \frac{1}{N_1}\sum_{j=1}^{N_1} Y^{up}(j)$$

Andersen – Broadie 算法的进一步研究

1. 注意到由于我们估计了定义鞅 M 的相关条件期望，因此不能使用鞅来推导 $\bar{Y}_{N_1}^{up}$ 是一个期权价格上界的估计。然而，Andersen 与 Broadie（2004）指出事实上我们用了 $M(i) + \epsilon(i)$ 估计 $M(i)$。$\epsilon(i)$ 是蒙特卡罗误差，假设其服从均值为 0 的正态分布。注意到通过选择抽样定理有

$$\mathbb{E} \left(\max_{i=1,\cdots,m} (g(i,S(t_i)) - M(i) - \epsilon(i)) \right) \geqslant \mathbb{E} (g(i^*,S(t_{i^*})) - M(i^*) - \epsilon(i^*))$$

$$= \mathbb{E} (g(i^*,S(t_{i^*})) - M(i^*)) = \mathbb{E} \left(\max_{i=1,\cdots,m} (g(i,S(t_i)) - M(i)) \right) \quad (5.244)$$

（其中 i^* 是取到最大值时的随机指数），我们可以看到估值的偏差还是很高的。

2. 百慕大期权价格的置信区间

由于我们已有期权价格的蒙特卡罗估值的上下界，我们能给出一个置信区间，这是基于大量的常规渐近正态分布假设。因此令 $\bar{L}_N$ 是基于 N 个模拟股票价格路径（如适当修正的朗斯塔夫 – 施瓦兹值）且相关样本方差为 $\bar{\sigma}_L^2$ 的蒙特卡罗估值的下界。更进一步地，令 $\bar{\sigma}_{Y^{up}}^2$ 表示基于 N_1 模拟股票价格路径的样本方差的 Andersen-Broadie 上界。我们能得到所考虑的百慕大期权价格的 95% 置信区间

$$\left[\bar{L}_N - 1.96 \frac{\bar{\sigma}_L}{\sqrt{N}}, \bar{Y}_{N_1}^{up} + 1.96 \frac{\bar{\sigma}_{Y^{up}}}{\sqrt{N_1}} \right] \quad (5.245)$$

注意到两者的估值在相关方向上都是有偏差的，置信区间显然是保守的。一旦有了上下边界估值，我们就能以定义"真实"估计值作为均值 $(\bar{L}_N + \bar{Y}_{N_1}^{up})/2$。

3. 计算上界的计算效率

很明显，嵌套模拟得到 Andersen-Broadie 上界是在计算百慕大期权价格的两个边界时的瓶颈。文献 Andersen 与 Broadie（2004）说明这一计算需要 60% 到 95% 计算时间。我们也能通过如下模拟步骤得到上界

$$N_{\max} = N_1 \cdot N_2 \cdot m \quad (5.246)$$

当然子路径明显比 m 有更少的长度。

4. 数值案例：单一股票的百慕大看跌期权

我们考虑一个最简单的只有单只股票的看跌百慕大期权，且执行时间为 $m = 2$。这仅是一个测试的例子，但是能给出很多见解。取参数

$$T = 1 = t_2, t_1 = 0.5, r = 0.1, \sigma = 0.2, S(0) = K = 100$$

首先，我们可以在回归方法中考虑一个简单但是很有效的基函数。由于支付是有限的，多项式可能不是一个好的选择。包括支付本身也是一个不错的主意。然而，对于 $S > K$ 支付是 0 时，在时刻 t_i 时的期权价值是严格为正的，即使有 $S(t_1) > K$。注意到这一点，引入一个均值为 K 的多维高斯分布到基函数集。这对于很大的 $S(t_1)$ 得到很小，但是保持了正的并对执行价格 K 增加了附带价值。一点也不奇怪，非常简单的基函数集是

$$H_1(s) = 1, H_2(s) = (K - s)^+, H_3(s) = \exp\left(\frac{1}{2}(x - K)^2\right)$$

已经显示出了卓越的成效。我们来看一下不同的步骤：

步骤1：确定回归系数

这里，我们区分了基于只计算在某些时刻的实值期权路径下的朗斯塔夫 – 施瓦兹方法和计算所有路径的方法。尽管第一个路径集的收益的均值较高，第二种方法的常回归系数却更高，在第三个方法中尤其明显。通过100000个路径得到的典型结果是：

$$a^{LS} = (1.8094, 0.6923, 2.1532) \text{LS} - 方法$$
$$a^{AP} = (1.0882, 0.7458, 2.8550) 使用所有路径$$

步骤2：得到下界

对于上述回归系数，下界非常接近精确值4.313。我们再一次描述一些基于100000路径的值，但是两个方法执行结果类似：

$$price_{low}^{LS} = 4.3006, 95\% - 置信区间[4.2594, 4.3418]$$

$$price_{low}^{AP} = 4.3092, 95\% - 置信区间[4.2681, 4.3483]$$

步骤3：得到上界

对于上界，我们使用在时刻 t_1、t_2 时包含模拟1000 "子路径" 得到内在条件期望。两个方法的结果再一次很相似：

$$price_{up}^{LS} = 4.3294, 95\% - 置信区间[4.3155, 4.3434]$$

$$price_{up}^{AP} = 4.3188, 95\% - 置信区间[4.3060, 4.3317]$$

这里需要重点指出，对于这样质量下的更加复杂的期权结果是不容易得到的。然而，即使在简单假设下，一个不好的方法可能导致很差的结果。如果我们考虑所有3次单项式的基函数集，那么将得到下面结果，非常坏的下界（基于相同的路径树，计算所有的路径），但是上界是可接受的：

$$price_{low}^{AP} = 3.4146, 95\% - 置信区间[3.3701, 3.4512]$$

$$price_{up}^{AP} = 4.3064, 95\% - 置信区间[4.2445, 4.3684]$$

对于这不好结果的解释（在这简单例子中），是因为使用了无界函数来解释非线性的有界收益。

5. Belomestny 等（2009）嵌套模拟形式给出的上界

已经由 Andersen 与 Broadie（2004）指出，对于条件期望 $\mathbb{E}(\hat{V}(i+1) \mid S^j(t_i))$ 的嵌套模拟是算法计算中主要的耗时原因。Belomestny 等（2009）的主要想法是用一个替代的方法计算定义在关系式（5.242）上的鞅 M。他们假设百慕大期权的收益函数 B_t 在价格上是莱布尼茨连续的且在时间上是 $1/2$ – Hölder 连续的。有了这些，他们转向具有如下表达式的鞅理论：

$$M(i) = \int_0^{t_i} U(s) \mathrm{d}W(s), i = 1, \cdots, m \tag{5.247}$$

有了一个合适的有序可测被积函数 U。替代在方程（5.242）中的条件期望 M，主要的想法是，通过简单过程 $U^{\mathcal{P}}$，逼近方程（5.247）中近似被积函数 U，其中 $\mathcal{P}$ 是可分割，$0 = T_0 < T_1 < T_{\mathcal{J}} = T$ 并至少包含了百慕大期权的所有可能执行时间。对于过程 $U^{\mathcal{P}}$，我们的建议是

$$U_d^{\mathcal{P}}(T_j) = \mathbb{E}\left(\frac{W_d(T_{j+1}) - W_d(T_j)}{T_{j+1} - T_j} g(\tau(i), S(t_{\tau(i)})) \mid S(T_j)\right) \quad (5.248)$$

对于 $t_{i-1} \le T_j < t_i$。这里，d 表示相关随机过程的第 d 个分量。终止时刻 $\tau(i)$ 是朗斯塔夫-施瓦兹终止时间且假设已经得到了。在式（5.248）中的条件期望通过下面的方式估值：

- 得到 n 维布朗运动 $W(T_j)$ 的 N_3 个路径，$j = 1, \cdots, \mathcal{J}$ 且推断出股票价格的执行时间从上述时刻中选出。
- 对于所有 $j = 1, \cdots, \mathcal{J}$ 通过最小二乘法从相关股票价格的布朗运行模拟路径来估值被积过程 $U^{\mathcal{P}}(T_j)$。
- 从所得到的估值 $\hat{U}_d^{\mathcal{P}}(T_j, S)$ 中得到对于 M 的估计，通过如下计算：

$$\hat{M}^{\mathcal{P}}(i, S) = \sum_{T_j \in \mathcal{P}, T_j < t_i} \sum_{d=1}^n \hat{U}_d^{\mathcal{P}}(T_j, S)(W_d(T_{j+1}) - W_d(T_j)) \quad (5.249)$$

然后，就只剩下最终的估值步骤：

- 在执行时刻模拟股票价格的 N_4 个路径 $S^j(t_1), \cdots, S^j(t_m)$ 并通过下述关系式估计百慕大期权价格的上界

$$\bar{Y}_{N_4}^{up, BBS} = \frac{1}{N_4} \sum_{j=1}^{N_4} \max_{i=1, \cdots, m} (g(i, S^j(t_i)) - \hat{M}^{\mathcal{P}}(i, S^j)) \quad (5.250)$$

算法结果被显示是快速而精确的。对于更详细的结果和算法例子读者可以参看 Belomestny 等的著作（2009），其中的收敛性考虑及在 Andersen-Broadie 算法中使用这些算法来控制变量的可能性也有在文献中讨论。

5.15　蒙特卡罗计算期权定价的敏感性

5.15.1　价格敏感性的作用

购买出售期权时，计算期权价格是最中心的任务。然而，对于初始交易执行之后，主要的问题是评判和对冲进入期权头寸时的风险。如果忽略由于错误模型产生的风险，然而这里还会有由于选择错误输入参数及证券价格本身的随机变动所造成的风险。为了获得在这些输入参数的微小变化对期权价格的影响的感觉，交易员会计算所谓的**希腊字母**。这个名字最让人联想起（但不是所有的!）期权价格的敏感度（即，期权价格对于输入参数的偏导数）有希腊字母的缩写。标准的期权价格

敏感度是

$$\frac{\partial}{\partial S_1(t)}X(t)\Delta\text{``delta''}, \frac{\partial^2}{\partial S_1(t)^2}X(t)\Gamma\text{``gamma''}$$

$$\frac{\partial}{\partial t}X(t)\Theta\text{``theta''},$$

$$\frac{\partial}{\partial r}X(t)\rho\text{``rho''}, \frac{\partial}{\partial\sigma}X(t)\text{``vega''}$$

这里，$X(t)$ 也能表示投资期权的价格。注意到 Δ 和 Γ 测量价格变化的影响，Θ 是随着临近到期日的逐渐减少的时间。另一方面，vega 和 ρ 测量输入参数的波动率和利率可能错误的后果。

为了消除这些可能的误差或至少减少局部变化的影响（即，对于小的改变/误差），交易员尝试使用期权的组合中和这些参数的变化。他们得到这一方式通过购买/出售高级证券或衍生品使得（投资组合）敏感度对于不同的参数影响之和为零。这总能通过设立合适的线性投资组合得到。

对于所有期权的解析价格公式可以分析，很多奇异期权（即使在布莱克-斯克尔斯模型中）存在着不能这样做的期权。甚至更多的，在局部或随机波动率模型或更加高级的模型中，只有机会获得数值的敏感性模拟。因此我们将在下面讨论这些方法。

注 5.43

1. 最流行的希腊字母当然是源自于布莱克-斯克尔斯公式。我们仅对欧式看涨期权的 Δ 给出解析表示：

$$\Delta_{call} = \Phi(d_1(t)) = \Phi\left(\frac{\ln(S_1(t)/K) + (r + \frac{1}{2}\sigma^2(T-t)}{\sigma\sqrt{T-t}}\right) \qquad (5.251)$$

2. 在布莱克-斯克尔斯模型中，一个期权的 Δ 总是确定在期权复制策略中的股票部分。

3. 希腊字母的概念能从对标的资产的期权中得到。那我们就对每一个标的资产的偏导数有一个 delta。同样的修正也适用于相关标的资产的混合二阶偏导数。

我们将要描述一些方法来得到期权价格的敏感度，但是将在不同的小节中比较它们的数值效果。

5.15.2　有限差分模拟

数值计算导数 $f'(x)$ 的直接方法是，对于非零 h，通过如下的差分表达式替换相关的微商公式：

$$\frac{f(x+h) - f(x)}{f(x)}$$

由于 h 很小，但是不趋向于 0，我们可以采取**有限差分**。为了正式描述该方法，假

设期权价格 $X(t)$ 可以写成

$$X(t) = X(t;S(t),r,\sigma) \tag{5.252}$$

注意到，不是所有的奇异期权都有这样的表述。例如，亚式期权的价格是基于在时刻 t 之前的所有股票价格的变动。它们需要更复杂的符号，但是在原则上是类似的。然而，有了上述独立性假设，我们可以通过适当的差商来估计敏感度。举一个例子，期权的 Δ 可以近似为

- **向前差分**

$$\Delta = \frac{\partial X(t)}{\partial s} \approx \tilde{\Delta}_{for} := \frac{X(t;S(t)+h,r,\sigma) - X(t;S(t),r,\sigma)}{h} \tag{5.253}$$

- **或中心差分**

$$\Delta = \tilde{\Delta}_{cen} := \frac{X(t;S(t)+h,r,\sigma) - X(t;S(t)-h,r,\sigma)}{2h} \tag{5.254}$$

从一个试探性的观点来看，我们会认为中心差分是一个比较好的对偏导数的近似方法，因为其从 $S(t)$ 两边考虑了期权价格的信息，而先前差分仅考虑了右端信息。的确，下面对于偏差的两种方法的估值，支持了这一观点。为了符号上的方便，我们考虑函数 $f(x)$ 并假设它有三阶可微的有界导数。因此，它在 x 处的泰勒级数表达式为

$$f(x+h) = f(x) + f'(x)h + \frac{1}{2}f''(x)h^2 + \frac{1}{6}f'''(x)h^3 + o(h^3) \tag{5.255}$$

$$f(x-h) = f(x) - f'(x)h + \frac{1}{2}f''(x)h^2 - \frac{1}{6}f'''(x)h^3 + o(h^3) \tag{5.256}$$

利用这两个关系式，我们得到先前差分的估值偏差为

$$B_{for}(f) = \left| \frac{f(x+h)-f(x)}{h} - f'(x) \right| + O(h) \tag{5.257}$$

并且中心差分的偏差为

$$B_{cen}(f) = \left| \frac{f(x+h)-f(x-h)}{2h} - f'(x) \right| + O(h^2) \tag{5.258}$$

当然，这是中心差分的优势，相比较于得到额外项 $f(x-h)$ 中心差分对于导数比先前方差有更高阶的近似。如果这一项（我们设置的对于不同输入参数的期权价格计算）很容易获得，那么中心差分是相当好的。

如何计算成分？

如果我们已经决定将用哪一个有限差分的计算式来估值，那么接下来的问题就是计算哪个组成成分。让我们再一次关注 Δ 的计算。所有相关的值 $X(t;S(t),r,\sigma)$、$X(t;S(t)+h,r,\sigma)$、$X(t;S(t)-h,r,\sigma)$ 都是希望值。如果可以计算它们的解析解，那么在这里就不需要使用蒙特卡罗方法了。然而，如果需要使用蒙特卡罗方法来计算它们，那么这就有多个途径可以实现。注意到有限差分估计也是有偏差的。这就不该增加蒙特卡罗方法的误差。另一方面，蒙特卡罗估值要比偏差顺序比确定

的方法更加精确。当然，我们也能减少蒙特卡罗估值的方差。如果关注相关估值的数量

$$\tilde{\Delta}_{for} = \frac{X(t;S(t)+h,r,\sigma) - X(t;S(t),r,\sigma)}{h}, \tag{5.259}$$

$$\tilde{\Delta}_{cen} = \frac{X(t;S(t)+h,r,\sigma) - X(t;S(t)-h,r,\sigma)}{2h} \tag{5.260}$$

那么，如果分母中两个表达式是高度相关，则我们可以期望一个较小的方差。如果过 $X(.)$ 对于 S 是单调的，那么通过我们已经在对偶变量部分使用的参数。我们可以希望有一个小的方差，如果我们使用相同的随机数（即，相同的布朗运动模拟路径）计算两个表达式时。这一原则称为**通用随机数原则**（或**路径回收**）。并且有些时候也显著地考虑为方差缩减方法。

的确，有限差分估值的收敛性也是值得研究的（参看 Glasserman [2004] 及关于偏微分方程数值方法的专业文献）。这里仅查看选择中心有限差分及步长为 h_n：

$$h_n = O(n^{-1/5}) \tag{5.261}$$

的情况。我们可以得到 $O(n^{-2/5})$ 的收敛阶数，以及 $O(h_n^2) = O(n^{-2/5})$ 的偏差。注意到我们不能选择步长 h 太小，舍入误差可能会严重影响计算结果。一个实际的建议在文献 Jäckel (2003) 中给出：给定 ϵ 为计算精度（可以识别的最小计算正数），我们可以选择步长为

$$h^* = \sqrt[4]{\epsilon}S(t) \tag{5.262}$$

这是通过试探性误差分析得到的，并且在这一说法中选择偏差和舍入误差的阶数是一样的。然而，为了得到一个好的整体性能，对于给定的 n，式（5.262）告诉我们不能选择 $h_n < h^*$。综上所述，我们建议：

为了使用有限差分方法计算期权的 delta 值（给出 n 个模拟股票价格路径），

使用中心有限差分

$$\bar{\Delta}_{cen} = \frac{X(t;S(t)+h,r,\sigma) - X(t;S(t)-h,r,\sigma)}{2h} \tag{5.263}$$

通过步长 $h_n = n^{-1/5}$ 的路径回收方法（如果它不比 h^* 小）。

其他希腊字母的计算

只当我们仅考虑第一阶时，上述的描述方法（建议）保持一致：通过使用路径回收方法用两个参数 θ_1 和 θ_2 简化期权价格的计算，这两个是利率 θ 相关的参数

$$\theta_1 = \theta - h, \theta_2 = \theta + h \tag{5.264}$$

然后，从相关的中心差分估值 $\tilde{\theta}_{cen}$ 计算。这当然保持不变，如果我们考虑多个资产的期权即有多个 delta（即每一个标的资产）。

如果我们需要二阶导数，例如伽马（Gamma），那么也可以使用中心差分。对于这些，对于所需的一阶导数我们只使用相关的有限差分估值作为输入参数，即得到（简化函数 f）：

$$\frac{\dfrac{f(t+h)-f(t)}{h}-\dfrac{f(t)-f(t-h)}{h}}{h}=\frac{f(t+h)-2f(t)+f(t-h)}{h^2} \tag{5.265}$$

有限差分的优缺点

有限差分方法的主要优势是，如果相关的导数存在，这种方法总是可以应用的。我们只需确保能够计算所需期权价格。没有进一步的需求。同样地，它们也能应用于具有明显的、改善的多资产集合（事实上，我们只需要使用偏导数的符号而已）。

它们主要的劣势是在计算中引入了偏差，偏差主要是由于通过有限差分构造的偏导数引起的。因此，除了蒙特卡罗误差和可能的离散化误差来模拟股票价格路径，这是在计算中引起误差的第三个来源。

5.15.3　顺向微分方法

顺向微分方法是基于利用随机过程函数每个路径的所需参数以得到相应微分的能力，以及利用期望值改变微分值的有效性。更精确地说，如果 $B=f(S(T))$ 是期权的回报函数且 B 对于股票价格初始值 $S(0)$ 是可微的，那么期权的 delta 可以通过如下计算得到，如果它被允许交换期望等式左边的差分的话

$$\frac{\partial}{\partial S(0)}\mathbb{E}(B)=\mathbb{E}\left(f'(S(T))\frac{\partial S(T)}{\partial S(0)}\right) \tag{5.266}$$

这显然是成立的，如果 $f(.)$ $f'(S(T))$ 和 $\dfrac{\partial S(T)}{\partial S(0)}$ 是有界的。至少过去的有界性假设已经满足了。所以，我们通常不得不对不同的期权特别对待。更进一步地，期权收益函数的全局可微通常是不确定的。然而，我们使用的顺向微分方法在与连接似然比率方法时非常有效，参看 5.15.5 节。对于通常的情况，我们使用表达式

$$\frac{\partial}{\partial \theta}\mathbb{E}(B)=\mathbb{E}\left(f'(S(T))\frac{\partial S(T)}{\partial \theta}\right) \tag{5.267}$$

注意到相关顺向可微蒙特卡罗估值

$$I_{PDE}(\theta;N):=\frac{1}{N}\sum_{i=1}^{N}f'(S^{(i)}(T))\frac{\partial S^{(i)}(T)}{\partial \theta} \tag{5.268}$$

当表达式（5.267）有效时是无偏的。

多维情况：先前和伴随方法

我们现在仅考虑多维的情况（参看 Giles 与 Glasserman 的著作［2006］）。考虑一个有顺向微分方法不能容易计算的奇异期权，其中这个假设中标的资产的价格服从一个随机微分方程并且这个方程没有封闭形式解。考虑 m -维随机微分方程

$$dS(t) = b(S(t))dt + \sigma(S(t))dW(t) \tag{5.269}$$

其中 b 是 $\mathbb{R}^m$ – 值，σ 是一个 $m \times d$ – 矩阵，且假设随机微分方程有唯一解。通过步长 $h = T/N$ 在时刻 $(n+1)h$ 时引入相关的欧拉-丸山近似，通过如下表达式

$$S^h(n+1) = S^h(n+1) + b(S^h(n))h + \sigma(S^h(n))\sqrt{h}Z(n+1) \tag{5.270}$$

其中 $S^h(0) = S(0)$ 和 $Z(i)$ 是独立 d – 维标准高斯随机向量。令 $f: \mathbb{R}^m \to \mathbb{R}$ 是满足条件的方程，使得我们可以用链式法则计算如下的 delta：

$$\frac{\partial}{\partial S_j(0)}\mathbb{E}(f(S(T))) = \mathbb{E}\left(\sum_{i=1}^{m}\frac{\partial f(S(T))}{\partial S_i(T)}\frac{\partial S_i(T)}{\partial S_j(0)}\right) \tag{5.271}$$

如果我们有所有这些导数的封闭形式的解，那么可以开始蒙特卡罗模拟。然而，如果我们不得不计算它们的数值解，那么使用上述欧拉-丸山形式来计算式 (5.271) 的总和通过

$$\sum_{i=1}^{m}\frac{\partial f(S^h(N))}{\partial S_i^h(N)}\Delta_{ij}(N), \Delta_{ij}(n) = \frac{\partial S_i^h(n)}{\partial S_j^h(0)} \tag{5.272}$$

为了得到 $\Delta_{ij}(N)$——如果我们还没有精确的形式——我们可以通过上述欧拉-丸山形式来模拟它并因此不得不模拟

$$\Delta_{ij}(n+1) = \Delta_{ij}(n) +$$

$$\sum_{k=1}^{m}\frac{\partial b_i}{\partial S_k^h}\Delta_{kj}(n)h + \sum_{l=1}^{d}\sum_{k=1}^{m}\frac{\partial \sigma_{il}}{\partial S_k^h}\Delta_{kj}(n)\sqrt{h}Z_l(n+1) \tag{5.273}$$

对于市场明显的组件符号，系数函数 b、σ 都在 $S^h(n)$ 和 $\Delta(0) = I_m$（I_m 是 m – 维单位矩阵）处被估价。通过如下表达式引入矩阵 $D(n)$：

$$D_{ij}(n) = \delta_{ij} + \frac{\partial b_i}{\partial S_k^h}h + \sum_{l=1}^{d}\frac{\partial \sigma_{il}}{\partial S_k^h}\sqrt{h}Z_l(n+1) \tag{5.274}$$

其中当 $i = k$ 时 $\delta_{ik} = 1$，其他情况 $\delta_{ik} = 0$，于是得到关系式

$$\Delta(n+1) = D(n)\Delta(n) = D(n) \cdot \cdots \cdot D(0)\Delta(0) \tag{5.275}$$

从这里我们可以得到所有顺向 delta 的向量表达式

$$\frac{\partial f(S^h(N))}{\partial S^h(0)} = \frac{\partial f(S^h(N))}{\partial S^h(N)}D(N-1) \cdot \cdots \cdot D(0)\Delta(0) \tag{5.276}$$

这里有两个主要的方式来计算 delta 这一向量。

（a）**向前方法**

利用关系式 (5.275) 计算表达式 (5.276) 的右边。这里包含 N 个矩阵乘法，需要 $O(Nm^3)$ 操作。

（b）**伴随方法**

关注表达式 (5.276) 的右端，但是从它的最左端项开始。通过引入**伴随关系**

$$V(N) := \left(\frac{\partial f(S^h(N))}{\partial S^h(N)}\right)', V(n) = D(n)'V(n+1) \tag{5.277}$$

其中上标 $'$ 表示转置，这里有第二个方式计算

$$\frac{\partial f(S^h(N))}{\partial S^h(0)} = V(0)'\Delta(0) \qquad (5.278)$$

注意到我们用 N 矩阵 – 向量乘法代替矩阵乘法，所以只需要 $O(Nm^2)$ 操作。

用哪一种方法？

很明显两种方法都可以精确地得到相同的值。关于必要的操作，如果我们只想要计算单一期权的 delta，那么伴随矩阵的方法是更加有效的（对比于所需操作的阶数）。的确，步骤的节省是客观的。然而，如果我们想要计算关于相同标的资产多期权的 delta，那么向前方法有优势，由于它明确确定了 $\Delta(N-1)$，这可以在其他所有这类期权的 delta 计算重复使用。所以，总的来说，向前方法应该被用在多期权，如果过多期权（这个阶段）仅考虑同样的标的资产。然而，如果我们仅只有一些期权对不同的标的资产，那么伴随法比较合适。

更多的希腊字母：

如果期权收益函数足够光滑，则上述方法可以一般化至计算顺向 Vega 或顺向 Gamma。我们建议读者参考文献 Gilea 与 Glasserman（2006）中的详细公式。

5.15.4 似然率方法

在顺向微分方法中，主要的性质是从利率参数看每个股票价格的微分都是独立的，在似然率方法中，我们使用股票价格密度函数在这一相关参数上的微分。更精确地，假设有表达式

$$\mathbb{E}\left(f(S(T))\right) = \int f(S)g(S)\mathrm{d}S \qquad (5.279)$$

其中 $g(.)$ 是股票价格在时刻 T 时的密度函数。那么，期望依赖于参数 θ 相关的股票价格汇总在密度函数 $g(.)$ 中。如果我们可以将微分替换成参数 θ 的积分，那么得到

$$\frac{\partial}{\partial \theta}\mathbb{E}\left(f(S(T))\right) = \int f(S)\frac{\partial}{\partial \theta}g(S)\mathrm{d}S = \int f(S)\frac{\frac{\partial}{\partial \theta}g(S)}{g(S)}g(S)\mathrm{d}S \qquad (5.280)$$

根据**似然率**的定义（或评价函数）

$$w(S;\theta) := \frac{\frac{\partial}{\partial \theta}g(S)}{g(S)} = \frac{\partial \ln(g(S))}{\partial \theta} \qquad (5.281)$$

我们由此——依然假设有效性限制交换——计算期望的偏导数作为转换回报函数的期望：

$$\frac{\partial}{\partial \theta}\mathbb{E}\left(f(S(T))\right) = \int f(S)w(S;\theta)g(S)\mathrm{d}S$$

$$=: \int \Psi(S;\theta)g(S)\mathrm{d}S = \mathbb{E}\left(\Psi(S(T);\theta)\right) \qquad (5.282)$$

从表达式中可以推导出（通过大数定律）**似然率估值**

$$I_{LR}(\theta;N):=\frac{1}{N}\sum_{i=1}^{N}f(S^{(i)}(T))w(S^{(i)}(T);\theta) \tag{5.283}$$

是一个期望导数的无偏且强烈一致的估值。注意到这一方法的特定优势：在公式（5.283）右端的权重函数 $w(S;\theta)$ 是与标的期权形式无关的！因此，当不同期权的相同价格敏感度要被计算时，权重（至少它们的函数形式）可以重复使用。当然，为了得到高阶的希腊字母，例如伽马，我们可以使用迭代的方法。为了说明这一方法，我们在一维布莱克-斯克尔斯模型中通过相关 delta 和 rho 来计算权重。这里，在时刻 T 时的股票价格过程的密度函数可以给定为

$$g(S)=\frac{1}{S\sqrt{2\pi\sigma^2 T}}\exp\left(-\frac{\left(\ln(S/S(0))-\left(r-\frac{1}{2}\sigma^2\right)T\right)^2}{2\sigma^2 T}\right) \tag{5.284}$$

并使得权重为

$$w(S^{(i)}(T);\Delta)=\frac{W^{(i)}(T)}{\sigma S(0)T},w(S^{(i)}(T);\rho)=\frac{w^{(i)}(T)}{\sigma} \tag{5.285}$$

其中，我们使用了模拟股票价格的解析解 $S^{(i)}(T)$。

有了这些公式的推导，当我们对比于其他两个已经描述的方法时，可以看到这里（至少）有两个好的理由来使用似然率方法计算期权的希腊字母：

（i）对比于有限差分方法

对比于似然率方法，导数的离散化误差的第二个来源是在有限差分方法中计算希腊字母。特别地，熟知的数值微分是一个病态的问题。这可以用似然率法避免，由于该方法需要一个离散化的导数。

（ii）对比于顺向微分方法

对比于顺向微分方法，似然率方法的一个明显优势是对于期权回报函数不需要有可微或连续的假设。这甚至允许考虑折价支付，例如二元期权。

5.15.5 对比顺向可微和似然率方法的局部化

通过在布莱克-斯克尔斯模型情况下看一个简单欧式看涨期权的 delta 的似然率估值

$$I_{LR}(\Delta;N)=\frac{1}{N}\sum_{i=1}^{N}(S^{(i)}-K)^+ w(S^{(i)};\theta) \tag{5.286}$$

我们可以意识到在这估值结果中的权重相较于在看涨期权价格估值中的原始蒙特卡罗估值法的方差有所增加。的确，当股票价格估值倾向于大的值时权重倾向于大的值，因此放大了看涨期权回报的方差。另一方面，看涨期权的回报从执行价格上看在每一个点都是很光滑的，它的导数也比原来的回报函数要简单。因此我们使用似然率和顺向可微方法组合成一个**局部**过程。我们在一个简单的欧式看涨期权的例子中强调这一方法：通过下面的方式分解回报函数

$$(S(T)-K)^+=\left[(S(T)-K)^+-\phi_\delta(S(T))\right]+\phi_\delta(S(T)) \tag{5.287}$$

其中 $\phi_\delta(S(T))$ 是一个可微且看涨期权在区间 $[K-\delta,K+\delta]$ 外回报的函数。一种

选择这样光滑函数的可能是

$$\phi_K(S(T)) = \frac{1}{4K}S(T)^2 1_{\{S(T) \in [0,2K]\}} + (S(T) - K)^+ 1_{\{S(T) \notin [0,2K]\}} \quad (5.288)$$

我们仅在关系式（5.287）（即在执行价格 K 的局部周边）中对第一项使用似然率方法，并使用顺向微分方法来给最终回报为 $\phi_\delta(S(T))$ 的期权定价（人为引入）。这样得到了看涨期权 delta 的下述表达式：

$$\Delta = e^{-rT} \frac{\partial}{\partial S(0)} \left[\mathbb{E} \left((S(T) - K)^+ - \phi_\delta(S(T)) \right) + \mathbb{E} (\phi_\delta(S(T))) \right]$$

$$= e^{-rT} \mathbb{E} \left(\left[(S(T) - K)^+ - \phi_\delta(S(T)) \right] \frac{W(T)}{S(0)\sigma T} \right) +$$

$$e^{-rT} \mathbb{E} \left(\phi'_\delta(S(T)) \frac{\partial S(T)}{\partial S(0)} \right) \quad (5.289)$$

注意到，在这种方法中，我们避免了第一个期望中较大的乘积。对于选择特别的 ϕ_K，可得

$$\Delta = e^{-rT} \mathbb{E} \left(\left[(S(T) - K)^+ - \frac{1}{4K}S(T)^2 \right] \frac{W(T)}{S(0)\sigma T} 1_{\{S(T) \leq 2K\}} \right) +$$

$$e^{-rT} \mathbb{E} \left(\frac{\partial S(t)}{\partial S(0)} \left[\frac{1}{2K}S(T) 1_{\{S(T) \leq 2K\}} + 1_{\{S(T) > 2K\}} \right] \right) \quad (5.290)$$

这容易用常规的方法模拟到。这也应该注意到局部方法的应用在多维问题中更加复杂，因此构造光滑的函数也更加困难。

注 5.44

一个非常有效的技术方法计算希腊字母的表达式与通过基于应用所谓 **Malliavin 微积分**的似然率方法很类似（参看 Fournié 等的著作［1999］）。然而，关于 S 的密度函数的显性形式不是正式需要引入相关的技术操作中。如果不是这一情况，那么显然很难明确计算 Malliavin 导数，后者是计算希腊字母的必要公式。我们因此在本书中忽略利用 Malliavin 微积分方法计算希腊字母的表达式。

5.15.6 在布莱克-斯克尔斯设置下的数值测试

为了检验上述小节中方法的有效性，我们考虑在布莱克-斯克尔斯背景下的一些算例，其中解析解提供一个对照。我们将比较有限差分、似然率方法和局部组合方法。

算例 1：欧式看涨期权

使用测试数据 $S(0) = 80, K = 100, r = 0.1, \sigma = 0.3, T = 1$ 计算欧式看涨期权的 delta、伽马和维伽，通过似然率方法、相关局部似然率方法配合例如公式（5.288）中的光滑函数 ϕ_K。不同方法的收敛速度在表 5.8 中显示，其中我们选择 100、10000 和 100000 作为 N 的值。

表 5.8 欧式看涨期权 Δ, Γ 和 vega 的估值

希腊字母	方法 N	100	10000	100000	精确值
Δ	似然率方法	0.3937	0.4111	0.3929	
Δ	局部似然率方法	0.3960	0.4000	0.3967	0.3972
Δ	有限差分	0.4131	0.4031	0.3950	
Γ	似然率方法	0.0143	0.0167	0.0156	
Γ	局部似然率方法	0.0167	0.0158	0.0161	0.0161
Γ	有限差分	0.0090	0.0146	0.0165	
vega	似然率方法	27.38	32.14	29.97	
vega	局部似然率方法	31.98	30.89	30.95	30.85
vega	有限差分	30.58	31.37	30.18	

对欧式看涨期权所有希腊字母的估值中，局部似然率方法效果是最好的，紧接着是有限差分方法。正如希望的那样，有限差分方法在计算伽马时有最大的问题。

算例 2：数字期权

对于最终回报为

$$B = 1_{S(T) \geqslant K} \tag{5.291}$$

的数字期权。由于没有连续的回报函数，局部化方法的优势变得更加清晰。然而，二阶多项式的光滑函数 $\phi_\delta(S(T))$ 还是不够。为了使得回报函数光滑，我们现在需要三阶多项式为数字期权支付连接 0 到 1 的可能值。特别注意到，对于数字期权的顺向微分方法是不适用的。

在这一情形下的计算结果（看表 5.9，与上面的看涨期权例子中使用相同指标测试数据）清楚地给出了欧式看涨期权这一例子的结论。这里，似然率方法要比有限差分方法好。一个关键性的行为经常在有限差分方法计算伽马时显现出来。该方法需要很长的时间，至少让获得的指标正确，但是它仍是不稳定的。

表 5.9 欧式看涨期权 Γ 和 vega 的估值

希腊字母	方法 N	100	10000	100000	精确值
Γ	似然率方法	1.5×10^{-4}	1.3×10^{-4}	1.4×10^{-4}	
Γ	局部似然率方法	1.2×10^{-4}	1.4×10^{-4}	1.4×10^{-4}	1.4×10^{-4}
Γ	有限差分方法	0.0000	-7.2×10^{-4}	3.9×10^{-4}	
vega	似然率方法	0.2854	0.2927	0.2631	
vega	局部似然率方法	0.2368	0.2628	0.2589	0.2679
vega	有限差分方法	0.2805	0.2950	0.3153	

注 5.45

对于不同方法计算希腊字母时的更多详细的数值效果对比我们建议可以参看 Fournié 等的著作（1999）。

计算百慕大期权的希腊字母

在上述的描述中，我们局限于欧式期权。对于百慕大期权，我们可以利用 Piterbarg 的著作（2004）中的百慕大利率衍生品。他验证了似然率方法和顺向导数

方法在百慕大期权中的应用。他其中的一个结论指出对于希腊字母的似然率方法的计算也类似地用在欧式期权上。特别地，在（近似）最优执行策略被确定之后，那么应该确定百慕大期权类似于欧式期权的形式，通过现在已知的最优执行策略给出一个回报结构。这一顺向 delta 方法的应用需要更多的基数结果，我们建议读者参看 Piterbarg 的著作（2004）。

5.16　利率建模基础

到目前为止在所有的金融模型中，利率既不被假设成参数也不显式地建模。然而，这里有极大的需求要对利率给出一个合适的模型：

- 利率相关交易（也称**固定收益**交易）比股票相关交易有更高的总量。
- 利率不像股票价格那样变动剧烈，但实证结果也显示利率也远非常数。

这里将会使用适当修改后的股票价格模型来为利率建模，但是这里也有很多经验和经济上的原因不能这么做。例如：

- 股票价格（倾向于）随着时间增长，利率倾向在一些特有水平周围变动。
- 这里有很多利率（对于不同的到期日），不仅仅是**特定**利率。
- 利率是不交易的，只有基于利率的衍生品能交易。
- 这是不明显的建模过程。
- 到期日债券价值已经是固定的，它的价值在到期日之前都是随机的。
- 有些债券会长达 50 年。
- 有大量各种各样的利率产品。

文献中主要有三类方法对利率进行建模（在剩余的章中我们通常遵从 Björk［2004］和 Brigo 与 Mercurio［2001］的论述中的内容）。

1. **短期利率方法**，其中假设贷款利率仅在极小时间跨度内演变。

2. **远期利率方法**（或 Heath-Jarrow-Morton［**HJM**］框架）随着时间的推移对整个利率曲线的演变进行建模。

3. **市场建模的方法**是一组有限的简单的市场利率的演变进行建模。我们会详细考虑所有的三种方法尤其会评论关于蒙特卡罗方法的使用。

5.16.1　利率的不同概念

关于利率建模的基本目标是所谓的**零息债券**。

定义 5.46

一个零息债券是由在时刻 1 和到期日 T 的支付组成。所有当前 $t \leqslant T$ 的零息债券价格 $P(t,T)$ 作为关于到期日 T 的函数被称为折现曲线或**债券价格的期限结构**。

折现曲线不得不从详细的 $s \leqslant T$ 且固定到期日为 T 的零息债券 $P(s,T)$ 的价格路径区分。折现曲线是下降的，如果利率是真的时候，今天的现金比明天接受相同数量的钱更具价值，实际的折现曲线几乎不包含任何可察觉的信息，这主要的原因是关注折现曲线和（简单）收益曲线的转变。

定义 5.47

（a）到期日为 T 的零息债券的**简单收益率** $r(0,T)$ 可以定义为相同的常利率得到的实际零息债券，即有如下等式给定：

$$P(0,T) = (1 + r(0,T))^{-T} \tag{5.292}$$

（b）在区间 $[T_1, T_2]$ 上的**简单远期利率**是对于这有阶段的当天的简单收益，可以定义为

$$\frac{P(0,T_2)}{P(0,T_1)} = (1 + f(0;T_1,T_2))^{-(T_2-T_1)} \tag{5.293}$$

所有的简单收益曲线显示期货中的利率行为的市场希望。

一些标准形式在图 5.6 中显示。平坦的收益率期限结构是指没有时间偏好的，这往往是理论上考虑的比较方便的假设，但是在现实中很难做到。正常的结构是基于这一想法，当确信能给出更高的利率补偿时，有人在很长时间内给出了钱。具有逆向结构的市场是假设当天利率过高，它会在未来下降。一个双峰曲线是一个正常曲线和逆情况的混合，同时，这些标准形式的组合也会出现。

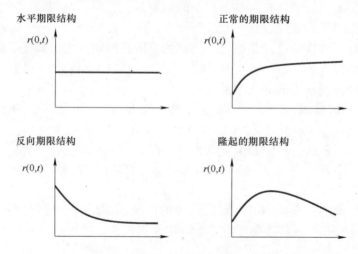

图 5.6　收益曲线的标准形式

我们可以从零息债券价格中推导更多有关利率的概念。

定义 5.48

（a）（无穷小）远期利率 $f(t,s)$ 在时刻 t 到未来时刻 s 被定义为

$$f(t,s) = -\frac{\partial}{\partial s}\ln(P(t,s)), s \geq t \tag{5.294}$$

（b）（无穷小）短期利率 $r(t)$ 在时刻 t 被定义为

$$r(t) = f(t,t) \tag{5.295}$$

5.16.2 一些流行的利率产品

除了零息债券在利率市场上还有大量的产品，我们仅描述一些比较流行的。

定义 5.49

息票债券是由从时刻 1 到到期日 T 的最终支付和在时刻 $0 \leq t_1 < t_2 < \cdots < t_n \leq T$ 上的利率支付 c 组成的。

由于息票债券是到期日为 T 的零息债券和到期日为 $t_i, i = 1, \cdots, n$ 的零息债券的投资组合，我们得到它的 $P^c(0, T)$ 有如下形式：

$$P^c(0, T) = P(0, T) + c \sum_{i=1}^{n} P(0, t_i) \tag{5.296}$$

定义 5.50

在远期协议中关于零息债券部分，A 同意提供 B 在时刻 T_0 时的一个到期日为 $T > T_0$ 的零息债券。B 对于这一债券偿还支付固定价格 B_F。B_F 将会被选中使得远期协议的初始值为零。B_F 的值被称为 T- 债券的（T_0 -）**远期价格**。

远期价格通过复制参数进行计算：

- A 当前不得不以价格 $P(0, T)$ 买 T- 债券，并能在时刻 T_0 时提供一个 T- 债券。
- 在时刻 T_0 支付 B_F，B 当前不得不买到期日为 T_0 的零息债券 B_F。在时刻 $t = 0$ 时花费 $B_F P(0, T_0)$。

远期协议当两个策略有相同价值时具有 0 初始价值，这导致

$$B_F = \frac{P(0, T)}{P(0, T_0)} \tag{5.297}$$

这里应该强调的是，远期合约价值仅在开始时刻等于零。然后，零息债券价格随机变化，上述复制策略的价格也同样改变了。因此，在时刻 t 的远期价格也变成（使用上述相同的复制参数）：

$$B_F(t) = \frac{P(t, T)}{P(t, T_0)} \tag{5.298}$$

互换交易的远期协议也被称为**期货协议**。它们具有特殊的功能，例如每日支付所谓的保障金账户来防止由 A 或 B 违约造成的损失。

除了固定收益债券的支付，我们也会考虑浮动利率支付。它们通常是链接市场的利率，例如 **3 个月 LIBOR**（伦敦银行业同业拆息）利率。这个利率是在伦敦股票交易所中的三个月银行间的同业贷款利率。类似的不同到期日的利率在伦敦也是存在的（6 个月，9 个月，12 个月，…）或是在别的地方（EURIBOR 相当于同样的交易在法兰克福的 Deutsche Börse）。它们是随着时间连续变化的。这就是为什么它们被称为**浮动利率**。当然，我们不得不考虑相关的零息债券价格以避免套利机会：

定义 5.51

（a）在时刻 t 时到期日为 T 的简单复合现货率（所谓的 $(T-t)$ **现货 LIBOR 利率**）由如下给定：

$$L(t,T) = \frac{1 - P(t,T)}{(T-t)P(t,T)} \tag{5.299}$$

（b）在时刻 t 时在时间区间 $[T,S]$ 且 $t \leq T < S$ 的简单复合远期汇率（所谓的 $(T-S)$ **远期 LIBOR 利率**）由如下给定：

$$L(t;T,S) = \frac{P(t,T) - P(t,S)}{(S-T)P(t,S)} \tag{5.300}$$

因此，现货 LIBOR 利率只是等于简单复合常利率得到在时刻 t 时的 T- 债券的市场价格。

定义 5.52

支付时间为 $k \cdot a, k = 1, \cdots, n$ 的**浮动利率票据**在时刻 $k \cdot a$ 时支付它的利息 $C_k = a \cdot L((k-1)a, k \cdot a)$ 及在到期日 $T = na$ 支付一单位现金。

这一票据价值的一个令人惊讶的结果是，该价值服从如下使用 LIBOR 利率定义的一个简单复制参数。

定理 5.53

到期日为 T 的浮动利率票据的价格 $P_f(0,T)$ 和由上述定义给出的利息支付 $P_f(0,T) = 1$。更进一步地，浮动利率票据在每个浮动利息付款后的价值等于 1。

利率互换是最具流动性的利率产品。

定义 5.54

在一个（普通）**利率互换**中，A 在时刻 t_1, $\cdots$, t_n 向 B 支付固定利率，并在时间 s_1, $s_1 + \alpha$, $\cdots$, $s_1 + k\alpha$ 从 B 处收取期限为 α 的贷款的浮动利率。在最终时刻 T，双方（正式）互换面值为 1。

互换可以发生在更加复杂的形式，并且可以包含任何类型的具有期权特征的支付情况和支付条件。我们仅考虑上述简单的利率互换。我们面对的主要问题是：

- 确定**互换利率**，即固定利率 p 使得互换在起始时刻的价值等于 0。
- 确定**互换价值**，即对于固定利率 p 的互换价值。

定理 5.55

（a）利率互换的价值 $S(0)$——从固定利率方的观点看——在时刻 0 时利息率为 p 的条件下，由下式给出：

$$S(0) = 1 - p \cdot \alpha \sum_{i=1}^{n} P(0,i\alpha) - P(0,T) \tag{5.301}$$

（b）利率互换的互换利率由下式给出：

$$p_{swap} = \frac{1 - P(0,T)}{\alpha \sum_{i=1}^{n} P(0,i\alpha)} \tag{5.302}$$

第一个断言是有效的，这是因为互换的价值是浮动利率票据（初始等于 1）与利息率为 p 的零息债券的差值。第二个断言来源于假设，这个值等于 0。

同样的，期权的互换，所谓的**互换期权**，也是很受欢迎的证券。它们是对于某一个未来时刻固定互换利率进入互换的期权。我们会通过处理市场模型来详细地研究它们。除了互换，最流行的利率产品是利率期权，例如利率上限和利率下限。

定义 5.56

令 $L(t_{i-1}, t_i)$ 是在时间 $t_0 < \cdots < t_{n-1}$ 上的 $(t_i - t_{i-1})$-现货-LIBOR 利率。

（a）**利率上限**　在利率水平为 L 且面值为 V 时，在每个时刻 $t_i, i = 1, \cdots, n$ 的交易，支付金额为

$$V \cdot (L(t_{i-1}, t_i) - L)^+ (t_i - t_{i-1}) \qquad (5.303)$$

只有一个这样支付的合同被称为**给定时间的利率上限**。

（b）**利率下限**　在利率水平为 L 且面值为 V 时，在每个时刻 $t_i, i = 1, \cdots, n$ 的交易，支付金额为

$$V \cdot (L - L(t_{i-1}, t_i))^+ (t_i - t_{i-1}) \qquad (5.304)$$

只有一个这样支付的合同被称为**提供一定利率保险的利率下限**。

利率上限和利率下限的普及源于它们分别提供了在时刻 t_i 对于利率上涨时的支付和利率下降时的收入的保护。它们通常用作浮动利率交易中的保险部分。

在 Black（1976）中关于布莱克-斯克尔斯公式方法论被推荐用作利率上限和利率下限的定价公式，即所谓的布莱克公式。它在利率市场中广为使用并且在使我们考虑 LIBOR 市场建模时变得合理。

布莱克公式：在时刻 $t_1 < \cdots < t_n$ 支付利息，面值为 V 且利率水平为 L 的利率上限的定价由如下关系式给出：

$$Cap(0, V, L, \sigma) = Cap_{Black}(0, V, L, \sigma) =$$

$$V \sum_{i=1}^{n} (t_i - t_{i-1}) P(0, t_i) [L(0; t_{i-1}, t_i) \Phi(d_1(t_i)) - K \Phi(d_2(t_i))] \quad (5.305)$$

$$d_1(t_i) = \frac{\ln(L(0; t_{i-1}, t_i)/L) + \frac{1}{2} \sigma^2 t_{i-1}}{\sigma \sqrt{t_{i-1}}}, d_2(t_i) = d_1(t_i) - \sigma \sqrt{t_{i-1}} \quad (5.306)$$

其中 σ 是相应的 LIBOR 利率远期合约的常规波动。

为了使用布莱克公式，唯一的波动率参数 σ 必须被估值。基于布莱克-斯克尔斯公式，布莱克公式可以从利率上限期权的市场价格中得到隐含上限波动率。一个类似的公式也可以用于利率下限期权中（可以从看涨至看跌期权的变化中明显看出来）。

另一个对利率上限/利率下限的定价方法是使用它们相关的债券期权。因此引入执行价格为 K 到期日为 T 关于 S-零息债券的看涨/看跌期权，且 $S \geq T$，在时刻 T 相应的回报为

$$Call(T,S;K) = (P(T,S) - K)^+, Put(T,S;K) = (K - P(T,S))^+ \qquad (5.307)$$

令 $\delta_i = t_i - t_{i-1}$。在时刻 t_i 时的利率上限/利率下限的支付已经在时刻 t_{i-1} 时固定，它们的值为

$$Cap_i(t_{i-1};V,L) = P(t_{i-1},t_i)V \cdot \delta_i(L(t_{i-1},t_i) - L)^+ \qquad (5.308)$$

$$Floor_i(t_{i-1};V,L) = P(t_{i-1},t_i)V \cdot \delta_i(L - L(t_{i-1},t_i))^+ \qquad (5.309)$$

我们因此可以直接证实（利用 LIBOR 利率的定义）有

$$Cap_i(t_{i-1};V,L) = V \cdot \delta_i L \cdot Put\left(t_{i-1},t_i;\frac{1}{1+\delta_i L}\right) \qquad (5.310)$$

$$Floor_i(t_{i-1};V,L) = V \cdot \delta_i L \cdot Call\left(t_{i-1},t_i;\frac{1}{1+\delta_i L}\right) \qquad (5.311)$$

因此，也可以确定利率上限/利率下限的值和在 t_{i-1} 时刻之前任何时刻的（相应倍数的）看跌/看涨债券的值。由此，在每一个利率模型中，如果我们可以定义看跌/看涨债券的价值，那么也可以对利率上限/利率下限进行定价。

5.17　利率建模的短期利率方法

短期利率方法关注于瞬时短期利率 $r(t)$ 的建模，即从开始时刻为 $t(=$ 现在）且发生后立刻终止的贷款获得收益。一个问题会马上在人们的脑海里出现，这是否足够确定利率产品的价格，毕竟生存的时间只是瞬间！然而，零息债券可以被看作是最终支付为 1 的期权。从通用期权定价理论我们知道它的价格是由在时刻 T 时给出的一单位现金支付的折现期望，其中 $\mathbb{Q}$ 相当于鞅测度，即

$$P(0,T) = \mathbb{E}_{\mathbb{Q}}\left(\exp\left(-\int_0^T r(s)\,\mathrm{d}s\right)1\right) \qquad (5.312)$$

其中 $r(s)$ 是瞬时短期利率。因此，对于零息债券定价的目的是在等价鞅测度下足够对零息利率进行建模。因此，这一方法的要素是对短期利率的建模给出随机微分方程的结果

$$\mathrm{d}r(t) = \mu(t,r(t))\,\mathrm{d}t + \sigma(t,r(t))\,\mathrm{d}W(t) \qquad (5.313)$$

其中 $W(t)$ 是一维布朗运动。这就是为什么这一模型被称为**单因子模型**的原因。我们也会引入多因子模型。首先，我们收集一些短期利率模型可取的特性：

- 短期利率是非负的。
- 短期利率是均值回复的，即短期利率存在一个真实或天然的水平，并且一旦实际短期利率较之发生偏离，短期利率将朝着这个水平移动。
- 模型允许推导债券的价格公式并且（简单）推广（例如期权定价、利息上限/利率下限，或互换期权）。
- 推导当天的价格模型应该符合实际观察到的市场价格（"完美符合初始项的结构"）。

5.17.1　单位的改变及期权定价：向前测度

相较于股票期权定价，主要的难点出现在用随机利率框架下通过随机贴现因子计算如下形式的未定权益的价格：

$$X(0) = \mathbb{E}_Q\left(\exp\left(-\int_0^T r(s)\,ds\right)X\right) \tag{5.314}$$

（其中 X 表示最终回报）。如果 X 有 $X = g(r(T))$ 这样的形式，那么折现因子要比 X 本身更难模拟！

由于折现因子是正的，我们可以通过标准化来排除它，从而执行一个合适的 Girsanov 类型变化的测度。更加准确地说，我们使用 T – 零息债券价格的表达式 (5.312) 和 $P(T,T) = 1$ 来得到

$$X(0) = \mathbb{E}_Q\left(\exp\left(-\int_0^T r(s)\,ds\right)\frac{P(0,T)}{P(0,T)}P(T,T)X\right)$$

$$= P(0,T)\,\mathbb{E}_Q\left(X\,\frac{\exp\left(-\int_0^T r(s)\,ds\right)P(T,T)}{P(0,T)}\right) \tag{5.315}$$

$$=: P(0,T)\,\mathbb{E}_{Q_T}(X)$$

这里，新的概率测度 Q_T 定义为

$$dQ_T = Z(T)\,dQ \tag{5.316}$$

且

$$Z(t) = \exp\left(-\int_0^t r(s)\,ds\right)\frac{P(t,T)}{P(0,T)} \tag{5.317}$$

（也可参看 Girsanov 定理 4.44）。注意到上述考虑是有效的，我们需要 $Z(t)$ 是一个 $Z(t)$ -鞅，事实上我们已经假设过了（并会在这一节中持续假设），这一事实基于短期利率方差的系数。通过 Girsanov 定理能引入一个 Q_T – 布朗运动 W_T：

$$W_T(t) = W(t) + \int_0^t \beta(s,T)\sigma(s,r(s))\,ds \tag{5.318}$$

其中 $\beta(t,T)$ 来源于 Q 下的 T- 债券的随机微分方程表达式

$$dP(t,T) = P(t,T)[r(t)\,dt - \beta(t,T)\sigma(t,r(t))\,dW(t)] \tag{5.319}$$

（注意到我们可以假设上式成立，因为 $P(t,T)$ 是正的并且必须在 Q 下有偏移率 $r(t)$）。更进一步地，通过使用对于 $S \leqslant T$ 的 S- 零息债券价格的 W_T 表达式，

$$dP(t,S) = P(t,S)[(r(t) + \beta(t,S)\beta(t,T)\sigma^2(t,r(t)))\,dt] -$$
$$P(t,S)\beta(t,S)\sigma(t,r(t))\,dW_T(t) \tag{5.320}$$

在 $P(t,S)/P(t,T)$ 上应用 Itô 公式将证明它实际是一个 Q_T-鞅。因此使用 Q_T 作为定价测度隐含，我们不得不改变到计量单位 $P(0,T)$，这也被称为 **T-向前测度**。更进一步地，我们开发了一个在随机利率设定下，计算未定权益价格的简单方法：

1. 引入 T-向前测度 Q_T 通过表达式 (5.316)。

2. 计算未定权益价格 $X(0) = P(0,T)\,\mathbb{E}_{Q_T}(X)$。

当我们有 T-零息债券价格在手时，这一过程也得到了一个无偏蒙特卡罗估值来计算利率期权价格

$$\tilde{X}_N(0) := P(0,T)\,\frac{1}{N}\sum_{i=1}^{N}X^{(i)} \tag{5.321}$$

其中 $X^{(i)}$ 是模拟运行第 i 次的结果。注意到这里我们不得不在 $\mathbb{Q}_T$ 下模拟，这特别意味着对于 $r(t)$ 的随机微分方程是基于 $W_T(.)$ 的且有如下形式：

$$\mathrm{d}r(t) = (\mu(t,r(t)) - \beta(t,T)\sigma^2(t,r(t)))\,\mathrm{d}t + \sigma(t,r(t))\,\mathrm{d}W_T(t) \tag{5.322}$$

当然，方法的有效性基于最终回报 X 的精确形式。最终，注意到对于一个确定的短期利率，$\mathbb{Q}$ 和 $\mathbb{Q}_T$ 显然相当于有 $\beta(t,T)=0$。

5.17.2　瓦西塞克模型

在早期，为人熟知且应用的短期利率模型是瓦西塞克模型（参看 Vasicek 的著作 [1977]）。这里，短期利率方程看起来像

$$\mathrm{d}r(t) = \kappa(\theta - r(t))\,\mathrm{d}t + \sigma\mathrm{d}W(t) \tag{5.323}$$

其中，κ,θ,σ 是实的正常数。该随机微分方程有解析解

$$r(t) = r_0\mathrm{e}^{-\kappa t} + \theta(1-\mathrm{e}^{-\kappa t}) + \sigma\int_0^t \mathrm{e}^{-\kappa(t-u)}\mathrm{d}W(u) \tag{5.324}$$

由此，有

$$r(t) \sim N\left(r_0\mathrm{e}^{-\kappa t} + \theta(1-\mathrm{e}^{-\kappa t}),\frac{\sigma^2}{2\kappa}(1-\mathrm{e}^{-2\kappa t})\right)$$

因此，短期利率是以 θ 为中心的均值回复过程，如果 $r(t)$ 在 θ 上方，它的漂移总是负的，反之，漂移总是正的。由于 θ 相当于上述正态分布的渐近平均值，它能被看作是短期利率的长期限制项。短期利率的正态分布有计算上的优势（参看下面的解析定价公式），但是也有不利因素，因为短期利率可能会变负值。更进一步地，由于仅有三个参数，通常这并不能够很好地解释债券价格的初结期限结构。

定理 5.57　在瓦西塞克模型中的债券和期权定价

对于瓦西塞克模型给定的公式（5.323）有：

（a）T-零息债券价格函数形式为

$$P(t,T) = \mathrm{e}^{-B(t,T)r(t)+A(t,T)} \tag{5.325}$$

其中 A 和 B 由如下方程给出

$$B(t,T) = \frac{1}{\kappa}(1-\mathrm{e}^{-\kappa(T-t)}) \tag{5.326}$$

$$A(t,T) = \left(\theta - \frac{\sigma^2}{2\kappa^2}\right)(B(t,T)-T+t) - \frac{\sigma^2}{4\kappa}B(t,T) \tag{5.327}$$

（b）看涨期权债券和看跌期权债券的价格函数有如下形式：

$$Call(t,T,S,K) = P(t,S)\Phi(d_1(t)) - KP(t,T)\Phi(d_2(t)) \tag{5.328}$$

$$Put(t,T,S,K) = KP(t,T)\Phi(-d_2(t)) - P(t,S)\Phi(-d_1(t)) \tag{5.329}$$

且

$$d_{1/2}(t) = \frac{\ln\left(\frac{P(t,S)}{P(t,T)K}\right) \pm \frac{1}{2}\bar{\sigma}^2(t)}{\bar{\sigma}(t)}, \bar{\sigma}(t) = \sigma\sqrt{\frac{1 - e^{-2\kappa(T-t)}}{2\kappa}}B(T,S) \tag{5.330}$$

其中 K 表示执行价格且 T 为期权的到期日，$S \geqslant T$ 是标的零息债券的到期日。

（c）面值为 V、水平为 L、支付时间为 $t_1 < \cdots < t_n$ 的利率上限价格为

$$Cap(t;V,L,\sigma) =$$

$$V\sum_{i=1}^{n}(P(t,t_{i-1})\Phi(\tilde{d}_{1,i}(t)) - (1+\delta_i L)P(t,t_i)\Phi(\tilde{d}_{2,i}(t))) \tag{5.331}$$

对于 $t < t_0 < t_1$ 有

$$\tilde{d}_{1/2,i}(t) = \frac{1}{\bar{\sigma}_i(t)}\ln\left(\frac{P(t,t_{i-1})}{(1+\delta_i L)P(t,t_i)}\right) \pm \frac{1}{2}\bar{\sigma}_i(t) \tag{5.332}$$

$$\bar{\sigma}_i(t) = \sigma\sqrt{\frac{1 - e^{-2\kappa(t_{i-1}-t)}}{2\kappa}}B(t_{i-1},t_i), \delta_i = t_i - t_{i-1} \tag{5.333}$$

通过使用短期利率 $r(t)$ 和积分 $\int_0^t r(s)ds$ 的联合分布函数计算公式（5.312）中的期望值，我们可以得到对数正态零息债券价格公式（参看下面内容）。看涨期权价格的形式是对数正态估值公式的一个直接应用，命题 5.1。

当然，这些定价公式允许对瓦西塞克模型有一个有效的校准。注意到，当天的短期利率 $r(0)$ 是可见的。我们由此不得不结合模型参数 θ、κ、σ 来校正它。需要重点指出的是，校准总是应该包含一些非线性产品例如利率上限或期权债券。如果仅使用零息债券价格来校准，即便该模型无法被唯一确定，我们还是能够由一个不合理的模型参数得到一个该模型合理的结果。

瓦西塞克模型中的蒙特卡罗模拟

在瓦西塞克模型中有很多个方面可以说明蒙特卡罗模拟很实用。首先，短期利率的正态性使得我们可以推导它的最终值和它积分的联合分布

$$\left(r(t), \int_0^t r(s)ds\right) \sim N(m(t),\Sigma(t)) \tag{5.334}$$

其中

$$m_1(t) = \theta + (r_0 - \theta)e^{-\kappa t}, m_2(t) = \theta t + (r_0 - \theta)\frac{1 - e^{-\kappa t}}{\kappa} \tag{5.335}$$

$$\Sigma_{11}(t) = \frac{\sigma^2}{2\kappa^2}(1 - e^{-2\kappa t}), \Sigma_{12}(t) = \frac{\sigma^2}{2\kappa^2}(1 + e^{-2\kappa t} - 2e^{-\kappa t}) \tag{5.336}$$

$$\Sigma_{22}(t) = \frac{\sigma^2}{\kappa^2}\left(t + \frac{1}{2\kappa}(1 - e^{-2\kappa t}) - \frac{2}{\kappa}(1 - e^{-\kappa t})\right) \tag{5.337}$$

所以为了对一个具有仅依赖于 $r(T)$ 的收益函数的未定权益进行估价，我们可以简单地使用原始蒙特卡罗方法，并通过表达式（5.334）中二维正态分布模拟 $r(T)$ 和（对数的）折现因子。事实上，这是一种非常有效的方法，并避免了使用向前测度。

如果相反地，我们想避免模拟折现因子，那么可以在向前测度 $\mathbb{Q}_T$ 下模拟时引入上述内容。为了这样，注意到在瓦西塞克模型中的债券价格满足随机微分方程

$$\mathrm{d}P(t,T) = P(t,T)[r(t)\,\mathrm{d}t - B(t,T)\sigma(t,r(t))\,\mathrm{d}W(t)] \qquad (5.338)$$

这里 Itô 公式可以被用来对式（5.325）中对零息债券定价。因此可以在 $\mathbb{Q}_T$ 下结合 $\beta(t,T) = B(t,T)$ 模拟支付情况。注意到结合式（5.322）在 $\mathbb{Q}_T$ 下的短期利率随机微分方程有如下形式：

$$\mathrm{d}r(t) = \kappa(\theta - B(t,T)\sigma^2 - r(t))\,\mathrm{d}t + \sigma\mathrm{d}W_T(t) \qquad (5.339)$$

因此，短期利率仍服从正态分布。这一方法也可以被用来对路径独立期权进行估值，这些期权仅依赖 $r(t_j)$, $j = 1, \cdots, d$ 的有限个数，那么足够在 $\mathbb{Q}_T$ 模拟短期利率的这些路径。对于通常的奇异期权定价的蒙特卡罗计算我们不得不模拟（符合离散化形式的）整个路径 $r(t)$, $t \in [0,T]$。

多因子模型推广

我们可以将瓦西塞克模型推广到多因子模型，根据在 Brigo 与 Mercurio（2001）中的建议，通过短期利率（可能相关的）Ornstein-Uhlenbeck 过程的一个线性组合形式

$$\mathrm{d}x_i(t) = -a_i x_i(t)\,\mathrm{d}t + \sigma_i\mathrm{d}W_i(t) \qquad (5.340)$$

根据正态分布的性质，我们仍有服从正态分布的短期利率、债券价格和债券期权价格也具有相似特征。引入额外的参数以获得更好的结果，其缺点是计算复杂度比较高（虽然解析定价公式保留了它们原则上的形式）。

5.17.3 考克斯-英格索-罗斯（CIR）模型

当保留瓦西塞克模型的均值回归性质时，考克斯-英格索-罗斯模型的主要目的是为了得到一个非负的短期利率。在 J. C. Cox、Ingersoll 与 Ross（1985）的著作中，模型被建议对短期利率使用平方根过程。因此，短期利率满足随机微分方程

$$\mathrm{d}r(t) = \kappa(\theta - r(t))\,\mathrm{d}t + \sigma\sqrt{r(t)}\,\mathrm{d}W(t) \qquad (5.341)$$

对于给定的正常数 κ、θ、σ。我们已经知道上述方程没有解析解（参考第 4 章）。然而，根据定理 4.52，$e^{\kappa t}g(t)r(t)$ 的分布被看成是非中心参数为 λ 的非中心卡方分布且自由度为 $\bar{d}$，有

$$g(t) = \frac{4\kappa e^{-\kappa t}}{\sigma^2(1 - e^{-\kappa t})}, \lambda = r_0 g(t), d = 4\kappa\theta/\sigma^2 \qquad (5.342)$$

更进一步地，有

$$\lim_{t\to\infty} E(r(t)) = \theta, \lim_{t\to\infty} \mathbb{V}ar(r(t)) = \frac{\theta\sigma^2}{2\kappa} \tag{5.343}$$

并且 CIR 模型中的短期利率是严格为正的如果有

$$2\kappa\theta > \sigma^2 \tag{5.344}$$

如果并非如此，那么起源可追溯到短期利率过程。然而，如果短期利率过程达到了它所反映的起源。同样地，一个完美的套利初始结构通常是不可能的。

尽管短期利率没有解析解，但是零息债券和看涨债券的公式有解析解。

定理 5.58　在 CIR 模型下的债券和期权定价

在假设短期利率服从 CIR 模型的条件下，有：

（a）T-零息债券价格的形式是

$$P(t,T) = e^{-B(t,T)r(t)+A(t,T)} \tag{5.345}$$

其中

$$B(t,T) = \frac{2[\exp((T-t)h)-1]}{2h+(\kappa+h)[\exp((T-t)h)-1]} \tag{5.346}$$

$$A(t,T) = \ln\left(\left[\frac{2h\exp((T-t)(\kappa+h)/2)}{2h+(\kappa+h)[\exp((T-t)h)-1]}\right]^{2\kappa\theta/\sigma^2}\right) \tag{5.347}$$

$$h = \sqrt{\kappa^2 + 2\sigma^2} \tag{5.348}$$

（b）看涨期权债券价格的形式是

$$C(t,T,S,K) = P(t,S)\chi^2(a_1;d,\lambda_1) - KP(t,T)\chi^2(a_1;d,\lambda_1) \tag{5.349}$$

其中 $\chi^2(x;d,\lambda)$ 是自由度为 d 且非中心参数为 λ 的非中心卡方分布的分布函数。这里，K 是看涨期权的执行价格，T 是到期日，并且 $S \geq T$ 是标的零息债券的到期日。进一步地，有

$$d = 4\kappa\theta/\sigma^2, a_1 = 2\bar{r}(\rho+\psi+B(T,S)), a_2 = a_1 - 2\bar{r}B(T,S) \tag{5.350}$$

$$\bar{r} = \frac{\ln(A(T,S)/K)}{B(T,S)}, \psi = \frac{\kappa+h}{\sigma^2}, \rho = \frac{2h}{\sigma^2(\exp(h(T-t))-1)} \tag{5.351}$$

$$\lambda_1 = \frac{2\rho^2 r(t)\exp(h(T-t))}{\rho+\psi+B(T,S)}, \lambda_2 = \frac{2\rho^2 r(t)\exp(h(T-t))}{\rho+\psi} \tag{5.352}$$

在 CIR 模型中的蒙特卡罗模拟

相比于瓦西塞克模型，最终值和短期利率过程积分的联合分布函数不具有一个简单的解析形式。然而，这一分布函数的拉普拉斯变换是被人所熟悉的。原则上，我们可以因此数值地将它转换至联合分布模拟，但这个过程很慢。

这有可能在计算仅根据有限数目值 $r(t_j), j = 1, \cdots, d$ 的支付的期权价格时改变 T-向前测度 $\mathbb{Q}_T$。同时，可以证实有

$$\beta(t,T) = B(t,T) \tag{5.353}$$

根据上述定理给出解析式。然后，使用式（5.322），短期利率的随机微分方程有如下形式：

$$dr(t) = (\kappa\theta - (\kappa + B(t,T)\sigma^2)r(t))dt + \sigma\sqrt{r(t)}dW_T(t) \qquad (5.354)$$

注意到随机微分方程包含了时间独立系数 $r(t)$ 。对于奇异期权定价，这被称为 Heston 模型。特别地，当模拟短期利率过程的一个路径时，通常使用例如带全交易的欧拉形式的离散化数值形式要比从精确分布模拟更有效（参看 5.11 节中的赫斯顿模型）。

5.17.4　仿射线性短期利率模型

关于两个短期利率模型的一个明显的推广是一类仿射线性模型

$$dr(t) = (\nu(t)r(t) + \eta(t))dt + \sqrt{\gamma(t)r(t) + \delta(t)}dW(t) \qquad (5.355)$$

带有合适的确定性方程 $\nu(t)$、$\eta(t)$、$\gamma(t)$ 和 $\delta(t)$ 。

这一类模型有如下性质：

- 瓦西塞克模型和 CIR 模型是特殊的仿射线性模型。
- 上述方程的解析解通常是没有的。
- 利率的正负要根据系数方程（确定）。
- 四个确定的系数方程具有一个完美初始结构的可能。

更进一步地，这里通常描述债券价格。

定理 5.59

在仿射线性短期利率类型中，T-零息债券价格有如下形式：

$$P(t,T) = e^{-B(t,T)r(t)+A(t,T)} \qquad (5.356)$$

其中 $A(t,T)$ 和 $B(t,T)$ 是上述系统的唯一解

$$B_t(t,T) + \nu(t)B(t,T) - \frac{1}{2}\gamma(t)B(t,T)^2 + 1 = 0, B(T,T) = 0 \qquad (5.357)$$

$$A_t(t,T) - \eta(t)B(t,T) + \frac{1}{2}\delta(t)B(t,T)^2 = 0, A(T,T) = 0 \qquad (5.358)$$

一个值得回味的问题是通过短期利率方差的形式或零息债券价格的形式来定义此类仿射线性模型。这两者的性质都是等价的（参看 Björk 的著作 [2004]）。

5.17.5　完美校正：确定的偏移及赫尔-怀特方法

赫尔-怀特方法

我们描述赫尔-怀特方法以选择一个仿射线性模型的系数函数来得到一个初始期限结构的完美拟合（参看 Hull 与 White 的著作 [1990]）。我们限制瓦西塞克模型的赫尔-怀特版本是由如下短期利率方程确定的：

$$dr(t) = (\delta(t) - ar(t))dt + \sigma dW(t), a > 0 \qquad (5.359)$$

这是一个与原始瓦西塞克短期利率方程有所不同的形式，但是当 $\delta(t)$ 是常数时能容易被转化。这一随机微分方程的解析解由下式给出：

$$r(t) = r_0 e^{-at} + \int_0^t e^{-a(t-s)} \delta(s) ds + \sigma \int_0^t e^{-a(t-u)} dW(u) \tag{5.360}$$

其中函数 $\delta(t)$ 被选成使得模型中的零息债券价格，$P(0,T)$，与实际观察到的市场价格 $P^M(0,T)$ 相同（它的形式参考定理 5.61）。那么，债券（模型）价格能从在仿射线性模型中的一般定理中得出，但是也将会在下面结合看涨期权债券价格给出解析解。

定理 5.60　赫尔-怀特模型中的定价

在短期利率服从赫尔-怀特瓦西塞克形式的假设条件下，有：

（a）T-零息债券价格的形式为

$$P(t,T) = e^{-B(t,T)r(t)+A(t,T)} \tag{5.361}$$

$$B(t,T) = \frac{1}{a}(1 - e^{-a(T-t)}) \tag{5.362}$$

$$A(t,T) = \ln\left(\frac{P^M(0,T)}{P^M(0,t)}\right) + f^M(0,t)B(t,T) - \frac{\sigma^2}{4a}(1 - e^{-2at})B(t,T)^2 \tag{5.363}$$

其中 $f^M(0,t)$ 表示在时刻 t 时的当天市场远期利率 t，$P^M(0,t)$ 表示 t-债券的当天市场价格。

（b）看涨债券期权价格的形式为

$$C(t,T,S,K) = P(t,S)\Phi(d_1(t)) - KP(t,T)\Phi(d_2(t)) \tag{5.364}$$

$$d_{1/2}(t) = \frac{\ln\left(\frac{P(t,S)}{P(t,T)K}\right) \pm 1/2\bar{\sigma}^2(t)}{\bar{\sigma}(t)}, \bar{\sigma}(t) = \sigma\sqrt{\frac{1 - e^{-2a(T-t)}}{2a}}B(T,S)$$

$$\tag{5.365}$$

其中 K 是看涨债券期权的执行价格，T 是它的到期日，$S \geqslant T$ 是标的零息债券的到期日。

注意到我们一直有对数正态分布的债券价格并由此得到看涨债券期权价格的布莱克-斯克尔斯公式。所以我们得到了一个同瓦西塞克模型一样容易分析的模型，但是如果近似地选择 $\delta(t)$，该模型对于初始结构项有完美拟合的功能（参看 Hull 与 White 的著作 [1990]）。

定理 5.61

令 $f^M(0,T) := -\dfrac{\partial \ln P^M(0,T)}{\partial T}$ 是在时刻 T 时从当天零息债券市场价格中得到的当天远期利率。通过选择

$$\delta(t) = \frac{\partial f^M(0,t)}{\partial T} + af^M(0,t)^* + \frac{\sigma^2}{2a}(1 - e^{-2at}) \tag{5.366}$$

在赫尔-怀特瓦西塞克形式模型中的理论债券价格 $P(0,T)$ 与当天零息债券市场价格 $P^M(0,T)$ 相等。

蒙特卡罗、校正及概念问题

1. 对于赫尔-怀特模型这里有一个概念上的缺陷。由于函数 $\delta(t)$ 被引入以得到初始期限结构的完美拟合，由于这里没有对于短期利率的长期限制，在模型中均值回归的性质不再呈现。

2. 注意到对于瓦西塞克模型的算法校正必须大幅修改。由于我们已经得到了模型和市场债券价格间的完美拟合，我们可以不再使用零息债券价格来校正模型系数 $r(0)$、σ 和 θ。对于这一问题，现在不得不使用理论上的和实际上的利率上限期权，以及债券期权价格。

3. 关于利用蒙特卡罗计算（奇异）期权价格，在瓦西塞克案例中得出的结论仍然有效。当然，价值和短期利率积分的联合分布函数稍微复杂一些，因为乘积 $\kappa\theta$ 已经被确定性函数 $\delta(t)$ 所替代。然而，我们仍然可以证明，它们服从联合正态分布。有了向前测度 $\mathbb{Q}_T$ 的模拟方法可以不经调整而直接应用。相比较于瓦西塞克模型，主要的区别是，由于时间独立函数 $\delta(t)$ 在式（5.360）中，现在不得不使用数值积分或离散化方法来模拟短期利率路径。

通过确定性偏移来完美初始拟合

第二种得到一个初始期限结构的完美拟合的方法是引入所谓的短期利率的确定偏移。更加准确地说，给出短期利率过程 $r(t)$ 及确定性函数 $h(t)$，那么改进的版本 $r_h(t)$ 由两者的和得到

$$r_h(t) = r(t) + h(t) \tag{5.367}$$

该方法回溯至 Dybving（1997）、Avellaneda 与 Newman（1998），以及 Brigo 与 Mercurio（2001）的著作。它可以应用于一般的非必需属于仿射线性模型的短期利率模型。为了介绍偏移方程的方便选择，我们不得不在**内在短期利率模型**中为 T-零息债券价格引入表达式 $P(t,T;r)$，在时间 t 时通过给定 $r(.)$，有 $r(t) = r$。同样地，我们用表达式 $C(t,T,S,K;r)$ 表示债券看涨期权，其执行价格为 K，到期日为 T，标的为在时刻 t 具有 $r(t) = r$ 的 S-零息债券。并且，最终对于在时刻 t 时的相关瞬时远期利率，令

$$f(0,t;r) = -\frac{\partial\ln(P(0,t;r))}{\partial t} \tag{5.368}$$

那么我们得到下面的核心结论（参看 Brigo 与 Mercurio 的著作［2001］）。

定理 5.62

零短期利率过程通过如下得到 $r_h(t) = r(t) + h(t)$。有：

（a）在时刻 t 时的 T-零息债券价格 $P(t,T)$ 通过下式给定：

$$P(t,T) = \exp\left(-\int_t^T h(s)\,\mathrm{d}s\right)P(t,T;r_h(t) - h(t)) \tag{5.369}$$

（b）借助 $f^M(0,t) = \partial\ln(P^M(0,t))/\partial t$，可以表示在时刻 t 时的瞬时市场远期利率，

$$h(t) = f^M(0,t) - f(0,t;r(0)) \tag{5.370}$$

是偏移函数的唯一选择，这能使得零时刻的零息债券的市场价格和模型价格完美一致。

（c）到期日为 T 且执行价格为 K 关于一个 S-零息债券（且 $S > T$）的欧式看涨期权在时刻 t 时的价格可以由下式给出：

$$C(t,T,S,K) = e^{-\int_t^S h(s)\,ds} C\left(t,T,S,Ke^{\int_T^S h(s)\,ds};r_h(t) - h(t)\right) \tag{5.371}$$

注 5.63

1. 注意到确定性偏移函数 $h(t)$ 的结构，确保了对确定标的内在短期利率模型 $r(t)$ 中的**每个**重要参数的完美初始拟合。因此，我们不得不从其他产品例如利率上限价格来校正那些参数。

2. 如果偏移函数是可微的，那么短期偏移利率服从如下随机微分方程：

$$dr_h(t) = (h_t(t) + \mu(t,r_h(t) - h(t)))dt + \sigma(t,r_h(t) - h(t))dW(t)$$
$$= :\mu_h(t,r_h(t))dt + \sigma_h(t,r_h(t))dW(t) \tag{5.372}$$

其中 $\mu(.,.,)$，$\sigma(.,.,)$ 是内在短期利率过程 $r(t)$ 的系数方程。我们可以进一步显示偏移债券价格对于内在短期利率模型 $r(t)$ 的 $B(t,T)$ 满足随机微分方程

$$dP(t,T) = P(t,T)(r_h(t)dt - B(t,T)\sigma_h(t,r_h(t))dW(t)) \tag{5.373}$$

这里，在 T-向前测度 $\mathbb{Q}_T$ 下的布朗运动 $W_T(.)$ 保持了与内在短期利率模型相同并由下式给出：

$$W_T(t) = W(t) + \int_0^t B(s,T)\sigma_h(s,r_h(t))\,ds \tag{5.374}$$

在 $\mathbb{Q}_T$ 下的短期利率随机微分方程由此有了如下形式：

$$dr_h(t) = (\mu_h(t,r_h(t)) - B(s,T)\sigma_h^2(t,r_h(t)))dt + \sigma_h(t,r_h(t))dW(t) \tag{5.375}$$

这可以通过合适的离散化过程来模拟偏移短期利率的路径。根据 $B(t,T)\sigma_h^2(t, r_h(t))$ 的解析形式，在 $\mathbb{Q}_T$ 下模拟一个路径可以相较于在鞅测度 $\mathbb{Q}$ 下的模拟。

3. 对于引入确定性偏移这一新概念的缺陷是，它并不必然支持内在短期利率过程为正数。而这在文献 Brigo 与 Mercurio（2001）的偏移 CIR 模型中尤为重要。

5.17.6　对数正态模型和短期利率模型的深入

可以自动获得正的短期利率过程的一类模型是对数正态模型。最流行的这类模型是布莱克-拉辛斯基模型（参看 Black 与 Karasinski 的著作 [1991]），其中 $r(t)$ 由下式给出：

$$r(t) = \exp(\tilde{r}(t)) \tag{5.376}$$
$$d\tilde{r}(t) = \kappa(t)(\ln(\theta(t)) - \tilde{r}(t))dt + \sigma(t)dW(t) \tag{5.377}$$

其中 $\kappa(t),\theta(t),\sigma(t)$ 是选择匹配初始债券价格的确定性函数、债券价格收益率的波动性和利率上限曲线（对于这类曲线的精确规格，请参看 Black 与 Karasinski 的

著作 [1991])。由于对于零息债券、期权和利率上限的价格没有解析型公式，这里不得不进行数值化模拟。Black 与 Karasinski 由此描述了一个树状的过程。有了这一过程他们得到了一个对于市场数据的完美模拟，事实上这也是在真实世界中应用这一模型的主要原因。然而，布莱克－拉辛斯基模型里也有一个严重的概念性缺陷（对于所有对数正态短期利率模型是固有的）：货币市场账户的期望值等于无穷，即有

$$\mathbb{E}_{\mathbb{Q}}\left(e^{\int_0^t r(s)\,ds}\right) = +\infty \tag{5.378}$$

这可以很容易地通过有限和逼近积分并利用对于正态分布 Z 有 $\mathbb{E}(\exp(\exp(Z))) = \infty$ 这一事实而得到。然而，由于我们不得不借助离散化过程来完成相关计算，银行账户的平均损失并没有在此引起问题。如果我们仅对初始债券价格的拟合感兴趣，那么指数瓦西塞克模型的偏移版本可以由如下各式给出：

$$r_h(t) = r(t) + h(t) \tag{5.379}$$

$$r(t) = \exp(y(t)) \tag{5.380}$$

$$dy(t) = \kappa(\theta - y(t))dt + \sigma dW(t) \tag{5.381}$$

是一个在完整的普遍性下对于布莱克-拉辛斯基模型的一个好的选择，尽管它不能再保证短期利率是正的了。为了在公式 (5.370) 中计算需要的远期利率从而确定偏移函数 $h(t)$，我们不得不采用类似于在 Black 与 Karasinski（1991）中的树过程。

正短期利率的进一步模型

最近那些确保了非负短期利率的模型主要由 Flesaker 和 Hughston（1996），以及 Rogers（1997）等提出。我们在此不再详述，但是要注意，潜在方法是一个允许稀疏方式下的多币种市场框架。

5.18　利率建模的远期利率方法

远期利率方法基于零息债券和远期利率之间的关系式为

$$P(t,T) = \exp\left(-\int_t^T f(t,s)\,ds\right) \tag{5.382}$$

最早在 Heath 等（1992）的著作中提出。它以为这相当于建模零息债券和远期利率的演化。注意到这两个建模的工作要比短期利率模型涉及更多的东西。这里，我们只建模一个特殊的利率，即短期利率，随时间演变的随机过程。这里我们不得不对这个曲线随时间的演变进行建模，不论是否采用远期利率曲线或债券价格曲线。

在 HJM 框架中我们决定通过随机过程族对远期利率曲线 $f(t, T)$，$t \geq 0$，$T \geq t$ 的演变进行建模。在做这之前，我们指出这一框架一个非常吸引人的特点：它很容易通过选择初始远期利率等于在市场上观察的结果来允许对初始债券价格进行完

美校正。即

$$f(0, t) = f^M(0, t), \forall t \geq 0 \tag{5.383}$$

导致模型和市场零息债券价格间的协议

$$P(0, T) = P^M(0, T), \forall T \geq 0 \tag{5.384}$$

然而，我们严格限制对于远期利率过程的选择通过所谓的 **HJM 漂移条件**。这从在两个零息债券价格的表示必须等价这一事实中推导出来，

$$\exp\left(-\int_t^T f(t,s)\,ds\right) = P(t,T) = \mathbb{E}_{\mathbb{Q}}\left(\exp\left(-\int_t^T r(s)\,ds\right)\right) \tag{5.385}$$

为了有一个合适的鞅测度来防止套利机会。从这一关系来看，Heath 等（1992）推断出如果我们指定一个远期利率模型作为随机过程有如下形式：

$$df(t,T) = \mu_f(t,T)\,dt + \sigma_f(t,T)\,dW(t) \tag{5.386}$$

对于一个 d-维布朗运行 $W(\,.\,)$ 和一个合适的随机过程 μ_f、σ_f，那么在 $\mathbb{Q}$ 下必须有

$$\mu_f(t,T) = \sigma_f(t,T)\int_t^T \sigma_f(t,s)\,ds \quad \textbf{HJM 漂移条件} \tag{5.387}$$

这当然是一个严格的建模限制，因此它可以解释为何我们只允许自由地选择远期利率曲线的波动结构。在另一方面，我们一直有很大的选择波动率函数的自由度。

5.18.1　连续时间的 Ho-Lee 模型

历史上在 HJM 框架下的第一个模型是连续时间形式的 Ho 与 Lee 模型（1986）以例子的形式出现在 Heath 等（1992）中。远期利率的演化建模成如下形式：

$$f(t,T) = f^M(0,T) + \sigma W(t) + \sigma^2 t\left(T - \frac{1}{2}t\right) \tag{5.388}$$

对于常数 σ 和一维布朗运动 $W(t)$。从这里可以看出来，我们可以直接得到短期利率和零息债券价格的解析公式

$$r(t) = f(t,t) = f^M(0,t) + \sigma W(t) + \frac{1}{2}\sigma^2 t^2 \tag{5.389}$$

$$P(t,T) = P^M(0,T) \tag{5.390}$$

由于我们有一个正态分布的短期利率和对数正态分布的零息债券价额，所以对于看涨债券期权有布莱克-斯克尔斯类型的公式也不觉得惊奇，由于模型太简单以至于不能用到实际中，这里就不再描述了。注意到在特殊情况下，对于给定的 t 但不同到期日 T 的所有的远期利率是非常相关的！但是模型一直在介绍 HJM 框架时给出了一个好的示例。

5.18.2　切耶特模型

一个结合了简易及灵活性的实际模型是切耶特（1992）模型。在描述它之前，我们想要指出的一个特殊问题是关于远期利率波动的任意规格。为了假设方便，我们基于一维布朗运动为远期利率建模。那么短期利率可以由下式给出：

$$r(t) = f(t,t)$$

$$= f^M(0,t) + \int_0^t \sigma_f(s,t)\int_s^t \sigma_f(s,u)\,du\,ds + \int_0^t \sigma_f(s,t)\,dW(s) \qquad (5.391)$$

由于随机积分的被积函数在通常的方式下可能基于 t，短期利率 $r(t)$ 可能不再是马尔可夫过程。然而，在这里对于期权价格的计算有严格的数值结果。更新漂移量可能需要重新计算这个波动率集，当这个过去的短期利率路径可能需要来计算期权价格的时候。一个简单的标准来确保短期利率过程有马尔可夫形式是由 Carverhill（1994）给出的，文章假设波动率由两个确定性函数的乘积给定，

$$\sigma_f(t,T) = g(T)h(t) \qquad (5.392)$$

这在带有 d-维布朗运动和在有组件为

$$\sigma_{f,i}(t,T) = g_i(T)h_i(t), i = 1,\cdots,d \qquad (5.393)$$

d-维波动率向量的多因素远期利率模型中也是正确的。然而，这也可能有一个更一般的规范，使得这样的乘积形式不再是马尔可夫过程的短期利率模型，但是它所依靠的过去信息可以被通过一个二维状态过程来描述。这一观点导致了切耶特（1992）模型也在 Ritchken 与 Sankarasubramanian（1995）中独立开发，文献给出了如下形式：

$$\sigma_f(t,T) = \sigma_r(t)\exp\left(-\int_t^T \kappa(x)\,dx\right) \qquad (5.394)$$

对于一个确定性函数及一个合适的随机性适应过程 $\sigma_r(t)$，式（5.394）是由二维马尔可夫过程决定的利率期限结构的一个等价条件。此外，零息债券价格由如下定义：

$$P(t,T)$$
$$= \frac{P(0,T)}{P(0,t)}\exp\left(-\frac{1}{2}\beta^2(t,T)\phi(t) + \beta(t,T)(f^M(0,t) - r(t))\right) \qquad (5.395)$$

其中使用了表达式

$$\beta(t,T) = \int_t^T e^{-\int_t^u \kappa(x)\,dx}\,du, \phi(t) = \int_0^t \sigma_f^2(s,t)\,ds \qquad (5.396)$$

注意到式（5.395），找切耶特模型中的期限结果仅与两个**状态过程** $(r(t),\phi(t))$，短期利率及波动率积分有关。Ritchken 与 Sankarasubramanian（1995）说明了它们服从微分表示

$$dr(t) = \mu_r(t)\,dt + \sigma_r(t)\,dW(t) \qquad (5.397)$$

$$d\phi(t) = (\sigma_r^2(t) - 2\kappa(t)\phi(t))\,dt \qquad (5.398)$$

尤其，在波动条件式（5.394）下的式（5.391）给出的短期利率过程的微分函数可以推导出：

$$\mu_r(t) = \kappa(t)(f^M(0,t) - r(t)) + \phi(t) + \frac{d}{dt}f^M(0,t) \qquad (5.399)$$

注意到短期利率**不再**是马尔可夫过程，由于漂移也和过去的波动率值 $\phi(t)$ 相关。然而，参数对 $(r(t),\phi(t))$ 构成一个马尔可夫过程。

上述方法的一个推广在文献 Cheyette（1995）中给出，导致有了一个更多状态变量的马尔可夫过程。

命题 5.64　（Cheyette［1995］）

假设远期利率波动过程对于确定性函数 $\alpha_i(t)$ 和适应性过程 $\beta_i(t)$ 可以被写成如下形式

$$\sigma_f(t,T) = \sum_{i=1}^{N} \beta_i(t) \frac{\alpha_i(T)}{\alpha_i(t)} \tag{5.400}$$

如果我们在风险中性世界里定义 $N(N+3)/2$ 个状态变量 x_i、V_{ij} 通过

$$x_i(t) = \int_0^t \left(\sum_{k=1}^{N} \beta_k(s) \frac{A_k(t) - A_k(s)}{\alpha_k(s)} \right) \beta_i(s) \frac{\alpha_i(t)}{\alpha_i(s)} ds +$$

$$\int_0^t \beta_i(s) \frac{\alpha_i(t)}{\alpha_i(s)} dW(s) \tag{5.401}$$

$$V_{ij}(t) = V_{ji}(t) = \int_0^t \beta_i(s)\beta_j(s) \frac{\alpha_i(t)\alpha_j(t)}{\alpha_i(s)\alpha_j(s)} ds \tag{5.402}$$

其中 $A_k(t) = \int_0^t \alpha_k(s) ds$ ，远期利率方程可以表示为

$$f(t,T) = f(0,T) + \sum_{j=1}^{N} \frac{\alpha_j(T)}{\alpha_j(t)} \left(x_j(t) + \sum_{j=1}^{N} \frac{A_i(t) - A_i(s)}{\alpha_i(s)} V_{ij}(t) \right) \tag{5.403}$$

更进一步地，状态变量 x_i，V_{ij} 形式有一个联合马尔可夫过程的形式并承诺有微分表达式

$$dx_i(t) = \left(x_i(t) \frac{d}{dt} \ln(\alpha_i(t)) + \sum_{j=1}^{N} V_{ij}(t) \right) dt + \beta_i(t) dW(t) \tag{5.404}$$

$$dV_{ij}(t) = \left(\beta_i(t)\beta_j(t) + V_{ij}(t) \frac{d}{dt} (\ln(\alpha_i(t)\alpha_j(t))) \right) dt \tag{5.405}$$

特别地，得到

$$r(t) = f(0,T) + \sum_{j=1}^{N} x_j(t) \tag{5.406}$$

$$P(t,T) = \frac{P(0,T)}{P(0,t)} \exp\left(-\sum_{i=1}^{N} \frac{A_i(T) - A_i(t)}{\alpha_i(t)} x_i(t) \right)$$

$$\exp\left(-\sum_{i,j=1}^{N} \frac{(A_i(T) - A_i(t))(A_j(T) - A_j(t))}{2\alpha_i(t)\alpha_j(t)} V_{ij}(t) \right) \tag{5.407}$$

同时，多维布朗运动的变形也在文献 Cheyette（1995）中有考虑，结合经验应用在了美国国债市场。

波动规范和蒙特卡罗模拟

配合上述表达式，我们可以考虑波动率函数的规范。在 $N=1$ 的情况下，对于变形模型的流行选择是 CEV 类型的波动率过程，即

$$\sigma_r(t) = \sigma \cdot r(t)^\gamma \tag{5.408}$$

对于某些 $\gamma \in [0,1]$ 及正常数 σ、κ。我们也可以猜想其他波动率函数的选择，例如无序扩散过程或赫斯顿类型的过程。注意到切耶特模型稀疏表示的重要性。我们只有更新二维过程来得到整个期限结构的演化。当我们更新整个远期利率曲线时，这就相当于常规的 HJM 模型！

为了计算各种（欧式）债券期权或利率的价格，我们必须模拟两个状态变量过程 $r(t)$、$\phi(t)$ 及以合适的离散化方法模拟货币市场收益 $B(t) = \exp(\int_0^t r(s)\,\mathrm{d}s)$。这一过程在算法表示在 5.20 中。

算法 5.20   切耶特模型中的期权定价

令初始远期利率曲线 $f(0,t)$ 及一个初始期限结构 $P(0,t)$ 给定。令 $\Delta = T/n$ 为给定的步长。

    For $j = 1$ to N do:

1. $r^{(i)}(0) = f(0,0)$, $\phi^{(i)}(0) = 0$, $B^{(i)}(0) = 1$。

2. For $j = 1$ to n do:

    (a) $\phi^{(i)}((j+1)\Delta) = e^{-2\kappa\Delta}\phi(j\Delta) + \sigma^2 r^{(i)}(j\Delta)^{2\gamma}\frac{1-\exp(-2\kappa\Delta)}{2\kappa}$。

    (b) 生成随机数 $Y^{ij} \sim N(0,1)$。

    (c) $r^{(i)}((j+1)\Delta) = r^{(i)}(j\Delta) + \sigma r^{(i)}(j\Delta)^\gamma \sqrt{\Delta} Y^{ij} +$

    $\left(\kappa(f(0,j\Delta) - r^{(i)}(j\Delta)) + \phi^{(i)}(j\Delta) + \frac{f(0,(j+1)\Delta) - f(0,j\Delta)}{\Delta}\right)\Delta$。

    (d) $B^{(i)}((j+1)\Delta) = B^{(i)}(j\Delta) e^{r^{(i)}(j\Delta)\Delta}$。

3. 计算期权的折现回报 $Z^{(i)} = f(r(t), t \in [0,T])/B^{(i)}(T)$ 通过给定的 f 延着路径 $(r(.), \phi(.))$ 的 i。

通过

$$I_{Z,N} = \frac{1}{N}\sum_{i=1}^N Z^{(i)}$$

计算期权结果的蒙特卡罗估值。

在算法中出现的期权被隐含地假设为，基于短期利率路径。这也可以是一个关于零息债券路径的期权。在这种情况下也可能对于直接通过式（5.395）更新零息债券价格是有用的。

由 CEW 模型，一个可能的方差缩减方法是对所考虑的期权使用合适的带有明确估值公式的短期利率模型。可供选择的这类控制变形模型是瓦西塞克模型或赫尔-怀特模型。数值例子在 Ritchken 与 Sankarasubramanian（1995）和 Cheyette（1992）的著作中给出。

5.19 LIBOR 市场模型

所谓的 **LIBOR 市场模型**是利率市场中现行的一个行业标准。对于这一模型，这里至少有两个好的理由。一个是它们给出了对于利率上限定价的 Black 公式的严格的推导，由此证明了标准市场的使用规则。另一个理由是建模的基本目标是直接观察市场的利率，例如 3 个月的 LIBOR 利率。这在（瞬间）短期利率模型和远期利率模型中形成对比，后两者模型人为地假设为瞬时利率。建模框架已经在 Miltersen 等（1997）、Brace 等（1997）以及 Jamshidian（1997）的著作中有所介绍，这些文献从不同方面做出了贡献。

5.19.1 对数正态远期 LIBOR 建模

为了说明建模框架，我们引入一些符号。假设这里给定了一个**付款期限结构** $t = t_0 < t_1 < \cdots < t_N$，零息债券到期日在日期 t_i 进行交易。我们重申下面的定义。

定义 5.65

δ_i – 远期 – LIBOR 利率 $L_i(t)$ 是时间区间 $[t_{i-1}, t_i]$ 内的简单收益率，即通过 $\delta_i = t_i - t_{i-1}$ 定义

$$L_i(t) = L(t; t_{i-1}, t_i) = \frac{1}{\delta_i} \frac{P(t, t_{i-1}) - P(t, t_i)}{P(t, t_i)} \tag{5.409}$$

通过 t_i – 向前测度 $\mathbb{Q}_i := \mathbb{Q}_{t_i}$ 的定义，公式（5.409）意味着 $L_i(t)$ 是一个 $\mathbb{Q}_i$-鞅。因此，这是在扩散环境中想要为对数正态远期 LIBOR 利率模型建模的直接结果，我们不得不在 $\mathbb{Q}_i$ 下选择如下动态过程：

$$dL_i(t) = L_i(t) \sigma_i(t) dW_i(t) \tag{5.410}$$

这里，$W_i(.)$ 是一个（对于一维矩的）$\mathbb{Q}_i$-布朗运动，$\sigma_i(t)$ 是一个有界的确定性方程。进一步假设已经为所有在相关 t_j- 向前测度 $\mathbb{Q}_j$ 下的类比于 $L_i(t)$ 的远期 LIBOR 利率 $L_j(t)$，$j = 1, \cdots, N$ 建模。那么，这个远期 LIBOR 利率的对数正态建模支持了布莱克公式：

定理 5.66 利率上限定价及布莱克公式

假设对于 $i = 1, \cdots, N$ 的 δ_i 远期 LIBOR 利率满足

$$dL_i(t) = L_i(t) \sigma_i(t) dW_i(t), t < t_i \tag{5.411}$$

（a）那么当天的到期日为 t_i 支付为 $\delta_i \cdot (L_i(t_i) - L)^+$ 的利率上限的价格 $C_i(t, \sigma_i(t))$ 可以由下式给定：

$$C_i(t, \sigma_i(t)) = \delta_i P(t, t_i) [L_i(t) \Phi(d_1(t)) - L\Phi(d_2(t))] \tag{5.412}$$

$$d_1(t) = \frac{\ln\left(\dfrac{L_i(t)}{L}\right) + \dfrac{1}{2}\bar{\sigma}_i^2(t)}{\bar{\sigma}_i(t)}, d_2(t) = d_1(t) - \bar{\sigma}_i(t) \tag{5.413}$$

$$\bar{\sigma}_i^2(t) = \int_t^{t_{i-1}} \sigma^2(s)\,\mathrm{d}s \tag{5.414}$$

（b）在远期 LIBOR 模型中支付时间为 $t_1 < \cdots < t_N$ 且水平为 L 当天的利率上限价格 $Cap_{FL}(t;V,L)$ 可以由下式给出：

$$Cap_{FL}(t;V,L) = V \cdot \sum_{i=1}^N C_i(t,\sigma_i(t)) \tag{5.415}$$

特别地，对于所有波动率过程对于某些正常数 σ 满足 $\sigma_i(t) = \sigma$，那么有

$$Cap_{FL}(t;V,L) = Cap_{Black}(t,V,L,\sigma) \tag{5.416}$$

即利率上限的价格等于用布莱克公式的结果。

注 5.67   到目前为止，我们还没有指定远期 LIBOR 利率的波动率函数 $\sigma_i(t)$ 的精确形式。实际上，对于一个可以从布莱克公式得到的利率上限价格协议我们只需要使用均值（平方根）波动率 $\bar{\sigma}_i^2(t)$ 作为布莱克公式的输入参数就行了。在另一方面也告诉我们从单一市场利率上限价格中只要校正均值波动率就行了。然而，如果我们有市场利率上限价格的集合和一个适合的参数化波动率函数，那么可以使用一种引导过程。

具体说明对于不同远期利率之间的方差和协方差结构，使得它允许被容易校准是 LIBOR 模型在实际应用中的一个最重要的论题。我们在此不再详述，但提示，不同 LIBOR 的协方差结构存在不同的参数化方法（参看 Schoenmakers 的著作 [2007] 以得到更加深入实际的调查）。作为一个例子，我们可以总想象，相关性被假设为两个付款时间 t_{i-1} 和 t_i 之间的分段常数（也可参考 Brigo 与 Mercurio [2001] 著作的第 6 章中关于协方差结构的案例）。

注 5.68   由于一个利率上限有附加回报结构（尽管单一支付是标的浮动利率的非线性函数），它的利率上限可以被度量估值。然而，明显对于远期 LIBOR 利率通常是不独立的。由此，布朗运动推导它们应该是相关的。我们引入在 $\mathbb{Q}_k$ 下的 N-维布朗运动来对其进行建模，有一个通过如下公式

$$W^{(k)}(t) = (W_1^{(k)}(t),\cdots,W_N^{(k)}(t))' \sim N(0,t\cdot\rho) \tag{5.417}$$

得到 ρ 的相关矩阵。实际上，到目前为止建模 $L_k(t)$ 时我们仅需要这一向量的 k 个组件。为了简单起见，我们将通过 $W_k(t): = W_k^{(k)}(t)$ 来表示。然而，引入的布朗向量当需要在——所谓的——测度 $\mathbb{Q}_j$ 下表示布朗运动 $W_k(t)$ 的一个特定组件时允许我们应用 Girsanov 定理。这种情况时，我们有价格比利率上限更加复杂的衍生品（参看 5.19.3 节中的例子），其中我们不得不对 LIBOR 利率的联合分布使用一个概率测度。这也由此需要在这一测度下推导（联合）动态的 LIBOR 利率。我们将首先在具有 $i \neq k$ 的向前测度 $\mathbb{Q}_i$ 下呈现 $L_k(t)$ 的动态过程。为了推导这些动态公式，我们应用 Girsanov 定理如下 $\mathbb{Q}_k$-鞅：

$$\frac{P(t,t_{k-j})}{P(t,t_k)} = \prod_{i=k-j+1}^k (1 + \delta_i L_i(t_i)) \tag{5.418}$$

我们也知道，在 $\mathbb{Q}_k$ 下，对于一个独立于 $W_k(t)$ 的一维 $\mathbb{Q}_k$ 布朗运动 $\tilde{W}_j(t)$ 有表达式

$$W_j^{(k)}(t) = \rho_{jk}W_k(t) + \sqrt{1-\rho_{jk}^2}\,\tilde{W}_j(t) \tag{5.419}$$

命题 5.69

在向前测度 $\mathbb{Q}_i$ 下，对于 $t < t_0$ 的对数正态远期 LIBOR 利率 $L_k(t)$ 在 $i < k$，$i = k$ 和 $i > k$ 的情况下有如下动态结构：

$$dL_k(t) = \sigma_k(t)L_k(t)\left(dW_k(t) + \sum_{j=i+1}^{k}\frac{\delta_j\rho_{jk}\sigma_j(t)L_j(t)}{1+\delta_jL_j(t)}dt\right) \tag{5.420}$$

$$dL_k(t) = \sigma_k(t)L_k(t)dW_k(t) \tag{5.421}$$

$$dL_k(t) = \sigma_k(t)L_k(t)\left(dW_k(t) - \sum_{j=k+1}^{i}\frac{\delta_j\rho_{jk}\sigma_j(t)L_j(t)}{1+\delta_jL_j(t)}dt\right) \tag{5.422}$$

这里，$W_k(t) = W_k^{(i)}(t)$ 表示一维 $\mathbb{Q}_i$ - 布朗运动。

在这一性质背后的观点是选择一个特殊的远期 LIBOR $L_k(t)$ 作为参考利率并表达其他相关向前测度 $\mathbb{Q}_k$ 下的动态结构。一种相较便利定价测度更加平衡的方法，也是一种自然替换方案，被称为**离散银行记账**。这一财富过程开始的金额等同于滚动持有在下一个支付时间 t_j 到期的零息债券的一定金额，随后便不断做相应再投资。有表达式如下：

$$B_{disc}(t) = P(t,t_{\beta(t)-1})\prod_{j=1}^{\beta(t)-1}(1+\delta_jL_j(t_{j-1})) \tag{5.423}$$

其中有 $t_{\beta(t)-2} < t \le t_{\beta(t)-1}$。令 $\mathbb{Q}_{disc}$ 是概率测度使得当 B_{disc} 被用作单位时所有交易资金都是鞅。这一测度被称为**即期 LIBOR 测度**。那么有：

命题 5.70

在即期 LIBOR 测度下的远期 LIBOR 利率的动态结构可以由下式给出：

$$dL_i(t) = \sigma_i(t)L_i(t)\left(dW_i^{disc}(t) + \sum_{j=\beta(t)}^{i}\frac{\delta_j\rho_{j,k}\sigma_j(t)L_j(t)}{1+\delta_jL_j(t)}dt\right) \tag{5.424}$$

其中 $W^{disc}(t) = (W_1^{disc}(t),\cdots,W_N^{disc}(t))'$ 是一个 $\mathbb{Q}_{disc}$ -布朗运动。

通过对比不同 LIBOR 利率进入利率 $L_k(t)$ 的方式，我们可以意识到选择一个固定向前测度 $\mathbb{Q}_i$ 会在结果中单方面受到其他利率的影响，即或者是**仅早的利率**或是**仅晚的利率**进入漂移项。当即期 LIBOR 测度被用作标的定价测度时情况就不是这样的了。这里，似乎有一种更加平衡的偏差的相互影响由每个模拟的远期 LIBOR 利率引起。因此通常建议在即期 LIBOR 测度下模拟要比在一个向前测度下模拟要好。

5.19.2 互换及利率上限市场之间的关系

除了利率上限，这也是市场的一个实践，通过一个合适的 Black 公式对利率互

换（也称作互换）进行定价。这是基于对数正态分布的远期利率假设。为了设置我们考虑问题的基础，我们考虑一个期权以研究利率互换。假设支付时间 $t_1 < \cdots < t_N$ 是给定的，并且浮动利率设置在时刻 $t_0 < \cdots < t_{N-1}$。我们专注支付的互换，即在支付时间我们不得不支付 $\delta_i \cdot p$ 并收到浮动支付 $\delta_i \cdot L(t_{i-1}; t_{i-1}, t_i)$。当天的这一（远期）互换协议的价值可以给定为

$$
\begin{aligned}
S_{(t_1,\cdots,t_N)}(t) &= \sum_{i=1}^{N} P(t, t_i)\delta_i(L_i(t) - p) \\
&= \sum_{i=1}^{N} (P(t, t_{i-1}) - (1 + \delta_i p)P(t, t_i))
\end{aligned}
\tag{5.425}
$$

令零收益的**远期互换利率**的价值为 $p_{forward}(t; t_1, \cdots, t_N)$，且

$$
p_{fsr}(t) := p_{fsr}(t; t_1, \cdots, t_N) = \frac{P(t, t_0) - P(t, t_N)}{\sum\limits_{i=1}^{N} \delta_i P(t, t_i)}
\tag{5.426}
$$

作为一个**互换期权**是在时刻 t_0 时进入上述互换协议的权限，它在时刻 t_0 时获得的支付为

$$
B_{swaption} = (p_{fsr}(t_0) - p) + \sum_{i=1}^{N} \delta_i P(t_0, t_i)
\tag{5.427}
$$

现在我们很容易使用布莱克公式作为一个严格的框架用到行业实践中：

- 使用数值 $\sum\limits_{i=1}^{N} \delta_i P(t, t_i)$ 来构造相关定价测度并称之为 $\mathbb{Q}_{1,N}$。
- 在向前互换测度 $\mathbb{Q}_{1,N}$ 下，远期互换利率是一个鞅。
- 在测度 $\mathbb{Q}_{1,N}$ 下对远期互换利率通过如下进行对数正态动态建模

$$
\mathrm{d}p_{fsr}(t) = \sigma^{(1,N)}(t)p_{fsr}(t)\mathrm{d}W^{(1,N)}(t)
\tag{5.428}
$$

$W^{(1,N)}(t)$ 是一个有界、确定的波动率函数且是一个 $\mathbb{Q}_{1,N}$ 布朗运动。在这一假设下，与对数正态远期 LIBOR 利率模型一样导致了一个对于互换期权价格的布莱克类型公式：

定理 5.71　**Black 公式的互换期权定价**

正如公式（5.428）中的对数正态远期互换利率动态结构的假设，一个在 t_0 时刻具有式（5.427）所给出支付 $B_{swaption}$ 的互换期权，在时刻 $t(< t_0)$ 的价格可以由下式表示：

$$
Swapt(t; p, t_1, \cdots, t_N; t_0) = \beta(t)[p_{fsr}(t)\Phi(d_1(t)) - p\Phi(d_2(t))]
\tag{5.429}
$$

$$
\beta(t) = \sum_{i=1}^{N} \delta_i P(t, t_i)
\tag{5.430}
$$

$$
d_1(t) = \frac{\ln(p_{fsr}(t)/p) + \frac{1}{2}\bar{\sigma}_i^2(t)}{\bar{\sigma}_i(t)}, d_2(t) = d_1(t) - \bar{\sigma}_i(t)
\tag{5.431}
$$

$$\bar{\sigma}_i^2(t) = \int_t^{t_0} \sigma^{(1,N)}(s)^2 \mathrm{d}s \tag{5.432}$$

由于远期 LIBOR 利率和远期互换通过零息债券价格是相关联的，有一个很自然的问题是这一关系如何可以在某些方面被表述。的确，通过远期 LIBOR 利率式（5.409）和远期互换利率的表示式（5.426）的对比得到

$$p_{fsr}(t) = \frac{1 - \prod_{j=1}^{N} \dfrac{1}{1 + \delta_j L_j(t)}}{\sum_{i=1}^{N} \delta_i \prod_{j=1}^{i} \dfrac{1}{1 + \delta_j L_j(t)}} \tag{5.433}$$

为了得到这一方程，如下的关系式很有用

$$\frac{P(t,t_i)}{P(t,t_0)} = \prod_{j=1}^{i} \frac{1}{1 + \delta_j L_j(t)}, t < t_0 \tag{5.434}$$

两种类型利率之间的第二种表示是

$$p_{fsr}(t) = \sum_{i=1}^{N} \frac{\delta_i P(t,t_i)}{\sum_{j=1}^{N} \delta_i P(t,t_j)} L_i(t) =: \sum_{i=1}^{N} \omega_i(t) L_i(t), t < t_0 \tag{5.435}$$

直接从远期协议价值的第一个表达式（5.425）等于 0 中得出。应用中，近似值

$$p_{fsr}(t) \approx \sum_{i=1}^{N} \omega_i(0) L_i(t), t < t_0 \tag{5.436}$$

也经常被用到并且似乎得到了经验上的支持。两个表达式（5.434）和式（5.435）有两个很重要的结论：

- 足够对远期 LIBOR 利率 $L_i(t)$ 的动态结构进行建模，也可以对远期利率衍生产品进行定价。
- 由于命题 5.69 或命题 5.70，利用对数正态扩散模型对远期 LIBOR 利率不会产生一个对数远期利率互换模型，反之亦然（参看 Brigo 与 Mercurio 的著作 [2001]，6.8 节）。

处理第二个结论的通常的方法是：

- 假设远期 LIBOR 利率服从对数正态分布，并且
- 假设在对数正态远期 LIBOR 利率下，互换期权（及相关利率衍生品）价格有数值解。

5.19.3 远期 LIBOR 利率和衍生品定价的蒙特卡罗路径模拟

关于远期 LIBOR 利率的命题 5.69 或命题 5.70 有一个显著的共同点。两个随机微分方程包含了两个高度非线性漂移项。更进一步地，余下的远期 LIBOR 利率 $L_i(t)$ 的分布，通常在向前测度 $\mathbb{Q}_i$ 中是已知的，但在任何其他测度上都未知。由此可以很清楚地知道，对于某些固定的未来时间，模拟 $L_i(T)$ 的唯一方法是使用合适

的离散化公式进行逼近，如欧拉-丸山或米尔斯坦模型。特别需要注意的是，关于LIBOR 利率的衍生品估值是一个很自然的多维问题，事实上——在 LIBOR 利率动态结构中结合了非线性的漂移项——使得蒙特卡罗模拟更自然，某些时候蒙特卡罗方法是唯一可能的计算方法。

除了远期 LIBOR 利率动态结构的非线性，我们也不得不关注不同利率的相关性。这尤其意味着它们不得不结合先前的路径被模拟。为了做到这一点，我们取远期 LIBOR 利率的对数并得到它的随机微分方程如下——所谓的——即期测度

$$d\ln(L_i(t)) = \sigma_i(t)dW_i^{disc}(t) - \frac{1}{2}\sigma_i^2(t)dt +$$

$$\sum_{j=\beta(t)}^{i} \frac{\delta_j \rho_{i,j}\sigma_j(t)L_j(t)}{1+\delta_j L_j(t)}dt, t_{\beta(t)-2} < t \leq t_{\beta(t)-1} \tag{5.437}$$

使用取对数有特点的好处，随机微分方程（SDE）的扩展相关系数是确定的，由此欧拉－丸山和米尔斯坦公式是一致的。我们给出远期 LIBOR 路径模拟的算法描述，见算法 5.21。

算法 5.21　在即期 LIBOR 测度下模拟远期 LIBOR 利率的路径

考虑离散网格 $0 = s_0 < s_1 < \cdots < s_n = T$，其中 $T < t_0$。令 $L_i(0) = L(0,t_i)$，$i = 1, \cdots, N$ 是当天的 LIBOR 利率给定的一个付款结构。令 $Z_i(0) = \ln(L_i(0))$。

For $k = 1$ to n

1. 模拟 $Y^{(k)} \sim N(0,\rho)$。

2. For $i = 1$ to N 令

$$Z_i(s_k) = Z_i(s_{k-1}) + \sigma_i(s_{k-1})\sqrt{s_k - s_{k-1}}Y_i^{(k)} -$$

$$\left(\frac{1}{2}\sigma_i^2(s_{k-1}) - \sum_{j=1}^{i}\frac{\delta_j\rho_{i,j}\sigma_j(s_{k-1})L_j(s_{k-1})}{1+\delta_j L_j(s_{k-1})}\right)(s_k - s_{k-1})$$

$$L_i(s_k) = \exp(Z_i(s_k))$$

注 5.72

1. 由于 $\sigma_i(t)$ 是确定的，则有

$$\int_t^s \sigma_i(r)dW_i(r) \sim N\left(0, \int_t^s \sigma_i^2(r)dr\right) \tag{5.438}$$

由于我们在随机积分之间有确定性的相关系数，我们知道，在算法 5.21 中随机积分的增量是根据 $N(0, \Sigma(s-t))$ 的联合分布，且有

$$\Sigma(s-t)_{ik} = \int_t^s \sigma_i(r)\sigma_k(r)\rho_{ik}dr, i,k = 1,\cdots,N \tag{5.439}$$

有了这一已知结果，如果我们可以简单地计算相关积分，则可以在步骤 1 中通过模拟 $Y^{(k)} \sim N(0,\Sigma(s_k - s_{k-1}))$ 修改算法。那么，在步骤 2 中，我们可以使用 $Y_i^{(k)}$，

并且放弃乘子 $\sqrt{s_k - s_{k-1}}$ 。

2. 简单起见，假设 $s_k < t_0$ 。然而，算法可做简单的修改以致对某些 k 允许有 $s_k > t_0$ 。在这种情况下，在时刻 s_k 时，只有 LIBOR 利率没有被确定，不得不被模拟，那么漂移项之和只得从标号 $\beta(s_k)$ 开始。

3. 当然，在不同的向前测度 $\mathbb{Q}_i$ 下，算法可以为了模拟而很容易地被修改。那么，我们不得不通过命题 5.69 对远期 LIBOR 利率的对数动态进行离散化。

4. 如果我们通过上述形式模拟（对数）LIBOR 路径，可以假设我们操作这些在一个充分合适的网格中，如果需要在离散点之间估值时，使得线性插值不引起太大的差异。

5. 标的布朗运动的维度：在算法 5.21 中，假设不同远期 LIBOR 利率的布朗运动维度等于不同远期 LIBOR 利率的数量。然而，如果我们考虑利率是如此的强相关以致它们的变动可以被解释为一个低维度的布朗运动，那么这可以很容易地进行适当修改。

漂移近似和 LIBOR 上升速度模拟

算法 5.21 是一个模拟远期 LIBOR 利率路径的标准方法。然而，由于我们通常会同时大量模拟这些利率，当实际运用时，在欧拉-丸山离散化方法中使用较小的时间步骤时，计算将会非常大。由于漂移项无法允许在较大时间步骤下得到远期 LIBOR 利率终值的精确模拟，因此有大量的近似方法被发展出来以处理这一问题。一个特别流行的方法是**冻结漂移法**，即通过保持那些在终值 $L_i(0)$ 时进入漂移项的远期 LIBOR 利率，并精确计算漂移积分剩下的确定部分，以近似得到漂移项（不论我们是否考虑在即期测度或任何其他测度下的对数值）。也就是说，能使用如下近似方法：

$$\int_S^T \frac{\delta_j \rho_{j,k} \sigma_j(t) L_j(t)}{1 + \delta_j L_j(t)} \mathrm{d}t \approx \frac{L_j(S)}{1 + \delta_j L_j(S)} \int_S^T \delta_j \rho_{j,k} \sigma_j(t) \mathrm{d}t \tag{5.440}$$

实际上相当于在时间区域 $[S, T]$ 上一个欧拉-丸山步骤，其中 S, T 是两个普通时间。注意到，通过这一近似方法，我们可以通过精确模拟远期 LIBOR 利率在 $[S, T]$ 上的增量，因为随机积分进入利率表达式的概率全部服从正态分布（参看注 5.72 的第一部分）。Hull 与 White（2000）进行检验了一个估计案例，假设 S 为初始值，T 为欧式互换期权的到期日，得到了北美和欧洲的常规利率及波动性的较好效果。

当然，仅带有一个较长步长的模拟仍可以被提高。同时，它可能有必要重组中间时刻因为一个奇异期权的支付可能依赖远期 LIBOR 利率在这些中间时刻上的价值。一种实现上述目标的流行办法是使用**预测-校正法**（参看 Hunter 等的著作 [2001]），该方法通过一个上述欧拉 – 丸山步骤计算近似值 $\hat{L}_i(T)$ 。然后，我们可以借助如下的关系式，使用上述值以近似漂移项：

$$\int_S^T \frac{\delta_j \rho_{j,k} \sigma_j(t) L_j(t)}{1 + \delta_j L_j(t)} \mathrm{d}t$$

$$\approx \frac{1}{2} \left(\frac{L_j(S)}{1 + \delta_j L_j(S)} + \frac{\hat{L}_j(T)}{1 + \delta_j \hat{L}_j(T)} \right) \int_S^T \delta_j \rho_{j,k} \sigma_j(t) \, \mathrm{d}t \tag{5.441}$$

在文献 Joshi 与 Stacey（2008）中，这一方法的效率及其他漂移近似的方法都被验证了。作者建议一个简易的预测校正方法的变形是很明显更有效率的，即所谓的**循环预测校正方法**。当最终向前测度$\mathbb{Q}_N$被使用时，远期 LIBOR 动态结构的一个特殊结构被使用。随后，我们可以在$\mathbb{Q}_N$下无目标地从L_N（T）开始一个接一个地模拟利率，因此，得到

$$\ln(\hat{L}_N(T)) = \ln(\hat{L}_N(S)) + Y_N(T) - \frac{1}{2} \int_S^T \sigma_N^2(t) \, \mathrm{d}t \tag{5.442}$$

其中

$$Y(T) \sim N\left(0, \sum{}^{(S,T)}\right), \sum{}_{ij}^{(S,T)} = \int_T^S \sigma_i(t) \sigma_j(t) \rho_{ij} \mathrm{d}t \tag{5.443}$$

这一估计值将通过下式得到L_{N-1}（T）的漂移项$\hat{\mu}_{N-1}$的预测校正估值：

$$\hat{\mu}_{N-1} \approx -\frac{1}{2} \left(\frac{L_N(S)}{1 + \delta_N L_N(S)} + \frac{\hat{L}_N(T)}{1 + \delta_N \hat{L}_N(T)} \right) \int_S^T \delta_N \rho_{N-1, N\sigma N}(t) \, \mathrm{d}t \tag{5.444}$$

对所有其他远期 LIBOR 利率重复使用如下方法：

$$\hat{\mu}_i \approx -\frac{1}{2} \sum_{j=i+1}^{N} \left(\frac{L_j(S)}{1 + \delta_j L_j(S)} + \frac{\hat{L}_j(T)}{1 + \delta_j \hat{L}_j(T)} \right) \int_S^T \delta_j \rho_{i,j} \sigma_j(t) \, \mathrm{d}t \tag{5.445}$$

从而构成完整的算法。在 Joshi 与 Stacey（2008）的数值分析中循环预测校正方法的效果是很好的。根据这一类型的操作，该方法可以被看作是**长步骤方法**（即只是一个知道完成时期的预测校正步骤）或一个由给定期权支付结构步长的离散化方法。

对于这一方法的更精确的变形也相当于不同利率之间的相关性，我们可以再次参考 Joshi 与 Stacey 的著作（2008）。

某些流行的 LIBOR 衍生品的蒙特卡罗定价

由于我们现在有算法可以模拟远期 LIBOR 利率的路径，到目前为止，衍生品定价的蒙特卡罗（MC）模拟是在所有其他相同应用所考虑的方法中最精确的。因此我们将集中精力为流行的 LIBOR 衍生产品给出示例并对它们估值中的一些特殊性做评价。

自行利率上限的 MC 定价

一个带有j支付的**自行利率上限**是由n个对于支付时间结构为t_1，$\cdots$，t_n的远期 LIBOR 利率L_i，$i = 1$，$\cdots$，n且执行价格为K的利率上限（$j \leqslant n$）组成的。当它们是实值则总会被行权，并且只要被行权的利率上限期权不超过j个。因此，在

时刻 t_i 的支付可以被给定为

$$B_{auto-cap,i} = (t_i - t_{i-1})(L_i(t_{i-1}) - K)^+ \cdot 1_{A(i)} \tag{5.446}$$

其中 $A\ (i)\ = L_m\ (t_{m-1})$，$m = 1$，$\cdots$，$i-1$ 中分量为正数的最大的 $(j-1)$。注意到这条件总是满足 $i \leqslant j$。自行利率上限的价格由此可以由如下形式给定（$\delta_i = t_i - t_{i-1}$）：

$$p_{auto-cap} = \mathbb{E}\left(\sum_{i=1}^{n} e^{-\int_0^{t_i} r(s)\,ds}\delta_i(L_i(t_{i-1}) - K)^+ \cdot 1_{A(i)}\right)$$

$$= p_{cap}(t_1, \cdots, t_j; K) +$$

$$P(0, t_n)\,\mathbb{E}_{\mathbb{Q}_n}\left(\sum_{i=j+1}^{n}\frac{\delta_i}{P(t_i, t_n)}(L_i(t_{i-1}) - K)^+ \cdot 1_{A(i)}\right) \tag{5.447}$$

其中 $p_{cap}(t_1, \cdots, t_j; K)$ 表示执行价格为 K 的利率上限的价格且最早的第 j 个自行利率上限。为了通过蒙特卡罗模拟得到自行利率上限的价格，我们不得不模拟所有相关的远期 LIBOR 利率直到固定的时刻 t_{i-1}，协同相关债权价格 $P(t_i, t_n)$，此外跟踪正支付的次数，这是一个自行利率上限的唯一路径相关的特征。重复这些足够多的路径和所有（折现）所得支付的平均得到自行利率上限价格的蒙特卡罗估值。

目标赎回票据的 MC 定价

一个**目标赎回票据**保证了在一个最大运行时间 N 上的标的面值的固定总息票 p_{sum}。为了便于论述，假设面值为 1，标的为年支付利息且（实际）12 个月 LIBOR 利率。尤其，在时刻 1 时的第一笔息票利息 p_1 是固定的。如果已经支付息票利率总和不超过 p_{sum}，并且包括最后一次支付的和也不超过 p_{sum}，那么，下一次的息票具有形式是 $(p_i - L_i(i-1))^+$。更进一步地，最后一次的支付加上已经支付总和的上限为 p_{sum}。如果到期日前，票息总和不超过 p_{sum}，那么最后支付时还应加上票面价格。所以，唯一不确定的是息票的时间和面值支付的时间。形式上，对于息票支付我们有如下在最初和最终支付时刻的形式：

$$B_{trn,1} = p_1 \tag{5.448}$$

$$B_{trn,N} = \left(p_{sum} - p_1 - \sum_{j=2}^{N-1}(p_j - L_j(j-1))^+\right)^+ \tag{5.449}$$

和在两者之间的时刻 i 的形式

$$B_{trn,i} = \min\left((p_i - L_i(i-1))^+\right.$$

$$\left.\left(p_{sum} - p_1 - \sum_{j=2}^{i-1}(p_j - L_j(j-1))^+\right)^+\right), i = 2, \cdots, N-1 \tag{5.450}$$

附加得，在时刻 i 的面值的可能的偿还可以给定为

$$B_{trn,i}^{red} = 1_{A_i}, A_i = \left\{ B_{trn,i} = p_{sum} - p_1 - \sum_{j=2}^{i-1} (p_j - L_j(j-1))^+ \right\} \quad (5.451)$$

为了给这一目标赎回定价，我们不得不模拟相关远期 LIBOR 利率的路径（只要它们还存活着）并可以用常规的蒙特卡罗方式为在时刻 i 时的支付估值，即通过折现和均值的方法。

更多的 LIBOR 衍生产品

这里有大量多样的远期利率衍生产品，其支付可以被表示成远期 LIBOR 或远期互换利率的方程。我们有大量的不同功能并且在某些时候会创造比当前收益曲线相反的效果。它们中有所谓的**逆向浮动利率证券**或**变陡期权**。这里也有其他的衍生产品是由一系列利率上限和利率下限组成的，其中利率上限/下限根据实际的远期 LIBOR 利率做随机变化。这些例子为所谓的**棘轮期权**及**雪球期权**。其他比较流行的衍生品是固定期限掉期，它是由一个对于浮动利率支付的固定交易和对于协议到期日总是稳定在支付时间的浮动利率为（多个）互换利率的组合。所有这些衍生品都有不同的额外功能。对于它们定价的唯一都适用的方法是在标的远期 LIBOR 利率下的蒙特卡罗模拟。

5.19.4　参数化执行边界的百慕大互换期权的蒙特卡罗定价及深入评论

一个百慕大互换期权是欧式互换的百慕大形式，即是由到期日为 $t_i, i = 1, \cdots, n$ 的互换期权的集合组成的。百慕大互换期权的持有者现在可以选择执行时间 t_i 中的一个并执行互换期权或可以选择不再执行任何互换期权。因此我们在相同情况下来看关于一只股票的百慕大期权。

百慕大互换期权定价的朗斯塔夫-施瓦兹算法

我们已经在 5.14 节中描述了通过回归模型帮助的百慕大期权定价的朗斯塔夫-施瓦兹算法。注意到，它并不是实际的标的资产的动态形式。为此唯一需要做的工作是：

- 我们模拟不同执行时间的百慕大期权的标的资产的路径。
- 我们可以确定在执行时刻 t_i 时给定支付的期权内在价值。

如果这里的两个需求都满足了，我们可以用常规方式启动朗斯塔夫-施瓦兹算法的反向算法。由于百慕大互换期权的支付都基于所有进入将来标的互换的远期 LIBOR 利率，我们会自行面临一个多维标的随机过程。从好的一面来看，标的过程的维度总是根据其中一个过去执行的且现在看作是固定的远期 LIBOR 利率而减少。然而，在布莱克-斯克尔斯模型中我们可以很容易地使用精确模拟从一个支付时间得到另一个（由此在每一个支付时间只需要一个模拟步骤），远期 LIBOR 利率不能被精确地模拟。我们可以通过离散化方式或漂移近似的方法来模拟需要的远期 LIBOR 路径，两者都在 5.19.3 节中有所讨论。该方法的准确性应该通过双重上界方法如

Andersen 与 Broadie（2004）或 Belomestny 等（2009）的变形来检验。

我们不在此详细论述，但是提出一种简单的选择，在 LIBOR 利率设置中多资产股票权要更为合适。

参数化执行边界的百慕大互换期权定价

通过使用**参数化执行边界**的方法来为百慕大期权定价已经在 Andersen 的著作（1999）中有所介绍。通过执行边界，我们的基本意思是说，标的资产价格的边界范围内是最优的执行百慕大互换期权的条件。为了近似它，我们建议对于最优执行边界的形式使用参数族并且尝试确定最合适的参数。这里，最优参数是指，那些以模拟远期 LIBOR 路径的数量多少为标准，以得到最高期权价格估计值的参数。这是基于如下事实，每一个我们确定的策略可以唯一被次优化，且期权价格估计值越高，我们坚信参数边界越接近实际执行边界。

然而，为了得到百慕大互换期权价格的下边界，我们不得不额外使用一个模拟运行的集合来得到基于刚确定（次优化）执行策略的期权价格的蒙特卡罗估值。否则，由于我们已经求解了基于高变差价格估值的模拟路径的期权价格的最大值，在第一个模拟路径集合上的最大值可以推导一个更高的价格估值。

为了证实这一方法的有效性，我们使用了 Andersen 的著作（1999）中一个考虑百慕大互换期权的例子。为了更加正式化这一例子，假设百慕大期权是通过如下方式给定的：

- 它可能的执行时间为 $T_1 < \cdots < T_N$。
- N 个有固定相同浮动利率支付的互换且到期日为 T_s，但是在不同时刻 T_i，$i = 1, \cdots, N, N < s$ 开始。

在时刻 t_i 持有百慕大互换期权的决策问题是执行互换期权且进入相关在时刻 T_i 开始的互换，或者是等到更好的执行时刻。执行边界的参数形式可以是一个在时刻 T_i 一直存在的远期 LIBOR 利率的确定性函数。的确，在 Andersen 的著作（1999）中的一个简单的例子是服从如下执行时刻 τ^* 的建议：

$$\tau^* = inf\{ t \in \{T_1, \cdots, T_N\} : I(t) = 1 \} \tag{5.452}$$

$$I(T_i) = \begin{cases} 1, & \text{如果 } S_{i,E}(T_i) > H(T_i) \\ 0, & \text{其他} \end{cases} \tag{5.453}$$

其中 $S_{i,E}(t)$ 是到期日为 T_i 欧式互换期权的值，且 $H(t)$ 是一个确定性函数。注意到上述例子中百慕大互换期权的持有者在时刻 T_i 执行它的情况，到期日在时刻 T_i 的欧式互换期权的内在价值要比 $H(T_i)$ 高。那么，仍然是确定的值 $H(T_i), i = 1, \cdots, N$，且参数执行策略是完全确定的。

为此，我们寻找那些正如上面给出的 K 个模拟远期 LIBOR 利率路径集合的执行策略为 $H(.)$ 的百慕大互换期权价值的最大值。我们也不得不确定实际使用的计量单位（例如，即离散货币市场或某些特定的零息债券）。令 $B(T_i, k)$ 是在时刻 T_i

时模拟路径 k 中的计量单位的值。

在方向形式中我们确定了最优参数执行值 $H(T_i)$。注意到在时刻 T_N 时，由于这是最后的执行时刻，则有

$$H(T_N) = 0 \tag{5.454}$$

并且当且仅当它有正值时一个互换应该被进入。在时刻 $H(T_{N-1})$，我们知道对于每一个路径的在到期日 T_{N-1} 的欧式互换期权的内在价值。同时，沿着这些路径，当我们不会执行且已经确定 $H(T_N) = 0$ 时，可以根据策略计算折现价值。$H(T_{N-1})$ 可以通过如下关系的最大值来确定：

$$V_{N-1}(H(T_{N-1})) := \sum_{k=1}^{K} \left(S_{N-1,E}^{(k)}(T_{N-1}) \cdot 1_{S_{N-1,E}^{(k)}(T_{N-1}) > H(T_i)} + \right.$$
$$\left. \frac{B(T_{N-1},k)}{B(T_N,k)} S_{N,E}^{(k)}(T_N) \cdot 1_{S_{N,E}^{(k)}(T_{N-1}) > 0 , S_{N-1,E}^{(k)}(T_{N-1}) \leqslant H(T_i)} \right) \tag{5.455}$$

我们在执行时刻 $T_{N-2}, \cdots, T_1$，持续地采用同一方法，由此得到所有的 $H(T_i)$。由于上面已经指出，为了通过原始蒙特卡罗方法得到百慕大互换期权价格的下界，我们不得不模拟相关远期 LIBOR 利率的一个新集合，并以常规的方式通过每个带有顺向折现因子的特定付款的折现来估计百慕大互换期权的价格，从而服从在所有这些支付上的一个平均。

注意到这里有很多形式的执行规则，我们可以考虑除了在式（5.452）中的那种形式。在文献 Andersen（1999）中，我们可以考虑包括所有其他一直存在的欧式互换期权的实际价值。然而，这将大大增加计算效率。更进一步地，我们可以根据小于 N 个参数来指定函数 $H(.)$ 的特定形式，并由此导致一个比上述迭代求解时的更小维度的优化问题。

在 Andersen（1999）中，证明一个良好的数值效果是一个简单的分段线性泛函。另一方面，让我们再一次提示，只得到了价格的一个下界，并没有收敛定理（相对于朗斯塔夫-施瓦兹框架）。我们依托良好的工程计算和经验来猜测执行边界可能的形式。

5.19.5　对数正态远期 LIBOR 模型的选择

由于几乎所有在金融市场中的价格过程都是由对数正态分布开始的，这存在已经有一段时间了，经验上的价格偏差也是由对数正态部分假设中来的。当然，当谈到**更现实的建模**时，我们可以考虑的一个候选是波动率微笑或波动率偏斜（参看 Piterbarg 的著作 [2003]）。在 Andreasen 与 Andreasen 的著作（2000）中介绍的通用类型是

$$dL_i(t) = f(L_i(t))\sigma_i(t)dW_i(t), t < t_i \tag{5.456}$$

函数 f 的流行选择包括：

$$f(x) = ax + b \text{ "流离扩散模型"} \tag{5.457}$$

$$f(x) = x^{\gamma} \text{ "CEV 模型"} \tag{5.458}$$

进一步的扩展包括了在远期 LIBOR 动态结构内的随机波动组件。在从业者中的一个流行的模式是所谓的在 Hagan 等的著作（2002）中介绍的 SABR-模型（随机 α、β、ρ）。然而，给出一个关于这些模型动机及技术细节的完整且详细的调查已经超出了本书的范围。

第6章

连续时间随机过程：非连续路径

6.1 引言

到目前为止，在建立股价和利率模型时提到的所有连续时间过程都有其连续路径，因此如果我们仔细跟踪这一过程会发现，即使是突然出现的一个巨大波动，也应是预期范围内的现象。但有许多因素类似自然灾害、爆炸性新闻（意外的政变、经济丑闻等）等动因都会使得现实世界中出现跳跃性变化，因此由于测量的不连续性，对现实世界的建模就应该考虑这种路径上的不连续性。另外，在保险行业中，保险案件的绝对数的变化是一个只能由计数过程建模的重要问题，这也许是其间断点都是由跳跃构成的分段连续时间过程建模中的最基本的例子。

现在我们主要研究代表布朗运动的一般推广的 Lévy 过程。虽然有比 Lévy 过程更为广义的跳跃过程，但相比之下 Lévy 过程的研究更能满足许多建模的目的。这些应用和数据处理方法至今仍是一个随时都有爆发新研究成果的活跃研究领域。对于 Lévy 过程的学术背景，我们推荐 Applebaum（2004）的专著；金融建模应用方面，推荐 Cont 与 Tankov（2003）或 Schoutens（2003）的著作。

这章以 Lévy 过程中非常重要的一个例子——泊松分布作为开始。由于在用泊松分布建立精算或金融数据领域的模型时，不需要讲述 Lévy 过程的所有技术细节，因此单独列为一节。如果将泊松过程和 Itô 过程结合起来，我们会得到另一类跳跃扩散过程，之后也会将其作为跳跃过程的第二个例子加以研究。最后我们将回到一类广义 Lévy 过程的研究，讨论其理论背景，列举具体事例以及模拟方法。

6.2 泊松过程和随机泊松测度：定义和模拟

泊松过程是一类最为简单的跳跃过程，非常便于理解和模拟，其最简形式是构建 Lévy 过程的基本组件，而且在精算数学中也扮演着非常重要的角色，其地位类似布朗运动在金融数学领域中的地位。

定义 6.1

定义：一个满足 $N(0) = 0$，参数过程为 $\Lambda_{s,t}$ 的随机过程 $N(t)$ 被称为非齐次的泊松过程，如果 $N(t)$ 具有独立增量：

$$N(t) - N(s) \sim Pn(\Lambda_{s,t}), \ t > s > 0 \tag{6.1}$$

其中 $Pn(\lambda)$ 代表具有参数 $\lambda > 0$ 的泊松分布。如果对于一个正的常数 λ 有

$$\Lambda_{s,t} = \lambda \cdot (t - s), t > s > 0 \tag{6.2}$$

则称为具有强度为 λ 的齐次泊松过程。除非另有说明，当简单提到泊松过程时，都默认为齐次泊松过程。

注 6.2

1. 泊松过程的路径都是以 1 为最小跳跃单位的单调过程。

2. 可以证明：$\lambda > 0$ 的齐次泊松过程具有如下性质：

• 泊松过程的两个跳跃之间的间隔时间服从参数为 λ 的指数分布。

• $\mathbb{E}(N(t)) = \lambda t$，即泊松过程的跳跃数正比于时间，$\lambda$ 为每个时间单元内的平均跳跃数。

• $\mathrm{Var}(N(t)) = \lambda t$，即泊松过程的方差正比于时间，与布朗运动具有相同的性质。

3. 我们能且愿意一直假定泊松过程的路径是具有左极限的右连续过程，这意味着泊松过程的跳跃值实际上已经在跳跃时体现在该过程中，这在金融与保险领域的建模中非常合理。为了解释这一点，注意到如果要求其为左连续，那跳跃会被观测且产生结果之前就已经发生了。这显然不是我们将跳跃引入到模型框架内的初衷。

图 6.1 显示了一个参数为 $\lambda = 2$ 的泊松过程的路径。一个泊松过程的推广是允许具有任意高度的跳跃，也就是下面定义的复合泊松过程。

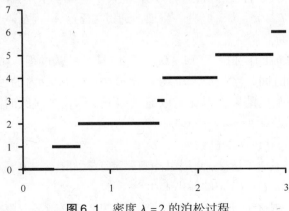

图 6.1 密度 $\lambda = 2$ 的泊松过程

定义 6.3

令 $N(t)$ 是一个具有参数 λ 的泊松过程，令 Z_i，$i=1$，2，$\cdots$ 为一族独立同分布，同时也是独立于泊松过程 $N(t)$ 的随机变量，则如下定义：

$$X(t): = \sum_{i=1}^{N(t)} Z_i \tag{6.3}$$

的随机过程被称为**复合泊松过程**。

特别注意的是负数高度的跳跃也是允许的，一个复合泊松过程不一定是增量过程。

为了在有限时间区间 $[0, T]$ 内模拟一个复合泊松过程，定义泊松过程 N_t 中的跳跃次数以及跳跃高度 Z_1，$\cdots$，Z_{N_t}，且在两个跳跃之间，泊松过程是恒定的，在这些条件下我们用算法 6.1 定义复合泊松过程。

算法 6.1　一个复合泊松过程的模拟过程

令 L 为跳跃高度的分布，λ 为跳跃强度。

1. 令 $X(0): = 0, R: = 0, R-: = 0$。
2. 一旦 $R < T$：
   (a) 生成 $S \sim \text{Exp}(\lambda)$
   (b) 令 $R-: = R$，$R: = R + S$
   (c) 如果 $R > T$
       则 $R: = T; X(R): = X(R-)$
       否则
       - 生成一个随机数 $Z \sim L$
       - 令 $X(R): = X(R-) + Z$
   (d) 令 $X(t): = X(R-)$ 对所有 $t \in (R-, R)$。

注 6.4

1. 泊松过程的模拟：如果在算法 6.1 中随机数 Z 被替换为常数 1，那么将生成一个平坦的泊松过程，也可以引入漂移项 a 并将 $X(R): = X(R-) + Z$ 替换为 $X(R): = X(R-) + Z + a \cdot (R - R-)$。更进一步地，通过 $X(t): = X(R-) + a \cdot (t - R-)$ 可以得到各跳跃之间断点。

2. 另一种跳跃时间模拟：已知 $[0, T]$ 内具有跳跃过程 $N(T) = k$ 的（复合）泊松过程，其跳跃时间是在生成 k 个均匀分布在 $[0, T]$ 内的独立随机变量 θ_i 的过程中得到的保序生成结果，因此可以通过如下步骤模拟跳跃时间 t_i：

   1）生成跳跃数 $N(T) \sim Pn(\lambda T)$。

   2）生成 $N(T)$ 个独立随机数 $\theta_i \sim \mathcal{U}[0, T]$。

   3）令 $t_i = \theta_{(i)}$，其中下标 (i) 代表第 i 个有序统计量，即 $\theta_{(1)} \le \theta_{(2)} \le \cdots \le \theta_{(N(T))}$。如此，在 t_i 可以令复合泊松分布的跳跃高度为 Z_i。

   4）在风险理论中有一个非常常见的模型（见 8.5.2 节），该模型将复合泊松过程和漂移项结合起来，得到的如下表达式：

$$Y(t) = y + c \cdot t + X(t) \tag{6.4}$$

6.2.1　泊松过程的随机积分

正如在介绍布朗运动时一样，我们也将定义一个复合泊松过程的积分来介绍类似 Itô 过程的模型。为此，为了方便起见，先引入一个所谓的泊松随机测度，不过在此之前，先以简单泊松过程为例描述建模时所需要考虑的因素。对于一般的实值随机过程 Y，可以使用泊松过程 N 进行 Y 的随机积分：

$$\int_0^t Y(s)\,dN_s := \sum_{i=1}^{N(t)} Y(t_i) \tag{6.5}$$

其中 $t_1, \cdots, t_{N(t)}$ 代表泊松过程中跳跃时间点。可见该随机积分等于过程 Y 在跳跃点上值的总和。如果被积函数是一个复合泊松过程，那每个求和项就都需要乘以该泊松过程每个点的跳跃高度：

$$\int_0^t Y(s)\,dX(s) := \sum_{i=1}^{N(t)} Y(t_i) \cdot Z_i \tag{6.6}$$

其中 Z_i 代表复合泊松过程在 t_i 的跳跃高度。

显然，所谓的随机积分一般来说不是一个鞅（如果令 X 为常量过程，用泊松过程进行积分，得到的是一类增量过程）。为此，我们将挑选一个适当鞅来代替该积分器，并要求被积函数是关于积分器所生成的滤波 F_t 循序可测的。

定义 6.5

令 $(F_t)_{t \geq 0}$ 为一滤波。一个随机过程 $(X(t), F_t)_{t \geq 0}$ 被称为**可测的**（关于滤波 F），如果映射

$$X:[0,\infty) \times \Omega \to \mathbb{R}^d, (t,\omega) \mapsto X(t,\omega) \tag{6.7}$$

关于由左连续过程 $(Y(t), F_t)_{t \geq 0}$ 所生成的最小 σ 代数是可测的。

因此可测性就保证了观察者在时间点 t 预计到有一个跳跃之前，被积函数在 t 时刻的值就已经确定了。这对在金融领域中一般被理解为交易策略的被积函数来说是非常重要的性质。在泊松过程的例子中，我们通过减去其积分器的期望值来得到鞅过程，在此引入所谓的补偿泊松过程 $\tilde{N}(t)$ 为

$$\tilde{N}(t) := N(t) - \lambda t \tag{6.8}$$

因此，如果被积函数 X 是可测的（关于由 $N(.)$ 生成的滤波 F），且在勒贝格测度下是处于 $L^1([0,T])$ 空间内的，那么关于复合泊松过程

$$\int_0^t X(s)\,d\tilde{N}(s) := \int_0^t X(s)\,dN(s) - \int_0^t X(s)\lambda\,ds \tag{6.9}$$

的随机积分是一个在 $[0,T]$ 上（关于 F）符合定义的鞅。

一个例子：标点过程 （Marked point processes）

标点过程是用来讨论序列对 (t_i, Y_i) 的跳跃过程，其中随机变量 t_i 为跳跃时间点，且随机变量 Y_i 刻画的是该过程在时间点 t_i 的跳跃高度。这不但有利于复合泊松过程的简化表示，而且也便于定义多维跳跃过程

$$N(t) := (N^{(1)}(t), \cdots, N^{(m)}(t))$$

正如之前所介绍的，在此我们将 t_i 序列定义为随机过程的跳跃时间点，但 Y_i 序列决定该过程中哪 m 个分量在时间点 t_i 的确产生了跳跃。更精确地说，$Y_i = k$ 意味着跳跃过程中的第 k 个分量 $N^{(k)}$ 在时间点 t_i 数值上增加了 1，而其他分量仍保持原值，可定义为

$$N^{(k)}(t) = \sum_{i \geq 1} 1_{t_i \leq t} 1_{Y_i = k} \tag{6.10}$$

注意到该跳跃过程并不一定是泊松过程，上面的两个例子都是下述一般定义的特殊形式。

定义 6.6

令 (E, ε) 为一个可测空间，其中 $E \subseteq \mathbb{R}$。令 (t_i, Y_i) 为一个二维序列：

- 非负随机变量 $0 < t_1 < t_2 < \cdots$ 且
- 值域在 E 中的随机变量 Y_i。

则序列 $(t_n, Y_n)_{n \in \mathbb{N}}$ 被称为一个 **E – 标点过程**。

至此，新术语 E – 标点过程的使用是引入点过程的随机积分的关键一步。注意到对于每个集合 $A \subseteq E$，其中 $A \in \varepsilon$，我们可以在初始标点过程 $(t_n, Y_n)_{n \in \mathbb{N}}$ 的基础上建立一个与之相关的新标点过程：

$$N(t, A) = \sum_{i \geq 1} 1_{t_i \leq t} 1_{Y_i \in A} \tag{6.11}$$

注意到 N 为一族双参数随机过程，因此可以定义如下滤波：

$$F_t^N := \sigma\{N(s, A) \mid 0 \leq s \leq t, A \in \varepsilon\} \tag{6.12}$$

以及一个与之相关的**随机测度**：

$$p((0, t], A) := N(t, A), 0 \leq t, A \in \varepsilon \tag{6.13}$$

该随机测度记录了截止到 t 为止在 A 中的"跳跃"（在多元情况下可能被解释为下标的选择）数量。通过假定停顿时间 t_i 在任意有限的时间 T 之前都不会累积起来，对于一个依赖于在跳跃点上跳跃高度 Y_i（也就是"标点"）的可测过程 $H(t, x)$ 我们可以引入积分表达式：

$$\int_0^t \int_E H(s, y) p(\mathrm{d}s, \mathrm{d}y) = \sum_{i \geq 1} H(t_i, Y_i) 1_{t_i \leq t} = \sum_{i=1}^{N(t, E)} H(t_i, Y_i) \tag{6.14}$$

在复合泊松过程的定义中，上述随机测度 $p((0, t], A)$ 记录了所有泊松过程 $N(t)$ 在 $(0, t]$ 上的所有跳跃，以及空间 A 上所有这些跳跃的值。在给定概率测度

$m(\mathrm{d}y)$ 的情况下，我们通过假定跳跃高度的分布和具有跳跃强度 λ 的随机过程相互独立，来构建此过程的模型，相对应的随机测度 $p((0,t],A)$ 是一个**泊松随机测度**，即对于所有 $t \geq 0, A \in E, p((0,t],A)$ 是一个服从泊松分布的随机变量，因此我们定义**补偿泊松随机测度**：

$$q((0,t],A):=\tilde{N}_t(A):=p((0,t],A)-\lambda \cdot t \cdot m(A), 0 \leq t, A \in \mathcal{R} \quad (6.15)$$

对于被积函数 $H(t,x)$ 关于补偿泊松测度是可积的，且跳跃高度分布具有 E 的支撑以及期望值 $\mathbb{E}(Y)$，有

$$\int_0^t \int_E H(s,y)q(\mathrm{d}s,\mathrm{d}y) = \sum_{i \geq 1} H(t_i,Y_i)1_{t_i \leq t} - \lambda t \mathbb{E}(Y) \quad (6.16)$$

且该积分可以证明是一个鞅。鉴于该复合泊松过程的积分本质上仍是一个求和，因此其模拟过程可以直接参考算法6.2。

算法6.2　关于复合泊松过程的随机积分的模拟

令 $Y(t)$ 为一个可测过程，$X(t)$ 是一个其跳跃高度分布为 L 且跳跃强度为 λ 的复合泊松过程。

1. 令 $I(0):=0$。

2. 生成一个跳跃时间点为 $0 < t_1 < \cdots < t_{N(T)} \leq T$，跳跃高度为 $Z_1,\cdots,Z_{N(T)}$ 的复合泊松过程 X_t。

3. 令 $I(t_i):=I(t_{i-1})+Y(t_i) \cdot Z_i, i=1,\cdots,N(T)$。

4. 令 $I(t):=I(t_{i-1})$ 对于 $t \in [t_{i-1},t_i), i=1,\cdots,N(T+1),t_{N(T+1)}:=T$。

6.3　跳跃扩散过程：基础、性质及模拟

总的来说，一个跳跃扩散过程是泊松过程和布朗运动结合形式的推广，或更精确地说，是关于（复合）泊松过程（或一个泊松随机变量）的随机积分和一个扩散过程的结合形式。虽然泊松过程和布朗运动的结合形式是一个 Lévy 过程，但单独来看，后者一般不是。因此跳跃扩散过程不是 Lévy 过程的子类，有其自己的性质。

以下考虑概率空间 $(\Omega, F, \mathbb{P})$，其上定义了一个（d 维）布朗运动和一个（复合）泊松过程。

定义6.7

令 $\{(X(t), F_t)\}_{t \in [0,T]}$ 为一个可表示为下述形式的随机过程：

$$X(t) = X(0) + \int_0^t f(s)\mathrm{d}s + \int_0^t g(s)\mathrm{d}W(s) + \int_0^t \int_E h(s,y)p(\mathrm{d}s,\mathrm{d}y) \quad (6.17)$$

其中 $W(t)$ 为一个一维布朗运动，且 $W(t)$ 独立于对应着一个（复合）泊松过程 $N(t)$ 的泊松随机测度 $p(.,.)$。E 包含了跳跃高度分布的支撑，且假定被积函数 $f(s)$、$g(s)$ 是渐近可测的，$h(s,y)$ 是一个满足所有可积条件，所有积分都是满足定义的可预测过程，那么称 $X(t)$ 为一个 **跳跃扩散过程**。

注意到上述定义中的跳跃积分可以写成一组和

$$\int_0^t \int_E h(s,y)p(\mathrm{d}s,\mathrm{d}y) = \sum_{i=1}^{N(t)} h(t_i,Y_i) \tag{6.18}$$

其中 t_i 和 Y_i 仍分别代表复合泊松过程 N_t 的跳跃时间点和跳跃高度，因此该表达式在跳跃扩散过程 X_t 中也成立。正如在扩散过程的定义中一样，我们使用积分表达式的微分形式：

$$\mathrm{d}X(t) = f(t)\mathrm{d}t + g(t)\mathrm{d}W(t) + \int_E h(t,y)p(\mathrm{d}t,\mathrm{d}y) \tag{6.19}$$

例 6.8　跳跃扩散

1. 最简单最常见的跳跃扩散过程如下：

$$X(t) = W(t) + N(t) \tag{6.20}$$

其中 $N(t)$ 是一个强度为 λ 的泊松过程，$W(t)$ 为一个布朗过程，两者互为独立。调整在时间点 t 上的跳跃次数 $N(t)$ 就能将 $X(t)$ 的分布表示为一系列正态分布的泊松组合：

$$\mathbb{P}(X(t) \leqslant x) = \sum_{k=0}^{\infty} \mathrm{e}^{-\lambda t} \frac{(\lambda t)^k}{k!} \Phi\left(\frac{x-k}{\sqrt{t}}\right) \tag{6.21}$$

2. 一个不具备平稳增量（因此也不是 Lévy 过程）的跳跃扩散过程（确切定义见下节）的一个例子：

$$X_t = x + \int_0^t s\mathrm{d}W_s + N_t \tag{6.22}$$

在模拟前我们先声明将跳跃扩散过程的 Itô 公式作为最基本的处理工具。

定理 6.9　跳跃扩散过程的 Itô 公式

令 $X(t)$ 是由式（6.17）所表示的跳跃扩散过程，令 $F:[0,\infty) \times \mathbb{R} \to \mathbb{R}$ 为一个 $C^{1,2}$ - 函数。那么有

$$F(t,X(t)) = F(0,X(0)) + \int_0^t F_x(s,X(s))g(s)\mathrm{d}W(s) +$$

$$\int_0^t \left(F_t(s,X(s)) + F_x(s,X(s))f(s) + \frac{1}{2}F_{xx}(s,X(s))g^2(s)\right)\mathrm{d}s + \tag{6.23}$$

$$\sum_{i=1}^{N(t)} \left(F(t_i,X(t_i-)(1+h(t_i,Y_i))) - F(t_i,X(t_i-))\right)$$

其中我们对 $X(t)$ 的各跳跃点间隔中的 Itô 过程使用了 Itô 公式，并在跳跃时间点上加入了修正差分项。

6.3.1　模拟高斯-泊松跳跃扩散过程

这小节我们主要模拟一类简单的跳跃扩散过程——高斯-泊松跳跃扩散过程，该过程具有带有漂移项的布朗运动和一个泊松过程的求和形式：

$$X(t) = x + \mu t + \sigma W(t) + \sum_{i=1}^{N(t)} Y_i \qquad (6.24)$$

其中 $W(t)$ 为一个布朗运动，$N(t)$ 是一个参数 $\lambda > 0$ 的泊松过程，并且所有 Y_i 都是独立同分布的实值随机变量。这些过程的优势在于我们可以很精确地模拟过程的增量。因此用简单的算法 6.3 就能很好地模拟该过程。

算法 6.3 固定时间间隔点上的高斯-泊松跳跃扩散过程的模拟

令 $0 = t_0 < t_1 < \cdots < t_n = T$ 为 $[0, T]$ 上的固定时间点，令 L 为跳跃高度分布函数，且 $\mu,\ \sigma \in \mathbb{R}$。

1. 令 $X(0) := x$。

2. 对于 $i = 1$ 至 n，有：
   - 生成一个随机数 $P \sim Pn(\lambda \cdot (t_i - t_{i-1}))$。
   - 如果 $P > 0$，那么对于 $j = 1$ 至 P，有：
     —生成 P 个随机数 $Z_j \sim L$。
     —令 $X(t_i) := X(t_{i-1}) + \sum_{j=1}^{P} Z_j$。
   - 否则：$X(t_i) := X(t_{i-1})$。
   - 生成一个随机数 $Z \sim \mathcal{N}(0,1)$。
   - 令 $X(t_i) := X(t_i) + \mu \cdot (t_i - t_{i-1}) + \sigma \cdot \sqrt{t_i - t_{i-1}} Z$。

注 6.10

1. 注意到我们在算法 6.3 中并没有在时间网格点上进行线性插值，如果两个点之间没有跳跃，这样的假设就比较有意义。在任何情况下，我们都不会试图描述连续的路径或者跳跃的精确位置，因此线性插值可能并不合适。

2. 不过在金融和保险领域的一些应用中，模拟跳跃的精确时间点的确很重要，为此需要先生成跳跃时间点，其次是跳跃高度，最后是由时间点构成的网格上的布朗运动。由于两个跳跃时间点之间间隔可能有不小变化，因此建议使用事先划定好的网格生成布朗运动，然后一旦确定泊松过程的跳跃时间点，就将其作为网格点。

3. 在几何布朗运动的例子中，我们也可以利用上述算法生成一个过程，该过程是通过先模拟高斯-泊松过程 $X(t)$，然后用模拟值给函数赋值，得到能表示为函数 $f(X(t))$ 的过程。

4. 将上述算法进行推广就能模拟多维的高斯-泊松跳跃扩散过程。为此，考虑一个 d 维布朗运动 $W(t)$，以及 k 个独立且具有不同跳跃高度分布的复合泊松过程，然后在固定或适当的时间网格上生成具有下述形式的高斯－泊松跳跃扩散过程：

$$X_i(t) = x_i + \mu_i t + \sum_{j=1}^{d} \sigma_{ij} W_j(t) + \sum_{j=1}^{k} \sum_{m=1}^{N_j(t)} Y_m^j, i = 1, \cdots, n \qquad (6.25)$$

5. 注意到我们可以生成高斯－泊松跳跃扩散过程的精确分布（或增量），当估计一个仅依赖于在有限时间点上该过程的取值的期望泛函时，几乎不会产生额外的离散化误差：

$$\mathbb{E}\left(g(X(t_1),\cdots,X(t_k))\right) \approx \frac{1}{N}\sum_{i=1}^{N} g(X^{(i)}(t_1),\cdots,X^{(i)}(t_k)) \qquad (6.26)$$

其中上标 (i) 代表过程 X 在第 i 条生成路径上的相对值。

6.3.2　跳跃扩散过程的欧拉-丸山方法

正如在 Itô 过程中一样，一般情况下我们并不知道跳跃扩散过程的确切分布，因此在模拟过程中需要依赖离散化方法。其中最简单的方法就是欧拉-丸山方法。现在考虑以下一维跳跃扩散过程 $X(t)$：

$$dX(t) = a(X(t))\,dt + b\left(X(t)\right)dW(s) + c(X(t-))\,dJ(t) \qquad (6.27)$$

其中 $J(t)$ 是一个具有强度为 λ，跳跃高度分布函数为 L 的复合泊松过程，在此假定该跳跃随机微分方程具有唯一解，在后面应用于金融领域的章节里会看到该方程的一些例子。

算法 6.4 中描述的欧拉-丸山方法在 1 阶矩上具有弱收敛性，而在 1/2 阶矩上具有强收敛性（见 Bruti-Liberati 与 Platen 的著作 [2007]）。从注 4.66 的角度看，多维的推广非常直观。正如在高斯－泊松跳跃扩散过程的例子中一样，使用自适应的时间网格非常有帮助，在此也通过类似的方法得到。首先我们需要生成跳跃时间点 τ_i 以及对应的跳跃高度 $\Lambda_i, i = 1,\cdots,N(T)$，因此这些跳跃时间点就自动将时间区间 $[0, T]$ 离散化了，这个过程可以通过**自适应欧拉-丸山方法**的两个步骤完成，其中时间网格点 $t_i, i = 1,\cdots,N$ 已经包含了跳跃时间点：

$$Y_N(t_{j+1}-) = Y_N(t_j) + a(Y_N(t_j))(t_{j+1} - t_j) + \sigma(Y_N(t_j))\Delta W(t_j) \qquad (6.28)$$

$$Y_N(t_{j+1}) = Y_N(t_{j+1}-) + c(Y_N(t_{j+1}-))\Delta J(t_{j+1}) \qquad (6.29)$$

其中 $\Delta J(t_{j+1}) = J(t_{j+1}) - J(t_{j+1}-)$ 等于 0 在没有跳跃发生的时间点 t_{j+1} 上成立。该算法在跳跃强度 λ 很小的时候有其优势，但如果强度很大，在简单常规的欧拉方法和跳跃时间自适应方法之间的差别也不是很大。

算法 6.4　跳跃扩散过程的欧拉-丸山方法

令 $\Delta t := T/N$ 对于任意给定的 N，通过下述方法生成一个由带跳跃项的随机微分公式 (6.27) 所给定的跳跃扩散过程 $X(t)$ 的近似路径 $Y_N(t)$：

1. 令 $Y_N(0) = X(0) = x$。

2. For $j = 0$ to $N-1$ do

   (a) 生成一个服从标准正态分布的随机变量 Z_j。

   (b) 生成一个随机变量 $\varXi_j \sim Pn\,(\lambda\Delta t)$。

   (c) 生成一个随机变量 $\Lambda \sim L$。

   (d) 令 $\Delta W(j\Delta t) = \sqrt{\Delta t}Z_j$ 且

   $$Y_N((j+1)\Delta t) = Y_N(j\Delta t) + a(Y_N(j\Delta t))\Delta t +$$
   $$\sigma(Y_N(j\Delta t))\Delta W(j\Delta t) + c(Y_N(j\Delta t))\Lambda_j\varXi_j$$

更多一维的方法（如强意义和弱意义下的预测-校正法）的介绍和比较见Bruti-Liberati 与 Platen 的著作（2007）。

6.4　Lévy 过程：定义和例子

6.4.1　Lévy 过程的定义和性质

Lévy 过程是布朗运动和泊松过程的一般推广：

定义 6.11

若随机过程 $\{X(t),F_t\}_{t\geqslant 0}$ 且 $X(0)=0$，满足对于任意 $t>s$，增量 $X(t)-X(s)$ 都是独立平稳的，那该过程被称为 **Lévy** 过程。

我们可以假定一个 Lévy 过程具有一条存在左极限的右连续路径（见Applebaum 的著作 [2004]）。出于已经在泊松过程中解释过的理由，我们仍可以这样假设，显然（多维）布朗运动和复合泊松过程都是 Lévy 过程，而且独立 Lévy 过程的线性组合也是 Lévy 过程。

处理 Lévy 过程的主要技术难点在于处理小跳跃问题上，比如以下 Lévy 过程 $X(t)$，只在跳跃点上产生数值上的变化，但该过程满足：

$$X(t) \neq X(0) + \sum_{s \leqslant t} \Delta X(s) \tag{6.30}$$

其中跳跃过程 $X(t)$ 定义如下：

$$\Delta X(t) = X(t) - X(t-) \tag{6.31}$$

该现象的原因在于跳跃数量是无限的，且和函数不收敛。

回顾在泊松过程章节中关于泊松随机测度的记号，对于 $A \in \mathcal{B}(\mathbb{R}^d - \{0\})$ 且 $t \geqslant 0$，引入

$$N(t,A) := \#\{0 \leqslant s \leqslant t; \Delta X(s) \in A\} \tag{6.32}$$

来记录到时间 t 为止在 A 中产生的跳跃数量。可以证明（Applebaum 的著作 [2004]）如果 A 下有界（即其闭包不包含 0），那么 $N(t,A)$ 是一个泊松过程。进一步地，我们引入以下定义：

定义 6.12

令 X 为一个正如式（6.32）中定义的，具有对应的计数测度 $N(t,A)$ 的 Lévy 过程，则 X 的 **Lévy** 测度 ν 是一个由 $\nu(\{0\}) = 0$，以及

$$\nu(A) := \mathbb{E}(N(1,A)), A \in \mathcal{B}(\mathbb{R}^d - \{0\}) \tag{6.33}$$

所定义的 $(\mathbb{R}^d, \mathcal{B}(\mathbb{R}^d))$ 上的测度。

注意到由泊松随机测度（泊松分布具有有限二阶矩）的性质，对于所有的下有界的 $A, \nu(A) = \mathbb{E}(N(t,A)) < \infty$。进一步地，对于给定的一个 A，随机过程 $N(t,A)$ 是一个具有强度 λ 和跳跃高度分布为 L 的复合泊松过程，其中 L 由下式

定义：

$$\lambda = \nu(A), L(\mathrm{d}x) = \frac{\nu(\mathrm{d}x)}{\nu(A)} \tag{6.34}$$

也可以证明：

$$\int_{\mathbb{R}^d} \min\{|x|^2, 1\} \nu(\mathrm{d}x) < \infty \tag{6.35}$$

文献中也经常引用此表达式来定义 Lévy 测度，由此得到

$$\nu(\mathbb{R}^d - \{x : |x| < 1\}) < \infty \tag{6.36}$$

这样就可以很自然地引入如下定义：

定义 6.13

令 $X(t)$ 为一个具有 Lévy 测度 ν 的 Lévy 过程。

（a）称 $X(t)$ 具有**有限行为**，如果

$$\nu(\mathbb{R}^d) < \infty \tag{6.37}$$

那么每个 $X(t)$ 的路径在 $[0, T]$ 内都发生有限多个跳跃。

（b）称 $X(t)$ 具有**无限行为**，如果

$$\nu(\mathbb{R}^d) = \infty \tag{6.38}$$

那么对于 $T > 0$，每个 $X(t)$ 的路径在 $[0, T]$ 内都发生无限多个跳跃。

该定义强调了一个事实：在处理 Lévy 过程时，小的跳跃能带来意想不到的问题，将范数小于 1 的跳跃认定为小跳跃并没有经过深思熟虑，任何正数 ϵ 都可以。

一个关于 Lévy 过程的路径形式的主要结论是被称为 Lévy - Itô 分解的公式，这是模拟 Lévy 过程中非常重要的工具，虽然理解起来有不少的技术难度。

定理 6.14　Lévy-Itô 分解

每个具有 Lévy 测度 ν 的 d 维 Lévy 过程 $X(t)$ 都能以下式形式进行分解：

$$X(t) = \gamma t + \sigma W(t) + \int_{|x| \geq 1} x N(t, \mathrm{d}x) + \int_{|x| < 1} x(N(t, \mathrm{d}x) - t\nu(\mathrm{d}x)) \tag{6.39}$$

其中 $\gamma \in \mathbb{R}^d$，$W(t)$ 是一个 d 维布朗运动，$\sigma \in \mathbb{R}^{d,d}$，$N$ 是一个定义在由公式 (6.34) 给定的 Lévy 测度 ν 所确定的空间 $[0, \infty) \times (\mathbb{R}^d - \{0\})$ 上的泊松随机测度。另外，N 和 W 都是独立的。

该分解公式表明 Lévy 过程是一组：

- 线性确定性分量 γt，
- 协方差矩阵为 $\sigma\sigma'$ 的布朗运动，
- 跳跃的绝对值大于等于 1 的跳跃过程，以及
- 相对于跳跃值小于 1 的补偿泊松测度 $\tilde{N}(t, A) = N(t, A) - t\nu(A)$ 的一个补偿跳跃过程的和函数形式。

注意到由泊松跳跃测度的性质，两个跳跃过程是相互独立的，此外第四分项由

于可能会有 $\nu(\{x:|x|\le 1\}) = \infty$ 而需要单独考虑，那么小跳跃的总和有可能就不是收敛的。然而，我们可以证明补偿过程的总和是收敛的。

因此当模拟 X 的路径时，可以单独生成布朗运动和两个跳跃过程，然后将两者加起来。当成功模拟布朗运动后，目前所考虑的 Lévy 测度就证明了小跳跃的模拟过程非常精细。

下面给出一个定义和一些 Lévy 过程路径的性质（见 Cont 与 Tankov 的著作 [2003]）：

定义 6.15

令 X 是一个满足分解式（6.39）的 Lévy 过程。那么三元向量 $(\gamma,\ \sigma\sigma',\ \nu)$ 被称为 X 的 **Lévy 三元组**。

命题 6.16

令 $X(t)$ 为一个满足 Lévy 三元组 $(\gamma,\ \sigma^2,\ \nu)$ 的一维 Lévy 过程。

（a）$X(t)$ 具有有限方差的路径，当且仅当：

$$(\gamma,\sigma^2,\nu) = (\gamma,0,\nu),\quad \int_{|x|\le 1}|x|\nu(\mathrm{d}x) < \infty \tag{6.40}$$

（b）在（a）且 $b = \gamma - \int_{|x|\le 1}x\nu(\mathrm{d}x)$ 的情况下，有

$$X(t) = bt + \sum_{s\in[0,t]:\Delta X(s)\ne 0}\Delta X(s) \tag{6.41}$$

（c）更进一步地，

$$\mathbb{E}(|X(t)|^n) < \infty \Leftrightarrow \int_{|x|\ge 1}|x|^n\nu(\mathrm{d}x) < \infty \tag{6.42}$$

在该特殊情况下具有显性表达式：

$$\mathbb{E}(X(t)) = \gamma t + t\int_{|x|\ge 1}x\nu(\mathrm{d}x),\ \mathrm{Var}(X(t)) = \sigma^2 t + t\int_{\mathbb{R}}x^2\nu(\mathrm{d}x) \tag{6.43}$$

为了后续应用方便，我们介绍 Lévy 过程的 Itô 公式的另一个版本（见 Applebaum 的著作 [2004]）：

定理 6.17 Lévy 过程的 Itô 公式

令 $X(t)$ 是一个具有式（6.39）的一维 Lévy 过程。进一步地，令 $f:\mathbb{R}\to\mathbb{R}$ 为一个 C^2 函数。因此有

$$f(X(t)) = f(x) + \int_0^t f'(X(s))\mathrm{d}X(s) + \frac{1}{2}\int_0^t f''(X(s))\sigma^2\mathrm{d}s +$$
$$\sum_{0\le s\le t}[f(X(s)) - f(X(s-)) - f'(X(s-))\Delta X(s)] \tag{6.44}$$

注意到由式（6.39），$\mathrm{d}X(s)$ – 积分是具有四项的积分。

6.4.2 Lévy 过程的例子

显然区别于布朗运动和泊松过程的 Lévy 过程的例子不少，其中一些将在下面

给出，余下部分将在金融中的应用那一章中给出。

例 6.18　具有无穷可分分布的 Lévy 过程

这不是一个特殊例子，而是如何构建一个 Lévy 过程的一般准则。为此，我们首先需要给无穷可分的分布一个定义。

定义 6.19

一个分布 L 被称为**无穷可分的**，如果存在一个具有分布 L 的 d 维实值随机变量 X，其分布对于所有 $n \in \mathbb{N}$ 都存在独立同分布的随机变量 $Y_1^{(n)}, \cdots, Y_n^{(n)}$ 且

$$X \stackrel{D}{=} Y_1^{(n)} + \cdots + Y_n^{(n)} \tag{6.45}$$

由上述定义，我们需要检验对于所有 $n \in \mathbb{N}$，分布 L 的特征函数 $\Phi_\mu(.)$ 的 n 次方根是否也是一个分布的特征函数。能够非常简单地进行上述检验的无穷可分的常见例子包括多维高斯分布（$Y_i^{(n)}$ 也是均值和方差缩小 $1/n$ 的高斯分布），参数为 λ 的泊松分布（$Y_i^{(n)}$ 是参数为 λ/n 的泊松分布）。

如果上述结果被从指数参数 $1/n$ 推广到任意次方 $t > 0$，则也可以构建一个 Lévy 过程：

1. 令 $X(1)$ 是具有一个特征函数为 $\Phi(u)$ 的无穷可分分布。

2. 对于一般的 t，通过选取一个与其相对应的特征函数 $\Phi(u)^t$，得到 $X(t)$ 的分布。

因此由上述构建过程，可见其独立平稳增量的性质。读者可以证明具有上述分布性质的 Lévy 过程的存在性（例如 Applebaum 的著作 [2004] 第 62 页）。显然，布朗过程和泊松过程是从上述过程得到的两个简单例子。

上述方法为构建一个 Lévy 过程的简单方法，这可以从著名的 Lévy-Khinchine 公式（见 Applebaum 的著作 [2004]）中可见，其中使用 $\langle x, y \rangle = \sum\limits_{i=1}^{d} x_i y_i$ 来代表内积：

定理 6.20　Lévy-Khinchine 公式及 Lévy 过程

(a) 一个 $\mathbb{R}^d$ 上的无穷可分的分布函数 L 的特征函数 $\Phi_L(u)$ 定义为

$$\Phi_L(u) = \exp\left[i\langle \gamma, u \rangle - \frac{1}{2}\langle u, Au \rangle + \right.$$

$$\left. \int_{\mathbb{R}^d - \{0\}} (\exp(i\langle u, y \rangle) - 1 - i\langle u, y \rangle 1_{\{|x| < 1\}}) \nu(dy) \right), u \in \mathbb{R}^d \tag{6.46}$$

对于 $\gamma \in \mathbb{R}^d$，正定对称阵 $A \in \mathbb{R}^{d,d}$ 和一个 Lévy 过程 ν（即式（6.35）定义在 $\mathbb{R}^d$ 上的测度）。另外，每个映射 $\Phi_L(u)$ 都是一个无穷可分分布的特征函数。

(b) 具有三元组 $(\gamma, \sigma\sigma', \nu)$ 的 Lévy 过程特征函数 $X(t)$：

$$\Phi(u; t) := \mathbb{E}(\exp(i\langle u, X(t) \rangle)) \tag{6.47}$$

具有如下形式：

$$\Phi(u;t) = (\Phi_L(u))^t, t \geq 0 \qquad (6.48)$$

其中 $\Phi_L(u)$ 对于 $A = \sigma\sigma'$ 为式（6.46）所给定。

例6.21 伽马过程

一个满足 $\mu > 0, \nu > 0$ 且服从 $X(t) \sim \text{Gamma}(\mu^2 t/\nu, \nu/\mu)$ 的 Lévy 过程被称作一个伽马过程。在此我们用金融应用非常流行的方差 Gamma 模型（见7.3.3节）中所使用的形状参数 a 和 θ（见2.5.4节关于 Gamma 分布的介绍）。其在时间 t 的分布的密度函数为

$$f_{\mu,\nu;t}(x) = \frac{(\mu/\nu)^{\mu^2 t/\nu}}{\Gamma(\mu^2 t/\nu)} x^{\mu^2 t/\nu - 1} e^{-x\mu/\nu}, x > 0 \qquad (6.49)$$

特征函数为

$$\Phi_{\mu,\nu}(u;t) = (1 - iu\nu/\mu)^{-\mu^2 t/\nu} \qquad (6.50)$$

因此 Lévy 过程的三元组为

$$(\gamma, \sigma^2, \nu) = (\mu(1 - e^{-\mu/\nu}), 0, \frac{\mu^2}{\nu} x^{-1} e^{-\mu x/\nu} 1_{\{x>0\}} dx) \qquad (6.51)$$

因为伽马分布集中于正值区域，因此 $X(t)$ 是一个增量过程（增量也服从伽马分布），所以路径具有有限变化范围。另外 $X(t)$ 的均值、方差、峰度和偏度如下：

$$\mathbb{E}(X(t)) = \mu t, \quad \mathbb{V}\text{ar}(X(t)) = \nu t \qquad (6.52)$$

$$Skew(X(t)) = \frac{2}{\sqrt{\mu^2 t/\nu}}, \quad Kurt(X(t)) = 3\left(1 + \frac{2}{\mu^2 t/\nu}\right) \qquad (6.53)$$

由于 $\nu(\mathbb{R}) = \infty$，伽马过程具有无穷的变化范围，因此没有分段稳定路径，一个伽马过程的路径图如图6.2所示。

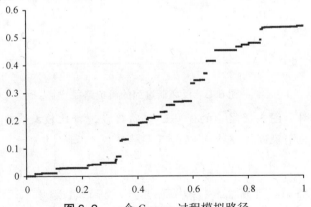

图6.2 一个 Gamma 过程模拟路径

例6.22 反高斯过程

一个 Lévy 过程被称为反高斯过程，如果 $X(t) \sim IG(\delta t, \gamma)$ 且 $\delta > 0, \gamma > 0$，并且 $IG(\delta t, \gamma)$ 是参数为 $\delta t, \gamma$ 的反高斯分布。其密度函数为

$$f_{IG(\delta t,\gamma)}(x) = \frac{\delta t}{\sqrt{2\pi}}x^{-\frac{3}{2}}e^{\delta t\gamma}e^{-\frac{1}{2}((\delta t)^2x^{-1}+\gamma^2 x)}, x > 0 \tag{6.54}$$

该过程的名字源于这个事实，即反高斯分布 $IG(\delta,\gamma)$ 是具有漂移项 γ 的布朗运动通过水平 δ 的首达时间分布。

另外再提一下，由于分布密度函数的增量只位于正数范围内，因此该过程是逐步增加的。特征函数 $X(1)$ 是显式的，Lévy 三元组为

$$\Phi_{IG(\delta,\gamma)}(u;1) = \exp(-\delta\sqrt{2iu+\gamma^2}-\gamma) \tag{6.55}$$

$$(\gamma,\sigma^2,\nu) = \left(\frac{\delta}{\gamma}(2N(\gamma)-1),0,\frac{1}{\sqrt{2\pi}}\delta x^{-\frac{3}{2}}e^{-\frac{1}{2}\gamma^2 x}1_{\{x>0\}}\,\mathrm{d}x\right) \tag{6.56}$$

$X(t)$ 的均值、方差、峰度、偏度为

$$\mathbb{E}(X(t)) = \frac{\delta t}{\gamma}, \mathbb{V}ar(X(t)) = \frac{\delta t}{\gamma^3} \tag{6.57}$$

$$Skew(X(t)) = \frac{3}{\sqrt{\delta t\gamma}}, Kurt(X(t)) = 3\left(1+\frac{5}{\delta t\gamma}\right) \tag{6.58}$$

由于其 Lévy 测度 $\mathbb{R}$ 是无穷的，反高斯过程没有分段常量的路径而且每个非空时间区间内的跳跃数期望值都是无限的。一条反高斯过程的模拟路径见图 6.3。

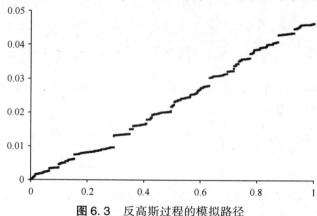

图 6.3 反高斯过程的模拟路径

如果将这张图和图 6.2 显示的伽马过程的路径进行比较就会发现，反高斯过程的路径上有更多的小跳跃。这个可以由下式解释：

$$\int_{\{x:|x|\leq 1\}}|x|\nu_{\mathrm{gamma}}(\mathrm{d}x) < \infty = \int_{\{x:|x|\leq 1\}}|x|\nu_{IG}(\mathrm{d}x) \tag{6.59}$$

其中 ν_{IG} 和 ν_{gamma} 分别代表反高斯过程和伽马过程的 Lévy 测度。

伽马过程和反高斯过程的一个推广见如下定义，两者在下一章中将扮演金融应用中被称为随机钟的重要角色。

定义 6.23

一个具有增量路径的 Lévy 过程 $X(t)$ 被称为一个从属过程。

另一类被用来建立 Lévy 过程的分布为稳定分布。

定义 6.24

一个 $\mathbb{R}$ 上的分布 L 被称为**平稳的**，对于任意 $n \in \mathbb{N}$，n 个独立随机变量 X_i 的和的分布 L 满足

$$X_1 + \cdots + X_n \sim c_n X + d_n \qquad (6.60)$$

对于 $X \sim L$，c_n、$d_n \in \mathbb{R}$ 都成立，如果 $d_n = 0$ 对于 $n \in \mathbb{N}$ 都成立，则被称为**严格稳定**。

可以证明 c_n 的形式如下：

$$c_n = \sigma n^{1/\alpha}, \sigma > 0, 0 < \alpha \leq 2 \qquad (6.61)$$

更深入的关于稳定分布的刻画（见 Sato 的著作 [1999]）。

定理 6.25

一个实值随机变量 X 具有一个稳定分布当且仅当存在 $\sigma > 0$，$\mu \in \mathbb{R}$，$-1 \leq \beta \leq 1$ 使得对于所有 $u \in \mathbb{R}$，X 的特征函数具有如下之一的形式：

$$\Phi_X(u) = \exp(i\mu u - \frac{1}{2}\sigma^2 u^2), \qquad\qquad \alpha = 2 \quad (6.62)$$

$$\Phi_X(u) = \exp(i\mu u - \sigma^\alpha |u|^\alpha (1 - i\beta sgn(u)\tan(\frac{\pi\alpha}{2}))), \alpha \in (1, 2) \quad (6.63)$$

$$\Phi_X(u) = \exp\left(i\mu u - \sigma |u| \left(1 + i\beta \frac{2}{\pi} sgn(u)\ln(|u|)\right)\right), \alpha = 1 \quad (6.64)$$

常见的例子为具有 $\alpha = 2$ 的正态分布 $\mathcal{N}(\mu, \sigma^2)$，以及参数为 $\alpha = 1, \beta = 0$，密度函数为 $f(x) = \sigma/(\pi((x - \mu^2) + \sigma^2))$ 的柯西分布。

我们可以建立一个**稳定 Lévy 过程** $X(t)$，其分布由下列特征函数给定：

$$\Phi(u; t) = \Phi_X(u)^t \qquad (6.65)$$

其中 $\Phi_X(u)$ 是定理 6.25 中给定三类形式之一。

6.5 Lévy 过程的模拟

正如之前所述的，生成 Lévy 过程最主要的问题在于跳跃上。更准确地来说，是由于在无穷的 Lévy 测度上发生的小跳跃产生的。因此如果在每个区间内有无限个小跳跃，那么用在跳跃扩散过程中的方法精确模拟此时的跳跃就行不通了。下面我们提出四个方法来解决该问题：

1. 能在给定的时间网格上模拟 Lévy 过程的时间离散化方法。

2. Lévy 过程的欧拉-丸山方法。

3. 利用 Lévy 过程可以由一组简单随机变量的无穷级数表示的原理来表示。

4. Lévy 过程的小跳跃可以由一个简单过程来逼近的方法。

6.5.1 精确模拟和时间离散化

和往常一样，最简单的情况是，当增量 $\Delta_i X := X(t_i) - X(t_{i-1})$ 的精确分布

$$X^{(4)}(t) \approx X^{(4,\epsilon)}(t) := \sum_{s \leq t} \Delta X(s) 1_{\{\epsilon \leq |\Delta X(s)| < 1\}} - t \int_{\epsilon \leq |x| < 1} x \nu(\mathrm{d}x) \qquad (6.72)$$

令 $B_\epsilon = \{x \in \mathbb{R}^d : \epsilon \leq |x| < 1\}$，$\nu^\epsilon$ 为 ν 在 B_ϵ 上的约束。另外，$X^{(4,\epsilon)}(t)$ 可以被精确表达为强度为 λ_ϵ，跳跃高度分布 L_ϵ 由下式给定：

$$\lambda = \nu^\epsilon(B_\epsilon), L(\mathrm{d}y) = \frac{1}{\lambda} \nu^\epsilon(\mathrm{d}y) \qquad (6.73)$$

的复合泊松分布和一个确定性积分的差。由于 $X^{(4)}(t)$ 是一个均值为 0 的鞅，目前小跳跃被剔除后的补偿过程的均值也是 0。因此，忽略补偿小跳跃过程意味着我们利用的是均值逼近该过程。

2. 用一个布朗运动逼近小跳跃

如果对应的集合 $B_\epsilon(0) = \{x \in \mathbb{R}^d : |x| < \epsilon\}$ 的 Lévy 测度非常小，那么将（补偿）小跳跃替换为它们的均值就可以认为是合理的。然而如果 $\nu(B_\epsilon(0)) = \infty$，那么忽略小跳跃的影响的逼近就变得不合理了。Asmussen 与 Rosiński（2001）介绍了在一元情况 $d = 1$ 利用具有合理波动率的布朗运动来逼近小跳跃的方法。一个合理的逼近方法是

$$X^{(4)}(t) \approx X^{(4,\epsilon)}(t) + \sigma_\epsilon Z(t) \qquad (6.74)$$

其中

$$\sigma_\epsilon^2 := \int_{|x| < \epsilon} x^2 \nu(\mathrm{d}x) \qquad (6.75)$$

其中 $Z(t)$ 为一个与 $X(t)$ 生成的所有随机变量都独立的布朗运动。Asmussen 与 Rosiński（2001）介绍了一种检验该逼近方法有效性的简单方法。

定理 6.28

如果

$$\lim_{\epsilon \to 0} \frac{\sigma_\epsilon}{\epsilon} = \infty \qquad (6.76)$$

则有

$$\frac{X^{(4)} - X^{(4,\epsilon)}}{\sigma_\epsilon} \xrightarrow{D} Z, \epsilon \to 0, \qquad (6.77)$$

即小跳跃的赋范过程依分布收敛到一个布朗运动 $Z(t)$（在 $D[0, T]$ 上）。

注 6.29

1. Asmussen 与 Rosiński（2001）甚至给出了一个等价描述赋范小跳跃收敛到一个布朗运动，当以下条件成立时：

$$\lim_{\epsilon \to 0} \frac{\sigma_{\min\{c\sigma_\epsilon, \epsilon\}}}{\sigma_\epsilon} = 0 \ \forall c > 0 \qquad (6.78)$$

他们还证明如果 ν 不落在 0 的邻域内，那么这个条件等价于公式（6.76）。

2. 可以很简单证明当反高斯过程中用上述的布朗运动逼近小跳跃是有效的，同时条件式（6.76）也是满足的，那么伽马过程不满足条件式（6.76）。

6.5.4 用级数表达式模拟

当我们逼近 Lévy 过程的小跳跃时，将适当的复合泊松过程作为主要逼近工具。注意到一个复合泊松过程可以被表示为一个无穷级数：

$$X(t) = \sum_{j=1}^{\infty} Y_j \cdot 1_{\{t_j \le t\}} \tag{6.79}$$

其中 Y_j 代表在跳跃时间 t_j 上的复合泊松分布的跳跃高度。当如此表示后，所有分项都有大致相等的数量级，主要区别在于出现的时间次序，接下来我们将介绍从属过程的另一种级数表达式。该表达式具有一个非常重要的特征是分项的次序由相应的跳跃的大小决定，但另一方面却在时间上服从均匀分布。我们考虑一维情况并且需要 Lévy 测度具有密度函数，即 $\nu(\mathrm{d}x) = h(x)\mathrm{d}x$。尾部积分为

$$\bar{\nu}(x) = \int_x^{\infty} h(y)\mathrm{d}y, x > 0 \tag{6.80}$$

接下来提出下述命题（见 Asmussen 与 Glynn 的著作［2007］）。

命题 6.30

令从属随机过程 $X(t)$，$t \in [0, 1]$ 具有一个 Lévy 三元组 $(0, 0, \nu)$，其中对于 $x > 0$，有 $\nu(\mathrm{d}x) = h(x)\mathrm{d}x$，$h(x) > 0$，并令 τ_1，τ_2，$\cdots$ 具有强度 $\lambda = 1$ 的泊松过程的跳跃时间点。进一步地，令 U_1，U_2，$\cdots$ 为一组均匀分布在 $[0, 1]$ 上的独立随机变量，且也独立于跳跃时间 τ_i，则 $X(t)$ 和几乎处处收敛函数：

$$X(t) \stackrel{D}{=} \sum_{j=1}^{\infty} \bar{\nu}^{-1}(\tau_j) 1_{\{U_j \le t\}}, 0 \le t \le 1 \tag{6.81}$$

具有同类型的分布。

注 6.31

1. 上述级数表达式可以用来构建 $X(t)$ 的模拟算法。为此需要先确定一个截断准则，一个很自然的准则是令 $N = N(\epsilon)$，其中

$$N(\epsilon) = \inf\{j \in \mathbb{N} : \bar{\nu}^{-1}(\tau_j) < \epsilon\} \tag{6.82}$$

则对于 $X(t)$ 的每一条路径，我们生成跳跃时间 τ_j 并计算 $\bar{\nu}^{-1}(\tau_j)$ 的值，进而得到 $N(\epsilon)$，然后就能得到逼近表达式：

$$X(t) \approx \sum_{j=1}^{N(\epsilon)} \bar{\nu}^{-1}(\tau_j) 1_{\{U_j \le t\}}, 0 \le t \le 1 \tag{6.83}$$

不仅仅是随机有限和 $N(\epsilon)$，我们也可以用一个固定的数 N。由大数定律，可以令 $N = \nu(\epsilon)$ 来得到与随机抽取的 $N(\epsilon)$ 在均值意义上具有相同的阶数。

2. 注意到，上述注中的近似逼近方法的跳跃幅度小于 ϵ。因此通常来说并不有效，理论上还有许多更复杂的级数逼近方法。由于在金融和精算领域并不需要这些方法，因此感兴趣的读者可以参见 Rosiński（2001）中的文献概述。

第7章

模拟金融模型：非连续路径

7.1 引言

在描述股价运动和期权价格中所观察到的扩散模型的局限被大家所知后，下面将介绍许多非扩散股价模型，而这些限制有：

- 用跳跃扩散过程来解释期权定价中的波动率微笑和股价收益率的尖峰现象。
- 用 Lévy 过程来拟合期权定价中的偏度和股价收益率的尖峰现象。
- 特殊的从属 Lévy 过程可以构建计算成交量和交易速度的影响的内部特征。

此处的尖峰现象的意思是在实际金融市场所观测到的，比正态分布所能解释的股价对数收益率的分布更为尖峰和厚尾的特征。

我们将考察并引用各种实例来说明许多属于上述提到的这些类的非扩散过程，主要使用的方法类似在 Merton 跳跃扩散过程中提到的方法，且这些特殊案例也不需要上升到一般 Lévy 过程的复杂高度。

7.2 Merton 跳跃扩散模型和带跳跃项的随机波动模型

7.2.1 Merton 跳跃扩散模型设定

Merton（1976）已经考虑了带瞬时跳跃项的模型。股价的微分方程的形式如下：

$$dS(t) = S(t-)((\mu - \lambda\kappa)dt + \sigma dW(t) + (Y(t) - 1)dN(t)) \qquad (7.1)$$

其中，μ 为漂移项且 σ 为波动模型的扩散项。跳跃变量 $Y(t)$ 为一族都具有下列对数正态分布的独立随机变量。

$$\mathbb{E}(Y(t) - 1) = \kappa \qquad (7.2)$$

其中 λ 为泊松过程 $N(t)$ 的强度参数，$W(t)$ 为一个布朗运动。注意到利用公式(7.2)中的 $Y(t) - 1$ 能使得模拟跳跃及其损失更为简单。对数正态分布 $Y(t)$ 的假设从某方面来说保证了解析形式分析的方便性，而且另一方面保证了：

$$Y(t) - 1 > -1, \tag{7.3}$$

因为股价不会跳到负值，因此这也排除了公司破产的情况。事实上由跳跃扩散过程的 Itô 公式，随机微分方程的显式解由下式给出：

$$S(t) = S_0 \exp\left(\left(\mu - \lambda\kappa - \frac{1}{2}\sigma^2\right)t + \sigma W(t)\right) \cdot \prod_{i=1}^{N(t)} \tilde{Y}_i \tag{7.4}$$

此处 $\tilde{Y}_i = Y(t_i)$ 代表第 i 个跳跃时间的值。同时我们引入对数正态分布情况 $\ln(S(t_i)/S(t_i-)) = \ln(\tilde{Y}_i)$ 下的期望值和跳跃的方差：

$$\mathbb{E}(\ln(\tilde{Y}_i)) = \mu_J - \frac{1}{2}\sigma_J^2, \mathbb{V}\mathrm{ar}(\ln(\tilde{Y}_i)) = \sigma_J^2 \tag{7.5}$$

注意到这其中隐含了一个关系：

$$\kappa = \exp(\mu_J) - 1 \tag{7.6}$$

显式表达式中用乘号分割的连续项和跳跃项使得模拟按算法 7.1 中所设定的 Merton 跳跃扩散过程下的股价路径非常方便。

算法 7.1 Merton 跳跃扩散模型的路径生成

1. 生成带漂移项的布朗运动 $B(t) = \left(\mu - \lambda\kappa - \frac{1}{2}\sigma^2\right)t + \sigma W(t)$。

2. 生成泊松过程 $N(t), t \in [0, T]$ 的路径。

3. 生成 $N(T)$ 独立标准正态分布随机变量 $Z_1, \cdots, Z_{NT}$, 并令

$$\tilde{Y}_i = \exp\left(\mu_J - \frac{1}{2}\sigma_J^2 + \sigma_J^2 Z_i\right)$$

4. 得到 $J(t) = \prod_{i=1}^{N(t)} \tilde{Y}_i, t \in [0, T]$ 并令

$$S(t) = S_0 \exp(B(t)) \cdot J(t), t \in [0, T]$$

注意到在该算法中仍需要确定如何精确离散化，正如在前面有关跳跃扩散过程的章中所提到的，为了达到最终目的，可以选择一组离散或依赖于跳跃时间点的网格。

Merton 跳跃扩散过程的期权定价：Merton 方法

由于 Merton 模型中的跳跃数并没有限制，因此相对应的市场模型并不完善（见 Merton 的著作 [1976]）。因此，从纯粹套利的角度考虑并不会得到唯一的一个期权价格。Merton (1976) 中假设了股价的跳跃是可分散化发生的，（持有一个合适的股票组合）因此不应被定价。Merton 因此提出一个对冲策略：完全对冲扩散风险，但暴露跳跃风险。他表达时用的是计算期权价格时用到的等价鞅，也就是说他用的是简单 BS 模型设置中相同的变换，即扩散项 μ 变换成了 r，其他参数保持不变。这样就能基于跳跃的数量与大小，且股价部分服从对数正态分布的事实来计算欧式期权的价格。确切地说，引入 BS 看涨期权算子：

$$C(S,K,r,\sigma^2;T) := S\Phi(d_1) - Ke^{(-rT)}\Phi(d_2) \tag{7.7}$$

$$d_1 = \frac{\ln(S/K) + \left(r + \frac{1}{2}\sigma^2\right)T}{\sigma\sqrt{T}}, d_2 = d_1 - \sigma\sqrt{T} \tag{7.8}$$

就可以在上述跳跃扩散的模型设定上得到下述欧式看涨期权的 Merton 价格：

$$C_{Merton}(0,S_0) = \sum_{n=0}^{\infty} e^{-\tilde{\lambda}T}\frac{1}{n!}(\tilde{\lambda}T)^n C(S,K,r_n,\sigma_n^2;T) \tag{7.9}$$

$$\tilde{\lambda} = \lambda(k+1), r_n = r - \lambda k + n\frac{\mu_J}{T}, \sigma_n^2 = \sigma^2 + n\frac{\sigma_J^2}{T} \tag{7.10}$$

我们现在可以利用式 (7.9) 以通常的方式来修正模型，即通过将模型和一组可交易看涨期权的市场价格进行拟合来确定未知参数 λ、σ^2、μ_J、σ_J^2。得到这组参数后，就可以通过蒙特卡罗方法来给更复杂的奇异期权定价。更精确地来说，我们可以根据算法 7.1 来模拟 Merton 跳跃扩散模型的路径，并从通过将折现支付进行平均以得到奇异期权价格。当然，鉴于期权的特别之处，许多简化方法和特殊修改也是允许的。

注 7.1

1. 定价公式：为了得到定价公式 (7.9)，注意到基于跳跃数 n，股价 $S(T)$ 是加上如下式的额外项 (相比布莱克-斯克尔斯公式) 的对数正态分布：

$$\left(-\lambda\kappa + n\frac{\mu_J}{T}\right)T + \sum_{i=1}^{n}\left(\sigma_J Z_i - \frac{1}{2}\sigma_J^2 T\right) \tag{7.11}$$

其中，Z_i 服从独立标准正态分布的随机变量。记住了这点，用类似于 BS 公式中的计算方法再加上下式就能得到定价公式。

$$\mathbb{Q}(N(T) = n) = e^{-\lambda T}\frac{1}{n!}(\lambda T)^n \tag{7.12}$$

需要注意的是，使用 (相对) 跳跃漂移项 μ_J 以及平均跳跃大小 κ 来计算期权定价公式。鉴于这些参数都是基于投资者的主观判断，因此我们不再讨论其客观估值。

2. 为何使用跳跃？为何在期权定价中考虑跳跃模型的一个主要原因在于：基于扩散过程连续路径的模型并不能解释期权快到期的隐含波动率的偏度非常大的现象。实际上，也许只有对临近到期日可能出现的突然跳跃的担心才是对隐含波动率偏度现象的合理解释。

3. 进一步的估值方法：在 Grunewald (1998) 中比较了 Merton 跳跃扩散模型的上述估值方法和许多其他类型的期权定价和对冲方法。其中有 Schweizer (1991) 的局部风险最小化和 Bates (1996) 的均衡方法。它们都得到类似的结论，但不同的是风险定价的方式不同，所以得到的也是不同的期权价格。

4. 多资产模型：模型的多资产形式也是可能的，为此我们考虑公式 (6.25) 给出的多维高斯-泊松过程。一个标的市场模型的特例由 Jeanblanc-Picqué 与 Pontier (1990) 完整给出。其中，n 个股价的动态过程由下式描述：

$$\mathrm{d}S_i(t) =$$

$$S_i(t-)\left(\left(\mu_i - \sum_{j=1}^{n-d}\lambda_j\kappa_{ij}\right)\mathrm{d}t + \sum_{j=1}^{d}\sigma_{ij}\mathrm{d}W_j(t) + \sum_{j=1}^{n-d}\kappa_{ij}\mathrm{d}N_j(t)\right) \quad (7.13)$$

其中股票的（相对）跳跃高度是常量，虽然该模型具备描述一个完整市场的良好性质，但常量跳跃高度的假设显然不符合实际。

7.2.2 二重指数跳跃的跳跃扩散过程

另一个允许用显式表达式计算的跳跃扩散过程是由 Kou（2002）提出的二重指数模型。该模型也被 Acar（2006）用来研究最优资本结构。与 Merton 跳跃扩散模型的主要区别在于跳跃高度的对数值 $V = \ln(Y)$ 具有二重指数分布，也就是说，V 具有密度函数：

$$f(v) = p \cdot \eta_1 e^{-\eta_1 v} 1_{\{v \geq 0\}} + (1-p) \cdot \eta_2 e^{\eta_2 v} 1_{\{v < 0\}} \quad (7.14)$$

其中 $\eta_1 > 1, \eta_2 > 0, p \in [0,1]$ 并且

$$\mathbb{E}(Y) = \mathbb{E}(e^V) = p\frac{\eta_1}{\eta_1 - 1} + (1-p)\frac{\eta_2}{\eta_2 + 1} \quad (7.15)$$

这使得其中令人惊讶的条件 $\eta_1 > 1$，也就是保证了向上跳跃高度小于 1，确实是一个合理的假设。

注 7.2 对于路径模拟，我们需要一个二重指数随机变量，可以由分布函数的反函数生成。另一个非常直观的方法是先生成一个均匀分布的随机变量 $U \sim \mathcal{U}[0, 1)$，然后进行成功概率为 p 的 $0-1$ 实验来决定是否将 U 转换成参数 $\eta_1(p=1)$ 或 $\eta_2(p=0)$ 的指数分布随机变量，至此就可得到一个二重指数随机变量 Z_i。通过 Merton 跳跃扩散过程的路径算法 7.1 中的第三步的简单改变，我们也能得到一个二重指数跳跃扩散模型的路径。

二重指数模型的期权定价

Naik 与 Lee（1990）建立了上述工作后，Kou（2002）使用理性预期均衡的框架来得到不完全市场假定下的期权价格。其中，一个代表投资者的效用被最大化来确定期权价格，使得该投资者的最优策略是持有一个中性期权头寸。此处我们不提及细节，这个推导的结果如下：

- 定价公式可以解释为在一个具有等价鞅 $\mathbb{Q}$，且股价的漂移项和跳跃特征的转换都是在合理的市场中得到的。然而，转换后的价格具有大小为 r 的漂移项，否则与带有不同跳跃参数的原始股价过程具有相同形式。为了给期权定价，我们可以采取常规方法来假设对于已经转换过的市场可以直接建模。这就意味着简单的蒙特卡罗定价方法可以基于上述提到的路径模拟算法。
- Kou（2002）得到一个类似布莱克-斯克尔斯公式的欧式看涨期权显式表达式，其中类似 $\Phi(d_i(t))$ 的变量是由名为 Hn- 函数定义的，而该函数是用来

计算正态分布和二重指数分布的随机变量的和的分布的。Kou 给出了一个 *Hn*- 函数的详细算法。

7.2.3　带跳跃的随机波动模型

正如之前提到的，即便是带跳跃项的随机波动模型也不能解释临近到期时期权隐含波动率的特殊偏度现象。所以在 Bates（1996）中，考虑了将 Merton 跳跃扩散过程和赫斯顿随机波动模型进行结合。因此为了给期权进行定价，股价和波动率方程由下式给出：

$$dS(t) = S(t-)((r - \lambda\kappa)dt + \sigma(t)dW(t) + (Y(t) - 1)dN(t)) \quad (7.16)$$

$$d\sigma(t) = \theta(\sigma_\infty - \sigma(t))dt + \nu\sqrt{\sigma(t)}d\tilde{W}(t) \quad (7.17)$$

其中 r、λ、κ、θ、ν、σ_∞ 为正数。两个布朗运动与泊松过程相互独立。然而，其相关系数 $\rho \in [-1, 1]$，

$$\mathrm{Corr}(W_t, \tilde{W}_t) = \rho \quad (7.18)$$

由于布朗运动部分和泊松部分的相互独立性，可以利用任何方法来生成股价（包括波动过程）的类赫斯顿部分，并在跳跃扩散设定中一样将其与跳跃部分进行结合。为此我们介绍赫斯顿股价模型和 Merton 跳跃扩散模型的模拟算法。

7.3　特殊 Lévy 过程和其模拟

Lévy 模型被引入金融领域始于 20 世纪 90 年代中期，一系列的文献见 Barndor-ff-Nielsen（1997）、Eberlein 与 Keller（1995）以及 Küchler 等的著作（1999），此处只提及一些。所有这些论文都围绕着由 Barndorff-Nielsen（1977）在湍流研究中引入的双曲分布类函数。这些模型中对数股价的模型经常由 Lévy 过程描述来保证股价的整数值。进一步地，所有后面将提到的模型都会导出一个不完备的金融市场。因此通常来说有无限多的等价鞅测度可以作为定价测度。然而在跳跃扩散类模型中，其定价测度满足均衡假设，在常规的 Lévy 模型中，至少要找到一个易于解析处理的等价鞅测度（EMM）。一个通常的方法是利用 Esscher 变换来建立这样一个 EMM。

7.3.1　Esscher 变换

由于 Esscher 方法较简洁，因此利用其来构建一个 EMM 是一个非常方便的选择，为此假设股价模型有如下形式：

$$S(t) = S_0 e^{Z(t)} \quad (7.19)$$

其中 $Z(t)$ 为一个具有密度函数 $f(x; t)$ 的 Lévy 过程。随后，主要思路是通过具有 $e^{\theta x}$ 的指数因子，其中 $\theta \in \mathbb{R}$，对密度函数进行相乘，并得到新的密度函数：

$$f(x;t,\theta) := \frac{e^{\theta x}f(x;t)}{\int_{-\infty}^{\infty}e^{\theta y}f(y;t)\,dy} \tag{7.20}$$

其中分母保证了新函数的积分等于 1。通过该变换，我们能得到新的概率测度：

$$dP_t^{\theta}(x) := \frac{e^{\theta x}}{\int e^{\theta x}dP_1(x)}dP_t(x) \tag{7.21}$$

其中 P_t 为具有密度函数 $f(x;t)$ 的初始概率测度。常量 θ 一旦确定就使得概率测度 P_t^{θ} 是 $S(t)$ 的一个鞅测度，也就是说 $e^{-rt}S_t$ 是一个 P_t^{θ}-鞅。为此，考察 $Z(t)$ 的矩母函数 $M(u;t)$，

$$M(u;t) = \mathbb{E}(e^{uZ(t)}) \tag{7.22}$$

以及下式给出的 P_t^{θ} 下的矩母函数：

$$
\begin{aligned}
M(u;t,\theta) &= \int_{-\infty}^{\infty}e^{ux}f(x;u,\theta)\,dx \\
&= \frac{\int_{-\infty}^{\infty}e^{ux}e^{\theta x}f(x;u)\,dx}{\int_{-\infty}^{\infty}e^{\theta y}f(y;u)\,dy} = \frac{M(u+\theta;t)}{M(\theta;t)}
\end{aligned} \tag{7.23}
$$

鞅要求为

$$S_0 = e^{-rt}\mathbb{E}^{\theta}(S(t)) = e^{-rt}\mathbb{E}^{\theta}(e^{Z(t)}) = S_0 e^{-rt}\frac{M(1+\theta;t)}{M(\theta;t)} \tag{7.24}$$

由于 Lévy-Khinchine 公式等价于

$$M(\theta;1) = e^{-r}M(1+\theta;1) \tag{7.25}$$

因此就得到一个 θ 的隐性方程：

$$M(\theta;t) = e^{-rt}M(1+\theta;t) \tag{7.26}$$

如果式（7.25）有一个解 θ^*，那么既定概率测度 P^{θ^*}，即 Esscher 测度，就是一个 EMM。这样就能确定期权的无套利价格。除了便利性，这样的方法也有基于均衡的观点作为支撑（见例如 Gerber 与 Shiu 的著作 [1994]）。

7.3.2 双曲 Lévy 模型

虽然不是最为一般的情形，我们通过介绍 Eberlein 与 Keller（1995）和库赫勒等（1999）提出的双曲模型来引入 Lévy 过程。两者的工作都是受 Barndorff-Nielsen（1977）文中的标注所启发，该文章中使用了与湍流和沙流相关的双曲分布。在 Eberlein 与 Keller（1995）的著作中尝试了两种一般化几何布朗运动的方法，一种是通过几何布朗运动的指数改变，另一种是将其作为一个线性 SDE 的驱动过程来将其替换为双曲 Lévy 过程。在此，我们只考虑如下模型：

$$S_t = S_0 e^{Z^{\zeta,\delta}(t)} \tag{7.27}$$

其中 $Z^{\zeta,\delta}(t)$ 为一个由双曲分布函数的对称形式生成的 Lévy 过程。在 $t=1$ 时由其函数唯一确定，

$$h_{\zeta,\delta(x)} = \frac{1}{2\delta K_1(\zeta)} e^{-\zeta\sqrt{1+(x/\delta)^2}} \tag{7.28}$$

此处 $K_1(x)$ 代表修正的第三类贝塞尔函数，即对于实值参数 ζ、δ 有

$$K_1(x) = \frac{1}{2}\int_0^\infty e^{-\frac{1}{2}x(u+\frac{1}{u})} \, du \tag{7.29}$$

由于贝塞尔函数在工程领域中具有非常重要的地位，因此被应用到许多数学软件包内。该模型的一个缺点是，双曲分布函数无限可分，但进行卷积运算后不再具有封闭形式。

这意味着我们一般只能在整数时间 t 上得到股价的双曲对数正态收益值。结果，在双曲密度函数的帮助下的（简单）精确模拟只在这些时间点上才能实施，这也就限制了该模拟方法的作用。

$Z^{\zeta,\delta}(1)$ 的特征函数具有如下形式：

$$\phi_1(u) = \frac{\zeta}{K_1(\zeta)} \frac{K_1(\sqrt{\zeta^2+\delta^2 u^2})}{\sqrt{\zeta^2+\delta^2 u^2}} \tag{7.30}$$

（见 Eberlein 与 Keller 的著作［1995］）因此通过

$$\phi_t(u) = \phi_1(u)^t \tag{7.31}$$

得到 $\phi_t(u)$。

矩母函数为

$$M^{\zeta,\delta}(u,1) = E(e^{uZ_1^{\zeta,\delta}}) = \frac{\zeta}{K_1(\zeta)} \frac{K_1(\sqrt{\zeta^2-\delta^2 u^2})}{\sqrt{\zeta^2-\delta^2 u^2}} \tag{7.32}$$

对于 $|u| < \zeta/\delta$。由该显式表达式，我们能确定通过 Esscher 测度 P^* 的参数 θ^*，作为如下公式（7.26）的唯一解：

$$r = \ln\left(\frac{K_1(\sqrt{\zeta^2-\delta^2(\theta+1)^2})}{K_1(\sqrt{\zeta^2-\delta^2\theta^2})}\right) - \frac{1}{2}\ln\left(\frac{\zeta^2-\delta^2(\theta+1)^2}{\zeta^2-\delta^2\theta^2}\right) \tag{7.33}$$

该方程在 r，δ 与 ζ 给定的情况下数值地给出 θ 的解。

因此得到 θ^* 后进一步得到 Esscher 测度 $P^* = P^{\theta^*}$，就能利用 P^*-密度函数 $f^{\zeta,\delta}(x;t,\theta^*)$ 来计算期权价格。在执行价为 K 的欧式看涨期权的情况下，Eberlein 与 Keller（1995）得到

$$E^*(e^{-rT}(S(T)-K)^+) =$$
$$S_0 e^{-rT}\int_c^\infty e^x f^{\zeta,\delta}(x;T,\theta^*) \, dx - e^{-rT}K\int_c^\infty f_T^{\zeta,\delta}(x;T\theta^*) \, dx \tag{7.34}$$

其中 $c = \ln(K/S_0)$。在此，密度函数没有显式表达式，所以不得不通过对特征函数

进行傅里叶反变换

$$f^{\zeta,\delta}(x;t,\theta) = \frac{1}{\pi}\int_0^\infty \cos(ux)\phi_t^*(u)\,\mathrm{d}u \tag{7.35}$$

得到特征函数的反函数 P^{θ^*}，然后用数值方法计算得出。

虽然双曲模型对数据有较好的拟合度，但在处理方法上是有缺陷的。由于双曲函数族在卷积下不是封闭的，因此我们通常只能间接地知道价格增量的密度函数，所以复杂的数值计算是必要的。另外，生成双曲随机数并不是一个简单的过程（见 Hartinger 与 Predota 的著作［2003］中的一些应用）。更多的易处理的 Lévy 模型将在下面给出。

7.3.3 方差 Gamma 模型

如果考察一下股价收益率的时间序列模型，就可以观察到高频率价格变化的阶段后，价格变化程度相对较低，这一般被称为**波动率聚集**。为了描述这个现象，我们引入一个不同的时钟，其中时间的移动速度正比于交易活跃程度。当有许多交易发生时，过程内部的时间运行更快，因此形式上放大了观察区间。如果什么都没有发生，则运行较慢。这样一来，我们希望关注基于布朗运动的，且在时间方向上的运行方式过于一致的 B-S 模型的缺陷（也即是对数收益率的行为在时间方向上过于一致）。随着该随机时间点的变化，布朗运动依旧能作为描述未来股价运动的演变的基础构建。

用于描述这样一个随机时间演变的 Lévy 过程基础类为一个由定义 6.23 给出的从属类。至此，我们看到了一些从属过程的例子：每一个具有非负跳跃高度的复合泊松过程、Gamma 过程和反高斯过程。一个生成新 Lévy 过程的简单方法是利用一个从属过程作为一个时间演变的模型，并将其加入到布朗运动中。加入一个适当的漂移项并修正随机项的二次变化就能得到股价对数收益率的模型。

我们开始考虑由 Madan 与 Seneta（1990）、Madan 与 Milne（1991），并由 Madan 等（1998）推广的方差 Gamma 模型。所谓的方差 Gamma（VG）过程被用来描述股价（对数）收益率，也即是说，

$$S(t) = S_0 e^{\mu t + X(t) + \omega t} \tag{7.36}$$

其中 $X(t)$ 为一个 VG 过程，μ 为股价漂移项，补偿项

$$\omega t = \ln\left(1 - \theta\nu - \frac{\sigma^2\nu}{2}\right)\frac{t}{\nu} \tag{7.37}$$

被引入来确保

$$\mathbb{E}(S(t)) = S_0 e^{\mu t} \tag{7.38}$$

我们默认其假设的有效性：

$$1 > \left(\theta + \frac{\sigma^2}{2}\right)\nu \tag{7.39}$$

并且本小节的其余部分也将如此假设。和之前一样，我们主要关心期权定价，并假

设所有研究都在风险中性的设定中，所以当考虑期权定价问题时，我们总假设

$$\mu = r \tag{7.40}$$

然而，我们指出如果想通过一个测度变换，从初始模型转换到风险中性设定，就不得不以一种合适的方式改变系数 σ、θ 和 ν（详见 Madan 等的著作［1998］）。因为此处不需要测度的显著变化，所以在假设 $\mu = r$ 时，反而能简单地假设参数 σ、θ 和 ν 已经变换过。

在应用该股价模型并在应用之前，首先需要花一些时间介绍 VG 过程。我们先选择 Madan 等（1998）的著作中的三个参数的变形，其中前两个是 Madan 与 Seneta（1990）的著作中的一个特例，也就是对称 VG 过程。

定义 7.3

令 $B(t;\theta,\sigma)：= \theta t + \sigma W_t$ 为一个一维具有漂移项 θ 和波动项 σ 的布朗运动。令 $\gamma(t;\nu)$ 为一个参数为 ν 和在时间 t 的 Gamma $(t/\nu,1)$ 分布的 Gamma 过程。那么，过程

$$X(t)：= X(t;\sigma,\nu,\theta)：= B(\gamma(t;\nu);\theta,\sigma) \tag{7.41}$$

被称为一个带有参数 σ，ν 和 θ 的**方差 Gamma 过程**。

注 7.4

1. 除了通常的波动参数 σ，参数 θ 的引进是为了控制偏度，而 ν 表示股价的峰度。这可以参见最近的一些文献（见 Madan 等的著作［1998］）。而均值和方差具有如下形式：

$$\mathbb{E}(X(t)) = \theta t, \mathbb{V}\mathrm{ar}(X(t)) = (\theta^2\nu + \sigma^2)t \tag{7.42}$$

这只可能是在假设价格 $\theta = 0$ 时峰度和偏度才有的情形：

$$Skew(X(t)) = 0, Kurt(X(t)) = 3\left(1 + \frac{\nu}{t}\right), \theta = 0 \tag{7.43}$$

2. VG 过程的特征函数如下：

$$\Phi_{X(t)}(u) = \left(\frac{1}{1 - i\theta u\nu + (\sigma^2\nu/2)u^2}\right)^{t/\nu} \tag{7.44}$$

3. 方差 Gamma 过程这一名字是直接从上述具有漂移项的（次级）布朗运动过程的表达式得出的，而该漂移项是一个描述了方差变化的 Gamma 过程。

VG 过程的该参数化表达使得用次级过程来进行模拟非常方便，正如算法 7.2 中给出的一样。

算法 7.2　利用次级过程生成方差 Gamma 过程

1. 令 $X(0) = 0$。

2. 选择一个时间离散化 $0 = t_0 < t_1 < \cdots < t_n = T$ 对于 $[0,T]$。

3. For $i = 1$ to n
   - 生成一个随机变量 $G_i \sim$ Gamma $((t_i - t_{i-1})/\nu, 1)$ 独立于所有其他生成的随机变量。
   - 生成一个标准正态分布随机变量 Y_i。
   - 令 $X(t_i)：= X(t_{i-1}) + \sqrt{G_i}Y_i + G_i\theta$。

由于 Gamma 过程关于跳跃是严格递增的，且布朗运动是连续的，VG 过程在上述变换下只在跳跃处发生变化。图 7.1 展示了一个 VG 过程的模拟路径。此处为了更好地可视化，我们将路径描绘成一个连续函数。实际上，一个 VG 过程是一个路径有有限的变化但无限跳动的纯跳跃过程。

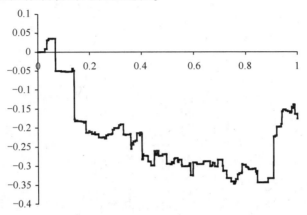

图 7.1　VG 过程的模拟路径

这可以从 VG 过程的第二表达式看出，该表达式可以通过使用下述 VG 过程的特征函数的乘积分解得到。

$$
\begin{aligned}
\Phi_X(u;t) &= \left(\frac{1}{1 - i\theta u\nu + (\sigma^2\nu/2)u^2}\right)^{t/\nu} \\
&= \left(\frac{1}{1 - i\eta_p u}\right)^{t/\nu}\left(\frac{1}{1 + i\eta_n u}\right)^{t/\nu} = \Phi_{\gamma^+}(u;t) \cdot \Phi_{\gamma^-}(u;t)
\end{aligned}
\tag{7.45}
$$

其中有 $\eta_p - \eta_n = \theta\nu$，$\eta_p\eta_n = \frac{1}{2}\sigma^2\nu$。因此，得到

$$
\eta_p = \frac{\theta\nu}{2} + \sqrt{\frac{\theta^2\nu^2}{4} + \frac{\theta^2\nu}{2}}, \eta_n = -\frac{\theta\nu}{2} + \sqrt{\frac{\theta^2\nu^2}{4} + \frac{\sigma^2\nu}{2}}
\tag{7.46}
$$

我们已经证明了上述 VG 过程可以表示成两个相互独立的 Gamma 过程 $\gamma^+(t) := \gamma(t;\mu_p,\nu_p)$ 和 $\gamma^-(t) := \gamma(t;\mu_n,\nu_n)$ 的差，其中

$$
\mu_p = \eta_p/\nu, \mu_n = \eta_n/\nu, \nu_p = \mu_p^2\nu, \nu_n = \mu_n^2\nu
\tag{7.47}
$$

就有

$$
\gamma^+(t) \sim \mathrm{Gamma}(t/\nu, \mu_p\nu), \gamma^-(t) \sim \mathrm{Gamma}(t/\nu, \mu_n\nu)
\tag{7.48}
$$

进一步得到 VG 过程的 **Gamma 表达式的差**

$$
X(t) = \gamma^+(t) - \gamma^-(t)
\tag{7.49}
$$

由该表达式，算法 7.3 就变得非常简明，给出了另一个模拟 VG 过程路径的可能性。

算法 7.3 　差分法生成 VG 路径

---

1. $X(0) = 0$。
2. For $i = 1$ to n
   - 生成独立 Gamma 过程 $\gamma_i^+(t), \gamma_i^-(t)$。
   - $X(t_i) = \gamma_i^+(t) - \gamma_i^-(t)$。
   - $X(t) = X(t_{i-1})$ 对所有 $t \in (t_{i-1}, t_i)$。

注 7.5

1. VG 模型的期权定价：正如往常，期权定价的首要因素是等价鞅测度的选择。由于 VG 模型下的市场是不完备的，Madan 等（1998）使用了均衡方法得到一个特殊的风险测度，他们得到一个显式的类似布莱克-斯克尔斯公式的欧式看涨期权定价公式。然而，概率的计算（即类似布莱克-斯克尔斯公式中的 $\Phi(d_i(t))$）是非常复杂的，因此这里不再详述。

2. VG 模型中传统的蒙特卡罗期权定价。既然有了两种 VG 路径的采样可能性，用蒙特卡罗方法来给期权定价就显得非常简单：在风险中性测度下通过对 VG 过程的股价路径采取足够大的样本来得到 VG 股价路径，计算相应的期权回报，用折现的平均回报估计期权价格。注意到对于路径依赖的期权，只需要生成 VG 过程的终值 $X(T)$，不需要整个路径的值。对于计算各种奇异期权的价格，桥式取样和 Gamma 表达式的差分形式的结合方法来估计期权价格更有效。更详细的介绍见下面的内容。

在 Carr 等（2002）中 VG 模型被推广到所谓的 CGMY 模型，这里我们暂时不考虑。

Gamma 差的桥式取样

我们已经在 4.4.3 节中看到怎么用布朗桥式方法对布朗运动的路径取样。

在 VG 过程的例子中一个类似的桥式方法见 Avramidis 与 L'Ecuyer 的著作（2006）。除此之外，在文中作者利用 VG 过程的显式性质来得到非常有效的（伪）蒙特卡罗算法，并用此计算许多奇异期权的价格。他们考虑了 VG 过程的 Gamma 表达式的差：

$$X(t) = \gamma^+(t) - \gamma^-(t) \tag{7.50}$$

而且用桥式取样算法对两个 Gamma 过程进行取样（算法解释如下）。他们方法的一个重要因素是对于 VG 过程的固定路径 ω 的观察，并且由于两个 Gamma 过程都是递增的，对于 $t_1 \leq t \leq t_2$ 有

$$\gamma^+(t_1, \omega) - \gamma^-(t_2, \omega) \leq X(t, \omega) \leq \gamma^+(t_2, \omega) - \gamma^-(t_1, \omega) \tag{7.51}$$

这将被用来得到依赖于模拟路径的期权回报的边界。

对于一个桥式取样算法我们需要两个给定时间点之间过程的条件分布。因此令 $\gamma(t)$ 为一个 Gamma 过程，具有如例 6.21 中描述的参数 (μ, ν)。那么对于 $0 \leq \tau_1 < t <$

τ_2,给定 $\gamma(\tau_1)$ 和 $\gamma(\tau_2)$ 的 $\gamma(t)$ 的条件分布等于 $\gamma(\tau_1) + (\gamma(\tau_2) - \gamma(\tau_1))Y$ 其中

$$Y \sim \text{Beta}((t - \tau_1)\mu^2/\nu, (\tau_2 - t)\mu^2/\nu) \qquad (7.52)$$

此处，Beta (α, β) 代表参数为 (α, β) 的 Beta 分布。该函数是定义在单位区间 $(0, 1)$ 上并且密度函数为

$$f(x) = \frac{x^{\alpha-1}(1-x)^{\beta-1}}{\int_0^1 y^{\alpha-1}(1-y)^{\beta-1}\mathrm{d}y} = \frac{x^{\alpha-1}(1-x)^{\beta-1}}{B(\alpha, \beta)} \qquad (7.53)$$

给定一个时间区间的两个端点内一个 Gamma 过程的值，我们可以生成在这个区间内任何时间点上该 Gamma 过程的值。一个在 $[0, T]$ 上的 Gamma 桥式取样算法从 $\gamma(0) = 0$ 开始，并生成 $\gamma(T)$，随后通过条件取样，以一种合适的方式填补区间内的空白。最方便的方式是一个二元分割法，也就是一种桥式采样过程中所有时间区间的连续对分。这就得到算法 7.4，Gamma 桥式采样的差（DGBS）（见 Avramidis 与 L'Ecuyer 的著作 [2006]）。

算法 7.4 DGBS 算法生成 VG 过程

令 $N \in \mathbb{N}$ 其中 $N = 2^K$, ν, ν_p, ν_n, μ_p, μ_n 由方程 (7.47) 给定。令 $h = T$, $\gamma^+(0) = \gamma^-(0) = 0$ 且

$$\gamma^+(T) \sim \gamma(T/\nu, \nu_p/\mu_p), \gamma^-(T) \sim \gamma(T/\nu, \nu_n/\mu_n)$$

为相对应的 Gamma 分布的随机变量。

For $k = 1$ to K do

1. 令 $h = h/2$。
2. For $j = 1$ to 2^{k-1} do
   (a) 生成独立随机变量 Z_1, $Z_2 \sim$ Beta $(h/\nu, h/\nu)$ 并令

   $$\gamma^+((2j-1)h) = \gamma^+((2j-2)h) + (\gamma^+(2jh) - \gamma^+((2j-2)h))Z_1$$

   $$\gamma^-((2j-1)h) = \gamma^-((2j-2)h) + (\gamma^-(2jh) - \gamma^-((2j-2)h))Z_2$$

   (b)　　$X((2j-1)h) = \gamma^+((2j-1)h) - \gamma^-((2j-1)h)$

我们也可以建立一个 $[0, T]$ 的非二分情况下的上述算法，但复杂度更高。正如在布朗运动中设定的一样，桥式算法的后向形式在与相对应的准蒙特卡罗方法，而不是蒙特卡罗方法进行比较的时候，具有一定优势。

Gamma 桥式期权定价方法的截断差

我们现在介绍如何利用基于关系式 (7.51) 的收益范围，来建立一个有效的期权定价方法，为此我们再次考察在风险中性设定中的股价方程：

$$S(t) = S_0 \mathrm{e}^{rt+\omega t+X(t)} = S_0 \mathrm{e}^{\tilde{r}t+\gamma^+(t)-\gamma^-(t)} \qquad (7.54)$$

对于一个给定的离散化时间点 $0 = t_{m,0} < t_{m,1} < \cdots < t_{m,m} = T$，现在引入股价过程的上下界：

$$L_m(t) := S_0 e^{\tilde{r}t + \gamma^+(t_{m,i-1}) - \gamma^-(t_{m,i})}, t_{m,i-1} < t < t_{m,i} \tag{7.55}$$

$$U_m(t) := S_0 e^{\tilde{r}t + \gamma^+(t_{m,i}) - \gamma^-(t_{m,i-i})}, t_{m,i-1} < t < t_{m,i} \tag{7.56}$$

$$L_m(t_{m,i}) := U_m(t_{m,i}) := S(t_{m,i}), \qquad i = 0,1,\cdots,m \tag{7.57}$$

显然，由 VG 过程的 Gamma 过程表达式的差，有

$$L_m(t) \leqslant S(t) \leqslant U_m(t), \forall t \in [0,T] \tag{7.58}$$

但对于一个具有布朗运动项的过程，这样的一个估计不成立。如果期权的回报泛函允许股价路径的单调性，那就能利用这个关系，因此令

$$C = e^{-rT} f(S(t), t \in [0,T]) \tag{7.59}$$

是期权收益的贴现值，而当 S 分别被 U_m 和 L_m 替代时，$C_{U,m}$ 和 $C_{L,m}$ 为相对应的变量。进一步地，令

$$F_m = (t_{m,1}, \gamma^+(t_{m,1}), \gamma^-(t_{m,1}), \cdots, t_{m,m}, \gamma^+(t_{m,m}), \gamma^-(t_{m,m})) \tag{7.60}$$

为沿着给定离散化时间点的 VG 过程的组件（模拟）部分。则有下述命题（见 Avramidis 与 L'Ecuyer 的著作 [2006]）。

命题7.6

假设基于条件 F_m，C 是一个 $S(t), t \notin \{t_{m,0}, \cdots, t_{m,m}\}$ 上的单调非递减函数。则有

$$C_{L,m} \leqslant C \leqslant C_{U,m} \tag{7.61}$$

如果 C 是非递增的，则反向关系成立。

当然，该命题的适用性严格取决于期权回报的单调性假设。然而，很容易验证许多可交易期权的该性质，其中有亚式期权、回望期权和障碍期权。

例7.7　向上敲入期权的定价

对于一个最终回报为

$$C_B = e^{-rT}(S(T) - K)^+ \cdot 1_{\sup_{0 \leqslant t \leqslant T} S(t) > b} \tag{7.62}$$

的向上敲入期权，上、下界分别为

$$C_{L,m} = e^{-rT}(S(T) - K)^+ \cdot 1_{\max_{1 \leqslant i \leqslant m} S(t_{m,i}) > b} \tag{7.63}$$

$$C_{U,m} = e^{-rT}(S(T) - K)^+ \cdot 1_{\max_{1 \leqslant i \leqslant m} U_{m,i} > b} \tag{7.64}$$

其中我们用到了 $S(t)$ 的下界可取 $t_{m,i}$ 的值，上界可取到

$$U_{m,i} = \sup_{t_{m,i-1} < t < t_{m,i}} U_m(t) \tag{7.65}$$

的事实。

很容易看到回报函数 C_B 的上下界与 $S(T) \leqslant K$ 的情形时是一样的，并且当有

$$\max_{1 \leqslant i \leqslant m} U_{m,i} \leqslant b \text{ 或 } \max_{1 \leqslant i \leqslant m} S(t_{m,i}) > b \tag{7.66}$$

然而在前两个情况中，回报函数消失了，期权在离散和连续设定中被"敲入"。对于每条路径都存在 M 的显著较大值，使得上下界 $C_{L,M}$、$C_{U,M}$ 相等。在这样一个情况下，它们也和回报一样，但 M 是事前未知的，是一个随机变量。进一步地，M 上的递增数 m 将不会改变对于给定取样路径上的期权回报。因此我们可以

修正上界 m^* 并在精细度由 M 和 m^* 的最小值给定的情况下，模拟 VG 过程的 Gamma 桥式取样差的路径。

我们可以利用所谓的 Gamma 桥式取样的**截断**差方法（截断 DGBS 方法）建立一个障碍期权定价算法的例子，正如算法 7.5 中描述的一样。

Avramidis 与 L'Ecuyer（2006）通过截断 DGBS 方法，以及蒙特卡罗方法和准蒙特卡罗方法（其中随机数由合适的伪随机数代替）计算了向上敲入期权的价格（进一步地包括亚式期权和回望期权）。由于障碍期权的定价误差一般都在 $O(\sqrt{1/m})$ 上下，因此他们利用外推估计值

$$C_{B,extra}(N) = \frac{2^{0.5} C_B^{m^*}(N) - C_B^{m^*/2}(N)}{2^{0.5} - 1} \tag{7.67}$$

其中上标表示样本股价路径的离散化精细度，该外推估计值的表现非常不错。

算法 7.5　利用 DGBS 方法给向上敲入期权定价

令 N 为复制路径的次数且 m^* 为 DGBS 方法离散化端点数。令

$$C_B(N) = C_{low} = C_{up} = 0$$

For $i = 1$ to N do

1. 通过 DGBS 方法，给定精细度 m^* 的情况下，生成一个 VG 模型路径：
   - 在每一个阶段 $M \in \{1, \cdots, m^*\}$ 如式（7.64）中方法一样计算 $C_{L,M}^{(i)}$ 和 $C_{U,M}^{(i)}$。
   - 如果存在一个 $M < m^*$ 且 $C_{L,M} = C_{U,M}$，则停止并令
   $$C_{L,m^*}^{(i)} = C_{U,m^*}^{(i)} = C_{L,M}^{(i)}$$

2. 令　　　　　$C_{low} = C_{low} + C_{L,m^*}^{(i)}, C_{up} = C_{up} + C_{U,m^*}^{(i)}$

得到下界、上界和期权价格的蒙特卡罗估计值：

$$C_{low} = \frac{1}{N} C_{low}, C_{up} = \frac{1}{N} C_{up}, C_B(N) = \frac{1}{2}(C_{low} + C_{up})$$

注 7.8

1. 更多的障碍期权：经过明显的变化和修正后，上述应用截断 DGBS 方法的方式也可以用于其他类型的单边障碍期权（例如向下敲出、向上敲出看涨/看跌期权等）。

2. 对于估计期权价格，选择 $C_B(0) = 1/2(C_{low} + C_{up})$ 非常合理，但并不是唯一的选择。其他方法中利用股价过程的上界和下界的算术或几何平均值来得到股价估计值。这就可以用于得到路径依赖的，且每次模拟后都会发生变化的期权回报的估计值。

7.3.4　正态反高斯过程

另一个常用的来自于次级 Lévy 过程的模型是正态反高斯过程（NIG 模型）。其定义类似 VG 模型，但却基于反高斯过程作为其次级过程。更精确地来说，我们考察由 Barndorff-Nielsen（1997）给出的股价模型，假设讨论是在下述等价鞅测度上进行的：

$$S(t) = S(0) \frac{\exp(rt + \sigma X(t))}{\mathbb{E}(\exp(\sigma X(t)))} \qquad (7.68)$$

其中 $X(t)$ 是一个由下式定义的 NIG 过程:

$$X(t) = W(G(t)) + \beta G(t) \qquad (7.69)$$

这是一个布朗运动 $W(t)$ 和一个反高斯(IG) 过程 $G(t) \sim IG(\delta t, \gamma)$。我们称 $X(t)$ 具有一个 $NIG(\alpha, \beta, \delta t)$- 分布,其中 $\alpha = \sqrt{\beta^2 + \gamma^2}$ 并且

$$\alpha > 0, \delta > 0, \ \alpha > |\beta| \qquad (7.70)$$

$NIG(\alpha, \beta, \delta)$ -分布的密度函数:

$$f_{NIG(\alpha,\beta,\delta)}(x) = \frac{\alpha\delta}{\pi} e^{\delta\sqrt{\alpha^2-\beta^2}+\beta x} \frac{K_1(\alpha\sqrt{\delta^2+x^2})}{\sqrt{\delta^2+x^2}}, x > 0 \qquad (7.71)$$

其中 $K_1(x)$ 是一个由式 (7.29) 给出的,指数为 1 的第三类贝塞尔函数,特征函数和前二阶矩分别为

$$\Phi_{NIG(\alpha,\beta,\delta)}(u) = \exp(-\delta\sqrt{\alpha^2-(\beta+iu)^2} - \sqrt{\alpha^2-\beta^2}) \qquad (7.72)$$

$$\mathbb{E}(X(t)) = \frac{\beta\delta t}{\sqrt{\alpha^2-\beta^2}}, \mathrm{Var}(X(t)) = \frac{\delta t}{\alpha\sqrt{(1-(\beta/\alpha)^2)^3}} \qquad (7.73)$$

$$Skew(X(t)) = 3\frac{\beta}{\alpha\sqrt{\delta\gamma}}, Kurt(X(t)) = 3\frac{\alpha^2+4\beta^2}{\delta\alpha^2\gamma} \qquad (7.74)$$

(见 Ribeiro 与 Webber 的著作 [2003])。基于这些考虑,得到

$$\mathbb{E}(X(t)) = \exp((\delta\gamma - \delta\sqrt{\alpha^2-(1+\beta)^2})t) \qquad (7.75)$$

它也被用来计算公式 (7.68) 给出的股价模型的显式解。

一个使得 NIG-分布适应对数收益率模型的性质说明 NIG-分布比正态分布更为灵活。而且能在均值和方差都相同的情况下在中间产生更高的峰值,同时比正态分布的尾部更厚。

当然,我们可以尝试直接模拟 NIG 过程,但鉴于其分布不太容易求逆,因此我们在算法 7.6 中推荐利用从属过程的方法 (见 Rydberg 的著作 [1997] 中对于模拟 NIG 过程的各个方面更为详细的处理方法)。

算法 7.6　NIG 路径的模拟

令 $\alpha, \beta, \gamma, \delta$ 满足式(7.70) 的要求。进一步地,考虑离散化时间点 $0 = t_0 < \cdots < t_N = T$。令 $X(0) = 0$。

For $i = 1$ to N do

1. 生成 $G_i \sim IG(\delta(t_i - t_{i-1}), \gamma)$。

2. 生成一个标准正态分布随机变量 Y_i。

3. 令 $X(t_i) := X(t_{i-1}) + \sqrt{G_i} Y_i + \beta G_i (t_i - t_{i-1})$。

4. 令 $X(t) := X(t_{i-1}), t \in (t_{i-1}, t_i)$。

图 7.2 模拟了一个 NIG 过程的路径。注意到对于许多部分,它看起来像一个

有着许多洞的布朗运动，与 VG 过程的外表不太一样。

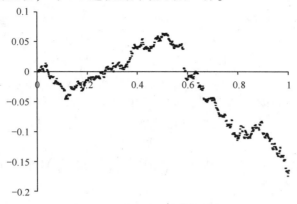

图 7.2 NIG 过程的模拟路径

将模拟的 NIG 过程的路径代入股价表达式（7.68）得到对应股价的一条路径。该模拟方法得到一个期权价格的原始蒙特卡罗算法。

更多的能提供较为满意结果的复杂算法详见 Ribeiro 与 Webber 的著作（2003），其中给出了一个类似之前在 VG 过程框架内提到的桥式取样算法，而在 Benth 等（2006）中考虑了一个伪蒙特卡罗方法。

7.3.5　Lévy 类模型的其他问题

多维模型

至此，与跳跃扩散情形不同，我们只考虑一维 Lévy 过程。当然可以很简单地去思考从属过程的一个直接推广：用一个 d 维模型代替一维布朗运动。但正如 Cont 与 Tankov（2003）的著作中提到的一样，对于所有股价模型使用同一个从属过程，将自动创造一个有一定依赖性的结构。所以在这样的设定下具有独立（平凡）的资产非常重要。一种摆脱该困境的可能性是使用适应于该演化的因子模型。更精确地说，我们需要不仅仅是一个决定资产价格内部运动规律的从属过程。

另一个方法是利用所谓的 Lévy-copulas 来构建多资产市场模型，相关内容可参见 Cont 与 Tankov 的著作（2003）。

更多的模型

另一类最近比较流行的过程是 Schoutens 与 Teugels（1998）介绍的 Meixner 类过程。该过程的构建与多项式密切相关。由于当其与 VG 过程或 NIG 过程相比较来看，并不受欢迎，所以此处不再详细介绍，但感兴趣的读者可以参见 Schoutens 的著作（2000）。

Lévy 模型的缺点是，该模型不包括随机波动项。由于增量的平稳性，Lévy 过程随着时间推移变化太相似。因此，Barndorff–Nielsen 与 Shephard（2001）介绍了另一类包含均值回复的波动项参数的 Lévy 过程。更精确来说，他们假设一个对数

价格 $Z(t)$:

$$\mathrm{d}Z(t) = (r - \lambda\kappa(-\rho) - \sigma(t)/2)\mathrm{d}t + \sqrt{\sigma(t)}\,\mathrm{d}W(t) + \rho\mathrm{d}L(\lambda t) \quad (7.76)$$

其中波动过程 $\sigma(t)$ 由下式给定：

$$\mathrm{d}\sigma(t) = -\lambda\sigma(t)\mathrm{d}t + \lambda\mathrm{d}L(\lambda t) \quad\quad\quad (7.77)$$

此处, $L(t)$ 是一个从属过程, $\lambda > 0$, $-\kappa(u) = \ln(\mathbb{E}(\exp(-uL(1))))$ 和 $W(t)$ 为一个独立于 $L(t)$ 的布朗运动。注意到波动项的设定形式具有随着时间推移缓慢向 0 递减, 但突然性地跳跃又会瞬间增加的趋势, 参数 ρ 描绘了股价和波动之间的关联效应。

具有波动项的 Lévy 模型的进一步讨论见 Schoutens 的著作（2003）。

第8章

模拟精算模型

8.1 引言

在前面的章节中，我们感兴趣的一直是为单一金融合约定价。目前，应对由价格变动造成的市场风险的主要原则已转向等价鞅测度并计算金融合约的现值。这种方法是基于这种假设：这些合约的基础资产可以交易以减少甚至消除固有风险。在保险数学中，我们考虑保险合同（如寿险或车险）所带来的风险。但是，它们不能进行交易，且套利学说常常对它们的估值没有任何作用。由于这些合约往往以高价出售，大数定律的适当变形表明，未来付款的预期现值可以作为合约价值的一种指标。为安全起见，安全负荷包括在保费计算中。

此外，相依关系在判断出售合同给整个投资组合所带来的风险中发挥了极其重要的作用。因此，我们会考虑保费原则和相依模型这两个重要议题。我们也将考虑更重要的风险类型，如非寿险中极端事件和寿险中长寿风险。在这两种情况下，蒙特卡罗方法都是合适的工具。Copula 函数或本章介绍的分位数概念也将在金融中广泛应用。

由于保险数学是一个经典主题，因而具有众多关于保险不同方面和不同种类的专著。其中包括最近出版的著作，仅列举一些供参考，如 Bühlmann（2005）、Gerber（1997）、Mikosch（2004）和 Møller 与 Steffensen（2007）的著作。

8.2 保险费原则和风险测度

保险合同的**保险费**是保险价格的一部分，而保险价格应该能够覆盖保险公司推出这款保险合同的风险。保险合同的实际价格还包含了保险公司所需覆盖的行政费用及其他成本。这有时被称为**总保费**。我们不会考虑行政费用，只会考虑上述的保费。为计算保费，需要引入所谓的**保费原则**。由于保费原则用来判断一份保险合同的内在风险，因此一并介绍用于判断和管理金融风险的（金融）**风险测度**。我们将介绍这两个概念，并从它们的蒙特卡罗模拟，以及风险测度和保费原则之间的关系进行评价。

8.2.1 属性和保费原则案例

为介绍保费原则，首先介绍一个作为随机变量的**风险** X，通常假设该变量可积。进一步假设，保险合同立即生效，这也同时隐含着立即出现的风险。我们也将介绍人寿保险中的特例，即合同将在未来生效。对于这一点，必须介绍一个合适的折现率。下面给出正式定义。

定义 8.1

假设 $(\Omega, \mathcal{F}, \mathbb{P})$ 是一个概率空间。

（a）一个**风险** X 是一个在 $(\Omega, \mathcal{F}, \mathbb{P})$ 的非负随机变量。

（b）一个在风险 $\mathcal{X}$ 的空间上的函数 $p(.)$ 被称为一个**保费原则**。

尽管存在针对不同保费原则的众多建议，但学术界已有关于判别保费原则的特征属性。我们从它们（参见 Sundt 的著作［1993］）的四个特征开始，同时也建议读者阅读 Laeven 与 Goovaerts（2008）列出的近 20 个属性集合：

定义 8.2

假设 X，Y 代表两个风险，那么一个保费原则的 $p(.)$ 的一些合理属性是：

1.	$p(X+Y) \leqslant p(X) + p(Y)$	次可加性
2.	$p(X) \leqslant p(X+Y)$	单调性
3.	$p(X) \geqslant \mathbb{E}(X)$	非负保险费
4.	$p(X) \leqslant \sup\limits_{\omega \in \Omega} X(\omega)$	没有卖空

注 8.3   上述属性可以从它们的名字中得以理解：

1. 属性 1 意味着，将风险 $X+Y$ 拆分，并分别签署两个合同，其风险分别为 X 和 Y 的做法无利可图。不过，如果没有假设 X 和 Y 相互独立，这个属性就存在争议。

2. 属性 2 是单调的，意味着：额外的风险需要额外的保费支出。

3. 属性 3 是由大数定律支撑的：在保险公司签订了大量保险合同的情况下，如果该公司的保费比预期损失 $\mathbb{E}(X)$（"公允保费"）少，那么它注定要破产。

4. 属性 4 是合理的，因为没有顾客愿意签署支出高于最高索赔的合同。

尽管我们列出了这些属性，但不会称之为最重要的原则。它们仅仅是一些常规的案例。

我们列出一些流行的保费原则，并查验它们是否满足上述属性。

定义 8.4

对于索赔 X 和常数 $\mu > 0$，可以定义**期望原则** $p_{exp}(X)$ 为

$$p_{exp}(X) = (1+\mu)\mathbb{E}(X) \tag{8.1}$$

期望原则满足定义 8.2 的属性 1、属于 2 和属于 3。不过，对于常数索赔或比 $(1+\mu) \cdot \mathbb{E}(X)$ 小的最大索赔，这明显违背属性 4。但是，由于在这两种情况下，保险公司不可能售出这种合同，那么在实际生活中不会用到 μ。更进一步的缺点是，风险 X 的波动并不影响保费。

我们通常将方差和标准差原则作为考虑索赔大小波动的原则之一。

定义 8.5

假设 $\mu > 0$ 是一个给定的常数。

1. **方差原则**对于一个索赔 X 的 $p_{var}(X)$ 可表示为

$$p_{var}(X) = \mathbb{E}(X) + \mu \cdot \mathbb{V}ar(X) \tag{8.2}$$

2. **标准差原则**对于一个索赔 X 的 $p_{sd}(X)$ 可表示为

$$p_{sd}(X) = \mathbb{E}(X) + \mu \cdot \sqrt{\mathbb{V}ar(X)} \tag{8.3}$$

尽管第一感觉认为这比期望原则更加精妙，但这两个保费原则可能违背定义 8.2 的属性 2，这是一个非常严重的缺点。其原因在于，期望值与方差/标准差存在非线性和非单调的关系。为说明这一点，假设对于索赔 X 已有下期概率 q，且索赔限额服从 $\Gamma(1,500)$-分布。图 8.1 展示了具有 $\mu = 1$ 的标准差原则的保费增长结构。

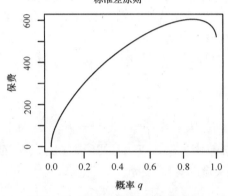

图 8.1 基于标准差原则的保费

请注意，$q = 1$ 的最终保费，即必然发生索赔的保费比以概率 $q = 0.856$ 发生索赔的保费更低。这违反了单调性要求，不能被认可。所以，在使用这些保费原则时，一定要非常小心。上述最重要的方差原则，也违反了次可加属性。

能够避免这些问题（参见 Fishcher 的著作 [2003]）的保费原则是半标准差原则，该原则只考虑高索赔与均值的偏差。

定义 8.6

对于索赔 X 和常数 $0 \leqslant \mu \leqslant 1$ 的**半标准差原则**可定义为

$$p_{ssd}(X) = \mathbb{E}(X) + \mu \cdot \sqrt{\mathbb{E}\{[\max(0, X - \mathbb{E}(X))]^2\}} \tag{8.4}$$

至今所有已考虑的保费原则都与强大数定律和中心极限定理（这促使广泛使用标准差或方差作为衡量期望索赔的偏差风险）密切相关，并明确增加了一些保费（safety loadings）。下面这个原则就是所谓的期望效用原则，通过引入效用函数考量保险公司对风险的态度。

定义 8.7

假设 $U(x)$ 是一个效用函数（即一个凹的严格递增函数）。对于索赔 X 的保费 $p_{eu}(X)$ 通过**期望效用原则**定义，如果有

$$U(c) = \mathbb{E}(U(c - X + p_{eu}(X)))   \qquad (8.5)$$

其中 c 是一个（正）常数，即保险公司的财产。

注 8.8

1. 保费原则是，签署新保险合同的效用与不签这个合同的效用相同。

2. 一个保费原则的属性 1 并不成立。然而，由于较高的风险应可能导致保费超比例增加，上述假设很有必要。当比较 n 个具有相同年龄且持有相同人寿保险，但其中一个顾客承保了 n 倍死亡赔付额和年金率时，我们就能理解上述观点的背后原因。在第二种情况下，长寿风险和过早死亡的风险都大大高于第一种情况下的 n 倍风险，因为第一种情况下的长寿风险和过早死亡风险在 n 个客户中平均了。

3. 不同于常数 c，我们可以引入随机变量 C 代表索赔的全部组合，并由 $\mathbb{E}(U(C))$ 替换左式。这将导致，对于一个与 C 高度相关的索赔将有一个很高的保费，对于能够在组合中进行分散的索赔具有一个很低的保费。

4. 注意效用函数的特殊情况

$$U(x) = \frac{1}{\alpha}(1 - e^{-\alpha x}), \alpha > 0   \qquad (8.6)$$

由期望效用原则计算的保费与 c 无关，并可以表示为

$$p_{eu}(X) = \frac{1}{\alpha}\ln(\mathbb{E}(e^{\alpha X}))   \qquad (8.7)$$

（关于这点及更多的保费原则，请参见 Laeven 与 Goovaerts 的著作 [2008]）。这个原则只能得到指数有界风险的有限保费。

8.2.2   保费原则的蒙特卡罗模拟

在已经选择了一个特定保费原则后，我们仍面临显式计算保费的任务。如果不能显式计算，可以采用蒙特卡罗模拟。这对于期望原则尤其有用（当然，一些具有复杂支付结构的保险合同可能需要与奇异期权一样复杂的方法），这也同样适用于采用公式（8.7）的显式时的指数效用函数下的期望效用原则。

然而，包括以任何形式存在的方差在内的保费原则具有一个新的视角。为了计算方差，我们需要期望值。当然，当 n 很大时（如蒙特卡罗运行的数量），可以使用期望值的蒙特卡罗估计值，即算术平均值。我们也可以计算方差为

$$\mathrm{Var}(X) = \mathbb{E}(X^2) - (\mathbb{E}(X))^2   \qquad (8.8)$$

$\mathbb{E}(X)$ 与 $\mathbb{E}(X^2)$ 的蒙特卡罗模拟能够同时进行。不过，为估计半方差 $\mathbb{E}([\max(0, X - \mathbb{E}(X))]^2)$，无法进行这种分解。因此，我们能够采用两步法：

1. 基于 N_1 个模拟运行，通过 $\bar{X}_{N_1}$ 估计均值 $\mathbb{E}(X)$。

2. 基于 N_2 个新模拟运行，通过

$$\frac{1}{N_2}\sum_{i=1}^{N_2}(\max(0, X - \bar{X}_{N_1}))^2$$

估计半方差 $\mathbb{E}([\max(0, X - \mathbb{E}(X))]^2)$。

8.2.3 风险测度的属性和案例

风险测度与金融头寸 $\tilde{X}$ 和时间 T 有关。在此，头寸 $\tilde{X}$ 可以是多头，也可以是空头。为与保险索赔相对比，$\tilde{X} > 0$ 表示盈利。

Föllmer 与 Schied（2002）明确地提出了一个风险测度的必要条件："……一个风险测度被视为一项资本条件：我们寻求资本的最小要求，如果增加至头寸或以无风险投资，则使得头寸可以接受"。

定义 8.9

风险测度 ρ 是一个定义在随机变量空间的实值映射。

由于这个定义非常弱，我们列出一些文献中常提及的风险测度的必要条件。

定义 8.10

假设 $\tilde{X}$，$\tilde{Y}$ 是金融头寸。一个风险测度 $\rho(.)$ 的可理解属性为：

1. $$\rho(\tilde{X} + m) = \rho(\tilde{X}) - m, \forall m \in \mathbb{R} \qquad\qquad \text{平移不变性}$$

2. $$\tilde{X} \geqslant \tilde{Y} a.s. \Rightarrow \rho(\tilde{X}) \leqslant \rho(\tilde{Y}) \qquad\qquad \text{单调性}$$

3. $$\rho[\lambda \tilde{X} + (1 - \lambda)\tilde{Y}] \leqslant \lambda\rho(\tilde{X}) + (1 - \lambda)\rho(\tilde{Y}), \lambda \in [0,1] \qquad \text{凸性}$$

4. $$\rho(\lambda \tilde{X}) = \lambda\rho(\tilde{X}), \lambda \geqslant 0 \qquad\qquad \text{正齐性}$$

注 8.11 这些风险测度的属性可以从它们的名字中理解：

1. 平移不变性意味着无风险的资金等量改变头寸的风险。特别地，$\rho(\tilde{X} + \rho(\tilde{X})) = 0$，即如果我们以无风险形式投资风险保费 $\rho(X)$，那么不再有风险。

2. 单调性只是意味着，风险较小则所需备用资金更少。

3. 风险测度的凸性倾向于多样化。

4. 正齐性意味着风险物品的风险随着物品数量增加而线性地增加。这个属性由于完全忽略流动性风险，而被文献广泛讨论。从保险公司角度出发，这也意味着，如果投保旧金山的 10 层高楼以防地震，其承担的风险与在 10 个不同地方投保 10 层高楼承担同样风险。对于极端风险，这并不合理，因为旧金山的地震有可能毁坏所有高楼，相反，所有 10 个不同地点在同一时间点发生地震是不现实的。

为正态化风险测度的范围，我们可以要求

$$\rho(0) = 0 \qquad\qquad\qquad \text{正态化}$$

这可以合理解释，没有持仓就没有风险。

大部分文献主要考虑两类风险测度。

定义 8.12

一个风险测度被称为**凸的**，如果能够满足定义 8.10 的条件 1 至条件 3。

风险测度如果能够满足定义 8.10 的条件 1 至条件 4，则被称为**一致的**。

属性 3 和属性 4 意味着一致的风险测度同样是次可加的。如果它达到有限值 $\rho(0)$，那么它同样具有正态属性 $\rho(0) = 0$。我们将考察一些常用风险测度。在金融行业广泛使用并被视为标准的测度之一是在险价值。

定义 8.13

置信水平 α（VaR_α）的在险价值是时间 T 的金融头寸 $\tilde{X}$ 的损失的 α – 分位数：

$$VaR_\alpha(\tilde{X}) = -\inf\{u \in \mathbb{R} \mid \mathbb{P}(\tilde{X} \geq u) \geq 1 - \alpha\} \tag{8.9}$$

其中 α 是一个高百分比，如 95% 或 99%。

作为一个分位数，VaR_α 很容易理解，且在实际应用中非常常见。不过，它无法告诉我们在分位数上的实际损失。更进一步，由于它不是凸的，因此并不必然支持多元化。为说明这一点，考虑头寸 X，Y，且

$$\tilde{X} = \tilde{Y} = \begin{cases} 100 & \text{概率} & 0.901 \\ 0 & \text{概率} & 0.009 \\ -200 & \text{概率} & 0.09 \end{cases}$$

那么对于 $\alpha = 90\%$，得到

$$VaR\left(\frac{1}{2}\tilde{X} + \frac{1}{2}\tilde{Y}\right) = 50$$

$$\frac{1}{2}VaR(\tilde{X}) + \frac{1}{2}VaR(\tilde{Y}) = -100$$

定义 8.14

条件在险价值（或平均在险价值）定义为

$$CVaR_\alpha(\tilde{X}) = \frac{1}{1-\alpha}\int_\alpha^1 VaR_\gamma(\tilde{X})\,d\gamma \tag{8.10}$$

$CVaR_\alpha$ 与**期望损失**或**尾部条件期望**同时发生，定义为

$$TCE_\alpha(\tilde{X}) = -\mathbb{E}(\tilde{X} \mid \tilde{X} \leq VaR_\alpha) \tag{8.11}$$

如果 $\tilde{X}$ 的概率分布为非原子的[⊖]。$CVaR_\alpha$ 的确是一个一致风险测度（参见 Acerbi 与 Tasche 的著作 [2002]）。

对于保费原则，存在一个基于期望收益的风险测度：

定义 8.15

假设 $U: \mathbb{R} \to \mathbb{R}$ 是一个效用函数（即严格递增且凹）。那么，金融头寸 $\tilde{X}$ 的基于效用的风险测度定义为

$$\rho_{utility}(\tilde{X}) = \inf\{m \in \mathbb{R} \mid \mathbb{E}[U(\tilde{X}+m)] \geq U(0)\} \tag{8.12}$$

可以得到，刚刚定义的基于效用函数的风险测度是凸风险测度（参见 Föllmer 与 Schied 的著作 [2002]）。

⊖ 一般而言，$CVaR^- \leq CVaR \leq CVaR^+$，$CVaR^-$ 和 $CVaR^+$ 为 $CVaR$ 的下界和上界，则对于任何实数 $p \in [0, 1]$，$CVaR = pCVaR^- + (1-p)CVaR^+$，则称 $CVaR$ 为无原子测度，进一步讨论可以参见**测度论**的书籍。——译者注

8.2.4　保费原则和风险测度的联系

由于这两个概念是用来判断风险的，它们应该有很多相同的特征（事实上，已经在 Deprez 与 Gerber 的著作中［1985］对凸溢价原则进行了讨论）。然而，在我们评论之前，人们也应该记住，一个溢价原则是接近一个定价原则，因为它是关注单一合同。但是，这背后的定价方法的主要概念是强大数定律，而不是融资套利原理。

因此，经典保费原则，例如期望（见定义 8.4）或者定义 8.5 引入的方差原则，并不是直接与风险测度相关，而风险测度往往倾向于集中于极值风险估计。这种案例如定义 8.13 中的 VaR，或定义 8.14 中引入的 CVaR。不过，定义 8.6 中半标准差保费原则集中于高索赔。链接这两个概念的路径是基于效用，定义 8.7 和定义 8.15 中的保费原则和风险测度的期望效用路径。我们可以在给定风险测度 ρ 之外，定义一个保费原则 p，通过如下条件：

$$\rho(p(X) - X) \overset{!}{=} 0 \tag{8.13}$$

对于每个索赔 X。由于 $p(X)$ 无风险，这导致如下鉴定：

$$p(X) = \rho(-X) \tag{8.14}$$

这可以允许我们将保费原则的定义扩展至一般化的随机变量。

此外，我们可以再比较附加于保费原则和风险测度的条件。考虑到风险测度是凸的且已正态化，那么可以直接得出，上述定义的保费原则是单调的，这也隐含了一个保费原则的条件 4。此外，一个一致性的风险测度的次可加性隐含保费原则的次可加性。一个保费原则的条件 3 无法直接确认，因为一个风险测度是在没有概率测度下事先定义的。不过，对于 ρ 的特殊情况，如 CVaR 和条件效用，这个条件可以直接显式证实。对于不具有一致性的凸风险测度，上述保费测度将典型地不具有次可加性。

8.2.5　风险测度的蒙特卡罗模拟

分位数估计和 VaR

估计风险测度的第一要素是分位数估计。具有分布函数 F 的随机变量 X 的 α 分位数 $q_\alpha = F^{-1}(\alpha)$ 的自然蒙特卡罗估计值通过生成 X 的 N 个实现值得到，然后使用实证分布 $F_N(x)$ 的 α-分位数 $\hat{q}_{\alpha,N}$。

算法 8.1　α – 分位数的原始蒙特卡罗估计

假设 F 是一个给定分布函数，$\alpha \in [0, 1]$。

1. 模拟 N 个独立随机数 $X_1, \cdots, X_N$，$X_i \sim F$。

2. 计算实证分布函数

$$F_N(x) = \frac{1}{N} \sum_{i=1}^{N} 1_{\{X_i \leq x\}}$$

3. 通过 $\hat{q}_{\alpha,N} = F_N^{-1}(\alpha)$ 估计分位数 q_α。

注 8.16

1. 当然，如果 F 是显性已知的，那么我们可以通过数值解决 $F(x) = \alpha$ 计算分位数。当 F 不可得或很难计算，那么只能采用算法 8.1 的原始蒙特卡罗方法。我们已经在 5.6.1 节和 5.6.2 节中，以篮式期权或亚式期权展现这些案例，其中 F 是不具有显性的对数正态和的分布函数。上述实证分布的倒置可以以简单形式得到：根据它们大小顺序估计值，然后选择如下位置所在值 $k = \min\{n \in \{1,\cdots,N\} \mid n/N \geqslant \alpha\}$。

2. 为获得 q_α 的置信区间，我们可以使用分位数的中心极限定理（见 Glynn 的著作［1996］），这证明了

$$\sqrt{N}(\hat{q}_{\alpha N} - q_\alpha) \xrightarrow{D} \mathcal{N}(0,\sigma^2)(N \to \infty), \sigma^2 = \frac{\alpha(1-\alpha)}{f(q_\alpha)} \qquad (8.15)$$

其中 $f(.)$ 代表分布函数 F 的密度。这直接给了我们一个对于 q_α 的 95%-置信区间

$$\left[\hat{q}_{\alpha,N} - 1.96\frac{\alpha(1-\alpha)}{f(q_\alpha)}\frac{1}{\sqrt{N}}, \hat{q}_{\alpha,N} + 1.96\frac{\alpha(1-\alpha)}{f(q_\alpha)}\frac{1}{\sqrt{N}}\right] \qquad (8.16)$$

注意，我们拥有常规的 $1/\sqrt{N}$-收敛。不过，我们无法掌控 $f(q_\alpha)$。

它可以变得任意小，而且通常也很难估计，特别是对于 α 的较大或较小值。作为一个例子，考虑由 $q_{0.995} = 3.2905$ 定义的标准正态分布随机变量的 0.995-分位数的模拟值。为了获得长度 0.001 的 95% - 置信区间，我们已经需要大约 $N = 1215492$ 如果（！）在 $q_{0.995}$ 的密度值已知。

请注意，为了准确估计所需的位分数，有必要观测接近它的众多值。然而，由于像在险价值这类分位数通常是极端分位数，一个原始蒙特卡罗模拟让我们处于完全相反的情况：我们生成了大量远离（只有少数接近）分位数的观察值。这直接要求应用重要性抽样（如在 3.3.5 节），以减少分位数的方差（并因此也减少了置信区间的长度）。

然而，我们再面对第二个问题。由于我们不知道位数和分布函数 F 的形式，至少需要 F 和 f 在分位数附近的一个近似值。在此，一个形如下式的大偏差结果（参见 Bucklew［1990］或 Glynn［1996］的著作）

$$\mathbb{P}(X > x) \approx \exp(-x\theta_x + C(\theta_x)), x \gg \mathbb{E}(X) \qquad (8.17)$$

其中 $C(.)$ 是 X 和 θ_x 的累积生成函数，定义为 $C'(\theta_x) = x$。如果我们想估计一个较高分位数 $q_\alpha, \alpha \approx 1$，那么（在连续时间分布的情况下）我们可以简单地解方程

$$1 - \alpha = \mathbb{P}(X > q_\alpha) = \exp(-q_\alpha(C')^{-1}(q_\alpha) + C((C')^{-1}(q_\alpha))) \qquad (8.18)$$

注意，有可能出现这种情况，即累积生成函数 $C(.)$ 比分布函数更容易计算。因此，可能得到公式（8.18）的根，尽管看似不可能解方程 $F(q_\alpha) = \alpha$，也的确只有在这种情况下才使用蒙特卡罗模拟。如果大偏差结果可以精确，那么这个方程的根将等于分位数 q_α。不过，这仅仅是一个典型的原始估计 $\tilde{q}_\alpha$。但是由于这是一个估计值，它给我一个想法，我们可以转移分布 F，并得到一个新分布函数 $\tilde{F}$，这（更）

聚焦于分位数的邻域。

事实上，对于这点，我们可以使用 3.3.5 节中呈现的指数扭转法。通过

$$\tilde{F}(dx) = \exp(-x\theta_{\tilde{q}_\alpha} + C(\theta_{\tilde{q}_\alpha}))F(dx) \tag{8.19}$$

可以改变原始分布，从 F 至 $\tilde{F}$。

这个新分布具有均值 $\tilde{q}_\alpha$，这与 q_α 很接近，因此我们可以使用修正的分位数估计值

$$\hat{q}_{\alpha,N}^{imp,1} = F_{N,imp,1}^{-1}(\alpha) \tag{8.20}$$

$$F_{N,imp,1}(x) = \frac{1}{N}\sum_{i=1}^{N}L(X_i)1_{X_i \leqslant x} \tag{8.21}$$

$$L(x) = \exp(x\theta_{\tilde{q}_\alpha} - C(\theta_{\tilde{q}_\alpha})) \tag{8.22}$$

所有随机变量 X_i 是在公式（8.19）下的分布函数 $\tilde{F}$ 得到的。

一个明显的替换方案是，只考虑较大数的估计值：

$$\hat{q}_{\alpha,N}^{imp,2} = F_{N,imp,2}^{-1}(\alpha) \tag{8.23}$$

$$F_{N,imp,2}(x) = 1 - \frac{1}{N}\sum_{i=1}^{N}L(X_i)1_{X_i > x} \tag{8.24}$$

注意，在非常规假设下，两个分位数估计值是一致的。正如 P. W. Glynn（1996）指出的，当 $\hat{q}_{\alpha,N}^{imp,2}$ 被选择用于估计高分位数时，$\hat{q}_{\alpha,N}^{imp,1}$ 应该用于估计低分位数（即对于 α 的小值）。更进一步地，对于这个转移分位数估计值存在一个扩展的中心极限定理。不过，我们并不在此表述，因为它并不直接引导一个容易计算的置信区间。我们将在算法 8.2 中收集所有上述工作。

算法 8.2　分位数的重要性抽样

假设已知分布函数 F，水平 $\alpha \in (0,1)$，以及 $N \in \mathbb{N}$。

1. 通过解公式（8.18），计算一个近似分位数 $\tilde{q}_\alpha$。

2. 根据公式（8.19）中的分布 $\tilde{F}$，生成随机数 X_i。

3. 如果 $\alpha < 0.5$，那么根据公式（8.20）使用估计值 $\hat{q}_{\alpha,N}^{imp,1}$。

4. 如果 $\alpha \geqslant 0.5$，那么根据公式（8.23），使用估计值 $\hat{q}_{\alpha,N}^{imp,2}$。

例 8.17

接下来考察一些案例，在这些案例中，假设已知 $X \sim \mathcal{N}(0,1)$，且希望通过上述给出的两个蒙特卡罗变形计算 $VaR_{0.999}(X) \approx 3.0902$。为便于对比，我们同样给出比分位数估计值或高或低五个位的值差别。为实现显性计算，可以利用下式

$$C(\theta) = \frac{1}{2}\theta^2 \tag{8.25}$$

因为累积生成函数将导致如下的近似值：

$$\tilde{q}_{0.999} = \sqrt{-2\ln(1-0.999)} = 3.7169 \tag{8.26}$$

对于 $N = 1000$ 和 10000，我们得到表 8.1。

表 8.1　$\mathcal{N}(0,1)$（真实值 = **3.0902**）的估计值 $VaR_{0.999}$

方法 N	1000	10000
原始 MC	3.03815	3.03146
重要性抽样	3.09744	3.09044

请注意，这些选择对于使用原始蒙特卡罗方法实际非常危险，因为 VaR 仅由它的精确形式的数个值决定，而对于重要性抽样来说，VaR 与分布范围的中间值非常接近，并比外围数值更加稳定。这个观点和数值结果显著说明重要性抽样法的优势。

注 8.18

1. 重要性抽样法在计算分位数时表现非常好，如果我们的确可以计算所有必要的成分，尤其是累积生成函数 C。这通常是一个简单任务，特别是当我们不能计算出分布函数 F 时。另一方面，如果 F 显性已知，那么就不需要蒙特卡罗方法！因此，在计算风险测度时，这种方法的直接应用非常有限。

2. 作为第二个缺点，一个（渐近）置信区间的计算需要计算密度函数 f 在分位数 q_α 的值。人们可以通过它的估计值 $\hat{q}_{\alpha,N}^{imp,i}, i = 1,2$，取代分位数，这更合适。但是，我们还是要估计密度值本身，当涉及精度问题时，这是一个棘手的任务。

通过重要性抽样和 delta – gamma 近似的 VaR

正如我们在前一节所看到的，如果基准分布的累积生成函数未知，计算分位数则不可能。然而，对于具有如衍生品这类复杂投资组合的银行或者保险公司而言，这是非常典型的案例。

另一方面，银行和保险公司必须计算风险测度，如 VaR，甚至是每天都需要计算。我们将提出一个可行的方案，它已经经由 Glasserman 等（1999，2000a，2000b，2001）发展而来。

这种方法依赖于：

1. 计算高于给定值 x 的损失概率，而不是计算 VaR_α。

2. 使用重要性抽样以降低计算成本。

3. 根据不同的水平，重复步骤 1 直到得到的损失接近 α。

为呈现这点，假设在给定时间 t 的**损失 L** 是基准**风险因子**（$W_1, \cdots, W_n$）的向量函数

$$L = f(0, \cdots, 0) - f(t, W_1, \cdots, W_n) \tag{8.27}$$

这样的一个函数常常是很多函数 $h^{(i)}(t, W_1, \cdots, W_n)$ 的和，这些函数描述了不同证券（股票，衍生品，…）的价格，正是这些组成在时间 0 和 t 之间的一个投资者、银行或保险公司的资产组合。有人可能对于估计高于给定 x 的损失很感兴趣，

$$\mathbb{P}(L > x) = \mathbb{E}(1_{L > x}) \tag{8.28}$$

由于我们有一个期望的表达式，这是我们可以使用蒙特卡罗模拟处理的标准问

题。当然，还有两个特别的问题。第一个问题是，考虑如果 x 很大，这意味着根据一个原始蒙特卡罗方法，确实没有太多的观察值来帮助我们准确地估计概率。

第二个问题是损失 L 的推演将花费很多时间，如果基准组合很大并包括很多函数 $h^{(i)}$，这些函数在风险因子中是非线性的。尤其是，这些函数可以称为奇异期权的价格，也可能它们自己需要单独的蒙特卡罗模拟以获得这些价格。由于亏损概率必须由银行和保险公司进行每日计算，对 L 的近似计算很常见。它们通常依赖于假设，W 拥有一个多变量正态分布，且损失函 $f(.)$ 是由泰勒多项式而近似。**delta 近似**依赖于线性逼近，这对于包括衍生品的典型组合就太粗糙。**delta – gamma 近似**采用了一个二阶泰勒逼近

$$L = f(0,\cdots,0) - f(t,W)$$

$$\approx -f_t(0)t - \nabla f(0)W - \frac{1}{2}W'Hess_f(0)W \qquad (8.29)$$

而且这在应用中很常见。这正是 Glasserman 等（1999，2000a，2000b，2001）等研究蒙特卡罗的起始点。注意，梯度 ∇f 包括所有偏导数 $\partial f/\partial W_i$（deltas），且黑塞矩阵 $Hess_f$ 包括二阶偏导数 $\partial^2 f/(\partial W_i \partial W_j)$（gammas）。由于 deltas 和 gammas 都是组合构成的 deltas 和 gammas 的和，它们通常由交易员采用各种形式计算，这种方式并不增加额外投入。对于时间导数，也同样有 theta。

Glasserman 等（1999，2000a，2000b，2001）的想法是使用 delta – gamma 近似式（8.29）作为 L 的替代，假设 $W \sim \mathcal{N}(0,\sum)$，然后通过基于公式（8.29）的指数扭转以应用重要性抽样步骤。更技术地，首先引入一个矩阵 B，且有

$$\sum = BB', \quad -\frac{1}{2}B'Hess_f(0)B = D \qquad (8.30)$$

其中 D 是一个对角矩阵，其包括 $-1/2B'Hess_f(0)B$ 的所有特征值。这样的矩阵是存在的，因为我们可以使用一个分解 $\sum = AA'$，接着对角化 $-1/2AHess_f(0)A' = UDU'$，然后使用 U 是直角的属性，定义 $B = AU$，并使用 $D = -1/2B'Hess_f(0)B$。可以进一步假设（如果有必要，可以改变 W_i 的指数）特征值满足

$$d_1 \geq \cdots \geq d_n \qquad (8.31)$$

这样，对于一些 $X \sim \mathcal{N}(0,I)$ 的 $W = BX$ 定义，有

$$L \approx -f_t(0)t - (B'\nabla f(0))'X - \frac{1}{2}X'B'Hess_f(0)BX$$

$$= :f^{(0)} + b'X + X'DX = f^{(0)} + \sum_{i=1}^{n}(b_iX_i + d_iX_i^2) \qquad (8.32)$$

$$= :f^{(0)} + Q(X)$$

我们可以接着转换 $Q(X)$ 的分布，使得新的重要性抽样分布的均值等于 $x - f^{(0)}$。可能存在很多种方式以实现这点。我们将在分位数估计中使用指数扭转法，即使用

重要性抽样密度

$$\ell(X) = \exp(-\theta Q(X) + C(\theta)) \tag{8.33}$$

且 $C(.)$ 是 $Q(X)$ 的累积生成函数。

由于 $Q(X)$ 在独立标准正态型 X_i 中是二次齐式, $C(.)$ 就是显性已知的, 并由下式给定（见例如 Imhof [1961] 或 Baldessari [1967] 的著作）：

$$C(\theta) = \sum_{i=1}^{n} \frac{1}{2}\left(\frac{(\theta b_i)^2}{1 - 2\theta d_i} - \ln(1 - 2\theta d_i)\right) = \sum_{i=1}^{n} C^{(i)}(\theta) \tag{8.34}$$

在重要性抽样分布下, X_i 仍然是独立正态分布的, 但由下式给定均值 $\mu_i(\theta)$ 和方差 $\sigma_i^2(\theta)$:

$$\sigma_i^2(\theta) = \frac{1}{1 - 2\theta d_i}, \mu_i(\theta) = \theta b_i \sigma_i^2(\theta) \tag{8.35}$$

注意, 当 $d_i > 0$ ($d_i < 0$) 时, X_i 具有递增（递减）的方差。对于 μ_i, b_i 的符号具有同样效果, 但这可能与方差效应相混合。我们仍需要像在分位数估计案例中那样选择参数 θ, 即下式的（唯一）根

$$C'(\theta_x) = x - f^{(0)} \tag{8.36}$$

这必须进行数值计算, 这也确保了我们有

$$\mathbb{E}(\ell(X; \theta_x) Q(X)) = C'(\theta_x) = x - f^{(0)} \tag{8.37}$$

综合我们所有考虑, 得到算法 8.3。

算法 8.3　通过 delta – gamma 近似的重要性抽样得到在险价值

假设损失函数 $L = f(W)$, $W \sim \mathcal{N}(0, \sum)$ 且损失水平 x 已知。进一步假定, $f(0)$, $\nabla f(0)$, $Hess_f(0)$ 是同时已知的, 且有（正式）delta – gamma 近似式 (8.29)

1. 准备

   (a) 公式 (8.30) 和公式 (8.32) 决定了 B, D, b 和 $Q(X)$。

   (b) 通过解公式 (8.36) 得到 θ_x。

2. 模拟：

   For $j = 1$ to N

   (a) 模拟 $X^{(j)} = (X_1^{(j)}, \cdots, X_n^{(j)})$, 其中 $X_i^{(j)}$ 是独立的, 且在公式 (8.35) 中给定了 $X_i^{(j)} \sim \mathcal{N}(\mu_i(\theta_x), \sigma_i^2(\theta_x))$。

   (b) 根据公式 (8.33) 得到 $L^{(j)} = f(0) - f(t, BX^{(j)})$ 和 $\ell(X^{(j)})$。

通过估计 $\hat{p}_N^{\theta} = \frac{1}{N}\sum_{j=1}^{N} \ell(X^{(j)}) 1_L^{(j)} > x$, 得到损失概率估计值。

注 8.19

1. 对于 $\mathbb{P}(L > x)$ 的 95% -置信区间的近似可以通过常规公式 $\hat{p}_N^{\theta} \pm \frac{s_N}{\sqrt{N}}$ 得到, 且 s_N^2 是 $\ell(X^{(j)}) 1_{L^{(j)} > x}$ 的样本方差。这总是可以与由下式决定的蒙特卡罗估计值 $\hat{p}_N^0$ 的 95% -置信区间相比较：

$$\left[\hat{p}_N^0 - 1.96 \frac{\sqrt{\hat{p}_N^0 (1 - \hat{p}_N^0)}}{\sqrt{N}}, \hat{p}_N^0 + 1.96 \frac{\sqrt{\hat{p}_N^0 (1 - \hat{p}_N^0)}}{\sqrt{N}}\right] \qquad (8.38)$$

为说明 n 的大小,这通常也是必需的,假设我们准确知道 $p = 0.001$。当然,置信区间应该比估计值有更小的阶。因此为得到长度 0.0001 的置信区间,需要 $N \approx 10^6$。由于评估每个投资组合损失函数非常耗时,该值特别高。

2. 记住,我们的初衷是计算一个风险测度,例如 VaR_α。对于这个问题,需要一个很好的初始值 x,即应该有 $\mathbb{P}(L > x) \approx \alpha$。然后,我们应该反复改变 x 直到相应的损失概率是足够接近 α。

特别是,为安全起见,即 $\hat{p}_N^\theta$ 的 95% 置信区间应该高于 α。为开始迭代,我们可以再次使用对 delta-gamma 近似的知识。由于已有它的累积生成函数为 $C(\theta)$,从而得到其均值和方差的显性:

$$\mathbb{E}(Q(X)) = C'(0) = \sum_{i=1}^n d_i, \mathbb{V}\mathrm{ar}(Q(X)) = C''(0) = \sum_{i=1}^n (b_i + 2d_i^2) \quad (8.39)$$

一开始可以假设

$$x = \mathbb{E}(Q(X)) + y \sqrt{\mathbb{V}\mathrm{ar}(Q(X))} \qquad (8.40)$$

并根据得到的损失概率估计值不断增加或减少 y。将 y 的初始值设定为标准正态分布 $q_\alpha = \Phi^{-1}(\alpha)$ 的 α- 分位数是一种较为方便的选择。

3. 在 Glasserman 等(1999)的著作中,作者额外应用了一个分层过程以进一步减少损失概率估计值的方差。由于方差缩减的主要影响因素是上面已经描述的重要性抽样,我们在此跳过呈现分层这一步。

4. 在 Dunkel 与 Weber(2007)的著作中,作者应用了一个相似蒙特卡罗过程以估计风险测度的效用损失。

实际应用的角度

我们将通过简单案例,举例说明重要性抽样的主要性能。更详细的数值检验在 Glasserman 等(1999)及同一作者的不同文章中提及。在书中,它显示我们可以通过大于 10 或更大的因子减少原始蒙特卡罗的方差。相反,为表现数值方法针对大量资产组合的性能,我们将强调一些应该事先注意的重要方面。

1. **计算风险测度 vs 衍生品定价** 当我们对未来一个固定时间 T 的证券投资组合的风险度量很感兴趣时,我们必须模拟**真实世界**概率测度的潜在因素路径(如利率、股价等)。这是因为我们希望得到可能损失上限的大致估计,这个上限当然只会发生在真实世界,而不是风险中性世界。一个特别的后果将是,我们必须模拟股票价格的演变——在布莱克-斯克尔斯假设中——漂移为 μ,这一般与无风险利率 r 一同发生。

2. **时间域和正态逼近** 当必须计算风险测度时,时间域往往非常短(如一天或一周),因此实际中通常会忽略股票价格的漂移影响,并假设有

$$\Delta S := S(t + \Delta t) - S(t) \approx S(t)\sigma(W(t + \Delta t) - W(t)) \qquad (8.41)$$

这是通过忽略股票价格(事实证明,Δt 相较 $\sqrt{\Delta t}$ 而言很小,而 $\sqrt{\Delta t}$ 是随机变化

的标准误差）指数中的确定性部分而得到的一个近似，并对指数函数运用一阶近似。

　　3. delta – gamma 逼近的精确值和后果 　 必须明白，在我们的方法中，delta-gamma近似并**不**是作为近似程序而采用的。它是搜寻重要性抽样转换的好点而需要的**迭代**。所以即使近似效果很差，但该方法仍然有效。另一方面，由于我们只是近似得到组合值变化的（通常未知）分布，我们不能期望有一个如同分布已知下的重要性抽样法的效果。下面通过例子来突显这一点：

数值展示：一个看涨期权和看涨看跌混合的投资组合的 delta-gamma 近似。 我们从一个满足布莱克-斯克尔斯假设的具有存续期 T 的简单欧式看涨股票期权开始。目标是计算在固定时间 $t + \Delta t$ 的组合(近似)损失分布。假设 Δt 很小，使用近似式(8,41)。用 $C(t, S(t))$ 表示在时间 t 的看涨期权价格，我们可以计算该(可能)损失的分布函数：

$$L(\Delta t, \Delta W) = C(t, S(t)) - C(t + \Delta t, S(t)\sigma\Delta W) \tag{8.42}$$

图 8.2 展现了它的真实分布函数 $F_1(x)$ 和基于 delta-gamma 近似的分布函数 $F_2(x)$

$$C(t, S(t)) - C(t + \Delta t, S(t) + \Delta S)$$

$$\approx -\frac{\partial C}{\partial t}(t, S(t))\Delta t - \frac{\partial C}{\partial S}(t, S(t))\Delta S - \frac{1}{2}\frac{\partial^2 C}{(\partial S)^2}(t, S(t))(\Delta S)^2 \tag{8.43}$$

且由公式（8.41）得到 ΔS。

　　注意这两个分布函数几乎完全相同。因此，我们期望基于 delta-gamma 逼近的重要性抽样与基于原始（但总体未知）的分布一样有效。delta-gamma 分布的良好逼近特征正是 Glasserman 等人（1999）提出的方法能够有较好效果的原因。

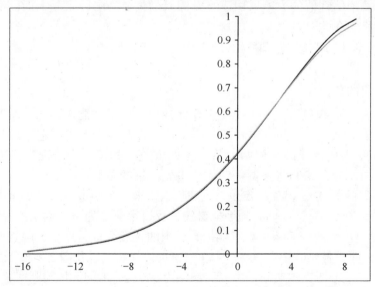

图 8.2 　 精准损失分布函数 $F_1(x)$（黑色）
和执行价为 $K = S(t) = 100, \Delta t = 0.1, \sigma = 0.3, T = t + 0.5$ 的逼近 $F_2(x)^*$（灰色）

　　在我们的例子中，重要性抽样法会产生一个较大的方差缩减，如果应用于不同的损失概率水平。表 8.2 包含了原始蒙特卡罗方法和基于 delta-gamma 近似法

对于 $p=0.05$，0.01 和 0.005 下的损失概率预测值。此外，它包含了原始蒙特卡罗方法与重要性抽样法的方差比值。所有的计算都是在 $N=100000$ 次模拟下运行的。

表8.2 为估计损失概率 p 的原始蒙特卡罗和基于 delta-gamma 的重要性抽样（IS）

p	0.05	0.01	0.005
原始 MC 估计值	0.0502	0.0099	0.00489
delta-gamma IS 估计值	0.0502	0.0100	0.00496
方差比	9.65	51.94	109.21

正如预期，方差缩减（因为方差系数显著大于 1）对于较小的损失概率会有较大效果。为说明重要性抽样，我们介绍，对于原始蒙特卡罗方法，服从 $N(0,1)$ – 分布的输入参数被转换成一个 $N(-2.782,0.1776)$ 分布，即输入变量被改变，使得方法缩减所强调的合适方向发生均值偏移，进而损失更容易发生。

我们现在考虑对于一个包括 10 个看涨和 5 个同样输入参数的看跌组成的组合损失，这具有与上述相同的特征。虽然组合的损失不是股票价格变动 ΔS 的单调函数，但利用 delta-gamma 近似计算损失函数仍然非常准确。我们画出损失的分布函数，和基于 delta-gamma 近似的损失分布函数，见图 8.3。

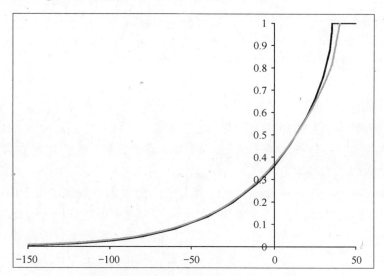

图8.3 精准的损失分布函数 $F_1(x)$（黑色）
和执行价为 $K=S(t)=100$，$\Delta t=0.1$，$\sigma=0.3$，$T=t+0.5$ 的逼近 $F_2(x)$（灰色）

注意，对于高分位数，delta-gamma 近似高估了真正的损失，而低分位数则更准确（即对于收益）。然而，近似分布两侧都足够好，以至于我们可以在 delta-gamma 近似中依赖重要性抽样。对于 $N = 100000$ 的模拟运行，我们考虑过卖空上述组合的破产概率。在表 8.3 中，比较了原始蒙特卡罗和重要性抽样方法的性能。

表 8.3　估计损失概率 p 的原始蒙特卡罗和基于 delta – gamma 的重要性抽样

p	0.05	0.01	0.005
原始蒙特卡罗估计值	0.0494	0.0010	0.00494
delta-gamma IS 估计值	0.0501	0.0100	0.00500
方差比	4.31	16.52	30.18

再次注意到重要性抽样方法的优良效果。相比于单一看涨（single-call）组合情况下的主要区别是，对于卖空看涨-看跌组合，ΔS 很大或很小的损失都较大。因此，重要性抽样方法可以与分布右移相结合（即 ΔS 的均值增加），但也增加了方差（在 0.005 时，移动的均值为 2.383，新的方差为 2.625）。

要记住，一般情况下，我们并不知道投资组合的损失分布函数。在这种情况下，也必须开始迭代过程以进入所需分位数的区域。因此，上述计算只应视为重要性抽样的精确度的衡量方法。当然，也有 delta-gamma 近似法失败的情况。一个典型的情况是，一个组合已经进行了 delta 和 gamma 对冲。那么 delta-gamma 近似仅仅是组合的现值，因此无法作为重要性抽样分布的取向。

8.3　蒙特卡罗方法在寿险中的一些应用

寿险精算是一个经典的问题，或许是历史最悠久的具有经济背景的应用数学学科。此外，几乎每个人都有过与寿险产品的接触。不过，它们有很多种类，以至于无法在这本书里一一分析。关于这个问题的专著非常多，我们建议参考 Gerber 的著作（1997）以了解经典方法。

寿险中的不确定性主要来源于被保险人的寿命和利率风险。由于时间和/或将来支付的金额都无法提前预知，每个寿险合同都存在不确定支付，因此利率风险就变得很重要了。由此，合适的贴现就成为计算被保险人必须支付的保费（"价格"）的关键部分。由于第 5 章已经介绍了利率模型，因此本章主要介绍随着时间演化的**死亡率**模型。

8.3.1　死亡率：定义和经典模型

假设一个今日年龄为 x 的顾客（时间 $t = 0$）。那么，通过 D_x 我们用从今日起的年数来代表该顾客的死亡时间。由于该顾客的死亡时间是随机的，考察其分布特征。

定义 8. 20

假设 $G_x:[0,\infty]\to[0,1]$ 是 D_x 的分布，今日年龄为 x 的顾客的死亡时间，即

$$G_x(t) = \mathbb{P}(D_x \le t) \tag{8.44}$$

其对于接下来 t 年的**生存概率**表示为

$$_tp_x: = 1 - G_x(t) \tag{8.45}$$

此外，**死亡率**在时间 t 的 $\mu_x(t)$ 定义为

$$\mu_x(t): = -\frac{\mathrm{d}}{\mathrm{d}t}\ln[1 - G_x(t)] = -\frac{\mathrm{d}}{\mathrm{d}t}\ln(_tp_x) \tag{8.46}$$

注 8. 21 死亡率在如下事实中起着重要作用。首先，对于一个很小的时间间隔 $[t, t+\Delta_t]$，年龄为 x 的顾客在该时间间隔死亡的条件概率满足

$$\mathbb{P}(t < D_x \le t+\Delta_t \mid D_x \ge t) \approx \mu_x(t) \cdot \Delta_t \tag{8.47}$$

此外，可以证实，死亡时点的分布 G_x 以及其密度 $g_x(t)$ 都是由死亡率决定的，因为有

$$g_x(t) = \mu_x(t) \cdot [1 - G_x(t)] \tag{8.48}$$

$$G_x(t) = 1 -_tp_x = 1 - \exp\left(\int_0^t -\mu_x(s) \cdot \mathrm{d}s\right) \tag{8.49}$$

因此，可以很方便地指定死亡率的特定形式，以决定顾客剩余寿命的分布。我们将在下面回顾其中的一些类型。

De Moivre（1724）引入了最高年龄 $A_{\max}$，并假设死亡时间服从 $[0, A_{\max}]$ 上的均匀分布，这对应着如下的死亡率：

$$\mu_x^{\text{De Moivre}}(t) = \frac{1}{A_{\max} - x - t}, 0 < t \le A_{\max} - x \tag{8.50}$$

由于死亡率随着年龄增加而增加，**Gompertz**（1824）不再假设最大年龄，并提出指数增长的死亡率

$$\mu_x^{\text{Gompertz}}(t) = b \cdot \exp(c \cdot (x + t)) b、c \text{ 为正常数} \tag{8.51}$$

Makeham（1860）通过增加一个正常数 a（被称为**青年人死亡率**）扩展了 Gompertz 模型，得到

$$\mu_x^{\text{Makeham}}(t) = a + b \cdot \exp(c \cdot (x + t)) \tag{8.52}$$

该模型在寿险中仍广泛使用。

在材料科学中一个流行的模型是由 **Weibull**（1939）提出的，他提出死亡率呈多项式增长的模型

$$\mu_x^{\text{Weibull}}(t) = a \cdot (x + t)^b, a、b \text{ 为正常数} \tag{8.53}$$

8.3.2 动态死亡率模型

在寿险公司和养老基金中存在的一个主流问题是，被保险人的寿命正持续延

长。与之前卖出保险合约的收入相比，对平均寿命的低估导致合同成本过高。

一个应对预期寿命变化的方案是，引入所谓的代际生命表，即不同代际的人拥有不同的寿命表。这考虑如下事实，即一个现在 60 岁的人的下一年生存概率与 20 年前一个 60 岁的人下一年的生存概率完全不同。在学术界，这种变化已经吸引大量学者研究所谓的**动态死亡率模型**。

一种包括日历时间的简单方法是外推法（参见 Pitacco 的著作［2003］），见算法 8.4。它是基于这样的假设，对于固定年龄 x，生存概率 $_tp_x(t)$ 是日历时间 t 固定年龄 X 的函数。外推法的基本思想是利用近期年份的已实现生存概率（即年龄为 x 的被保险人群相对生存率），作为设置一个类似样条函数或多项式函数的插值函数的输入参数。通过外推上述获得的函数，从而可以预测未来生存概率。

下面，我们就提出了一个可以追溯到 R. Lee 与 Carter（1992）的模拟方法（见算法 8.5）。它的主要思想是利用一个参数化死亡率模型，如 Gompertz-Makeham 模型，并对其一些组成假定为随机过程，从而引入不确定性。

相比于外推法，这种方法的主要优点是具有通过多次模拟未来死亡率来获得误差范围的可能性，而我们现在可以使用蒙特卡罗方法对各种寿险产品定价。当然，你也可以在这一框架内模拟生存概率，而不仅是死亡率。

算法 8.4　利用外推法对动态死亡率建模

1. 诠释在时间 t，年龄为 x 的被保险人的已实现生存概率

$$_ip_x(t) = \frac{\text{在时间 } t+i，\text{年龄为 } x+i \text{ 的被保人数}}{\text{在时间 } t，\text{年龄为 } x \text{ 的被保人数}}$$

$t \in \{-(i+1), -(i+2), \cdots, -N_i\}$ 作为日历时间 t 的函数。

2. 基于诸如样条或多样式的插值函数，采用已实现生存概率近似逼近这个函数。

3. 利用刚刚得到的插值函数 $f_x^{(i)}(.)$ 获得目前生存概率 $_ip_x(0)$ 的估计值 $_i\hat{p}_x(0)$：

$$_i\hat{p}_x(0) = f_x^{(i)}(0), i = 1, \cdots, N$$

算法 8.5　随机动态死亡率建模

1. 为死亡率模型选择一个参数化随机形式。

2. 从历史数据中决定过去的已实现死亡率。

3. 基于步骤 1 的随机死亡率模型的随机过程参数校准步骤 2 已实现死亡率时间序列。

4. 为模拟未来死亡率（或计算保费），选择已得到的随机过程。

在长寿模型的文献中，存在很多基于 Lee 和 Carter 法的不同复杂度的模型（例如 Cairns 等的著作［2006］）。作为一个特殊的例子，我们将考察**随机 Gompertz 模型**。

　　例 8.22　随机 Gompertz 模型

　　在此，动态死亡率模型定义为

$$\mu_x^{SG}(t) = \alpha(t)e^{\beta(t)x} \tag{8.54}$$

$$d\alpha(t) = -\kappa\alpha(t)dt, \kappa > 0, \alpha(0) = \alpha_0 > 0 \tag{8.55}$$

$$d\beta(t) = \nu dt + \sigma dW(t), \beta(0) = \beta_0 > 0 \tag{8.56}$$

其中 $W(t)$ 是一个一维布朗运动。注意，t 现在同样与日历时间相关（尽管它并不必然等于日历时间）。

针对 $\alpha(t)$，$\beta(t)$ 的方程的背后原因是 $\alpha(t)$ 必须为正，总体死亡率水平随着日历时间而减少，并且 $\beta(t)$ 的线性行为是时间的函数（见 Korn 等的著作 [2006]）。此外，由 Korn 等（2006）研究的数据实证表明，单因素模型足以解释死亡率随着时间演变的随机性。这得到 Cairns-Blake-Dowd 两因素模型中相关性结构的支持（见 Cairns 等的著作 [2006]）。为能够建立一个在时间 $\bar{\iota}$ 的模拟算法，我们仍然要校准参数 κ、ν、σ、$\alpha(0)$ 和 $\beta(0)$。

它们可以通过两步过程实现：

1. 首先，通过一个具有这些参数的标准 Gompertz 模型拟合在过去时间 $t = 0$，$1, \cdots, \bar{\iota} - 1$ 的已实现模型，得到 $\alpha(0)$、κ 和 $\beta(0)$。

2. 由时间序列 $\beta(0)$，$\cdots, \beta(\bar{\iota} - 1)$ 估计 ν 和 σ。

根据上述获得的所有必需模型参数，对于未来死亡率的模拟直接由算法 8.6 给出。

算法 8.6   在随机 Gompertz 模型中模拟动态死亡率

假设 $\alpha(\bar{\iota})$，$\beta(\bar{\iota})$ 已知。

对于未来时间 $t = \bar{\iota} + 1, \bar{\iota} + 2, \cdots, \hat{\iota}$，且所有相关年龄组 x，有

1. $\alpha(t) = \alpha(t-1)e^{-k}$。

2. 模拟一个随机数 $Z \sim \mathcal{N}(0,1)$。

3. $\beta(t) = \beta(t-1) + \nu + \sigma Z$。

4. $\mu_{\bar{x}}(t) = \alpha(t)e^{\beta(t)\bar{x}}$。

5. 对于 $x = \bar{x} + 1, \cdots, \hat{x}$，假设

$$\mu_x(t) = \mu_{x-1}(t)e^{\beta(t)}$$

我们将在 8.3.4 节中介绍算法 8.6 是如何在保险产品中为死亡率定价的。

注 8.23

1. 请注意，我们以年度为基准模拟死亡率。由于模型是连续时间，因此可以以更精细的尺度进行模拟。我们建议调节尺度，以得到生存或死亡数据的发布时间，这与模型实际相关。我们可以很容易地在上述的算法中合并于此。

2. 由于有如下形式的生存概率：

$$_1p_x(t) = \mathbb{E}\left(\exp\left\{-\int_0^1 \mu_{x+s}(t+s)ds\right\}\right) \tag{8.57}$$

有人也可能对死亡率的连续时间模拟的必要性存在争议。然而，这还需要随着

年龄变量 x 的连续时间模拟。由于这个原因,我们采用 Korn 等（2006）的方法,通过左侧积分函数来近似上述积分。模拟该值 N 次将导致下式的 1 年生存概率的估计值

$$_1\hat{p}_x(t) = \frac{1}{N}\sum_{j=1}^{N}\mu_x^{(j)}(t) \tag{8.58}$$

式中,上标 (j) 表示运行 j 得到模拟死亡率。第 i 年生存率将仅仅是 1 年生存率的积:

$$_i\hat{p}_x(t) = \prod_{j=1}^{i} {}_1\hat{p}_{x+j-1}(t+j-1) \tag{8.59}$$

3. 进一步动态死亡率模型:一个详细且技术要求较高方法的案例是 Dahl 与 Møller（2006）的考克斯-英格索尔-罗斯类型法。一个很自然的建议是,关乎的生活环境,如气候、医疗、社会治疗等未来发展的信息应包括于动态死亡率模型中。鲍尔和拉斯（2006）介绍了一种相应的多因子模型。

8.3.3　人寿保险合约和保费计算

关于人寿保险的产品非常多。我们将考虑一些基本的人寿保险产品,并给出一些计算更加复杂情况的线索。

简单寿险合同的案例

我们考虑两种基本情况,**死亡时支付**,即顾客死亡时会支付费用,另一种是**生存期间支付**,即在顾客生存期间持续地支付费用。第一种类型的案例为:

- **终身寿险**:在顾客死亡时,支付一定金额。
- **存续期为 n 的定期寿险**:如果死亡发生在前 n 年,保险公司在顾客死亡时支付一定金额。
- **n 年递延终身寿险**:如果自从合同生效起 n 年后顾客仍生存,保险公司在顾客死亡时支付。

第二种类型的案例有:

- **持续期为 n 年生存保险**:在 n 年之后,如果顾客仍然生活,则保险公司支付费用。
- **终身年金**:只要顾客仍然健在,则获得一个年金率。
- **n 年临时终身年金**:只要顾客仍然健在,则获得一个年金率,但是年金率仅最长为最初 n 年。
- **n 年递延终身年金**:如果 n 年之后,顾客仍存活,则顾客将自那时至死亡获得年金。

当然,这些类型可以任意组合。

保费计算

下文中,我们用 $C(t)$ 表示死亡时间 t 的偿付和,用 $c(t)$ 表示只要被保险人健在

所需支付的年金率(这可能取决于 t)。在定价方面，$\Pi(t)$ 表示在时间 t 必须支付的保费，而 $\pi(t)$ 表示时间 t 的保费率。如果没有特别说明，假设如下：

假设 8.24

利率和死亡率既定。

因此，令所有未来的利率在当下已知，并假设死亡率 $\mu_x(t)$ 是确定的。我们还引入 $r_0(t)$，$t \geqslant 0$ 作为当下的收益率曲线，这是由如下关系决定的：

$$P(0,t) = e^{-r_0(t)t} \qquad (8.60)$$

式中，$P(0,t)$ 是到期日为 t 的零息债券的当下价格。

如前所述，在这一章的引言中，基于复制或至少对相关款项的套期保值而得到的金融套利定价原则，通常都不能用于评估保险合同。其原因是（至少大部分原因）保险合同的潜在风险不能交易。因此，只能使用保费原则。回顾寿险产品中的一种形式，即所谓的**净保费原则**。

定义 8.25

假设上述假设 8.24 成立。我们考虑一个当下年龄为 x（在时间为零）的顾客保险合同，该合同包含顾客死亡时的支付 $C(D_x)$，以及顾客健在期间的年金率 $c(t)$。那么称，这个合同是采用**净保费原则**进行评估的，如果在时间 $t \geqslant 0$ 的单保费 $\Pi(t)$，和顾客直到死亡前对于 $s \geqslant 0$ 的保费率 $\pi(s)$ 既定，那么有

$$\Pi(t) \cdot e^{-r_0(t)\cdot t} \cdot (1 - G_x(t)) + \int_0^\infty \pi(s) \cdot e^{-r_0(s)s} \cdot (1 - G_x(s))\,ds$$

$$= \int_0^\infty C(s)e^{-r_0(s)s}dG_x(s) + \int_0^\infty c(s)e^{-r_0(s)s}(1 - G_x(s))\,ds \qquad (8.61)$$

注 8.26

1. 净保费原则等于具有风险溢价因子 $\mu = 0$ 的定义 8.4 的期望原则。

2. 注意在假设 8.24 下，有案例

$$\mathbb{E}\left(e^{-r_0(D_x)D_x}C(D_x)\right) = \int_0^\infty C(s) \cdot e^{-r_0(s)s}dG_x(s) \qquad (8.62)$$

上述净保费原则表明，支付的净现值必须等于保费。我们因此可以直接扩展至动态（随机）死亡率和随机利率情形中。

3. 当然，在 8.2 节中的所有其他保费原则都可以应用到评估寿险产品中。为获得独特的保费支付，我们必须首先决定，例如时间，何时支付保费，是否应该提前支付，或是不变地支付固定金额，或是变化金额。这些属性通常已经固化为保险合同的组成部分。之后，在假设 8.24 下评估此类合同就很简单。如果假设 8.24 无法满足，则可以使用蒙特卡罗方法。

8.3.4 通过蒙特卡罗模拟为长寿产品定价

长寿产品可以是任何基于被保险人的生存行为而支付费用的金融产品。人们可以想想，如德国所有已有保险的 65 岁男性。两个特别例子是，2004 年推出的 EIB/

BNP 长寿债券，以及由 J. P. Morgan 于 2007 年推出的 LifeMetrics 框架。

我们可以只考虑长寿债券定价，因为 LifeMetrics 框架的远期合约只是线性合同。EIB/BNP 长寿债券于 2004 年 11 月推出。该类债券面值 5.4 亿欧元，持续期为 25 年期，其每年付息率是由英格兰和威尔士在 2003 年的 65 岁的男性生存比例相乘。长寿债券于 2005 年因市场缺乏没有足够的兴趣，以及会计问题而赎回。市场缺乏足够兴趣的一个原因是，债券的结构没有对长寿风险提供足够的对冲，因为仅仅 65 岁的男性群体并不能覆盖特定的投保人的全部人口。此外，它也没有对超过 25 年后面临的负债的长寿风险提供保护。

对于上述类型的长寿债券的定价，假设某个群体是固定的，并引入

$$S(i) = \frac{\text{时间 } i \text{ 群体中幸存数}}{\text{时间 } 0 \text{ 群体的大小}} \tag{8.63}$$

在长寿债券生效后的 i 年，幸存数的比例。假设 z 是如果整个群体能够生存下去的长寿债券的每年付息。如果现在采取金融数学的估值方法，然后在一个合适的定价方法 $\mathbb{Q}$ 下，我们将得到，长寿债券的价格就是预期贴现。为此，假定死亡率的演变和利率（在 $\mathbb{Q}$ 下）的独立性。那么具有 N 次付息时间 $1，2，\cdots，i$（零表示该债券的起始时间）的长寿债券的价格由下式给出：

$$P^{(L)}(t) = \mathbb{E}_Q\left(\sum_{i=1}^{N}\exp\left(-\int_t^i r(s)\,\mathrm{d}s\right)S(i)1_{\{t\leqslant i\}} \mid f_t\right)$$

$$\tag{8.64}$$

$$= \sum_{i=1}^{N} P(t,i)\,\mathbb{E}_Q(S(i) \mid f_t)1_{\{t\leqslant i\}}$$

式中，$P(t,s)$ 是一个到期日为 $s \geqslant t$ 的零息债券在时间 t 的市场价格。因此，我们可以从以下事实中受益，即在原则上，只需要评估死亡风险，因为固定收益市场已经为长寿债券的债券组成部分进行了估价。

作为价值测度 $\mathbb{Q}$ 的死亡因素的一个可能选择，人们可以使用测度 $\mathbb{P}$，该测度强调能够导致如下公式的动态死亡过程的建模：

$$P^{(L)}(t) = \sum_{i=1}^{N} P(t,i)\,\mathbb{E}_{\mathbb{P}}(S(i) \mid f_t)1_{(t\leqslant i)} \tag{8.65}$$

但是，目前还没有市场可以交易死亡风险，如果基于套利假设的金融估值原则的应用有可能是合理的，但它仍然值得怀疑。指向这个问题一点提示是，长寿债券的实际价格 $P_M^{(L)}(t)$ 已经高出上述定价测度的结果。针对这种情况，存在（至少）两个可能的解释：

- 长寿债券的发行者必须使用精算估值原则。事实上，期望运作可能已经包括了风险溢价因子 $\mu > 0$，这使得

$$P_M^{(L)}(t) = (1 + \mu)P^{(L)}(t) \tag{8.66}$$

- 另一种可能（但更严格）的解释是，由于死亡率无法交易，长寿债券所在交易市场并不是完全的、完美的。因此有人会说，通过另一个等于 $\mathbb{P}$ 的测

度 $\mathbb{P}(\mu)$ 替代死亡率测度 $\mathbb{P}$，且称案例中观察到的市场价格满足

$$P_M^{(L)}(t) = \sum_{i=1}^N P(t,i) \, \mathbb{E}_{\mathbb{P}(\mu)}(S(i) \mid f_t) 1_{(t \le i)} \qquad (8.67)$$

从这个公式中得到的 μ 的确定性通常是非完全市场中金融估值的校准原则。

我们考虑 Korn 等（2006）框架中的长寿债券定价。目前，概率测度 $\mathbb{P}(\mu)$ 的类已经由参数 $\mu \in \mathbb{R}$ 进行了参数化。原有测度向新测度 $\mathbb{P}(\mu)$ 的转变对应于基准布朗运动的原始漂移项 λ 转移至 $\lambda - \mu\sigma$。我们在算法 8.7 中描述了，如何能够得到合适的参数。

算法 8.7 利用可交易长寿债券对随机 Gompertz 模型进行测度校准

假设 $P_M^L(0)$ 是可交易长寿债券的市场价格。

1. 利用一个随机 Gompertz 模型的未知参数校准已实现死亡率。

2. 决定参数 μ^*，因此有

$$P_M^{(L)}(0) = \sum_{i=1}^N P(0,i) \, \mathbb{E}_{\mathbb{P}(\mu^*)}(S(i)) = \sum_{i=1}^N P(0,i) \, {}_i p_x^{u^*}$$

注 8. 27 需要注意的是，为至少近似获得算法 8.7 的概率 ${}_i p_x^\lambda$，我们通常需要进行蒙特卡罗模拟。对于这一点，只需生成算法 8.6 中所描述的死亡过程的大量路径。然后，我们根据注 8.23，决定生存概率的估计值，以及它们的平均值，以获得蒙特卡罗估算（对于不同时间 i）。由于转移至另一个 μ，意味着死亡过程的漂移由常数改变了，我们只需生成死亡过程路径一次，就可以简单地通过校正漂移差异而更改它们。

注 8. 28 更复杂的产品，如可变年金或可能提早行权的指数型基金合约等，可以通过在第 5 章已经提出的适当修正算法进行估值。在此我们不细讲，但提及一个与金融市场的基本区别。迄今为止，尚不清楚此类产品的持有者会以何种最佳方式执行合同。也存在一些不是从纯粹价值角度解释非理性地提前行权的观点。因此，这种顾客（平均）执行行为的信息是保险设定的关键因素。

8.3.5 保费准备金和 Thiele 微分方程

由于给顾客的付款现值与净现值之间的等式在保险合同出售后并不一定成立，因此了解这种差异是如何随时间演变的就非常重要。对于保险公司而言，尤其需要了解**保费准备金**，即它为能够满足未来给客户的偿付而需要投入的准备金。这是未来支付的条件期望，基于直到时间 u，顾客健在的条件期望。这就是所谓的前瞻保费准备金，因为它只考虑未来付款。

定义 8. 29

一个年龄为 x 的投保人从时间零开始投保，且在时间 u 仍健在，其投保的保险合同在时间 $u \ge 0$ 的**前瞻性保费准备金**定义为未来给顾客的偿付条件期望减去未来保费的条件期望（基于顾客在时间 u 仍健在的条件）。

例8.30 　 一个定期寿险合同的前瞻性准备金

为计算一个 n 年的定期寿险合同的表达式，我们假设算法8.24成立，且保险合同包括如下支付：

- $C(D_x)$，如果顾客在 n 年内死亡，需要支付的金额和。
- C^a，为直到时间 n 仍健在顾客支付的金额和。
- $\pi(t) = \pi$，只要顾客仍健在所需支付的持续保费率常数。

我们进一步假设利率由 r 表示，死亡率由 $\mu_x(t)$ 表示且确定。根据这些假设，我们得到了前瞻性保费准备金

$$V_x(t) = C^a \cdot e^{-r(n-t)} \cdot {}_{n-t}p_{x+t} + \int_t^n e^{-r(s-t)} \cdot {}_{s-t}p_{x+t}(\mu_{x+s}C(s) - \pi)ds \quad (8.68)$$

额外的约定支付导致方程的额外公式。

保险数学中一个著名方程是Thiele微分方程，它描述了如果顾客仍健在的前瞻性准备金的随时间的演化。针对 t 的微分方程表达式（8.68）得到下面的定理。

定理8.31 　 Thiele 微分方程

我们考虑如例8.30中的一个长期保险合同，并假设收益率曲线是平坦的，即对于所有 $t > 0$，有 $r_0(t) = r$。此外，假定分布 $G_x(t)$ 具有密度并且死亡过程 $\mu_x(t)$ 也被定义。然后，前瞻性保费准备金 $V_x(t)$ 求解了下式：

$$\frac{d}{dt}V_x(t) = r \cdot V_x(t) + \pi(t) + [V_x(t) - C(t)]\mu_x(t) \ \forall t \in [0, n] \quad (8.69)$$

$$V_x(n) = C^a \quad (8.70)$$

Thiele 微分方程的运用、扩展及蒙特卡罗模拟

Thiele微分方程的主要优点是，考虑支付特征，我们可以利用净保费原则将其等于 $V_x(0)$，从而计算初始保费 $\Pi(0)$，或通过选择保费率、支付和、死亡和，从而（重新）设计合同。Thiele微分方程确实描述了期望的动态演化，我们也可以借助蒙特卡罗模拟的帮助直接计算这些期望。更确切地说，我们可以模拟被保险人的寿命，计算相关现金流，重复进行 N 次，对结果进行平均，并获得前瞻性准备金的一个近似 $\hat{V}_x(0)$，然后（重新）设计合同。这种方法的一个重要点是，我们**不需要简化假设8.24**。在更一般的情况下，并在诸如股票挂钩合约的情况下，借助以金融数学为基础的定价方法可以将Thiele微分方程进行推广。对于这个问题，可以参考Steffensen（2000），其中Thiele微分方程实际上具有一个偏微分方程的形式，这在费恩曼-卡茨表达式（4.56）中并不足为奇。

但是，请注意，在这个广义设置中，前瞻性准备金的这种计算方法**不能被大数定律证实**。在假设8.24中，只有关于顾客生命周期的不确定性仍然存在，有些人则称由于大数定律，众多顾客的支付也被平均了。如果在另一方面，利率不确定性，甚至股票价格的不确定性影响未来付款时，那么只有所有的支付可以在金融市场中进行复制，以期望值作为准备金的考虑才站得住脚。因此，最好是称**平均前瞻性准备金**。在算法8.8中，我们给出了计算这些前瞻性保费准备金的蒙特卡罗框架。

算法 8.8 模拟一个保险合同的（平均）前瞻性准备金

For $i = 1$ to N do

1. 模拟顾客 $l_x^{(i)}$ 的生命周期。

2. 模拟一个路径 $r^{(i)}(t), t \in [0, \min\{n, l_x^i\}]$。

3. 基于生命周期 $l_x^{(i)}$ 计算合同的所有支付，采用一个合适的贴现因子 $\exp(-\int_0^t r(s)\,\mathrm{d}s)$ 对其

   进行折现，并将其加总得到 $\hat{V}_x^{(i)}(0)$。

计算（平均）前瞻性准备金的近似值：

$$\hat{V}_x(0) = \frac{1}{N} \sum_{i=1}^N \hat{V}_x^{(i)}(0)$$

在寿险问题中存在很多应用蒙特卡罗模拟的可能。但是，我们只给出了上述框架，因为它可以很容易地适用于各种合同，而不需要 Thiele 微分方程的合适变形解。当然，每个人都应该仔细想想，是否从这些计算中继承的较（近似）均值的偏离风险由大数定律（由于个体属性在大量顾客数量中被平均了，如生命长度）**自动对冲**（如股票收益的风险）。

8.4 利用 copula 模拟相依风险

除正态分布族外，似乎没有其他分布族能够允许自然多元推广，使得人们可以方便地模拟相依随机变量。通常，只有随机变量独立时，随机变量的联合分布才能显式地计算。Copula 函数是克服这个问题的一个非常有用的工具。

因此，它近年来在信用风险模型和非人寿保险数学领域非常流行：后者中，不同保险合同之间相关性不能被忽视（想想一场冰雹风暴可能以相同方式影响同一区域的许多汽车保险合同）。在本节中，我们将介绍 Copula 函数的概念、其主要性能和模拟相依随机变量（"相依风险"）的途径。（Embrechts 等［2003］给出了在本节的大多数结论的证明；参阅 McNeil 等的著作［2005］可以得到进一步了解。）

8.4.1 定义和基本属性

定义 8.32

Copula C 是在 $[0,1]^n$ 上的，$n \in \mathbb{N}$ 的分布函数，且具有均匀的边缘分布，即

$$C(1, \cdots, 1, x_i, 1, \cdots, 1) = x_i, \forall i \in \{1, \cdots, n\} \tag{8.71}$$

Sklar（1960）给出了 copula 理论的主要定理等。

定理 8.33 Sklar 定理

假设 $X_1, \cdots, X_n$ 是实值随机变量，且边缘分布为 $F_1, \cdots, F_n$，联合分布为 F。那么则存在一个 copula C 使得

$$F(x_1, \cdots, x_n) = C[F_1(x_1), \cdots, F_n(x_n)] \tag{8.72}$$

如果边缘分布是连续的，则 copula 就是均匀分布的。否则，它只在 $(F_1, \cdots,$

F_n）上是均匀分布。

相反，假设 C 是一个 copula 函数，并假设 $X_1,\cdots,X_n$ 是具有分布函数 $F_1,\cdots,F_n$ 的实值随机变量。那么式 (8.72) 中定义的函数 F 是一个具有边缘分布 $F_1,\cdots,F_n$ 的 n－维分布函数。这就是由 copula C 生成的 $(X_1,\cdots,X_n)$ 的**联合分布函数** F。

Sklar 定理具有一个明确的信息：n 维实值随机向量的边缘分布和相依结构可以严格分开。边缘分布是由单变量分布函数确定，相依结构由 copula 决定。

在单变量分布函数 H 的广义逆 H^{-1} 条件下，

$$H^{-1}(y) = \inf\{x \in \mathbb{R} \mid H(x) \geq y\} \tag{8.73}$$

我们可以直接从联合分布构建 copula。

命题 8.34

假设 F 是一个 n－维随机分布函数，且连续边缘为 $F_1,\cdots,F_n$，并基于 Sklar 定理有一个 copula C。

那么有

$$C(u_1,\cdots,u_n) = F(F_1^{-1}(u_1),\cdots,F_n^{-1}(u_n)), u \in [0,1]^n \tag{8.74}$$

我们汇总 copula 的更多属性。

命题 8.35

假设 $X_1,\cdots,X_n$ 是实值随机变量。

（a）如果 $X_1,\cdots,X_n$ 是相互独立的，那么生成联合分布的 copula 被定义为

$$C(z_1,\cdots,z_n) = \prod_{i=1}^{n} z_i \quad （独立 \text{ copula}） \tag{8.75}$$

（b）**转移不变性**：假设函数 $h_1,\cdots,h_n$ 都是严格单调增（减），并由 $Y_i = h_i(X_i)$ 表示转移随机变量。那么 Sklar 定理 8.33 中描述的相对应 $X_1,\cdots,X_n$ 的联合分布的 copula 与 $Y_1,\cdots,Y_n$ 的联合分布中的 copula 一同发生。

（c）对于每个 n 维 copula $C(u)$，有

$$W^n(u) = \max(u_1 + \cdots + u_n - n + 1, 0)$$

$$\leq C(u) \leq \min(u_1,\cdots,u_n) = M^n(u) \tag{8.76}$$

$M^n(u)$ 称为**上 Frechet copula**。对于 $n = 2, W^n(u)$ 被称为**下 Frechet copula**。对于一般 n，$W^n(u)$ 一般而言没有 copula。

注 8.36

1. 对于 $x \in [0,1]$，唯一一维 copula 明显等于 $C(x) = x$。

2. 由于 copulas 的转移不变性，我们集中于与 copulas 相关的标准化的随机变量（即零期望，单位方差的随机变量）。

现在，引入相依的两个概念，此处相依与常规线性的相关含义不一样。第一个概念是局部相依，也称为尾部相依。

定义 8.37

假设 (X_1,X_2) 是具有边缘分布 F_1,F_2 的一个随机向量。

（a）如果极限存在，则 (X_1,X_2) 的**上尾部相依系数**的定义为

$$\lambda_U(X_1,X_2) = \lim_{u\uparrow 1} \mathbb{P}(X_2 > F_2^{-1}(u) \mid X_1 > F_1^{-1}(u)) \qquad (8.77)$$

（b）如果极限存在，则 (X_1,X_2) 的**下尾部相依系数**的定义为

$$\lambda_L(X_1,X_2) = \lim_{u\downarrow 0} \mathbb{P}(X_2 \leq F_2^{-1}(u) \mid X_1 \leq F_1^{-1}(u)) \qquad (8.78)$$

（c）在 $\lambda_U > 0 (\lambda_L > 0)$ 中，称 (X_1,X_2) 允许**上尾部相依（下尾部相依）**。

注8.38 需要注意的是，可能同时存在上尾部相依和下尾部相依。为与常规度量两个随机变量之间线性关系的相关系数进行区别，尾部相依只集中在两个随机变量的极端值的相关性。因此，这是一个局部度量。正尾部相依意味着，两个随机变量同时达到很高值的概率与两个随机变量分别达到高值的概率是同阶的。在负尾部相依的情况下，极小值也是如此。

为测度两个随机变量的局部相依，我们引入如下定义。

定义8.39

对于 $\mathbb{R}^2$-实值随机对 (X,Y) **Kendall tau** $\tau(X,Y)$ 定义如下：

$$\tau(X,Y) = \mathbb{P}((X - \tilde{X})(Y - \tilde{Y}) > 0) - \mathbb{P}((X - \tilde{X})(Y - \tilde{Y}) < 0) \qquad (8.79)$$

式中，$(\tilde{X},\tilde{Y})$ 是 (X,Y) 独立复制。

注8.40 Kendall tau 专注于 X 和 Y 的**单调相依**。它验证了 X 和 Y 之间的阶是如何保存的。如果对于由 (X,Y) 的分布得到的随机选择对 $(x,y),(x',y')$，我们观察到在 x 已经比 x' 大的情况下，y 比 y' 大，那么 Kendall tau 可能为正。绝对值的大小并不进入 Kendall tau。很显然得到 $[0,1]$ 间的值。进一步地有（见 Embrechts 等的著作 [2003]）。

$$\tau(X,Y) = 1 \Leftrightarrow C = M^2 ; \tau(X,Y) = -1 \Leftrightarrow C = W^2 \qquad (8.80)$$

式中，C 是 (X,Y) 的 copula，且 M^2、W^2 是 Frechet copula。此外，Kendall tau 通过下式直接与 copula C 相关，

$$\tau(X,Y) = 4\iint_{[0,1]^2} C(x,y)\,\mathrm{d}C(x,y) - 1 \qquad (8.81)$$

（见 Embrechts 等的著作 [2003]）。

例8.41 Kendall tau 和相关性

Kendall tau 和常规相关性的主要区别可以通过如下假设的例子说明。

假设 $X \sim \mathcal{N}(0,1)$ 和 $Y = \exp(X)$，则得到

$$\mathbb{Corr}(X,Y) = \frac{\mathbb{E}(X \cdot \exp(X))}{1 \cdot \sqrt{\mathbb{Var}(Y)}} = \frac{\exp(1/2)}{\sqrt{\exp(2) - \exp(1)}} \approx 0.763 \neq 1$$

$$= \mathbb{P}((X - \tilde{X}) \cdot (\exp(X) - \exp(\tilde{X})) > 0) = \tau(X,Y)$$

那么，Kendall tau 直接实现了单调、非线性相依，同时其线性部分由相关系数表示。

8.4.2 例子和 copula 模拟

高斯 copula

高斯 copula 正如其名称暗示，是从多维正态分布衍生而来。为介绍它，有必

要考虑标准化正态随机变量（见注8.36）。

定义 8.42

假设 $X_1, \cdots, X_n$ 是 $\mathcal{N}(0, \Sigma)$ – 分布，且 $\mathbb{V}\mathrm{ar}(X_i) = 1$。假设 Φ_Σ^n 是相应联合 n-维正态分布函数，并用 Φ 表示标准正态边缘分布。那么，高斯 copula C_{Gauss}（利用相关系数矩阵 Σ）定义为

$$C_{\text{Gauss}}(x_1, \cdots, x_n) = \Phi_\Sigma^n [\Phi^{-1}(x_1), \cdots, \Phi^{-1}(x_n)] \tag{8.82}$$

定理 8.43

n-维高斯 copula 的密度定义为

$$\frac{\partial^n C_{\text{Gauss}}}{\partial x_1 \cdot \cdots \cdot \partial x_n}(x_1, \cdots, x_n) = \frac{\tilde{\varphi}[\Phi^{-1}(x_1), \cdots, \Phi^{-1}(x_n)]}{\varphi[\Phi^{-1}(x_1)], \cdots, \varphi[\Phi^{-1}(x_n)]} \tag{8.83}$$

式中，$\tilde{\varphi}$ 是 n-维正态分布 Φ_Σ^n 的密度，且 φ 是标准正态分布的密度。

注 8.44　如果 Σ 等于密度矩阵，即随机变量是独立的，那么高斯 copula 就源自于命题 8.35 的独立 copula，且密度与 $[0,1]^n$ 的指标函数一致，这与上述结果一致。

不同相关系数 ρ 的二维高斯 copula 的密度展现于图 8.4。要注意，每个密度的对称性和密度的不同高度：相关系数接近 -1 或 1 的密度更容易出现在顶峰。我们不能绘制整个范围内的密度，因为具有众多高峰密度在弯道的理论值为 $+\infty$。

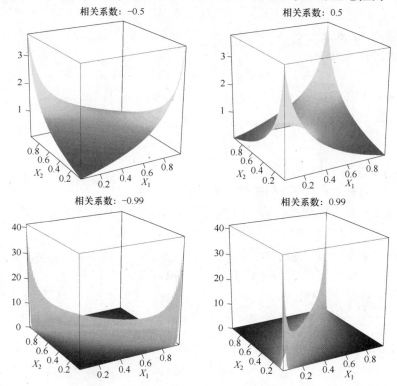

图 8.4　不同相关系数 ρ 的二维高斯 copula

模拟具有上述相依结构和边缘分布的随机变量很容易，正如算法8.9所示。

***

算法8.9 利用高斯copula进行模拟

假设 $F_1, \cdots, F_n$ 是我们希望的边缘分布，且 Σ 是我们所期望的高斯copula的 $n \times n$ 相关系数矩阵。

1. 计算 Σ 的楚列斯基分解，作为 $\Sigma_{\text{Chol}} \cdot \Sigma_{\text{Chol}}^t = \Sigma$。

2. 模拟 n 个独立随机变量 $Y_i \sim \mathcal{N}(0,1)$。

3. 假设

$$\begin{pmatrix} Z_1 \\ \vdots \\ Z_n \end{pmatrix} = \Sigma_{\text{Chol}} \cdot \begin{pmatrix} Y_1 \\ \vdots \\ Y_n \end{pmatrix}$$

4. 通过下式得到具有所期分布的随机变量 X_i，

$$X_i = F_i^{-1}\left[\Phi(Z_i)\right]$$

其中 Φ 是标准正态分布函数，F_i^{-1} 是所期边缘分布函数的逆。

***

注8.45 不同于算法8.9的楚列斯基分解，我们同样可以使用由奇异值分解得到 Σ 的平方根。

如果我们使用正态分布的边缘函数，那么新构建的随机变量所产生的相关矩阵就等于 Σ。然而，如二项式分布，我们得到不同的相关性。为便于说明，我们运行500000次蒙特卡罗模拟，在每次运行中，模拟了两个二项式分布的随机变量，试验数等于5且成功概率相同。对于二维高斯copula，我们使用的相关系数为0.5。二项式随机变量的试验次数被限制为5次，防止中心极限定理的渐近有效性。图8.5给出了不同成功概率所得到的相关性的曲线。

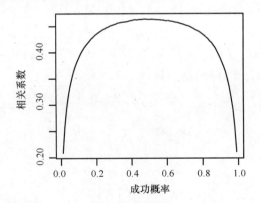

图8.5 $X_1 \text{、} X_2$ 之间的相关系数，$X_1 \text{、} X_2 \sim B(5, p)$ 且高斯copula的相关系数为0.5

t – copula

t – copula 与高斯 copula 很接近。

定义 8.46

假设 $Y_1, \cdots, Y_n$ 是标准正态分布随机变量，且相应的相关系数矩阵为 Σ。假设 Z 是一个 χ^2 – 分布的随机变量，且有自由度 m。用 t_m 表示自由度为 m 的 t 分布的分布函数。那么，随机变量

$$X_i = t_m\left(\sqrt{m} \cdot \frac{Y_i}{\sqrt{Z}}\right) \tag{8.84}$$

的联合分布函数 $C_t(x_1, \cdots, x_n)$ 被称为自由度为 m，相关系数矩阵为 Σ 的 t-copula。

为证实 Σ 为一个相关系数矩阵，注意如果对于边缘分布，我们使用 $F_i = t_m$，那么也得到随机变量之间的相关系数由 Σ 决定。

定理 8.47

自由度为 $m \in \mathbb{N}$，非奇异矩阵为 Σ 的 t-copula 的密度定义为

$$\frac{\partial^n C_t}{\partial x_1 \cdot \cdots \cdot \partial x_n}(x_1, \cdots, x_n) = \frac{\Gamma\left(\frac{m+n}{2}\right) \cdot \left[\Gamma\left(\frac{m}{2}\right)\right]^{n-1}}{\sqrt{\det(\Sigma)} \cdot \left[\Gamma\left(\frac{m+1}{2}\right)\right]^n} \cdot$$

$$\frac{\sqrt{\left[\frac{\left[t_m^{-1}(x_1)\right]^2}{m} + 1\right] \cdot \cdots \cdot \left[\frac{\left[t_m^{-1}(x_n)\right]^2}{m} + 1\right]}^{m+1}}{\sqrt{\frac{1}{m} \cdot (t_m^{-1}(x_1); \cdots; t_m^{-1}(x_n)) \cdot \Sigma^{-1} \cdot \begin{pmatrix} t_m^{-1}(x_1) \\ \vdots \\ t_m^{-1}(x_n) \end{pmatrix} + 1}^{m+n}} \tag{8.85}$$

式中，t_m^{-1} 是具有自由度 m 的 t 分布的分布函数的逆。$\det(\Sigma)$ 表示 Σ 的决定因素。

图 8.6 展示了针对不同相关性一个二维 t-copula 的密度图形。针对高斯 copula 的限制也同样适用于此处，四个角中的两个值是 $+\infty$，即我们只绘制区域 [0.03; 0.97] 的密度。请注意，t-copula 的密度类似于高斯 copula 的密度。其主要区别是，t-copula 的密度更陡峭，但仍然是对称的。

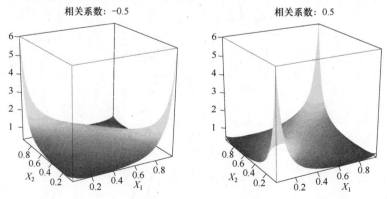

图 8.6　针对不同相关系数 ρ，自由度为 3 的 t – copula 的密度

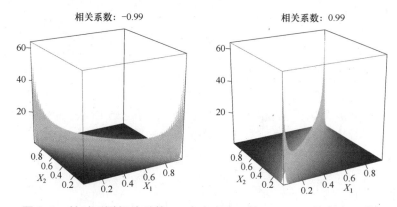

图8.6 针对不同相关系数 ρ，自由度为3的 t – copula 的密度（续）

注 8.48

1. 如果自由度 m 接近无穷大，那么 t – copula 接近高斯copula。另外，从密度函数公式看，我们可以观察到，由于 Σ 为单位矩阵，密度并**不**成为独立 copula 的密度。其实，当我们使用 t – copula 时，永远无法获得独立 copula。

2. t-copula 和高斯 copula 都是对称的，且模拟速度非常快。但这两者之间有一个显著区别。而高斯 copula 没有尾部相依，而 t – copula 有上尾部相依和下尾部相依。对于 $\sigma_{12} = \mathbb{C}\mathrm{orr}(X, Y)$，有

$$\lambda_U = 2 \cdot \left(1 - t_{m+1} \left(\frac{\sqrt{(m + 1)(1 - \sigma_{12})}}{\sqrt{1 + \sigma_{12}}} \right) \right) \tag{8.86}$$

式中，$t_m(x)$ 表示自由度 m 的分布的分布函数。

由 t-copula 的定义可知，在给定边缘分布（见算法 8.10）的情况下，很容易模拟随机变量。

算法 8.10 利用 t-copula 进行模拟

假设 $F_1, \cdots, F_n$ 是所期边缘分布，且 Σ 是所期的自由度为 m 的 t – copula 的 $n \times n$ 相关系数矩阵。

1. 计算 Σ 的楚列斯基分解，作为 $\Sigma_{\mathrm{Chol}} \cdot \Sigma_{\mathrm{Chol}}^t = \Sigma$。

2. 模拟 n 个独立随机变量 $\tilde{Y}_i \sim \mathcal{N}(0, 1)$。

3. 假设

$$\begin{pmatrix} Y_1 \\ \vdots \\ Y_n \end{pmatrix} = \Sigma_{\mathrm{Chol}} \cdot \begin{pmatrix} \tilde{Y}_1 \\ \vdots \\ \tilde{Y}_n \end{pmatrix}$$

4. 模拟 m 个独立随机变量 $\tilde{Z}_i \sim \mathcal{N}(0, 1)$，并假设

$$Z = \tilde{Z}_1^2 + \cdots + \tilde{Z}_m^2$$

5. 通过下式得到所期分布的随机变量 X_i，

（续）

$$X_i = F_i^{-1} \left[t_m \left(\sqrt{m} \cdot \frac{Y_i}{\sqrt{Z}} \right) \right]$$

式中，t_m 是自由度为 m 的 t 分布函数。

为说明 t-copula 和高斯 copula 之间的区别，如图 8.5 所示，我们再次模拟两个服从二项分布的随机变量。图 8.7 显示了得到的相关系数曲线。

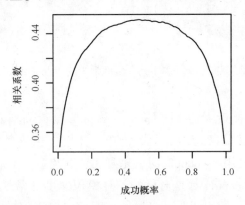

图 8.7 X_1、X_2 间的相关系数，X_1、$X_2 \sim B(5, p)$，

且自由度为 3，相关系数为 0.5 的 $t-$copula

阿基米德 copula

一个阿基米德 copula 是由一个单一的一维分布定义的。为引入，我们再次以便于理解的方式说明拉普拉斯变换。

定义 8.49

假设 Z：$\Omega \rightarrow \mathbb{R}_+$ 是非负实值随机变量，且分布函数为 F，并有 $F(0) = 0$。Z 的**拉普拉斯变换** L_Z：$\mathbb{R}_+ \rightarrow \mathbb{R}$ 定义为

$$L_Z(x) = \mathbb{E} \left[\exp(-x \cdot Z) \right] = \int_{\mathbb{R}} \exp(-xz) \mathrm{d}F(z) \tag{8.87}$$

如果随机变量 Z 具有密度 f，那么就可以通过逆拉普拉斯变换重新阐述。

定义 8.50

拉普拉斯变换 L_Z 可以扩展至具有正实值部分的复杂情况。**逆拉普拉斯变换**的定义为

$$L_Z^{-1}(x) = \frac{1}{2\pi \mathrm{i}} \int_{1-\mathrm{i}\infty}^{1+\mathrm{i}\infty} \exp(sx) L_Z(s) \mathrm{d}s \tag{8.88}$$

我们现在回到阿基米德 copula 的定义。

定义 8.51

假设 F 是满足 $F(0) = 0$ 的一维随机变量 Z 的分布函数。假设 L_Z 是 Z 的拉普拉斯变形。我们定义 $\varphi(u) = \inf\{v \mid L_Z(v) \geq u\}$，并称它为阿基米德 copula 的**生成**

函数。相应的**阿基米德 copula** $C_{Archimedean}$ 定义为

$$C_{\text{Archimedean}}(x_1,\cdots,x_n):=\varphi^{-1}\left(\sum_{i=1}^{N}\varphi(x_i)\right) \tag{8.89}$$

式中，φ^{-1} 是生成函数的逆函数，并与 Z 的拉普拉斯变形一致。

注 8.52 阿基米德 copula 较 t-copulas 和高斯 copula 有不少优点和缺点：

优点：它有可能得到一个非对称的尾部相依。这是与 t-copulas 和高斯 copulas 所不同的，因为 t-copulas 和高斯 copulas 都在点（0.5，$\cdots$，0.5）附近对称。

缺点：阿基米德 copula 的主要缺点可以直接从其构造中看出。首先，三个参数的数量严格受限，因为我们通常为 F 选择参数为两三个的函数。其次，由于（变换）和引入了随机成分，有

$$C_{\text{Archimedean}}(x_1,\cdots,x_n)=C_{\text{Archimedean}}(x_{\Pi(1)},\cdots,x_{\Pi(n)}) \tag{8.90}$$

对于一个序列，有 $\Pi:\{1,\cdots,n\}\rightarrow\{1,\cdots,n\}$。这样，由随机变量组成的任何有限集的相依结构都是相同的。这与高斯 copula 和 t-copulas 都不同，后两者的相关系数矩阵允许在成分中的不同相依。

算法 8.11 显示利用阿基米德 copula 进行模拟的一般框架（见 Marshall 与 Olkin 的著作 [1988]）。

算法 8.11 利用阿基米德 copula 进行模拟

假设 $F_1,\cdots,F_n$ 是所期边缘分布，φ 是阿基米德 copula 的生成函数，φ^{-1} 是逆函数。

1. 模拟 n 个独立随机变量 $Y_i\sim\mathcal{U}[0,1]$。

2. 模拟另一个随机变量 Z，独立于 $Y_1,\cdots,Y_n$，且拉普拉斯变换等于 φ^{-1}。

3. 定义 $Z_i=\varphi^{-1}\left[-\dfrac{1}{Z}\cdot\ln(Y_i)\right]$。

4. 通过如下得到所期分布的随机变量，

$$X_i=F_i^{-1}(Z_i)$$

为说明上述概念，我们现在引入阿基米德 copula 的一些特殊例子。

Gumbel copula

$\alpha\geqslant1$ 的 Gumbel copula 是由其生成函数给定，

$$\varphi(t)=[-\ln(t)]^{\alpha},\varphi^{-1}(u)=\exp(-u^{\frac{1}{\alpha}}) \tag{8.91}$$

对于 $n=2$，Gumbel copula 有上尾部相依，且

$$\lambda_U=2-2^{1/\alpha}(\alpha>1) \tag{8.92}$$

和

$$\tau_{\alpha}(X,Y)=1-1/\alpha \tag{8.93}$$

的 Kendall tau。

Clayton copula

$\alpha > 0$ 的 Clayton copula 是由其生成函数给定，

$$\varphi(t) = \frac{1}{\alpha} \cdot (t^{-a} - 1), \varphi^{-1}(u) = (\alpha \cdot u + 1)^{-\frac{1}{\alpha}} \qquad (8.94)$$

对于 $n = 2$，Clayton copula 有下尾部相依，且

$$\lambda_L = 2^{-1/\alpha} (\alpha > 1) \qquad (8.95)$$

和

$$\tau_\alpha(X, Y) = \frac{\alpha}{\alpha + 2} \qquad (8.96)$$

的 Kendall tau。

Frank copula

$\alpha > 0$ 的 Frank copula 是由其生成函数给定，

$$\varphi(t) = -\ln\left(\frac{\exp(-\alpha \cdot t) - 1}{\exp(-\alpha) - 1}\right)$$

$$\varphi^{-1}(u) = -\frac{1}{\alpha} \cdot \ln\{\exp(-u) \cdot [\exp(-\alpha) - 1] + 1\} \qquad (8.97)$$

Frank copula 没有上尾部相依，也没有下尾部相依。Kendall tau 具有显性表达式，但很长（见 Embrechts 等的著作 [2003]）。

8.4.3 实际模型应用

假设一个保险公司正考虑可能相依业务集 $X_1, \cdots, X_n$，并希望计算它们的损失函数的期望值，即

$$\mathbb{E}(f(X_1, \cdots, X_n)) = ? \qquad (8.98)$$

最明显的办法就是使用一个原始蒙特卡罗估计，即采用随机向量 $(X_1, \cdots, X_N)$ 的 N 个实现值，并将 $f(X_1, \cdots, X_n)$ 的结果均值作为估计值。然而，为实现这一点，我们需要这些业务的联合分布。如果没有联合分布，那么使用基于 copula 族的算法 8.12 得到逼近过程就是一个可行的办法。

算法 8.12 相依风险的 copula 框架

1. 根据历史（单变量）数据，估计 $X_1, \cdots, X_n$ 的边缘分布 $F_1, \cdots, F_n$。

2. 根据实证数据结果，从 copula 族中选择其一，C_θ，$\theta \in \Theta$。

3. 根据估计所选 copula（如 Kendall tau，上/下尾部相依，或相关系数）的数量特性，决定相应 copula 的参数 θ^*。

4. 根据 copula 模拟过程，使用边缘分布和 copula C_{θ^*} 生成 N 个独立随机样本 $(X_1^{(i)}, \cdots, X_n^{(i)})$。

5. 采用常规方法，从为 $\mathbb{E}(f(X_1, \cdots, X_n))$ 生成的样本中获得原始蒙特卡罗估计值。

为应用这些框架，仍存在一些问题：

- 何种 copula 应该运用于特别例子中？
- 如何根据给定数据拟合 copula？

这些问题都有待解决。

第一问题的答案并不明显。除了易处理性（这将有利于使用高斯 copula）外，重要的一点是所选的 copula 应该能够很好地解释相应数据的经验特征。因此，人们应该检查数据，例如：

- 尾部相依，
- 对称性，
- 极值。

这应导致有利于选择特定 copula 族。然后，下一个步骤是将 copula 族拟合于现有数据。由于很容易理解拟合单变量分布，我们推荐上述算法框架已经说明的如下两步过程。

1. **拟合边缘分布 F_i 至 X_i**。这可以通过查看历史数据，并使用成熟的单变量模型来实现商业价值。通常情况下，这些单变量分布的假设已经由过去的经验证实。

2. **拟合 copula 于多变量数据**。这取决于所选择的 copula 族。在高斯 copula 或 $t-$copula 下，我们必须估计相关关系矩阵。在阿基米德族下，我们还可以使用最小二乘法通过估计，如所有对 (X_i, X_j) 的 Kendall tau，并选择使理论和实际 Kendall tau 的二次偏差和最小的参数 θ。此外，也选择下尾部相依且/或上尾部相依。

8.5 非人寿保险

在非人寿保险中，索赔要求的方差可比寿险要高得多。诸如飓风或地震这类灾害往往会导致极其严重的损害。这些非常罕见的事件通常会对被保险组合的风险造成非常大的影响，因此也对保险公司的整体业务构成威胁。随着新型建模要素已经将此情况纳入考虑，厚尾分布进入人们的视野。

另外，无论其是否发生以及发生后的金融后果，都不像人寿保险中那样容易预测，只因大数定律并不通常成立。因此，估计该业务（至少某部分）的破产概率就是非人寿保险数学的一个重要课题。与此密切相关的是，在一个预先设定的时间间隔（通常为 1 年）内的总索赔额。对于索赔额度和索赔到达过程建模是最重要的建模问题。近期研究这个领域的专著有 Mikosch 的著作（2004）。此外，不同索赔之间关系的影响效果正是将 copula 模型引入实际的原因。

8.5.1 单一模型

在单一模型中，所有保险政策的集合都通过对每个合同单独建模进行了评估。

定义 8.53

在单一（风险）模型中，保险公司组合的合同 i 被确认为随机变量 X_i，即在

给定周期（1 年）内合同的索赔额。组合的**总索赔额** S_n 定义为

$$S_n = \sum_{i=1}^{n} X_i \tag{8.99}$$

最主要地，保险公司很在意总索赔 S_n 的分布。为确定它，我们引入一些简化假设：

假设 8.54　1. 单一合同的索赔额 X_1，$\cdots$，X_n 是独立的。

2. 根据无限可分分布，X_1，$\cdots$，X_n 是独立同分布的。

第一个假设得出，总索赔的分布是单一合同分布的卷积。第二个假设确保，除了这些参数，总要求的分布与单一合同的分布是一样的。单一模型的假设确实非常严格，因为单一合同通常有不同的特点。此外，我们必须考虑到，单一合同的索赔额可能为零。因此，如果对总索赔额应进行模拟，我们就必须指定一个包括零（单一）索赔在内的概率集合。除了这种意见外，总索赔额的蒙特卡罗模拟只是相当于对固定数量的随机变量进行模拟。

8.5.2　集体模型

在集体模型（也常称为 Gramér – Lundberg 模型）中，我们从单独研究单一合同转向研究每个索赔，即 X_i 第 i 个发生的索赔，且一般与第 i 个合同无关。

定义 8.55

集体（风险）模型包括一个随机过程 N_t，该变量表示截止时间 t 的已发生索赔数量。非负随机变量 $X_i, i = 1, \cdots, N_t$，表示这些单一索赔的额度大小。

如下假设是应用于集体模型中的。

假设 8.56　1. 索赔发生的数量与索赔相独立。

2. 单一索赔是独立同分布的。

这些假设条件允许总索赔的一些分布性质的演变，如在给定这些量的情形下，索赔发生数量和单一索赔的分布的期望和方差都已知：

定理 8.57

如果单一索赔 X_i 有期望 c 和方差 σ_c^2，且索赔发生数目 N_t 的期望为 n，方差为 σ_n^2，则截止时间 t 的索赔总额 S_t 的期望为 $n \cdot c$，方差为 $n \cdot \sigma_c^2 + c^2 \cdot \sigma_n^2$。

在经典 Gramér – Lundberg 模型（见 Lundberg 的著作 [1903]）中，索赔事件被建模为具有密度 $\lambda > 0$ 的泊松过程。

我们现在专注于非人寿保险数学中一个主要问题，即破产概率的计算。对于这一点，需要引入**初始准备金** h 和在时点 t 收到的保费率 $\pi(t)$。

定义 8.58

假设 s 是初始准备金，$\pi(t)$ 是在时点 t 收到的保费率，$X_1, X_2, \cdots$ 是在时点 t_1，t_2，$\cdots$ 发生的索赔。

那么，**破产概率**定义为

$$P_{ruin} = \mathbb{P}\left(\exists t : h + \int_0^t \pi(s)\,ds - \sum_{i=1}^{\infty} 1_{\{t_i \le t\}} \cdot X_i < 0\right) \tag{8.100}$$

它的反面 $1 - P_{ruin}$ 被称为**生成概率**。

下面将介绍集体模型的一些重要结果的特征（见 Mikosch 的著作 [2004]）。

定理 8.59

（a）如果保费率 $\pi(t)$ 是根据期望原则计算的（见定义 8.4），那么如果我们选择一个安全载荷，$\mu = 0$，那么破产概率将为零，即一个正安全载荷 μ 对于保险公司的生成是必要的。

（b）假设有 $\pi(t) = c \cdot t$ 作为保费率，一个独立同分布的索赔到达时间 W_i，且 $t_i = W_1 + \cdots + W_i$ 满足

$$\mathbb{E}(X_1) - c\mathbb{E}(W_1) < 0$$

进一步假设，对于 $Z_1 = X_1 - cW_1$，矩母函数 $m_{Z_1}(h)$ 对于所有 $h \in (-h_0, h_0)$ 和一些 $h_0 > 0$ 是存在的。如果有如下方程的唯一正解 r，

$$m_{Z_1}(r) = \mathbb{E}\left(e^{R(X_1 - cW_1)}\right) = 1 \tag{8.101}$$

那么我们得到具有初始准备金 h 的破产概率的 Lundberg 界：

$$p_{ruin} \le \exp(-R \cdot h) \tag{8.102}$$

数值 R 称为调整系数。

对于索赔大小 X_i 的一般分布，确定破产概率几乎是不可能的。因此，人们专门研究 X_i 的某些特殊分布，派生近似，或采用蒙特卡罗方法（见 Mikosch 的著作 [2004] 中对于不同索赔要求和索赔之间的相依性进行研究）来计算破产概率。

Cramér – Lundberg 模型中的模拟与破产概率

为了计算 Cramér – Lundberg 模型中，截止一个固定时间 T 的破产概率，我们可以简单地使用算法来模拟 6.2 节给定的复合泊松过程的路径。很容易包括确定性漂移 $\int_0^t \pi(s)\,ds$，并得到如下公式表示的准备金过程中的路径：

$$R(t) = h + \int_0^t \pi(s)\,ds - \sum_{i=1}^{\infty} 1_{\{t_i \le t\}} X_i, \quad t \in [0, T]$$

截止时间 T 的破产概率可以由如下进行估计：

$$\hat{p}_{ruin}(T) := \frac{1}{M} \sum_{i=1}^{M} 1_{\{R^{(i)}(t) < 0, \text{对某些} t \in [0,T]\}} \tag{8.103}$$

式中，$R^{(i)}(t), t \in [0, T]$ 是准备金过程的第 i 个模拟路径。

更复杂的蒙特卡罗方法应用关键取决于索赔到达过程 N_t 和索赔大小 X_i 的分布性质。我们将在 8.5.3 节进行介绍。

Cramér – Lundberg 模型的路径模拟：一般化

针对齐次泊松过程可以是一个相当原始逼近真实索赔到达过程，有很多原因可以进行解释。通常而言，投保人群是一个可以被辨别的亚群，但其内部又是同质

的。一个简单的例子是，由男性司机和女性司机构成的亚群。为此，一个齐次泊松过程的合适一般化就是混合泊松过程：

定义 8.60

假设 Λ 是具有有限一二阶矩的非负随机变量。那么，随机过程 N_t 被称为一个具有结构变量 Λ 的**混合泊松过程**，如果依赖于 $\Lambda = \lambda$ 的 N_t 是一个具有密度 λ 的齐次泊松过程。

依赖于 Λ，以及在可能值上积分将得到

$$\mathbb{E}(N_t) = t \cdot \mathbb{E}(\Lambda), \mathbb{V}\mathrm{ar}(N_t) = t \cdot (\mathbb{E}(\Lambda) + \mathbb{V}\mathrm{ar}(\Lambda)) \tag{8.104}$$

特别的事实允许比索赔到达过程的方差比期望值高，的确，这个属性经常被实证证明。一个混合泊松过程的路径模拟很容易（见算法 8.13）。

算法 8.13　混合泊松过程的路径模拟

1. 模拟随机变量 Λ 的实现值 λ。
2. 模拟具有密度 λ 的齐次泊松过程 $N_t, t\epsilon[0, T]$ 的一个路径。

然而，如果该密度过程随时间而随机变化，那么 Cox 过程将是合适的选择。

定义 8.61

假设 Λ_t 是一个非负随机过程，且满足

$$\int_0^T \Lambda_t \mathrm{d}t < \infty \quad \forall T > 0 \tag{8.105}$$

那么，随机过程 N_t（如 Λ_t 一样适用于同样的筛选）被称为 **Cox 过程**或者一个具有密度过程 Λ_t 的**双随机过程**，如果条件依赖于 $\Lambda_t = \lambda_t$ 的 N_t 是一个具有密度 λ_t 的齐次泊松过程。

在我们转向密度过程 Λ_t 的特殊选择前，我们对利用它模拟路径进行评论。事实上，Cox 过程与一种非齐次泊松过程相关，正如混合泊松过程与齐次过程相关。因此，我们首先解释如何模拟非齐次泊松过程的路径（见 6.2 节的定义）。

（至少）存在两种模拟非齐次泊松过程的方法。第一个是依赖于两次跳跃间隔时间的确切分布。由于这对非常规密度率函数而言非常少见，第二种基于接受 – 拒绝法（见第 2 章）则更好（见算法 8.14）。

算法 8.14　模拟非均匀泊松过程的路径

1. 假设 $t_0 = 0 = \hat{t}_0, \bar{\lambda} = \max\{\lambda_t \mid 0 \leq t \leq T\}$。
2. While $t_i < T$ do

   (a) 生成：$Z \sim \mathrm{Exp}(\bar{\lambda}), U \sim \mathcal{U}(0, 1)$。
   (b) 令 $\hat{t} = \hat{t} + Z$。
   (c) 如果 $U \leq \lambda(\hat{t})/\bar{\lambda}$，那么 $t_i = \hat{t}, i = i + 1$ 否则到步骤 2a。

由于我们现在可以模拟非齐次泊松过程的路径，Cox 过程的路径模拟也就非常

简单（见算法8.15）。

算法8.15 模拟 Cox 过程的路径
---

1. 模拟强度率过程 $\Lambda_t, t \in [0, T]$ 的实现 λ_t。
2. 模拟一个非齐次泊松过程 $N_t, t \in [0, T]$ 的路径,且算法8.14的强度率函数 $\lambda_t, t \in [0, T]$。

有人肯定会考虑 Cox 过程中一个密度过程的很多类型。一个特别的情况是一个均值反转过程，这可以对围绕一个固定值随机波动的密度进行建模。另外一个情况是，在理论上流行的**泊松离散噪声**过程（见 Cox 与 Isham［1980］和 Klüppelberg 与 Mikosch 的著作［1995］）。散粒噪声过程概念背后的想法是，我们有一个正常商业和非常时期的混合，如一些灾难导致索赔的大幅增加。灾难之后，所有索赔提出然后密度水平趋于恢复正常需要一定的时间。下一场灾难之后将发生同样的步骤。作为一个特定的例子，我们介绍 Cox 与 Isham（1980）引入的散粒噪声过程的形式，

$$\lambda_t = \lambda_0 e^{-\delta t} + \sum_{i=1}^{K_t} y_i e^{-\delta(t - s_i)} \tag{8.106}$$

在此，λ_0、δ 是正数。随机变量 y_i 是由时间 s_i 发生的灾难 i 导致的密度离散，这自身也是具有密度 ρ 的齐次泊松过程 K_t 的第 i 个跳跃。为说明一个泊松散粒噪声过程的行为，我们参考图8.8和图8.9。第一幅图描绘了密度过程（在跳跃时间的跳跃高度为10），第二幅图展示了索赔数量。注意在密度跳跃之后，索赔频率急剧增加。

Albrecher 与 Asmussen（2006）介绍了散粒噪声过程，以及在有限和无限的时间范围内破产概率的解析近似。

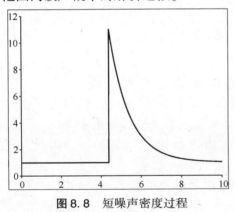

图 8.8 短噪声密度过程

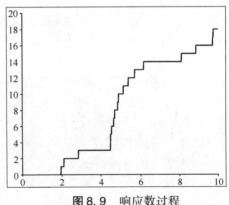

图 8.9 响应数过程

8.5.3 极端事件情况和厚尾分布

一个与破产概率或风险测度的计算密切相关的区域是，极端事件模拟。然而，由于这些事件由定义来看很少发生，通过相对发生概率得到极端事件概率估计，相应实验的原始蒙特卡罗模拟不是有效的方法。同样清楚的是，基准分布的尾部行为是此类罕见事件发生的决定性特征，我们给出分布的如下分类。

定义 8.62

假设 X 是具有分布函数 F 的实值随机变量。分布的**尾部**表示为 $\bar{F}(x) := 1 - F(x)$。

（a）我们称，一个（单变量）分布是**轻尾分布**，如果它的尾部满足

$$\bar{F}(x) \leqslant C \cdot \exp(-\alpha x), x > x_0 \tag{8.107}$$

对于一些 x_0 和一些正常数 C、α。

（b）我们称，一个（单变量）分布是**厚尾分布**，如果它的矩母函数 $M(u) = \mathbb{E}(\exp(uX))$ 对于任何 $u > 0$ 并不存在。

注 8.63

1. 乍一看，具有轻尾和厚尾分布条件的不同形式，很令人惊讶。然而，条件式（8.107）意味着，产生轻尾分布 $M(u) = \mathbb{E}(\exp(uX))$ 的函数的矩，对于一些 $u > 0$，是存在的。此外，对于厚尾分布，对于每个 $u > 0$，矩母函数并不存在，这意味着其尾部必须比每个指数分布更大。

2. 轻尾分布的常规例子是服从指数、伽马和正态分布。

3. 厚尾分布的常规例子是

● 对于 α、$b > 0$ 和 $x \geqslant b$，具有 $\bar{F}(x) = \left(\dfrac{x}{b}\right)^{-\alpha}$ 的 Pareto 分布，

● 著名的对数 – 正态分布，和

● 对于 a、γ、$x > 0$，具有 $\bar{F}(x) = \exp(-\gamma x^a)$ 的 Weibull 分布。

4. 厚尾分布的常规类别是**次指数分布**（见 Klüppelberg 的著作［1988］）。分布 F 是次指数分布，如果对于每个独立同分布非负随机变量 X_1，$\cdots$，X_n（根据 F 的所有分布），有

$$\lim_{x \to \infty} \frac{\mathbb{P}(\max(X_1, \cdots, X_n) > x)}{\mathbb{P}(X_1 + \cdots + X_n > x)} = 1 \tag{8.108}$$

此属性的解释是，对于这样次指数分布的随机变量之和较大值，通常是由一个非常大的单一值决定的，这种情况在非寿险的被保险组合中有时会出现。

在本节中，我们将只考虑罕见事件的模拟，或者更准确地说，计算厚尾情形下的发生概率。对于轻尾假设，8.2.5 节介绍了关于具有真实扭转的重要性抽样的细节，并选择了随机和假设（见 Asmussen 的著作的第 10 章［2000］）。因此，我们不会在次详细考虑这种情况。

在厚尾假设下，密度函数的指数扭转可能由厚尾分布定义。在文献中所考虑的方法，Asmussen 与 Kroese（2006）给出了一种方法的两种变体，以展现最佳效果。我们将仅讨论这些方法。对于一般破产概率的逼近，我们建议有兴趣的读者阅读 Asmussen（2000）和 Mikosch（2004）的专著。为判断一个小概率的蒙特卡罗估计值的性能，我们引入了基于相应置信区间的相对长度的两个性能标准。小概率序列都需要这两个指标，估计量的方差应该比序列本身更快地收敛到零。

定义 8.64

我们考虑事件 $A(u)$ 的序列，这些事件依赖于 u，且概率为

$$\mathbb{P}(A(u)) =: z(u) \rightarrow 0, u \rightarrow \infty \tag{8.109}$$

$z(u)$ 的无偏估计值 $Z(u)$ 据称拥有**有界相对误差**，如果它满足

$$\limsup_{u \to \infty} \frac{\mathbb{V}\mathrm{ar}(Z(u))}{Z(u)^2} < \infty \tag{8.110}$$

$z(u)$ 的无偏估计值 $Z(u)$ 据称是**对数有效**（或者**渐近有效**），如果它满足

$$\limsup_{u \to \infty} \frac{\mathbb{V}\mathrm{ar}(Z(u))}{Z(u)^{2-\epsilon}} = 0, \forall \epsilon > 0 \tag{8.111}$$

下面给出的估计值与对具有独立和独立同分布的随机变量 $S_n = X_1 + \cdots + X_n$ 的和的尾部概率估计相关。该 Asmussen – Kroese 估计值是基于特性

$$\mathbb{P}(S_n > u) = n \cdot \mathbb{P}(S_n > u, M_n = X_n) \tag{8.112}$$

对于连续分布，且 $M_n = \max\{X_1, \cdots, X_n\}$。为进一步降低方程右侧的蒙特卡罗估计值的方差，通过引入 Asmussen-Kroese 估计值调用条件蒙特卡罗为

$$n\mathbb{P}(S_n > u, M_n = X_n \mid X_1, \cdots, X_{n-1}) = n\bar{F}(\max\{M_{n-1}, u-S_{n-1}\}) \tag{8.113}$$

其中 $\bar{F} = 1 - F$，F 是 X_i 的分布。

如果我们考虑，一个保险公司在时段初期具有初始准备金 u，在该时段的后续期间不再有保费收入，那么

$$Z(u) := \mathbb{P}(S_N > u) \tag{8.114}$$

就等于期末的破产概率，如果 N 是期间发生索赔的数量。通过将式（8.113）的固定 n 替换为随机变量 N，我们得到组合和的 Asmussen-Kroese 估计值

$$Z(u) = N\bar{F}(\max\{M_{N-1}, u-S_{N-1}\}) \tag{8.115}$$

Asmussen-Kroese（2006）中的理论结果表明，估计值是对于具有参数 a，且满足 $2^{1+a} < 3$ 的 Weibull 分布，是渐近有效的。规律变化尾部的分布的相对误差有界。正如 Asmussen 与 Kroese（2006）的论述，此估计值在保险领域相对于其他估计值具有明显优势。我们在算法 8.16 中描述了模拟过程。

算法 8.16 模拟 Asmussen-Kroese 估计值

假设 N 是具有给定分布的随即变量，$X_1, X_2, \cdots$ 是具有分布函数 $F, u > 0$ 的独立同分布随即变量。

For $i = 1$ to K do

1. 模拟随机变量 N 的实现值 $N^{(i)}$。

2. 根据分布 F，独立模拟 $X_1^{(i)}, \cdots, X_{N-1}^{(i)}$。

3. 计算 $M_{N-1}^{(i)} = \max\{X_1^{(i)}, \cdots, X_{N-1}^{(i)}\}, S_{N-1}^{(i)} = \sum_{j=1}^{N-1} X_j^{(i)}$。

4. 假设 $Z^{(i)}(u) = N^{(i)}\bar{F}(\max\{M_{N-1}^{(i)}, u-S_{N-1}^{(i)}\})$。

假设 $Z_K(u) := \frac{1}{K}\sum_{i=1}^{K} Z^{(i)}(u)$。

为了进一步提高估计性能，Asmussen 与 Kroese（2006）建议使用控制变量法。在次指数分布情况下，其尾部概率是渐近等于单一随机变量尾部概率的 n 倍，以 $N \cdot \bar{F}(u)$ 用作控制变量，将得到具有如下形式的控制变量的 Asmussen-Kroese 估计值。

$$Z_{\mathrm{con}}(u) = N \cdot (\bar{F}(\max\{M_{N-1}, u - S_{N-1}\}) - \bar{F}(u)) + \mathbb{E}(N) \cdot \bar{F}(u) \quad (8.116)$$

Asmussen 与 Kroese（2006）详细分析了采用和未采用控制变量法下的 Asmussen-Kroese 估计值的表现。还有，作者强调采用式（8.116）给出的控制变量的估计值具有明显优势。

8.5.4   相依索赔：copulas 例子

单一和集体的模型都是基于独立性假设的。这对于地震而言不现实，其力量和强度随时间而变化，因为大地震之后往往伴随许多余震。如果我们将它定义为一个单一的索赔，这是可以处理的。但是，我们也观察到，在发生大地震区域，经历了众多余震之后，将再次迎来强震。假设我们已经推出了一个泊松散粒噪声模型作为 8.5.2 节的可能框架，我们仍将在这里使用一个 copula 方法对索赔之间的相依结构进行建模。

例 8.65   地震的破坏概率

假设每十次地震发生一次强震，期间都是余震。我们通过具有形状 0.9 和尺度 30 的伽马分布为单一索赔 X_i 建模。不同索赔之间的相依关系是由一个高斯 copula 建模，该高斯 copula 的相关系数矩阵具有 Toeplitz 结构，且在第一侧上的对角线为 -0.1、-0.05，而第十侧对角线为 0.3。两次地震之间的等待时间是由具有密度 0.1 的指数分布来刻画，即从平均意义上讲，地震每十年发生一次。我们还介绍了由地震造成的索赔大小的相依关系，以及用具有相关系数 0.7 的高斯 copula 描述直到下一次大地震的时间，即大地震增加了直到下一次地震到来的等待时间。其理由是，强震极大地降低了地壳张力。

我们对未来 1000 年进行模拟。假定保费率 $\pi(t) = 1.1 \cdot \dfrac{\mathbb{E}(X_i)}{10} = 2.97$。出于对比的原因，我们也进行了独立假设下的相同模拟。其结果可以通过图 8.12 反映于图 8.10 中。

在图 8.10 中，当从初始准备金为零开始，我们看到了准备金的演变。两次地震之间，保费收入使得准备金增加；在发生地震时，由于索赔大量发生而导致准备金下滑。如果我们比较这两个路径，然后在相关的情况下，我们观察到，大地震后直到下一次地震发生时的等待时间较长，此外，第二次地震的索赔额也小些，这正是我们的模型所希望表示的情况。

最有趣的结果是，为避免破产的必需初始储存的差别，或反之亦然，对于一个固定的初始准备金的破产概率的差异。在图 8.11 和图 8.12 中，我们观察到，相依例子导致了一个更小的必需初始准备金或更小的破产概率。

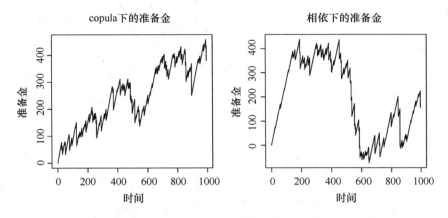

图 8.10 从零准备金开始的准备金路径

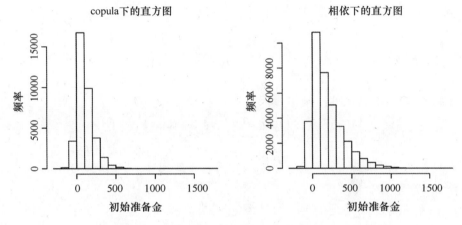

图 8.11 必需初始储存的直方图以避免破产

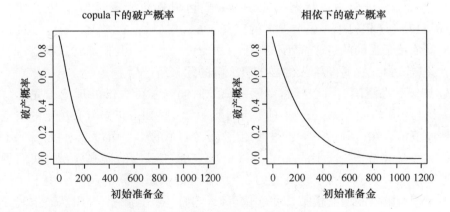

图 8.12 依赖于初始准备金的破产概率

8.6 马尔可夫链蒙特卡罗和贝叶斯估计

在本节中，我们介绍贝叶斯估计和马尔可夫链蒙特卡罗方法（MCMC）的概念。MCMC 是用于进行贝叶斯估计方法和蒙特卡罗方法时，底层的随机数的模拟是低效的或不可能通过常规方法的基本工具。对于这两种情况，在精算数学与金融数学的众多应用中存在。

8.6.1 马尔可夫链的基本属性

术语马尔可夫（Markov）链以各种方式应用于随机过程中。其范围包括从简单区分马尔可夫过程和马尔可夫链，到严格区分，即马尔可夫链是具有可数状态空间的离散时间马尔可夫过程。我们本文后续将使用后者概念。

定义 8.66

假设 $\{X(n),n \in \mathbb{N}\}$ 是一个离散时间随机过程，$X(n)$ 仅在可数集 $\mathcal{S}$ 内取值，该集合被称为**状态空间**。为方便，我们总是将 $\mathcal{S}$ 与 $\mathbb{N}$ 的子集视为相同。如果我们有下式这被称为（离散时间）**马尔可夫链**：

$$\mathbb{P}(X(n+1) = j \mid X(n) = i, X(n-1) = i_{n-1}, \cdots, X(0) = i_0)$$
$$= \mathbb{P}(X(n+1) = j \mid X(n) = i) =: p_{ij}(n) \ \forall i,j,i_k \in \mathcal{S} \tag{8.117}$$

其中，可能的无限矩阵 $(p_{ij}(n))$ 称为从时间 n 至时间 $n+1$ 的**转移矩阵**。

注 8.67

1. 一个人寿保险公司的客户经常被视为有多种"状态"，即他可能处于"健康""生病"或者"死亡"。马尔可夫链是一个状态过程随时间演化的模型。

2. 请注意，对于离散状态的假设，我们可以逐个元素地定义马尔可夫属性［式（8.117）］（相较于一般情况下的定义 4.6）。当然，解释仍然是：该过程的未来演变仅依赖于当前状态，而不依赖于以往历史。此外，我们通常选择 $\mathcal{F}(n)$ 作为域流，该域流由截止时间为 n 的马尔可夫链的元素所产生。

3. **连续状态空间**。一般状态空间的离散时间马尔可夫链的理论很完善。事实上，一个马尔可夫链由从一个时刻变换到下一个——如由正态分布决定的时刻，是很自然的事情。在这种情况下，过渡矩阵 $(p_{ij}(n))$ 的作用由过渡内核，即 $p(x,A)$ 所替代，使得对每一个固定的 $x \in \mathcal{S}, p(x,.)$，是在 $\mathcal{S}$ 内的概率分布。我们不在此细说这种情况，但会时常展现具有如 $\mathbb{R}^d$ 的非可数状态空间的例子。由于我们在计算机上运行有限集的所有模拟，我们也可以认为，限制到一个有限状态空间 $\mathcal{S}$ 并不会称为限制。

仅依赖于过去的固定成分的非马尔可夫离散时间随机过程可以通过扩大状态空间变成一个马尔可夫过程。那么它应包括决定时间序列未来演进的所有过去成分。

更确切地说，我们有以下很容易被证明的引理。

引理 8.68

假设 $\{X(n), n \in \mathbb{N}\}$ 是一个随机过程，使得 $X(n+1)$ 可以通过下式由 $X(n), \cdots, X(n-k)$ 表示，

$$X(n+1) = f_{n+1}(X(n), \cdots, X(n-k), \varepsilon(n+1)) \qquad (8.118)$$

式中，$\varepsilon(n+1)$ 是一个随机变量，且它对于任何 $l \leqslant n$，都独立于 $X(l)$；f_{n+1} 是决定函数序列。

那么向量值随机过程 $Y(n) = (X(n), \cdots, X(n-k))'$ 就是一个马尔可夫链。

马尔可夫链的一个非常重要且经常与实际相关的特殊情况，会在转移概率不随时间变化时出现。

定义 8.69

一个具有状态空间 $\mathcal{S}$ 的马尔可夫链称为**齐次**的，如果对于任何 $i, j \in \mathcal{S}$ 和任何 $n \in \mathbb{N}$，有

$$\mathbb{P}(X(n+1) = j \mid X(n) = i) = \mathbb{P}(X(1) = j \mid X(0) = i) = p_{i,j} \qquad (8.119)$$

注 8.70 可以直接证实，从时间 0 到时间 n 的 n 步转移矩阵定义为

$$p_{i,j}^{(n)} := \mathbb{P}(X(n) = j \mid X(0) = i)$$

事实上，等于转移矩阵的第 n 次幂，

$$p^{(n)} = p^n \qquad (8.120)$$

在进行人寿保险的出发点中，也存在不同的状态类型。有些仅仅是因为"生病"，也有些是我们无法逃离的，如"死亡"。我们在接下来的定义中进行公式化处理。

定义 8.71

假设 $i \in \mathcal{S}$ 是非齐次马尔可夫链 $\{X(n)\}_{n \in \mathbb{N}}$ 的一些状态，并假设 $X(0) = i$。

用

$$\tau_i = \min\{n > 0 \mid X(n) = i\} \qquad (8.121)$$

表示第一个再次发生时间，即通过 X 再次回到状态 i 的时间。

状体 i 称为**过渡**，如果有

$$\mathbb{P}(\tau_i < \infty) < 1 \qquad (8.122)$$

i 称为**循环**，如果有

$$\mathbb{P}(\tau_i < \infty) = 1 \qquad (8.123)$$

如果一个循环状态满足 $\mathbb{E}(\tau_i) < \infty$，那么称之为**正循环**。

定义 8.72

齐次马尔可夫链 $\{X(n)\}_{n \in \mathbb{N}}$ 的两个状态 $i, j \in \mathcal{S}$ 被称为**相关联**，如果一些 n_{12}，$n_{21} \in \mathbb{N}$，有

$$\mathbb{P}(X(n + n_{12}) = j \mid X(n) = i) \cdot \mathbb{P}(X(n + n_{21}) = i \mid X(n) = j) > 0 \qquad (8.124)$$

马尔可夫链被称为**不定期**，如果对于所有状态 $i \in \mathcal{S}$，有

$$1 = g.c.d.\{n \in \mathbb{N} \mid \mathbb{P}(X(n) = i \mid X(0) = i) > 0\} \tag{8.125}$$

式中，$g.c.d.$ 表示最大公约数。

注 8.73

1. 它被允许有 $n_{12} = n_{21} = 0$，即每个状态与自身相关。此外，它可以很容易地验证关联概念定义了在状态集上的等价关系。特别是，我们将状态空间分割成不同子集，每个子集要么包含循环状态要么包含过渡状态。

2. 如果我们是在一个循环状态中，那么就不可能在未来达到任何其他等价类。为能够达到在一个模拟中的任何可能状态，齐次马尔可夫链应该包括一个单一的等价类。如果不是这种情况，我们就必须仔细地选择 $X(0)$ 的分布以进入所需的类。

定义 8.74

一个具有状态空间 $\mathcal{S}$ 的齐次马尔可夫链 $\{X(n)\}_{n \in \mathbb{N}}$ 被称为**不可约**的，如果它的关联状态只有一个等价类。否则，我们称之为**可约**的。

如果我们想模拟一个马尔可夫链的路径，但不知道它的初始值，那么就需要一个状态空间上的概率分布 $\mu(.)$，根据这个状态分布，可以得出初始状态 $X(0)$。如下展示了一个特例，在时间历程中，初始分布不变。

定义 8.75

状态空间 $\mathcal{S}$ 的分布 $\pi(.)$ 称为齐次马尔可夫 $\{X(n)\}_{n \in \mathbb{N}}$ 的**稳定分布**，如果当初始值 $X(0)$ 是基于 $\pi(.)$ 分布时，则所有的 $X(n)$ 都是基于 $\pi(.)$ 分布的。

注 8.76 通常，一个马尔可夫链的稳定分布 π 定义为如下方程的非负解

$$\pi p = \pi, \quad \sum \pi(i) = 1 \tag{8.126}$$

下面，我们将介绍两个完全相同的定义。尽管不是每个齐次马尔可夫链都有稳定分布，但仍有很多保证一个（单一）稳定分布存在的事实（见 Haeggstrøm [2003] 或 Durrett [1999] 的著作），一些具有显性解。

标准结果的集合汇聚如下（见 Durrett 的著作 [1999]）。

定理 8.77

（a）假设 $\{X(n)\}_{n \in \mathbb{N}}$ 是一个具有正循环状态的齐次、不可约的不定期马尔可夫链。那么它有一个唯一稳定分布 π 满足

$$\lim_{n \to \infty} p_{i,j}^{(n)} = \pi(j), \forall i,j \in \mathcal{S} \tag{8.127}$$

且该稳定分布是式 (8.126) 的唯一非负解。

（b）如果 $\mathcal{S}$ 有限，且马尔可夫链 $\{X(n)\}_{n \in \mathbb{N}}$ 是齐次、不可约、不定期的，那么 $X(n)$ 的分布呈现指数式收敛于它的唯一稳定分布 π，过程如下：

$$\max_{1 \leq i \leq N} \max_{1 \leq j \leq N} |p_{i,j}^{(n)} - \pi(j)| \leq C \cdot e^{-nc} \tag{8.128}$$

对于一些 c、$C > 0$，其中 N 是状态空间的大小。

除了这些马尔可夫链分布的收敛结果，还有一个与蒙特卡罗模拟相关的马尔可夫链收敛定理（见 Durrett［1999］的证明）。

定理 8.78 马尔可夫链强律

假设 $\{X(n)\}_{n\in\mathbb{N}}$ 是一个具有唯一稳定分布 π 的齐次、不可约的马尔可夫链。假设 f 是一个实值函数，如 $\mathbb{E}(f(X))$，基于 π，对于 X 分布有限。有

$$\frac{1}{n}\sum_{k=1}^{n}f(X(k)) \xrightarrow{n\to\infty} \mathbb{E}(f(X)) \, a.s. \tag{8.129}$$

式中，X 是基于稳定分布 π 的分布。

尤其注意：我们并不需要为收敛而要求 $X(k)$ 相互独立，如下将展示一个通过 MCMC 方法得到蒙特卡罗估计值的收敛的关键事实。

8.6.2 马尔可夫链模拟

如果事先知道转移概率，模拟马尔可夫链 $\{X(t), \in\mathbb{N}\}$ 的路径就相当容易。为有一个统一的框架，在以下的算法中，将始终从一些分布 D 中抽取初始状态 $X(0)$。如果已经知道起始值，则 D 就是将所有置于特定值的分布。假设我们完全知道转移矩阵，并也能够从经由转移矩阵的行而得的所有离散分布中抽取一个随机数。那么我们给出简单算法 8.17。

算法 8.17 利用事先计算的转移矩阵模拟一个齐次马尔可夫链路径

1. 假设 $n = 0$。从分布 D 中抽取一个随机数 $X(0)$。
2. For $n = 1$ to N，从由 $\{p_{X(n-1),j}, j \in \mathbb{N}\}$ 给定的离散分布中抽取一个随机 $X(n)$。

算法 8.17 可能无效，如果状态空间是无限，且/或如果每个状态的转移概率必须从程序中计算。在这种情况下，使用以一种重复的方式从相关离散分布中生成随机数的逆反法会更有效率，这也是我们在算法 8.18 中采用的方式。

算法 8.18 马尔可夫链模拟

1. 假设 $n = 0$。从分布 D 中抽取一个随机数 $X(0)$。
2. For $n = 1$ to N do。
   (a) 产生一个随机数 $u \sim \mathcal{U}(0,1]$ 并假设 $j = 0, sum = 0$。
   (b) 计算 $p_{X(n-1),j}$。
   (c) 假设 $sum = sum + p_{X(n-1),j}$。
   (d) 如果 $sum \geq u$，那么假设 $X(n) = j$，否则假设 $j = j + 1$ 并执行（b）。

8.6.3 马尔可夫链蒙特卡罗方法

马尔可夫链蒙特卡罗方法（MCMC 方法）背后的基本思想是，人们可以得

到——至少近似得——基于给定分布 π 的随机数，这是通过模拟一个具有以此分布为唯一稳定分布的马尔可夫链得到的。这里，π 可以是由它的概率函数 $\pi(.)$ 给定的离散分布，也可以是由它的密度函数 $g(.)$ 给出的连续分布。现在已有很多关于 MCMC 的性能和应用的介绍和研究，如 Ausmussen 与 Glynn（2007）、Gillks 等（1996）及 Liu（2001）的专著。

Metropolis – Hastings 算法

最流行的 MCMC 算法是 Metropolis – Hastings 算法（MH 算法），算法 8.19（见 Metropolis 等［1953］和 Hastings［1970］的专著）。它构建了一个从任意状态开始马尔可夫链，且有一个转移概率 $p_{i,j}$，使得马尔可夫链是可逆的，即它满足**细致平衡方程**。

$$\pi(i)p_{i,j} = \pi(j)p_{j,i} \tag{8.130}$$

因此，从初始分步 π 开始，从状态 i 至 j 的概率等于从状态 j 至 i 的概率。在式（8.130）左右两端对 j 求和，这表明 π 的确是马尔可夫链（在某种情况下唯一）的稳定分布。

算法 8.19　Metropolis – Hastings 算法

假设 π 是已知的概率分布。假设 $q(x,y)$ 是已知的转移矩阵。进一步假设 $X(0) = \bar{x}$ 对于满足 $\pi(\bar{x}) > 0$ 的某些值 $\bar{x}$。

For $k = 0$ to $N - 1$，do

　1. 根据转移概率 $q(X(k),.)$ 抽取一个随机数 Y，并抽取一个随机数 $U \sim \mathcal{U}[0,1]$。

　2. 计算 $\alpha(X(k),Y) = \min\left\{1, \dfrac{\pi(Y)q(Y,X(k))}{\pi(X(k))q(X(k),Y)}\right\}$。

　3. 如果 $\alpha(X(k),Y) > U$，那么 $X(k+1) = Y, k = k+1$，转至步骤1；否则，转至步骤1。

注 8.79　（MH 算法的属性/修正）

1. MH 中的转移概率定义为

$$p_{i,j} = \begin{cases} q(i,j)\alpha(i,j), & i \neq j \\ q(i,i)\alpha(i,i) + \sum_{j \in \mathcal{S}} q(i,j)(1 - \alpha(i,j)), & i = j \end{cases} \tag{8.131}$$

2. 人们可以直接对得到具有密度分布 π 的算法进行模仿。通过符号的细微更改，我们再次用 $\pi(x)$ 表示密度函数。此外，在这种情况下，转移概率 $q(x,y)$ 被转移密度 $q(x,y)$ 所替换，即对每个固定 $x,q(x,.)$ 都是密度函数。由此可以再次得到，细致平稳方程得到满足，但是现在，马尔可夫链的转移概率被转移核 $p(x,y)$ 所取代：

$$\pi(x)p(x,y) = \pi(y)p(y,x) \tag{8.132}$$

在密度例子中，对 y 进行积分能够得到稳定状态。

$$\pi(x) = \int \pi(y)p(y,x)\mathrm{d}y \tag{8.133}$$

因此，应该记住的是，我们可以通过简单地以密度替换点概率，以得到如下的密度例子。但是，对于简单标记，我们将主要限制处于离散时间状态空间下。

3. **如何选择提议函数** $q(x,y)$？关于转移概率 $q(x,y)$ 选择，存在两种流行方案。一种是对称的 q，即有

$$q(x,y) = q(y,x), \forall x \text{、} y \in \mathcal{S} \tag{8.134}$$

式中，$\mathcal{S}$ 代表分布 Π 分布的支撑。

这种方案简化了接受函数的计算难度，因为有

$$\alpha(x,y) = \min\left\{1, \frac{\pi(y)}{\pi(x)}\right\} \tag{8.135}$$

特别地，对于 q，一个模拟状态 Y 被接受，如果概率 $\pi(Y)$ 超过 $\pi(X(k))$。另一方面，如果我们使用一个提议函数 q，其在 $X(k)$ 处达到最大值（如正态分布集中于 $X(k)$），那么接受概率就总是低于 1。

第二种方案是**独立抽样**，

$$q(x,y) = g(y), \forall x \text{、} y \in \mathcal{S} \tag{8.136}$$

为一些概率函数（或者密度）$g(.)$ 选择上述公式。

然而，当决定采用哪个概率函数 $q(x,y)$ 时，应注意如下问题：如果 $q(x,y)$ 倾向于将太多的概率置于 X 的近邻域，马尔可夫链将与其初始状态非常接近。我们将面临在分布的尾部结束的危险，这将导致 MH 链产生太多不具代表性的值。

4. **收敛属性和平稳行为**。为确保 MH 链向期望的平稳分布收敛，我们必须确保从马尔可夫链得到的相关收敛结果都可以使用。在离散状态空间的情况下，我们认为 MH 链是不可约的和非周期的，如果有

$$q(i,j) > 0, \forall_{i,j} \in \mathcal{S} \tag{8.137}$$

$$p(i,i) > 0, \text{对至少一个} i \in \mathcal{S} \tag{8.138}$$

在密度情况下，对于所有 $x \in \mathcal{S}$，需要 $p(x,x) > 0$，而不是条件式（8.138）。注意，通过选择 $q(i,j)$，我们确保这些条件受到控制。

由于链也是齐次的，那么我们已经证实这两个收敛结果的假设，分布收敛定理 8.77 和马尔可夫链的强律。因此，我们已获得朝向平稳分布的所期收敛，以及基于 MH 算法的蒙特卡罗估计值的收敛速度。

作为特殊情况，Asmussen 与 Glynn（2007）展现了选择独立抽样的快速收敛效果，如果有

$$A: = \sup_x \frac{\pi(y)g(x)}{\pi(x)g(y)} < \infty \tag{8.139}$$

因此，尤其是 $g(.)$ 必须与 $\pi(.)$ 非常相近以获得很好的结果。

5. **调试周期**。虽然基于 MH 链的蒙特卡罗估计量的收敛可以确保整个链的可

用性，如果收敛仅包括已经接近平稳分布状态的链成员，那么其收敛速度会很快。因此，人们可以让链以调试周期运行，且仅使用之后的 MH 链的成员。

存在很多关于调试周期的最有大小的考虑。其中有些是难以证实，有些只是渐近有效。最近一个特殊的例子是 Rudoff（2009），它给出了为获得蒙特卡罗估计值和期望值之间的给定均方误差的最优调试周期长度的精确公式。它是基于迫动（laziness）和 MCMC 链的概念。我们在此不会对这两个技术概念进行介绍。

一个表明链收敛至平稳状态的实证标准是，生成的数据的相似性，即我们应该基于相较一个平稳 MCMC 链的图形偏差来决定（见下文示例）。但请注意，这只是在模拟的 MCMC 链值与我们预期想要的平稳分布不同时的一个非平稳状态的证明。

6. **总链长**。在决定总链长时必须考虑一个问题，基于 MCMC 链的相应 MC 估计值的方差。为说明这点，假设 $\sigma^2 = \mathbb{V}\text{ar}(f(X))$ 具有基于 π 的 X 分布。假设 ρ_k 是 MCMC 链元素的阶 k 的自相关系数，那么有

$$\mathbb{V}\text{ar}\left(\sum_{k=1}^{N} f(X(k))\right) = \sigma^2 \cdot \left(1 + 2\sum_{k=1}^{N} \frac{N-k}{N}\rho_k\right) \xrightarrow{n \to \infty} \sigma^2 \cdot \left(1 + 2\sum_{k=1}^{\infty} \rho_k\right) \quad (8.140)$$

因此，它取决于生成的抽样值之间的自相关函数，如果我们必须通过一个 MCMC 链生成比通常 N 更多的值，以获得精度 $O(1/N)$。因此，考察（抽样）自相关也是执行一个 MCMC 模拟的一部分。

7. **修正**。存在对 MH 算法的各种修正，以提高所生成随机数的质量。一个特殊例子是，使用 MH 链的每第 k 个成员以得到至少近似独立的随机数。当然，k 的较高值使得这种方法非常低效。欲了解更多变形，参见 Liu（2001）的著作。

8. 通过构建 MH 算法，只需要知道达到一个常规常数的平稳分布 $\pi(.)$，因为只有 $\pi(x)/\pi(y)$ 能够进入计算。这个事实对于在贝叶斯估计中应用 MCMC 方法非常重要。

例 8.80

为说明一个 MCMC 链的行为，我们考察一个简单例子，生成一个具有密度 $\lambda = 3$ 的泊松分布强度，并使用一个反映 $x = 0$ 的简单随机游走的转移矩阵。更准确地说，我们使用

$$q(x,y) = \begin{cases} 1/2, y \in \{x-1, x+1\}, x > 0 \\ 1, y = 1, x = 0 \\ 0, \text{其他} \end{cases}$$

我们模拟了一个长度为 10000，开始于 $X(0) = 1$ 的 MCMC 链，并在调试周期中使用链的第 1000 个数。图 8.13 似乎表明，链很快变得平稳了。这由图 8.14 证实，图中将在 9000 个 MCMC 链成员间的不同值的模拟频率与它们的理论值进行了相

比。两者差异非常小，如同直接从泊松分布进行模拟。这个观察是与初始值相独立，即使对于非常高的值，如 $X(0) = 20$。

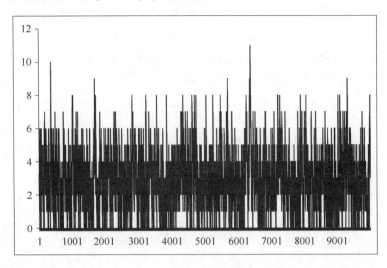

图 8.13　一个泊松分布（λ = 3）的马尔可夫链

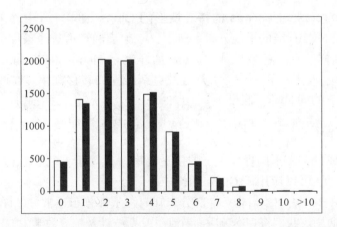

图 8.14　泊松分布（λ = 3）在调试周期后的 MCMC 链值的
实际频率（白色）和期望理论频率（黑色）

Gibbs 抽样

在 MCMC 链的所期多变量极限分布下，我们经常面对这种情况，某成分的边缘分布很容易得到，如果给定在状态空间的剩余成分（例如，在一个多变量正态时）。有人通过成分更新了由 MCMC 方法创造的马尔可夫链，即使用已经得到的新生成的成分和剩余的历史成分，这种方法也称为 **Gibbs 抽样**（见算法 8.20 和 Geman 与 Geman［1984］的著作）。

算法 8.20 Gibbs 抽样

假设 $\pi(.)$ 是一个已知概率分布（或者一个已知概率密度函数）。假设 $X(0) = (x_1, \cdots, x_d)$ 对于满足 $\pi(x) > 0$ 的一些值 x。

For $k = 0$ to $N - 1$ do

   1. 通过连接使用如下随机数，生成 $X(k+1) = (X_1(k+1), \cdots, X_d(k+1))$：

      $X_1(k+1) \sim \pi(x \mid X_2(k), \cdots, X_d(k))$

      $X_2(k+1) \sim \pi(x \mid X_1(k+1), X_3(k), \cdots, X_d(k))$

      $\vdots$

      $X_d(k+1) \sim \pi(x \mid X_1(k+1), X_2(k+1), \cdots, X_{d-1}(k+1))$

   2. 假设 $k = k + 1$ 并转至步骤 1。

注 8.81

1. Gibbs 抽样上述变形也称为**系统式扫描** Gibbs 抽样。一些学者认为，在迭代 k 只更新一个随机选择的成分 i，并留下其余的保持不变（**随机扫描** Gibbs 抽样），这种方法在收敛速度方面比系统式扫描更优（见 Liu ［2001］对于这点和更多 Gibbs 抽样变形的讨论）。

2. **作为 Metropolis-Hastings 的特殊情形的 Gibbs 抽样**。请注意，由构建 Gibbs 抽样，π 是相应 MCMC 链的平稳分布。然而，必须准确知道边缘条件分布 $\pi(.\mid.)$，以进行 Gibbs 抽样。在这些条件下，Gibbs 抽样就是 Metropolis-Hastings 算法的一个特例，其中 $q(x_{-m}, z) = \pi(z \mid x_{-m})$ 是链的更新步骤的转移概率。在此，x_{-m} 表示没有第 m 个成分下的向量 x。假设 $y = (x_1, \cdots, x_{m-1}, y_m, x_{m+1}, \cdots, x_n)$。然后，得到

$$\alpha(x, y) = \frac{\pi(y)q(y, x_m)}{\pi(x)q(x, y_m)} = \frac{\pi(y_m \mid x_{-m})\pi(x_{-m})\pi(x_m \mid x_{-m})}{\pi(x_m \mid x_{-m})\pi(x_{-m})\pi(y_m \mid x_{-m})} = 1 \quad (8.141)$$

即仅在第 m 个成分与 x 不同提议值 y 的接受概率一直等于 1。此外，Metropolis-Hastings 算法的收敛性可以应用于 Gibbs 抽样中。

3. 正如在许多应用中，当非条件部分未知时，条件分布通常可以详细描述，使用 Gibbs 抽样就很通用。我们将在本节后面看到贝叶斯统计及精算数学中特殊的应用。

例 8.82

Liu（2001）介绍了简单应用，满足如下的二维正态分布

$$X \sim N\left(\begin{pmatrix} 0 \\ 0 \end{pmatrix}, \begin{pmatrix} 1 & \rho \\ \rho & 1 \end{pmatrix}\right), \qquad -1 < \rho < 1$$

就是目标分布。正如这个案例，我们可以通过下式代表这个正态分布的两个成分 X_1, X_2：

$$X_1 = \sqrt{1 - \rho^2}\, Y_1 + \rho X_2, \quad X_2 = \sqrt{1 - \rho^2}\, Y_2 + \rho X_1$$

对于两个独立正态分布 Y_1, Y_2，Gibbs 抽样构建隐含着

$$X_1(K+1) \mid X_2(k) \quad \sim N(\rho X_2(k), (1 - \rho^2))$$

$$X_2(k+1) \mid X_1(k+1) \ \sim \ N(\rho X_1(k+1), (1 - \rho^2))$$

因此，从 $(X_1(0), X_2(0))$ 开始，在迭代 k 处的非条件分布定义为

$$X(k) \ \sim \ N\left(\begin{pmatrix} \rho^{2k-1} X_2(0) \\ \rho^{2k} X_2(0) \end{pmatrix}, \begin{pmatrix} 1 - \rho^{4k-2} & \rho - \rho^{4k-1} \\ \rho - \rho^{4k-1} & 1 - \rho^{4k} \end{pmatrix}\right)$$

这明显收敛于所希望的目标分布。

8.6.4 MCMC 方法和贝叶斯估计

参数 $\theta (\in \mathbb{R}^d)$ 的贝叶斯估计的主要元素包括三个部分：

1. **先验知识**是由这事实表示，假设 θ 是一个分布（**先验分布**）的实现值：

$$\theta \ \sim \ G(\theta)$$

2. **具有先验知识的观察值** $X = (X_1, \cdots, X_n)$ **的组合**由不断更新我们对于 θ 的分布的认识所表达，以得到条件分布（**后验分布**）：

$$\theta \mid X_1, \cdots, X_n \ \sim \ G(\theta \mid X_1, \cdots, X_n)$$

3. θ **的点估计**要么是均值，要么是后验分布的模。

对于未知参数 θ，不只是一个点估计，贝叶斯估计得到它的整体分布、后验分布。如果我们选择了无信息先验分布（如对于 θ 而言，在可能值上的均匀分布），那么后验分布的模与熟悉的最大似然估计值一致。因此，贝叶斯估计中的主要任务是：

- 计算后验分布和。
- 计算后模或后均值。

在离散分布或具有密度的分布下，有

$$G(\theta \mid x) = \begin{cases} \dfrac{f(x \mid \theta) g(\theta)}{\displaystyle\int_y f(x \mid y) g(y) \, dy}, & \text{密度分布} \\[4mm] \dfrac{p(x \mid \theta) g(\theta)}{\displaystyle\sum_y p(x \mid y) g(y)}, & \text{离散分布} \end{cases} \qquad (8.142)$$

式中，似然函数 $f(x \mid y)$ 和 $p(x \mid y)$ 被假设为已知。

而在这两种情况下，分子的计算是可能的，在分母中的常数（norming constant）的计算一般很难——如果不是不可能的（注意，对于一个多变量分布，这需要一个高维积分计算！）。因此，在一般情况下，我们需要高效率的数值方法来计算后验分布。

为了避免这种情况，贝叶斯统计的一大重点就是寻找所谓的**共轭先验**。这些都是先验分布 $G(\theta)$，使得对于一个给定的似然函数，后验分布 $G(\theta \mid x)$ 与先验分布同属于一个分布族。

作为一个例子，我们可以通过直接计算验证，beta 分布是之前的伯努利分布的共轭（见 Lee［1997］介绍了这点和贝叶斯统计的其他方面）。我们举一个例子，强调共轭先验提高 MCMC 方法的效率：

例 8.83　具有共轭先验的 MCMC

在式 (8.142) 中确实存在两个关键问题使得对于后验分布的 MCMC 模拟非常缓慢。一个是计算分母数值的重任，第二个是分子中似然函数的演化。这两个任务都可以选择合适的共轭先验分布得意避免。

作为一个例子，我们考虑估计具有已知方差 σ^2 的正态分布的均值 θ。假设我们有一个数据集 $x_1, \cdots, x_n$，这会导致下式的似然函数：

$$f(x \mid \theta) = \prod_{i=1}^{n} (2\pi\sigma^2)^{-n/2} \exp\left(-\frac{1}{2\sigma^2} \sum_{i=1}^{n} (x_i - \theta)^2\right)$$

如果我们使用具有均值 ν、方差 τ^2 的正态分布的密度作为 θ 的先验分布 $g(.)$，那么得到一个与下式成比例的后验分布，

$$f(x \mid \theta)g(\theta) = \text{const} \cdot \exp\left(-\frac{1}{2\tilde{\sigma}^2}(\theta - \tilde{\mu})^2\right)$$

式中，

$$\tilde{\mu} = \tilde{\sigma}^2 \cdot \left(\frac{\nu}{\tau^2} + \frac{\sum_{i=1}^{n} x_i}{\sigma^2}\right), \tilde{\sigma}^2 = \left(\frac{1}{\tau^2} + \frac{n}{\sigma^2}\right)^{-1} \tag{8.143}$$

因此，后验分布再次是一个正态分布，但现在具有新的参数 $\tilde{\mu}$、$\tilde{\sigma}^2$，如上所述。这具有两个结果：

1. 我们知道一个无法显性计算的后验概率的分母。

2. 对于未知参数 θ，如果我们运行一个 MCMC 链，那么在每一步只需要模拟下一个元素 $\theta^{(i)}$。没有必要评估似然函数，除非之前的参数估计值不得不更新。

当能够得到完全条件分布和适当的共轭先验时，共轭先验的优点在处理多维参数估计时可以特别强调。那么，具有 Gibbs 抽样的贝叶斯估计非常有效。事实上，每一个更新步骤仅包括来自完全条件分布的模拟，这个分布服从被相关参数的分布族决定的更新参数。此时没有必要评估似然函数，从而节省大量计算时间。

注 8.84　（贝叶斯估计和 MCMC 方法）

1. 约翰尼斯与 Polson (2010) 介绍了大量模型参数贝叶斯估计的 MCMC 方法在金融模型中的应用。这些模型覆盖范围很广，从由随机波动模型的布莱克-斯克尔斯模型，至各种不同的利率模型。由于我们将在下文中详细介绍一个保险精算应用，因此不会在此介绍金融应用的细节。

2. 软件包 WinBUGS 是一个非常有用，且可自由获取的工具（见 www. mrc - bsu. cam. ac. uk/bugs/winbugs/contents. shtml）。这是基于 Gibbs 抽样在贝叶斯统计中的使用。相关基本参考参见 citeroundLunn-Thomas-Best-Spiegelhalter00。

3. 当一个特定模型的似然函数没有简单形式，引入**潜变量**有时会提高基于 MCMC 的贝叶斯估计程序。一个可能的例子（也包括在 Johannes 与 Polson [2010]

的著作）也强调了这点，这将是在 Merton 跳跃－扩散模型的跳跃时间和跳跃高度。考虑他们拥有的知识，观察到的股票价格是服从对数正态分布的。所以，如果我们能够依赖高度和跳跃时间，我们可以用对数正态分布作为似然函数。当然，这是有代价的。由于跳跃时间和高度都不能作为观测数据（至少，我们假设如此），它们被添加到未知数据，并用 MCMC 程序进行模拟。然而，如果——通过选择适当的先验——我们能够得到一种情况，可避免似然函数的演变，那么尽管变量的数目将会增加，这通常会导致整个计算的加速。

8.6.5 保险精算中 MCMC 方法例子和贝叶斯估计

在下文中，我们将介绍 MCMC 方法和贝叶斯估计在精算数学中的两个特定的应用。然而，这只是众多这类应用的一小部分。Scollnik（2001）给出了更多的应用。

总索赔模型中的参数校准和预测

我们考虑 Czado（2004）中给出的一个例子。在此，年份 t 的总索赔大小为

$$S_t = Y_{t,1} + \cdots + Y_{t,N_t} \tag{8.144}$$

式中，所有单一索赔额 $Y_{t,i}$ 是独立同分布的；N_t 是年份 $t \in \{t_1, \cdots, t_n\}$ 的索赔数量。我们将同样假设，单一索赔额 $Y_{t,i}$ 是独立于 N_t。此外，如下分布假设为

$$Y_{t,i} \sim \mathrm{Pareto}(a, 20) \tag{8.145}$$

$$N_t \mid \lambda \sim \mathrm{Pn}(\lambda) \tag{8.146}$$

在精算数学中，对于（单）索赔的额度和频率使用 Pareto 和泊松分布都是标准假设。在 Czado（2004）中使用的数据包括从大量数据集中整理的索赔额度大于 2000 万丹麦克朗的索赔案例。

我们现在考察如下两个任务：

1. 决定索赔的大小和频率的参数 a 和 λ 的贝叶斯估计。

2. 在数据集给定的信息下，预测年份 t_{n+1} 的索赔频率和索赔额度。

为处理估计任务，注意在给定数据下的 λ 的后验分布是

$$G(\lambda \mid N_{t_1}, \cdots, N_{t_n}) = \mathrm{const} \cdot p(N_{t_1}, \cdots, N_{t_n} \mid \lambda)g(\lambda) \tag{8.147}$$

由于泊松似然函数 $p(N_{t_1}, \cdots, N_{t_n} \mid \lambda)$ 拥有一个伽马分布作为共轭先验，我们选择 Gamma（0.001，0.001）分布作为参数 λ 的一个（近似的）非信息的先验。

N 和 Y 变量的条件独立将导致下式的后验密度

$$G(a \mid Y_{t_1,1}, \cdots, Y_{t_n,N_{t_n}}) = \mathrm{const} \cdot f(Y_{t_1,1}, \cdots, Y_{t_n,N_{t_n}} \mid a)g(a) \tag{8.148}$$

在此，选择 Gamma（0.001，0.001）分布作为参数 λ 的一个（近似的）非信息的先验同样是一个共轭先验。

两个对应的链都接着运行产生 10000 次迭代（借助 WinBUGS）。估计结果是基于最后 9500 个观测值，这意味着一个长度为 500 的调试周期已被选定。由此产生的参数列于表 8.4（见 Czado 的著作 [2004]）。

表 8.4 总索赔参数的贝叶斯估计

	均值	标准差	2.5%	均值	97.5%
a	1.810	0.298	1.270	1.796	2.422
λ	3.305	0.577	2.273	3.267	4.550

为实现通过贝叶斯预测法预测年份 t_{n+1} 的总索赔的特点，我们需要计算索赔数的预测分配，以及总索赔金额。对于索赔量，我们可以使用刚才得到的 MCMC 链 $\lambda^{(i)}, i = 501, \cdots, 10000$ 以在给定 λ 的后验分布下得到近似预测的概率：

$$\mathbb{P}\left(N_{t_{n+1}} = n\right) \approx \frac{1}{9500} \sum_{i=501}^{10000} \mathbb{P}\left(N_{t_{n+1}} = n \mid \lambda^{(i)}\right)$$

$$= \frac{1}{9500} \sum_{i=501}^{10000} e^{-\lambda^{(i)}} \frac{(\lambda^{(i)})^n}{n!} \tag{8.149}$$

对于总索赔额度的可预测性，我们必须计算二重积分

$$f\left(S_{t_{n+1}} \mid data\right) = \int_0^\infty \int_0^\infty f\left(S_{t_{n+1}} \mid \lambda, a\right) f(\lambda, a \mid data) \mathrm{d}\lambda \mathrm{d}a \tag{8.150}$$

这尤其包括密度 $f\left(S_{t_{n+1}} \mid \lambda, a\right)$，这是基于卷积，但我们推荐再次使用 MCMC 模拟。这样，在选择 500 作为调试周期长度，以及总索赔额度为 10000 时，有：

For $i = 500$ to 10000：

1. Generate $N_{t_{n+1}}^{(i)} \sim Pn(\lambda^{(i)})$ 。

2. If $N_{t_{n+1}}^{(i)} = 0$ then set $S_{t_{n+1}}^{(i)} = 0$ 。

3. If $N_{t_{n+1}}^{(i)} > 0$ then

 （a）Generate $Y_{t_{n+1},k}^{(i)} \sim Pareto(a^{(\ )}, 20), k = 1, \cdots, N_{t_{n+1}}^{(i)}$，

 （b）Set $S_{t_{n+1}}^{(i)} = \sum_{k=1}^{N_{t_{n+1}}^{(i)}} Y_{t_{n+1},k}^{(i)}$ 。

最后，通过从刚才的模拟数据得到的经验进行预测密度估计。

可靠度和经验费率

我们的下一个应用程序只有一个贝叶斯成分，而不是一个 MCMC 方面（an MCMC aspect）。它关注一种所谓经验费率的保费计算方法的理论背景。对于经验费率的需求，来自于如下事实，特殊保险合同的整个组合包括不同齐次亚群。这个典型的例子可能发生于健康保险（男性/女性、年轻/老人、…）或汽车保险（诸如汽车或发动机等）。

如果在这种情况下，某人指定每个合同相同的保费，那么"好"风险（即谁也不会（至少从均值角度）对这些合同要求高于均值的索赔）将转移至其他保险公司，"坏"风险将会保留（快乐地享受较低的保险费）。因此，使用一个组合的加权均值和一个索赔额度的单个均值作为构建保费的基础是有道理的。由于个别成分是基于以往的经验，保险公司已与客户拥有这种经验，这种类型的保费假设被称

为**经验费率**。我们将在跟随 Norberg（2002）的想法进行介绍。

如果我们将单一保险合同的索赔上升理解为随机变量 Θ（客户）的函数的实现值 $m(\Theta)$，且如果我们有针对 Θ 的数据向量 X，那么所说的**总精确法**假定使用函数 $\hat{m}(X)$ 作为保费，而该保费是基于客户最小化如下公式的个人经验：

$$MSE(\hat{m}(X)) := \mathbb{E}((m(\Theta) - \hat{m}(X))^2) \qquad (8.151)$$

式（8.151）直接来自于

$$\mathbb{E}((m(\Theta) - \mathbb{E}(m(\Theta \mid X)) + \mathbb{E}(m(\Theta \mid X)) - \hat{m}(X))^2)$$

$$= \mathbb{E}((m(\Theta) - \mathbb{E}(m(\Theta \mid X)))^2) + \mathbb{E}((\mathbb{E}(m(\Theta \mid X)) - \hat{m}(X))^2) \qquad (8.152)$$

上述均方误差（MSE）中的最优估计值是

$$\hat{m}(X) = \mathbb{E}(m(\Theta \mid X)) \qquad (8.153)$$

即在给定历史 X 下，$m(\Theta)$ 的条件均值。因此，对于特定客户 θ（即我们基于条件 $\Theta = \theta$），给定其历史，只需计算他的条件期望。为实现这点，在给定 X 下，我们需要 Θ 的后验分布，确实是一个可以通过运行合适 MCMC 链执行的任务。正如我们所看到的，这可以通过为 Θ 有效地选择合适的共轭先验分布来实现。

然而，选择事先分配主要是为了计算方便起见，不过在此这也是可疑的，由于事先知识在经验费率中扮演主要概念部分。Büehlmann（1967；1969）提出的替代方案严格限制贝叶斯估计值的集合于如下形式的特殊线性类：

$$\hat{m}_{\text{lin}}(X) = (1 - z)a + z\bar{X}_n \qquad (8.154)$$

对于数据 $X = (X_1, \cdots, X_n)$，且其中 $\bar{X}_n$ 表示观察值的算数平均。在此，假设是基于条件 Θ，年度索赔 $X_1, \cdots, X_n$ 是独立同分布的，且具有均值 $m(\Theta)$ 和方差 $s^2(\Theta)$。正如 Büehlmann（1967；1969）在上述文中说明，线性类中的 MSE – 最优保费定义为

$$a = \mathbb{E}(m(\Theta)), z = \frac{\lambda n}{\lambda n + h}, \lambda = \mathbb{V}\text{ar}(m(\Theta)), h = \mathbb{E}(s^2(\Theta)) \qquad (8.155)$$

系数 z 称为**可信度因子**。注意，如果观测数 n 变大，系数将趋向于 1。所以，如果我们有很多关于单一客户的信息，我们的评级几乎完全基于我们的判断，而不是总组合的行为。

为了根据在周期 j 的保险量 p_j，给周期不同权重，Büehlmann 与 Straub（1970）假设条件方差具有形式 $\mathbb{V}\text{ar}(X_j \mid \Theta) = s^2(\Theta)/p_j$ 这导致一个最优线性估计值和如下形式的可信度因子：

$$\hat{m}_{\text{lin}}(X) = (1 - z)\mathbb{E}(m(\Theta)) + z\sum_{i=1}^{n} \frac{p_i}{\sum_{j=1}^{n} p_j} X_j \qquad (8.156)$$

$$z = \frac{\sum_{i=1}^{n} p_j \lambda}{\sum_{j=1}^{n} p_j \lambda + h}, \lambda = \mathbb{V}\text{ar}(m(\Theta)), h = \mathbb{E}(s^2(\Theta)) \qquad (8.157)$$

如需进一步扩展，如多维可信度和估计方面，我们推荐参考 Norberg 的著作（2002）。

8.7 资产负债管理和偿付能力 II

8.7.1 偿付能力 II

关键词**偿付能力 II**表示欧洲的保险公司为风险计量引入了新规则。偿付能力 II 仍然非强制，但诸如瑞士和英国都已经拥有了它们自己的不同规则。偿付能力 II 的主要原则能够在欧洲保险和职业养老金监督委员会（Committee of European Insurance and Occupational Pensions Supervisors，CEIOPS）的官网上找到。

偿付能力 II 的主要原则

偿付能力 II 的主要原则包括：

1. 资产和负债的经济价值应该由"按市计价"，即价值应该等于实际市场价格，如果某项资产或负债存在市场价的话。如果无法得到市场价，则应该考虑应用一个决定价值的合理模式。

2. 我们应该给出一些技术条款作为最优估计值和风险保证金的和（即未满期保险的保费和索赔增加，未完全支付的索赔），其中：

- 最佳估计值应当基于在它们整个生命周期的现行合约的所有现金流。该金额是通过估值日当天的无风险利率收益曲线贴现而得。
- 针对不同风险，都需要考虑风险保证金，如操作风险、承保风险和交易对手的违约风险，以及为企业的每一个业务线的不同风险。
- 该风险保证金必须针对每个业务线单独计算，且不允许存在多样化。

3. **偿付能力资本要求**应该等于一个保险公司能够应对 1 年以最大概率 0.05 破产的经济资本，即偿付资本应该等于 1 年时间窗口的 99.5% 置信下的在险价值的所需资本，这也是承担针对法律和受益人的义务。

- 偿付能力资本要求的计算，在标准公式中被分为几个不同部分。
- 每个部分的精确计算是精确的区别，并反映了委员们关于分位数的意见。收益率曲线的市场风险由事先指定的向上或向下冲击表示。对于证券市场，它表示为 32% 或 45% 的崩盘，具体取决于股票的类型。
- 个体部分通过事先指定的相关矩阵关联在一起。因此，一些多样性效应也反映在规则中。

4. 各保险公司可以使用内部模型计算偿付能力资本要求。但是，有关这类内部模型的规则还未明细。

5. 除偿付能力资本要求外，保险商也需要决定**最低资本要求**。它代表将业务转移到另一家保险公司的最低资本：

- 最低资本要求并非基于任何风险的分位数。
- 它的值由偿付能力要求的百分比决定上限和下限。

在此，我们并不列出确切的公式，但再次建议读者参考 www. ceiops. eu 以获得有关不同的风险和业务的不同标准公式。

计算的收敛

只要公司的资本有要求无法覆盖偿付能力资本要求，监管当局将采取行动。在这种情况下，监管当局将要求保险公司制订计划，目的是尽快满足偿付能力资本要求。该计划必须包括的几个基本要件，并必须被监管机构所接受。监管当局可以强制保险公司降低风险，停止支付股息，或采用信贷。

如果资本低于最低资本要求，则保险公司必须在 1 周内提出一个重组计划，使得 3 个月内最低资本要求将再次应验。然而，时间跨度为履行偿付能力资本要求没有增加。

所有这些监管都要求大量计算，这往往只能通过大量的蒙特卡罗模拟来进行。从理论角度看，我们可以把它们作为资产负债管理的一种特殊情况。

8.7.2 资产负债管理（ALM）

资产负债管理（ALM）是金融和保险中蒙特卡罗模拟的主要挑战，因为它有可能依赖于我们目前呈现的所有方法和模型。

ALM 的目标

资产负债管理的目的是确定一个优化的长期投资策略，使得客户分红最大化（在寿险的情况下），或尽量减少客户的保费（在非寿险的情况下）。人们通常只考虑固定的投资组合策略，如投入 30% 至股票，60% 至债券，10% 至房地产，这个比例在长期来看应该维持不变。注意，这样做使得我们必须经常进行交易，理论上是在每个时刻。

分红或保费决定因素是基于对技术条款的调查，即依赖于资产和负债演化的最优投资策略。因此，我们必须引入基于投资策略的风险的约束，考虑资产价值的分布和技术条款。这就要么限制违约概率，或者使用 8.2.3 节的风险测度，得到资产值和技术条款的差别。另一种可能性是使用偿付能力 II 作为约束。当公司在未来情景的最大 $x\%$ 的可能下的任何时候都无法满足偿付能力资本要求时，最大化收入是合理的。

将资产与负债关联

由于资产负债管理要考虑资产和负债的两个演化，当它们被用来确定最佳投资策略时，它们应该在一个联合框架中进行**共同**模拟。这是特别合理的，因为负债的演变也影响了保险公司的资本准备金，而负债通常平行移动到能够影响资产方（如利率、通货膨胀率和汇率）的因素处。虽然资产和负债方之间的联系是显而易见的，投资策略仍然经常只由一家保险公司的基金经理决定。精算师只需要一定的回报，而不考虑投资策略的表现的关系，以及公司成功所需的负债。

我们收集了一些说明资产与负债之间关系的例子。养老保险的保费通常与被保险人的收入高度相关。在这种情况下，我们对收益曲线和通货膨胀建模，将它们视作资产的一部分，这会引导债券和房地产的价值，也会影响收入，因为工会通常要求实际收入增加。由于保费与收入直接相关，我们已经模拟了资产和负债之间的关联。

寿险的关系就较弱，因为债券及负债的变化直接取决于收益率曲线。因此，寿险公司通常遵循一个相当保守的投资策略，投资于债券的比例很高。这些债券的到期日应与负债的所谓**久期**相匹配，保险公司内一份保险费的平均停留时间。这一策略使得只要债券的收益率比保险合同的承诺收益高，寿险公司就会在危及偿付能力资本要求下履行债务。然而，一旦收益率曲线低于承诺收益率，如 2002 年的欧洲，这种策略将失效。非寿险保险公司的赔偿金通常与资产的演变相独立，但它们的绝对额度当然与通胀有关，也有可能与资产和负债存在关联。

ALM 的挑战和实现

资产负债管理研究是对资产和负债的蒙特卡罗模拟构成。我们必须指定一个特定时间跨度的资产负债管理研究，例如 15 年，以及模拟的离散时间要求，如 1 个月。我们将在下面介绍来自资产和负债两方面的挑战。

资产的挑战

资产类众多。通常情况下，保险公司有一个多元化策略，投资于许多不同的资产，如银行账户、政府债券、具有违约风险的公司债券、股票、期权、房地产和通胀挂钩的债券。因此，人们必须采用很多不同的模型来模拟不同资产的演变。这是一个典型的高维问题。

国家众多。为了进一步分散，保险公司不只投资本国，而且在世界其他国家也有大量投资，例如以德国作为母国的保险公司，也会投资其他国家，如美国、英国、日本和新兴市场。因此，我们必须模拟汇率。这可以基于"购买力平价"。该原则指出，在不同国家的投资应具有相同的投资回报，正如不同国家的商品价格应该具有相同的变化。

因此，一单位国内货币的价值（表示为 h）决定了一单位外国货币（表示为 f），用汇率 F 表示，这可以通过下式在风险中性世界中进行建模，

$$dF(t) = F(t)t\{[(r_h(t) - r_f(t)) + (i_h(t) - i_f(t))]dt + \sigma dW(t)\} \qquad (8.158)$$

式中，$r_h(t)$、$r_f(t)$ 是短期利率，$i_h(t)$、$i_f(t)$ 是不同国家的通胀率。由于我们更倾向于稀疏参数模型，我们假设通胀率已经包含于短期利率中。这样，条件 $i_h(t) - i_f(t)$ 就在汇率模型中消失了。借助于国内外债券，有可能对国外货币规避汇率风险。

真实和风险中性：应该使用哪个？ 答案很简单，但在资产负债管理中，我们需要非常谨慎，因为我们需要在两个世界（真实世界和风险中性世界）进行建模和模拟。

到目前为止，我们主要考虑衍生产品的定价问题。为计算价格，人们总是可以假定处于风险中性世界。然而，当我们想获得有关股票价格、利率或其他数量随时间演变的未来信息时，那么我们就必须在现实世界中处理问题。这尤其意味着，我们必须主观地判断股价或短期利率的漂移。

更精确地：

1. 当**价格过程随时间的演变**应被建模（也许用于 ALM 的风险计算），那么相应的价格路径必须在基于现实世界模型中进行模拟。

2. **只为价格计算**，基准股票价格或利率的路径必须在风险中性世界中进行模拟。

作为一个在布莱克-斯克尔斯框架中的特殊例子，我们将通过下式模拟现实世界的股票价格路径，

$$dS(t) = S(t)[\mu dt + \sigma dW(t)], S(0) = s \qquad (8.159)$$

如果要计算 $t > 0$ 的欧式看涨期权的价格，那么我们就必须将具有真实世界的漂移 μ 的股票价格 $S(t)$ 插入标准布莱克－斯克尔斯公式中（见推论 5.12），即我们将来自真实世界的模拟值插入风险中性世界的定价公式中。但是，如果我们希望在 $t > 0$，为一个发行于 t 的期权定价，那么需要一个蒙特卡罗模拟本身（如 5.6.2 节介绍的亚式或障碍期权），那么我们就需要通过使用来自于真实世界模拟的 $S(t)$，计算风险中性世界中的蒙特卡罗定价算法，作为时间 t 的股票价格。如果这个路径依赖期权的发行日期 t_0 在 t 之前，那么我们甚至不得不使用从真实世界得来的模拟值 $S(\tilde{t})$，用于给满足 $t_0 \leq \tilde{t} \leq t$ 的时间点 $\tilde{t}$ 进行定价。

选用哪个模型？ 这似乎不是有关资产负债管理的特别问题。当然，每个人都应该使用经过市场数据校准的现实模型。然而，我们在选择模型时，必须同时考虑模型特征和它的易处理性。ALM 的一个特殊方面是——正如上文指出——我们经常需要在风险中性和现实世界中模拟模型。因此，我们需要的模型应是很容易（且可能）在这两个世界之间进行切换。在布莱克－斯克尔斯模型中，这是由从 μ（主观漂移）至 r（风险中性漂移）中完成的。从风险中性世界转向现实世界最方便的方法，转由通过引入风险的**市场价格**实现。

在下式风险中性模型的常规一维扩散假设中，

$$dS(t) = S(t)[r(t)dt + \sigma(t, S(t))dW(t)] \tag{8.160}$$

我们可以引入风险的市场价格作为

$$\lambda(t) = \frac{\mu(t) - r(t)}{\sigma(t, S(t))} \tag{8.161}$$

使用 Girsanov 定理（见定理4.44）以通过下式，在现实世界测度$\mathbb{P}$中定义一个布朗运动$\tilde{W}(t)$

$$\tilde{W}(t) = W(t) - \int_0^t \lambda(s)ds \tag{8.162}$$

并得到现实 SDE 表达式，且有所期漂移$\mu(t)$

$$dS(t) = S(t)[\mu(t)dt + \sigma(t, S(t))d\tilde{W}(t)] \tag{8.163}$$

其中我们总是假设风险的市场价格的充分可积性。

通过这种方法，我们可以证明，在两个世界中，很多流动的模型是一样的。这种情况的一个简单案例是，通过引入下式，在瓦西塞克模型中短期利率从θ至$\tilde{\theta}$完成了均值反转层次的变化，

$$\lambda(t) = \frac{\kappa(\tilde{\theta} - \theta)}{\sigma} \tag{8.164}$$

并如在式（8.162）中引入现实世界的布朗运动$\tilde{W}$。此外，5.171 节引入的测度变化显示了，对于零息债券的价格，如何引入这种额外漂移。

参数校准：风险中性世界或历史数据？ 在真实世界和风险中性世界中，相应模型参数的校准突出了两个备选方案存在的积极（但有些冲突）作用。

我们原则上可以为历史数据校准所有参数。如果使用它们定价，接下来必须将短期利率视作风险中性世界的漂移。然而，它也是一个校准所有参数的可行替代，但衍生品价格的漂移（如收益率曲线的债券或股票期权）。在（股票价格）漂移之后，还必须利用现实世界中的历史数据进行校准，或者它们只是投资者能够基于期望进行预测的参数。

考虑崩盘情景。 由于保险公司的 ALM 中的相关时间周期，大约为15年，人们还应该考虑经济危机的可能性。因此，包括一些崩盘或压力情景是很重要的。这种情况的示例可以是考虑，在预定时间内，整个市场的显著突破事先设定波动水平，完全收益曲线发生移动，或者灾难发生。在建模方面，我们可以使用一个跳跃扩散过程以包括崩溃的可能性。人们也可以构建一个随时间而改变的相关性结构模型。这是合理的，因为人们常常注意到，在崩盘之前，个股的相关性随着市场下跌接近于1。

负债端的挑战

在负债方面的主要挑战是保持模型的代表性，另一方面，尽量保持模拟工作很小。

合同集。在本章中，我们已经讨论了寿险和非寿险保险的负债，其中确保合理时间内，尽可能小地投入模拟资源和尽可能准确地完成所有汇总的模拟负债的主要方法。但是，如果大数定律适用于这些合同，则假设将所持有的合同汇总为代表合同的就是合理的。如果不同合同的潜在风险差异较大，那么我们必须将一些有代表性的合同纳入模拟中，以确保模拟样本覆盖了索赔额度的主要类型。

新客户或脱离模拟？ 还有一点要考虑的是，我们是否调查了所谓脱离或允许新客户。在客户脱离情况下，投资策略变得无关紧要，只要索赔不再增加，且资产的值为正，即对于短时间范围进行脱离调查才有意义。如果我们允许新客户和新合同，我们也必须决定对他们的出现进行建模。

运行 ALM 研究

在已经成立了对于模拟在资产和负债的所有重要演化重要相关的模型后，人们实际上必须模拟这些相关因素的大量路径。所以蒙特卡罗模拟核，是每一个 ALM 运作的核心，如由 Fraunhofer Institute for Industrial Mathematics ITWM（见 www. itwm. fraunhofer. de/en/fm＿projects＿ALMSim/almsim/）开发的模拟引擎 ALMSim。

在这些模拟路径的基础上，我们现在可以评估不同投资策略的性能，从而找出最优的策略（当然，应该也澄清对于"最优"的理解）。当然，选择一个投资策略结果，如公司总财富、资产、负债或者其他，是模拟路径的函数，它们同样可以直接计算，当每个路径都已模拟。像通常情况，我们可以通过在不同路径的适当平均以得到分布、均值、方差，和/或风险测度的蒙特卡罗估计值。

ALM 研究是一个艰巨的任务，它不是仅仅几行就能介绍清楚的。前面已经提及的许多因素会进入实际考虑中。汇集所需的所有细节，并建立模拟概念，这必须由一个精心组织的团队完成。我们不会在此给出一个"简单"例子，因为这过于简单。

参 考 文 献

M. Abramowitz and I. A. Stegun. *Handbook of Mathematical Functions*. Dover, New York, USA, 1972.

S. K. Acar. *Aspects of optimal capital structure and default risk*. PhD thesis, University of Kaiserslautern, Germany, 2006.

C. Acerbi and D. Tasche. On the coherence of expected shortfall. *Journal of Banking and Finance*, 26 (7): 1487 – 1503, 2002.

H. Albrecher and S. Asmussen. Ruin probabilities and aggregate claims distributions for shot noise Cox processes. *Scandinavian Actuarial Journal*, pages 86 – 110, 2006.

L. Andersen. Effcient simulation of the Heston stochastic volatility model, 2007. URL http: //papers. ssrn. com/sol3/ papers. cfm? abstract_ id = 946405.

L. Andersen. A simple approach to the pricing of Bermudan swaptions in the multifactor LIBOR market model. *Journal of Computational Finance*, 3 (2): 5 – 32, 1999.

L. Andersen and J. Andreasen. Volatility skews and extensions of the LIBOR market model. *Applied Mathematical Finance*, 7 (1): 1 – 32, 2000.

L. Andersen and M. Broadie. Primal – dual simulation algorithm for pricing multidimensional American options. *Management Science*, 50 (9): 1222 – 1234, 2004.

D. Applebaum. *Lévy Processes and Stochastic Calculus*. Cambridge University Press, Cambridge, UK, 2004.

P. Artzner, F. Delbean, J. – M. Eber, and D. Heath. Coherent measures of risk. *Mathematical Finance*, 9 (3): 203 – 228, 1999.

S. Asmussen. *Ruin Probability*. World Scientific Publishing Company, Singapore, 2000.

S. Asmussen and P. Glynn. *Stochastic Simulation*: *Algorithms and Analysis*. Stochastic Modelling and Applied Probability. Springer, Berlin, Germany, 2007.

S. Asmussen and D. P. Kroese. Improved algorithms for rare event simulation with heavy tails. *Advances in Applied Probability*, 38: 545 – 558, 2006.

S. Asmussen and J. Rosiński. Approximations of small jumps of Lévy processes with a view towards simulation. *Journal of Applied Probability*, 38 (2): 482 – 493, 2001.

M. Avellaneda and J. Newman. Positive Interest Rates and Non – Linear Term Structure Models. CIMS – NYU Working Paper (unpublished), 1998.

A. Avramidis and P. L'Ecuyer. Efficient Monte Carlo and quasi – Monte Carlo option pricing under the variance gamma model. *Management Science*, 52 (12): 1930 – 1944, 2006.

L. F. Bachelier. Théorie de la spéculation. *Annales Scientifique de l'École Normal Superieure*, 17: 21 – 86, 1900.

B. Baldessari. The distribution of a quadratic form of normal random variables. *Annals of Mathematical Statistics*, 38: 1700 – 1704, 1967.

V. Bally and D. Talay. The law of the Euler scheme for stochastic differential equations. I: Convergence rate of the distribution function. *Probability Theory and Related Fields*, 104 (1): 43 – 60, 1996.

V. Bally, G. Pagès, and J. Printems. A quantization tree method for pricing and hedging multidimensional American options. *Mathematical Finance*, 15 (1): 119 – 168, 2005.

O. E. Barndorff – Nielsen. Exponentially decreasing distributions for the logarithm of particle size. *Proceedings of the Royal Society of London*, *Series A*, 353: 401 – 419, 1977.

O. E. Barndorff – Nielsen. Processes of normal inverse Gaussian type. *Finance and Stochastics*, 2 (1): 41 – 68, 1997.

O. E. Barndorff – Nielsen and N. Shephard. Non – Gaussian Ornstein – Uhlenbeckbased models and some of their uses in financial economics. *Journal of the Royal Statistical Society*, *Series B*, 63: 167 – 241, 2001.

D. S. Bates. Jumps and stochastic volatility: Exchange rate processes implicit in Deutsche Mark options. *Review of Financial Studies*, 9 (1): 69 – 107, 1996.

D. Bauer and J. Ruß. Pricing longevity bonds using implied survival probabilities, 2006. URL http: //www. ifa – ulm. de/downloads/ImpliedSurv. pdf.

D. Belomestny, C. Bender, and J. Schoenmakers. True upper bounds for Bermudan products via non – nested Monte Carlo. *Mathematical Finance*, 19 (1): 53 – 71, 2009.

F. E. Benth, M. Groth, and P. C. Kettler. A quasi Monte Carlo algorithm for the normal inverse Gaussian distribution and valuation of financial derivatives. *International Journal of Theoretical and Applied Finance*, 9 (6): 843 – 867, 2006.

L. Bergomi. Smile dynamics II. *Risk*, October: 67 – 73, 2005.

P. Billingsley. *Convergence of Probability Measures*. Wiley, New York, USA, 1968.

N. H. Bingham and R. Kiesel. *Risk – Neutral Valuation: Pricing and Hedging of Financial Derivatives*. Springer Finance. Springer, Berlin, Germany, 1998.

T. Björk. *Arbitrage Theory in Continuous Time*. Oxford University Press, Oxford, UK, 2nd edition, 2004.

F. Black. The pricing of commodity contracts. *Journal of Financial Economics*, 3: 167 – 179, 1976.

F. Black and P. Karasinski. Bond and option pricing when short rates are log – normal. *Financial Analysts Journal*, 47 (4): 52 – 59, 1991.

F. Black and M. Scholes. The pricing of options and corporate liabilities. *Journal of Political Economics*, 81: 637 – 654, 1973.

D. Blake, A. Cairns, and K. Dowd. Living with mortality: Longevity bonds and other mortality – linked securities. *British Actuarial Journal*, 12: 153 – 197, 2006.

P. P. Boyle. Options: A Monte Carlo approach. *Journal of Financial Economics*, 4: 323 – 338, 1977.

P. P. Boyle, M. Broadie, and P. Glasserman. Monte Carlo methods for security pricing. *Journal of Economic Dynamics and Control*, 21: 1267 – 1321, 1997.

A. Brace, D. Gatarek, and M. Musiela. The market model of interest rate dynamics. *Mathematical Finance*, 7: 127 – 155, 1997.

P. Bratley and B. Fox. ALGORITHM 659: Implementing Sobol's quasi random sequence generator. *ACM Transactions on Mathematical Software*, 14 (1): 88 – 100, 1988.

D. Brigo and F. Mercurio. *Interest Rate Models: Theory and Practice*. Springer Finance. Springer, Berlin, Germany, 2001.

M. Broadie and Ö. Kaya. Exact simulation of stochastic volatility and other affine jump diffusion processes. *Operations Research*, 54 (2): 217 – 231, 2006.

M. Broadie, P. Glasserman, and S. Kou. A continuity correction for discrete barrier options. *Mathematical Finance*, 7: 325 – 349, 1997.

M. Broadie, P. Glasserman, and S. Kou. Connecting discrete and continuous path – dependent options. *Finance and Stochastics*, 3 (1): 55 – 82, 1999.

N. Bruti – Liberati and E. Platen. Approximation of jump diffusions in finance and economics. *Computational Economics*, 29 (3): 283 – 312, 2007.

J. A. Bucklew. *Large Deviation Techniques in Decision, Simulation and Estimation*. Wiley, New York, USA, 1990.

H. Bühlmann. *Mathematical Methods in Risk Theory*. Grundlehren der mathematischen Wissenschaften. Springer, Berlin, Germany, 2005.

H. Bühlmann. Experience rating and credibility. *ASTIN Bulletin*, 4: 199 – 207, 1967.

H. Bühlmann. Experience rating and credibility. *ASTIN Bulletin*, 5: 157 – 165, 1969.

H. Bühlmann and E. Straub. Glaubwürdigkeit für Schadensätze. *Mitteilungen der Vereinigung Schweizer Versicherungsmathematiker*, 70: 111 – 133, 1970.

A. Cairns, D. Blake, and K. Dowd. A two – factor model for stochastic mortality with parameter uncertainty: Theory and calibration. *Journal of Risk and Insurance*, 73: 687 – 718, 2006.

P. Carr, H. Geman, D. Madan, and M. Yor. The fine structure of asset returns: An empirical investigation. *Journal of Business*, 75: 305 – 332, 2002.

A. Carverhill. When is the short rate Markovian? *Mathematical Finance*, 4 (4): 305 – 312, 1994.

O. Cheyette. Term structure dynamics and mortgage valuation. *Journal of Fixed Income*, March: 28 – 41, 1992.

O. Cheyette. Markov representation of the Heath – Jarrow – Morton model, 1995. URL http: //papers. ssrn. com/sol3/papers. cfm? abstract_ id =6073.

E. Clément, D. Lamberton, and P. Protter. An analysis of a least squares regression method for American option pricing. *Finance and Stochastics*, 6 (4): 449 – 471, 2002.

P. D. Coddington. Random number generators for parallel computers, 1996. URL http: //wotug. ukc. ac. uk/parallel/nhse/NHSEreview/RNG/.

R. Cont and P. Tankov. *Financial Modelling with Jump Processes*. Financial Mathematics Series. Chapman & Hall, CRC Press, Boca Raton, Florida, USA, 2003.

D. Cox and V. Isham. *Point Processes*. Chapman & Hall, CRC Press, Boca Raton, Florida, USA, 1980.

J. C. Cox, J. E. Ingersoll, and S. A. Ross. A theory of the term structure of interest rates. *Econometrica*, 53: 385 – 407, 1985.

C. Czado. Einführung zu Markov Chain Monte Carlo Verfahren mit Anwendung auf Gesamtschadenmodelle. *Blätter der DGVFM*, 26 (3): 331 – 350, 2004.

M. Dahl and T. Møller. Valuation and hedging of life insurance liabilities with systematic mortality risk. *Insurance Mathematics & Economics*, 39 (2): 193 – 217, 2006.

D. Davydov and V. Linetsky. The valuation and hedging of barrier and lookback options under the CEV process. *Management Science*, 47: 949 – 965, 2001.

G. Deelstra and F. Delbaen. Convergence of discretized stochastic (interestrate) processes with stochastic drift term. *Applied Stochastic Models and Data Analysis*, 14 (1): 77 – 84, 1998.

F. Delbaen and W. Schachermayer. *The Mathematics of Arbitrage*. Springer Finance. Springer, Berlin, Germany, 2006.

O. Deprez and H. Gerber. On convex principles of premium calculation. *Insurance: Mathematics and Economics*, 4: 179 – 189, 1985.

L. Devroye. *Non – Uniform Random Variate Generation*. Springer, New York, USA, 1986.

L. Devroye. Random variate generation in one line of code. In 1996 *Winter Simulation Conference Proceedings*, 265 – 272, ACM, New York, USA, 1996.

M. D. Donsker. Justification and extension of Doob's heuristic approach to the Kolmogorov – Smirnov theorems. *Annals of the Institute of Statistical Mathematics*, 23: 277 – 281, 1952.

U. L. Dothan. On the term structure of interest rates. *Journal of Financial Economics*, 6: 59 – 69, 1978.

D. Duffie. *Dynamic Asset Pricing Theory*. Princeton Series in Finance. Princeton University Press, Princeton, New Jersey, USA, 3rd edition, 2001.

D. Duffie and P. Glynn. Efficient Monte Carlo simulation of security prices. *Annals of Applied Probability*, 5 (4): 897 – 905, 1995.

D. Dufresne. The integrated square – root process. Technical report, University of Montreal, 2001. URL http: //mercury. ecom. unimelb. edu. au/SITE/ actwww/wps2001. shtml.

J. Dunkel and S. Weber. Efficient Monte Carlo methods for convex risk measures in portfolio credit risk models. In S. Henderson, B. Biller, M. – H. Hsieh, J. Shortle, J. Tew, and R. Barton, editors, *Proceedings of the* 2007 *Winter Simulation Conference*, 958 – 966, ACM, New York, USA, 2007.

B. Dupire. Pricing and hedging with smiles. In M. A. Dempster and S. R. Pliska, editors, *Mathematics of Derivative Securities*, 103 – 111, Cambridge University Press, Cambridge, UK, 1997.

R. Durrett. *Essentials of Stochastic Processes*. Springer Texts in Statistics. Springer, Berlin, Germany, 1999.

P. H. Dybvig. Bond and bond option pricing based on the current term structure. In M. A. Dempster and S. R. Pliska, editors, *Mathematics of Derivative Securities*, 271 – 293, Cambridge University Press, Cambridge, UK, 1997.

E. Eberlein and U. Keller. Hyperbolic distributions in finance. *Bernoulli*, 1: 281 – 299, 1995.

D. Egloff. Monte Carlo algorithms for optimal stopping and statistical learning. *Annals of Applied Probability*, 15 (2): 1396 – 1432, 2005.

J. Eichenauer – Herrmann. Pseudorandom number generation by non – linear methods. *International Statistical Reviews*, 63: 247 – 255, 1995.

J. Eichenauer – Herrmann and J. Lehn. A non – linear congruential pseudo random number generator. *Statistical Papers*, 27: 315 – 326, 1986.

P. Embrechts, F. Lindskog, and A. McNeil. Modelling dependence with copulas and applications to risk management. In S. T. Rachev, editor, *Handbook of Heavy Tailed Distributions in Finance*, 329 – 384, Handbooks in Finance, Elsevier, Amsterdam, Netherlands, 2003.

K. Entacher. A collection of selected pseudorandom number generators with linear structure. *Technical report97 – 1*, *ACPC – Austrian Center for Parallel Computation*, 1997.

N. Etemadi. An elementary proof of the strong law of large numbers. *Zeitschrift für Wahrscheinlichkeitstheorie und Verwandte Gebiete*, 55: 119 – 122, 1981.

M. Evans and T. Swartz. *Approximating Integrals via Monte Carlo and Deterministic Methods*. Oxford University Press, Oxford, UK, 2000.

W. Feller. Diffusion processes in genetics. In J. Neyman, editor, *Proceedings of the Second Berkeley Symposium on Mathematical Statistics and Probability*, *1950*, 227 – 246, University of California Press, Berkeley, California, USA, 1951.

T. Fischer. Risk capital allocation by coherent risk measures based on onesided moments. *Insurance: Mathematics and Economics*, 32 (1): 135 – 146, 2003.

B. Flesaker and L. Hughston. Positive interest. *Risk*, January: 46 – 49, 1996.

H. Föllmer and A. Schied. *Stochastic Finance: An Introduction in Discrete Time*. de Gruyter, Berlin, Germany, 2002.

E. Fournié, J. – M. Lasry, J. Lebuchoux, P. – L. Lions, and N. Touzi. Applications of Malliavin calculus to Monte Carlo methods in finance. *Finance and Stochastics*, 3 (4): 391 – 412, 1999.

M. C. Fu, D. B. Madan, and T. Wang. Pricing continuous Asian options: A comparison of Monte Carlo and Laplace transform inversion method. *Journal of Computational Finance*, 2 (2): 49 – 74, 1999.

H. Geman and M. Yor. Bessel processes, Asian options and perpetuities. *Mathematical Finance*, 3 (4): 349 – 375, 1993.

S. Geman and D. Geman. Stochastic relaxation, Gibbs distributions and the Bayesian restoration of images. *IEEE Transactions on Pattern Analysis and Machine Intelligence*, 6: 721 – 741, 1984.

H. U. Gerber. *Life Insurance Mathematics*. Springer, Berlin, Germany, 3rd edition, 1997.

H. U. Gerber and E. S. Shiu. Option pricing by Esscher transforms. *Transactions of the Society of Actuaries*, 46: 99 – 191, 1994.

M. Giles. Improved multilevel Monte Carlo convergence using the Milstein scheme. In *Monte Carlo and Quasi – Monte*

Carlo Methods 2006, 343 – 358, Springer, Berlin, Germany, 2007.

M. Giles. Multi – level Monte Carlo path simulation. *Operations Research*, 56 (3): 607 – 617, 2008.

M. Giles and P. Glasserman. Smoking adjoints: Fast Monte Carlo Greeks. *Risk*, January: 88 – 92, 2006.

W. Gilks, S. Richardson, and D. Spiegelhalter. *Markov Chain Monte Carlo in Practice*. Chapman & Hall, CRC Press, Boca Raton, Florida, USA, 1996.

P. Glasserman. *Monte Carlo Methods in Financial Engineering*. Springer, New York, USA, 2004.

P. Glasserman and J. Staum. Conditioning on one – step survival for barrier option simulations. *Operations Research*, 49 (6): 923 – 937, 2001.

P. Glasserman and B. Yu. Large sample properties of weighted Monte Carlo estimators. *Operations Research*, 53 (2): 298 – 312, 2005.

P. Glasserman, P. Heidelberger, and P. Shahabuddin. Stratification issues in estimating value – at – risk. In P. Farrington, H. Nembhard, D. Sturrock, and G. Evans, editors, *Proceedings of the* 1999 *Winter Simulation Conference*, IEEE Press, Phoenix, Arizona, USA, 1999.

P. Glasserman, P. Heidelberger, and P. Shahabuddin. Importance sampling and stratification for value – at – risk. In Y. S. Abu – Mostafa, B. LeBaron, A. W. Lo, and A. S. Weigend, editors, *Computational Finance* 1999, MIT Press, Cambridge, Massachusetts, USA, 2000a.

P. Glasserman, P. Heidelberger, and P. Shahabuddin. Variance reduction techniques for estimating value – at – risk. *Management Science*, 46 (10): 1349 – 1364, 2000b.

P. Glasserman, P. Heidelberger, and P. Shahabuddin. Efficient Monte Carlo methods for value – at – risk. In C. Alexander, editor, *Mastering Risk*, Prentice Hall, Upper Saddle River, New Jersey, USA, 2001.

P. W. Glynn. Importance sampling for Monte Carlo estimation of quantiles. Technical report, Publishing House of Saint Petersburg University, 1996. URL http: //citeseer. ist. psu. edu/70000. html.

E. Gobet. Advanced Monte Carlo methods for barrier and related exotic options. In P. Ciarlet, A. Bensoussan, and Q. Zhang, editors, *Mathematical Modeling and Numerical Methods in Finance*, 15, 497 – 528, Handbook of Numerical Analysis, Elsevier, Amsterdam, Netherlands, 2009.

E. Gobet and S. Menozzi. Discrete sampling of functionals of Itô processes. In C. Donati – Martin, M. Émery, A. Rouault, and C. Stricker, editors, *Séminaire de Probabilités XL*, 355 – 374, Lecture Notes in Mathematics, Springer, Berlin, Germany, 2007.

B. Grünewald. *Hedging in unvollständigen Märkten am Beispiel des SprungDiffusionsmodells*. PhD thesis, University of Mainz, Germany, 1998.

O. Haeggstrøm. *Finite Markov Chains and Algorithmic Applications*. Number 52 in Student Texts. London Mathematical Society, London, UK, 2003.

P. S. Hagan, D. Kumar, A. S. Lesniewski, and D. E. Woodward. Managing smile risk. *Wilmott Magazine*, September: 84 – 108, 2002.

J. M. Hammersley and D. C. Handscomb. *Monte Carlo Methods*. Chapman & Hall, CRC Press, Boca Raton, Florida, USA, 1964.

H. Haramoto, M. Matsumoto, T. Nishimura, F. Panneton, and P. L'Ecuyer. Efficient jump ahead for $\mathbb{F}_2$ – linear random number generators. *Journal on Computing*, 20 (3): 385 – 390, 2008.

J. Harrison and S. R. Pliska. Martingales and stochastic integrals in the theory of continuous trading. *Stochastic Processes and Applications*, 11: 215 – 260, 1981.

J. Hartinger and M. Predota. Simulation methods for valuing Asian option prices in a hyperbolic asset price model. *IMA Journal of Management Mathematics*, 14 (1): 65 – 81, 2003.

W. K. Hastings. Monte Carlo sampling methods using Markov chains and their applications. *Biometrika*, 57: 97 –

109，1970.

M. B. Haugh and L. Kogan. Pricing American options： A duality approach. *Operations Research*，52（2）：258 – 270，2004.

D. Heath and E. Platen. A variance reduction technique based on integral representations. *Quantitative Finance*，2（5）：362 – 369，2002.

D. Heath，R. A. Jarrow，and A. Morton. Bond pricing and the term structure of interest rates： A new methodology for contingent claims valuation. *Econometrica*，60（1）：77 – 105，1992.

S. Heinrich. Multilevel Monte Carlo methods. In S. Margenov，J. Wasniewski，and P. Yalamov，editors，*Large – Scale Scientific Computing*. 3rd *International Conference*，58 – 67，Lecture Notes in Computer Science，Springer，Berlin，Germany，2001.

P. Hellekalek. Inversive pseudorandom number generators ： Concept，results and links. In D. Goldsman，C. Alexopoulos，and K. Kang，editors，*Proceed – ings of the 1995 Winter Simulation Conference*，252 – 262，ACM，New York，USA，1995.

S. L. Heston. A closed – form solution for options with stochastic volatility with applications to bond and currency options. *Review of Financial Studies*，6（2）：327 – 343，1993.

T. Hida. *Brownian Motion*. Applications of Mathematics. Springer，Berlin，Germany，1980.

D. J. Higham and X. Mao. Convergence of Monte Carlo simulations involving the mean – reverting square root process. *Journal of Computational Finance*，8（3）：35 – 61，2005.

D. Hincin. Asymptotische Gesetze der Wahrscheinlichkeitsrechnung. *Ergeb – nisse der Mathematik*，2（4），1933.

T. S. Y. Ho and S. – B. Lee. Term structure and pricing interest rate contingent claims. *Journal of Finance*，41（5）：1011 – 1029，1986.

J. Hull and A. White. Forward rate volatilities，swap rate volatilities，and the implementation of the LIBOR market model. *Journal of Fixed Income*，10（3）：46 – 62，2000.

J. Hull and A. White. The pricing of options on assets with stochastic volatilities. *Journal of Finance*，42（2）：281 – 300，1987.

J. Hull and A. White. Pricing interest rate derivative securities. *Review of Financial Studies*，3（4）：573 – 592，1990.

C. Hunter，P. Jäckel，and M. Joshi. Getting the drift. *Risk*，July：81 – 84，2001.

J. Imhof. Computing the distribution of quadratic forms in normal variables. *Biometrika*，48：419 – 426，1961.

N. Imkeller. The multi – level Monte Carlo method with applications in financial mathematics. Master's thesis，University of Kaiserslautern，Germany，2009.

P. Jäckel. *Monte Carlo Methods in Finance*. Wiley，Chichester，UK，2003.

J. Jacod. The Euler scheme for Lévy driven stochastic differential equations： Limit theorems. *Annals of Applied Probability*，32（3）：1830 – 1872，2004.

F. Jamshidian. LIBOR and swap market models and measures. *Finance and Stochastics*，1：293 – 330，1997.

M. Jeanblanc – Picqué and M. Pontier. Optimal portfolio for a small investor in a market model with discontinuous prices. *Applied Mathematics and Optimization*，22（3）：287 – 310，1990.

M. Johannes and N. Polson. MCMC methods for continuous – time financial econometrics. In Y . Ait – Sahalia and L. Hansen，editors，*Handboook of Financial Econometrics*，Handbooks in Finance，2nd volume，Elsevier，Amsterdam，Netherlands，2010.

M. Joshi and A. Stacey. New and robust drift approximations for the LIBOR market model. *Quantitative Finance*，8（4）：427 – 434，2008.

C. Kahl and P. Jäckel. Fast strong approximation Monte – Carlo schemes for stochastic volatility models. *Journal of Quantitative Finance*，6（6）：513 – 536，2006.

I. Karatzas and S. E. Shreve. *Brownian Motion and Stochastic Calculus.* Springer, Berlin, Germany, 2nd edition, 1991.

I. Karatzas and S. E. Shreve. *Methods of Mathematical Finance.* Springer, Berlin, Germany, 1998.

A. Kebaier. Statistical Romberg extrapolation: A new variance reduction method and applications to option pricing. *Annals of Applied Probability*, 15 (4): 2681 – 2705, 2005.

A. Kemna and A. Vorst. A pricing method for options based on average asset values. *Journal of Banking and Finance*, 14: 113 – 129, 1990.

P. E. Kloeden and E. Platen. *Numerical Solution of Stochastic Differential Equations.* Springer, Berlin, Germany, 1999.

C. Klüppelberg. Subexponential distributions and integrated tails. *Journal of Applied Probability*, 25 (1): 132 – 141, 1988.

C. Klüppelberg and T. Mikosch. Explosive Poisson shot noise processes with applications to risk reserves. *Bernoulli*, 1: 125 – 147, 1995.

D. E. Knuth. *The Art of Computer Programming*, Volume 2 (*Seminumerical Algorithms*). Addison – Wesley, Reading, Massachusetts, USA, 3rd edition, 1998.

R. Korn and E. Korn. *Option Pricing and Portfolio Optimization.* Graduate Studies in Mathematics. American Mathematical Society, Providence, Rhode Island, USA, 2001.

R. Korn and L. Rogers. Stocks paying discrete dividends: Modelling and option pricing. *Journal of Derivatives*, 13 (2): 44 – 49, 2005.

R. Korn, K. Natcheva, and J. Zipperer. Longevity bonds: Pricing, modelling and application for German data. *Blätter der DGVFM*, XXVII (3), 2006.

S. G. Kou. A jump diffusion model for option pricing. *Management Science*, 48: 1086 – 1101, 2002.

M. Krekel, J. de Kock, R. Korn, and T. – K. Man. An analysis of pricing methods for basket options. *Wilmott Magazine*, May: 82 – 89, 2004.

U. Küchler, K. Neumann, M. Sørensen, and A. Streller. Stock returns and hyperbolic distributions. *Mathematical and Computer Modelling*, 29: 1 – 15, 1999.

R. J. Laeven and M. J. Goovaerts. Premium calculation and insurance pricing. In E. L. Melnick and B. S. Everitt, editors, *Encyclopedia of Quantitative Risk Analysis and Assessment*, 1302 – 1314, Wiley, New York, USA, 2008.

P. L'Ecuyer. Quasi – Monte Carlo methods in finance. In R. Ingalls, M. Rossetti, J. Smith, and B. Peters, editors, *Proceedings of the 2004 Winter Simulation Conference*, 1645 – 1655, ACM, New York, USA, 2004.

P. L'Ecuyer. Uniform random number generation. *Annals of Operations Research*, 53: 77 – 120, 1994.

P. L'Ecuyer. Combined multiple recursive random number generators. *Operations Research*, 44 (5): 816 – 822, 1996a.

P. L'Ecuyer. Maximally equidistributed combined Tausworthe generators. *Mathematics of Computation*, 65 (213): 203 – 213, 1996b.

P. L'Ecuyer. Bad lattice structure for vectors of non – successive values produced by some linear recurrences. *INFORMS Journal on Computing*, 9 (1): 57 – 60, 1997.

P. L'Ecuyer. Good parameters and implementations for combined multiple recursive random number generators. *Operations Research*, 47 (1): 159 – 164, 1999a.

P. L'Ecuyer. Tables of maximally – equidistributed combined LFSR generators. *Mathematics of Computation*, 68 (225): 261 – 269, 1999b.

P. L'Ecuyer and J. Granger – Piché. Combined generators with components from different families. *Mathematics and Computers in Simulation*, 62: 395 – 404, 2003.

P. L'Ecuyer and F. Panneton. Fast random number generators based on linear recurrences modulo 2: Overview and comparison. In M. E. Kuhl, N. M. Steiger, F. B. Armstrong, and J. A. Joines, editors, *Proceedings of the 2005 Winter Simulation Conference*, 110 – 119, ACM, New York USA, 2005.

P. L'Ecuyer and F. Panneton. $\mathbb{F}_2$ – linear random number generators. In *Advancing the Frontiers of Simulation: A Festschrift in Honor of George S. Fishman*, Springer, Berlin, Germany, 2007.

P. L'Ecuyer and R. Simard. TestU01: A software library in ANSI C for empirical testing of random number generators, 2002. URL http: //www. iro. umontreal. ca/ ~ lecuyer.

P. L'Ecuyer and R. Simard. Inverting the symmetrical beta distribution. *ACM Transactions on Mathematical Software*, 32 (4): 509 – 520, 2006.

P. L'Ecuyer, F. Panneton, and M. Matsumoto. Improved long – period generators based on linear recurrences modulo 2. *ACM Transactions on Mathematical Software*, 32 (1): 1 – 16, 2006.

P. Lee. *Bayesian Statistics: An Introduction*. Arnold Publishing, New York, USA, 1997.

R. Lee and L. Carter. Modeling and forecasting U. S. mortality. *Journal of the American Statistical Association*, 87 (14): 659 – 671, 1992.

D. Lehmer. Mathematical methods in large – scale computing units. In *Proceedings of the 2nd Symposium on Large – Scale Digital Calculating Machinery*, 141 – 146, Harvard University Press, Cambridge, Massachusetts, USA, 1949.

E. Lévy. Pricing European average rate currency options. *Journal of International Money and Finance*, 11 (5): 474 – 491, 1992.

J. S. Liu. *Monte Carlo Strategies in Scientific Computing*. Springer, Berlin, Germany, 2001.

W. Loh. On latin hypercube sampling. *The Annals of Statistics*, 24 (5): 2058 – 2080, 1996.

F. A. Longstaff and E. S. Schwartz. Valuing American options by simulation: A simple least – squares approach. *The Review of Financial Studies*, 14 (1): 113 – 147, 2001.

R. Lord, R. Koekkoek, and D. van Dijk. A comparison of biased simulation schemes for stochastic volatility models, 2008. URL http: //papers. ssrn. com/sol3/papers. cfm? abstract_ id = 903116.

F. Lundberg. *I. Approximerad framställning af sannolikhetsfunctionen. II . Återförsäkring of kollektiverisken*. Almqvist & Wiksell, Uppsala, Sweden, 1903.

D. Lunn, A. Thomas, N. Best, and D. Spiegelhalter. WinBUGS – A Bayesian modelling framework: Concepts, structure, and extensibility. *Statistics and Computing*, 10: 325 – 337, 2000.

M. Lüscher. RANLUX. *Computer Physics Communications*, 79: 110, 1994.

D. B. Madan and F. Milne. Option pricing with v. g. martingale components. *Mathematical Finance*, 1 (4): 39 – 55, 1991.

D. B. Madan and E. Seneta. The variance gamma model for share market returns. *Journal of Business*, 63: 511 – 524, 1990.

D. B. Madan, P. P. Carr, and E. C. Chang. The variance gamma process and option pricing. *European Finance Review*, 2 (1): 79 – 105, 1998.

G. Marsaglia. Xorshift RNGs. *Journal of Statistical Software*, 8 (14): 1 – 6, 2003.

G. Marsaglia. Evaluating the normal distribution. *Journal of Statistical Software*, 11 (4): 1 – 11, 2004.

G. Marsaglia. The Marsaglia random number CDROM including the Diehard battery of tests of randomness, 1996. URL http: //stat. fsu. edu/pub/ diehard.

A. Marshall and I. Olkin. Families of multivariate distributions. *Journal of the American Statistical Association*, 83 (403): 834 – 841, 1988.

M. Matsumoto and Y. Kurita. Twisted GFSR generators. *ACM Transactions on Modeling and Computer Simulation*, 2: 179 – 1940, 1992.

M. Matsumoto and T. Nishimura. Dynamic creation of pseudorandom number generators. In *Monte Carlo and Quasi – Monte Carlo Methods 1998*, 56 – 69, Springer, Berlin, Germany, 2000.

M. Matsumoto and T. Nishimura. Mersenne Twister: A 623 – dimensionally equidistributed uniform pseudo – random number generator. *ACM Transac – tions on Modeling and Computer Simulation*, 8: 3 – 30, 1998.

M. Matsumoto and M. Saito. SIMD – oriented fast Mersenne Twister: A 128bit pseudorandom number generator. In *Monte Carlo and Quasi – Monte Carlo Methods 2006*, 607 – 622, Springer, Berlin, Germany, 2008.

M. D. McKay, R. Beckman, and W. J. Conover. A comparison of three methods for selecting values of input variables in the analysis of output from a computer code. *Technometrics*, 21: 239 – 245, 1979.

A. McNeil, R. Frey, and P. Embrechts. *Quantitative Risk Management: Concepts, Techniques, and Tools.* Princeton Series in Finance. Princeton University Press, Princeton, New Jersey, USA, 2005.

R. C. Merton. Theory of rational option pricing. *Bell Journal of Economics and Management Science*, 4 (1): 141 – 183, 1973.

R. C. Merton. Option pricing when underlying stock returns are discontinuous. *Journal of Financial Economics*, 3: 125 – 144, 1976.

N. Metropolis and S. Ulam. The Monte Carlo method. *Journal of the American Statistical Association*, 44: 335 – 341, 1949.

N. Metropolis, A. Rosenbluth, M. Rosenbluth, A. Teller, and E. Teller. Equations of state calculations by fast computing machines. *Journal of Chemical Physics*, 21: 1087 – 1091, 1953.

T. Mikosch. *Non – Life Insurance Mathematics: An Introduction with Stochastic Processes.* Springer, Berlin, Germany, 2004.

G. Milstein. A method of second – order accuracy integration of stochastic differential equations. *Theory of Probability and its Applications*, 19: 557 – 562, 1978.

K. Miltersen, K. Sandmann, and D. Sondermann. Closed form solutions for term structure derivatives with log – normal interest rates. *Journal of Finance*, 52 (1): 409 – 430, 1997.

T. Møller and M. Steffensen. *Market – Valuation Methods in Life and Pension Insurance.* Cambridge University Press, Cambridge, UK, 2007.

K. – S. Moon. Efficient Monte Carlo algorithm for pricing barrier options. *Communications of the Korean Mathematical Society*, 23 (2): 285 – 294, 2008.

A. Müller and D. Stoyan. *Comparison Methods for Stochastic Models and Risks.* Wiley, New York, USA, 2002.

R. Myneni. The pricing of the American option. *Annals of Applied Probability*, 2 (1): 1 – 23, 1992.

V. Naik and M. Lee. General equilibrium pricing of options on the market portfolio with discontinuous returns. *Review of Financial Studies*, 3 (4): 493 – 521, 1990.

H. Niederreiter. The multiple – recursive matrix method for pseudorandom number generation. *Finite Fields and their Applications*, 1: 3 – 30, 1995.

R. Norberg. Credibility theory, 2002. URL http: //stats. lse. ac. uk/ norberg/links/papers/CRED – eas. pdf.

A. Owen. A central limit theorem for Latin hypercube sampling. *Journal of the Royal Statistical Society*, Series B, 54: 541 – 551, 1992.

S. Park and K. Miller. Random number generators: Good ones are hard to find. *Communications of the ACM*, 31: 1192 – 1201, 1988.

P. Pellizzari. Efficient Monte Carlo pricing of European options using mean value control variates. *Decisions in Economics and Finance*, 24 (2): 107 – 126, 2001.

E. Pitacco. Survival models in actuarial mathematics: From Halley to longevity risk. Technical report, University of Trieste, 2003. URL http: //www. univ. trieste. it/ ~ matappl/PDF%20file/155. ps.

V. V. Piterbarg. A practitioner's guide to pricing and hedging callable LIBOR exotics in forward LIBOR models, 2003. URL http: //papers. ssrn. com/ sol3/papers. cfm? abstract_ id =427084.

V. V. Piterbarg. Computing deltas of callable LIBOR exotics in forward LIBOR models. *Journal of Computational*

Finance, 7 (2): 107 –143, 2004.

W. Press, S. Teukolsky, W. Vettering, and B. Flannery. *Numerical Recipes in C + +*. Cambridge University Press, Cambridge, UK, 2nd edition, 2002.

P. Protter. *Stochastic Integration and Differential Equations*. Springer, Heidelberg, Germany, 2nd edition, 2004.

T. D. Protter P. Convergence rate of the Euler scheme for stochastic differential equations driven by Lévy processes. *Annals of Probability*, 25 (1): 393 –423, 1997.

N. S. Rasmussen. Control variates for Monte Carlo valuation of American options. *Journal of Computational Finance*, 9 (1): 84 –102, 2005.

E. Reiner and M. Rubinstein. Breaking down the barriers. *Risk*, September: 28 –35, 1991.

C. Ribeiro and N. Webber. A Monte Carlo method for the normal inverse Gaussian option valuation model using an inverse Gaussian bridge, 2003. URL http://www. mbs. ac. uk/research/accountingfinance/ documents/Webberseminarpaper. pdf.

B. Ripley. *Stochastic Simulation*. Wiley, New York, USA, 1987.

P. Ritchken and L. Sankarasubramanian. Volatility structure of forward rates and the dynamics of the term structure. *Mathematical Finance*, 5 (1): 55 –72, 1995.

L. Rogers. Monte Carlo valuation of American options. *Mathematical Finance*, 12 (3): 271 –286, 2002.

L. Rogers. The potential approach to the term – structure of interest rates and foreign exchange rates. *Mathematical Finance*, 7: 157 –164, 1997.

L. Rogers and Z. Shi. The value of an Asian option. *Journal of Applied Probability*, 32 (4): 1077 –1088, 1995.

J. Rosiński. Series representations of Lévy processes from the perspective of point processes. In O. Barndorff – Nielsen, T. Mikosch, and S. Resnick, editors, *Lévy Processes – Theory and Applications*, 410 –415, Birkhäuser, Basel, Switzerland, 2001.

R. Y. Rubinstein. *Simulation and the Monte Carlo Method*. Wiley, New York, USA, 1981.

D. Rudolf. Explicit error bounds for lazy reversible Markov Chain Monte Carlo. *Journal of Complexity*, 25: 11 –24, 2009.

A. Rukhin, J. Soto, J. Nechvatal, M. Smid, E. Barker, S. Leigh, M. Levenson, M. Vangel, D. Banks, A. Heckert, J. Dray, and S. Vo. A statistical test suite for random and pseudorandom number generators for cryptographic applications. *National Institute of Standards and Technology (NIST) Special Publication 800 –22*, 2001.

T. H. Rydberg. The normal inverse Gaussian Lévy process: Simulation and approximation. *Communications in Statistics: Stochastic Models*, 13 (4): 887 –910, 1997.

P. A. Samuelson. Proof that properly anticipated prices fluctuate randomly. *Industrial Management Review*, 6 (2): 41 –49, 1965.

K. Sato. Semi – stable processes and their extensions. In N. Kono and N. – R. Shieh, editors, *Trends in Probability and Related Analysis Communications in Statistics – Stochastic Models*, *Proc. SAP 1998*, 129 –145, World Scientific Publishing Company, Singapore, 1999.

J. G. Schoenmakers. *Robust LIBOR Modelling and Pricing of Derivative Products*. CRC Press, Boca Raton, Florida, USA, 2007.

P. J. Schönbucher. *Credit Derivatives Pricing Models*. Wiley, New York, USA, 2003.

W. Schoutens. *Stochastic Processes and Orthogonal Polynomials*. Springer, Berlin, Germany, 2000.

W. Schoutens. *Lévy Processes in Finance: Pricing Financial Derivatives*. Wiley, New York, USA, 2003.

W. Schoutens and J. Teugels. Lévy processes, polynomials and martingales. *Communications in Statistics – Stochastic Models*, 14: 335 –349, 1998.

M. Schroder. Computing the constant elasticity of variance option pricing formula. *Journal of Finance*, 44: 211 –

219, 1989.

M. Schweizer. Option hedging for semimartingales. *Stochastic Processes and their Applications*, 37: 339 – 363, 1991.

D. Scollnik. Actuarial modelling with MCMC and BUGS. *North American Actuarial Journal*, 5: 96 – 124, 2001.

M. Sklar. Fonctions de répartition à *n* dimensions et leur marges. *Publications de l' Institut de Statistique de l'Université de Paris*, 8: 229 – 231, 1960.

M. Steffensen. A no arbitrage approach to Thiele's differential equation. *Insurance Mathematics & Economics*, 27 (2): 201 – 214, 2000.

E. M. Stein and J. Stein. Stock price distributions with stochastic volatility: An analytic approach. *Review of Financial Studies*, 4 (4): 727 – 752, 1991.

M. Stein. Large sample properties of simulations using latin hypercube sampling. *Technometrics*, 29: 141 – 151, 1987.

J. Stoer and R. Bulirsch. *Introduction to Numerical Analysis*. Springer, Berlin, Germany, 2nd edition, 1993.

B. Sundt. *An Introduction to Non – Life Insurance Mathematics*. VVW Karlsruhe, Germany, 3rd edition, 1993.

D. Talay and L. Tubaro. Expansion of the global error for numerical schemes solving stochastic differential equations. *Stochastic Analysis and Applications*, 8 (4): 483 – 509, 1990.

J. N. Tsitsiklis and B. van Roy. Regression methods for pricing complex American – style options. *IEEE Transactions on Neural Networks*, 12 (4): 694 – 703, 2001.

J. N. Tsitsiklis and B. van Roy. Optimal stopping of Markov processes: Hilbert space theory, approximation algorithms, and an application to pricing highdimensional financial derivatives. *IEEE Transactions on Automatic Control*, 44 (10): 1840 – 1851, 1999.

S. Turnbull and L. Wakeman. A quick algorithm for pricing European average options. *Journal of Financial and Quantitative Analysis*, 26: 377 – 389, 1991.

O. Ugur. *An Introduction to Computational Finance*. Series in Quantitative Finance. Imperial College Press, London, UK, 2009.

O. A. Vasicek. An equilibrium characterization of the term structure. *Journal of Financial Economics*, 5: 177 – 188, 1977.

J. – Y. Wang. Variance reduction for multivariate Monte Carlo simulation. *The Journal of Derivatives*, 16: 7 – 28, 2008.

X. Wang. Constructing robust good lattice rules for computational finance. *SIAM Journal on Scientic Computing*, 29 (2): 598 – 621, 2007.

S. Wendel. The Longstaff – Schwartz algorithm for pricing American options. Master's thesis, University of Kaiserslautern, Germany, 2009.